novum premium

DIETER WILMS

IN EINEM
MEER AUS BLUT
UND TRÄNEN

novum premium

Bibliografische Information
der Deutschen Nationalbibliothek:

Die Deutsche Nationalbibliothek
verzeichnet diese Publikation in
der Deutschen Nationalbibliografie.
Detaillierte bibliografische Daten
sind im Internet über
http://www.d-nb.de abrufbar.

Gedruckt in der Europäischen Union
auf umweltfreundlichem, chlor- und
säurefrei gebleichtem Papier.

ISBN 978-3-99130-538-5
Lektorat: CB
Umschlagfoto: Everett Collection
Inc. | Dreamstime.com
Umschlaggestaltung, Layout & Satz:
novum Verlag

www.novumverlag.com

Druckprodukt mit finanziellem
Klimabeitrag
ClimatePartner.com/16547-2311-1001

Wenn ihr Schreie hören solltet, ihr Mörder,
dann denkt immer daran, es sind nicht die Schreie
eurer Opfer, die sind längst verstummt. Es sind die
Schreie eurer Kinder, die sich eurer Taten schämen.

Inhaltsverzeichnis

4. BUCH

1. BUCH

Kapitel 1

Dem neuerlichen Anfall hielt sein von der Krankheit geschwächter Körper nicht mehr stand.

Blut und Eiterklumpen spuckend, immer wenn er hustete, so lag er da und bewegte lautlos die Lippen im Gebet.

Er betete das Sündenbekenntnis des großen Versöhnungstages.

Mit einem feuchten Tuch tupfte Jakob das schweißbedeckte Gesicht des Vaters, um ihm Kühlung zu verschaffen.

Der ausgemergelte Körper glühte fiebrig und hatte längst den aussichtslosen Kampf gegen diese heimtückische Krankheit verloren.

Die Erlösung kam aber erst jetzt, nach Wochen, in denen der Kranke unsagbare Schmerzen hatte erdulden müssen.

Ein letztes Mal bäumte Aaron Rosendahl sich auf und röchelte auf Hebräisch „echad Jisrael“, dann sank er kraftlos in die Kissen zurück und glitt hinüber in den Tod.

Jakob stand unbeweglich neben dem Bett und schaute in das Gesicht seines Vaters.

Fast durchsichtig, wie Pergament umspannte die aschfahle Haut den Schädel des Toten.

Er erinnerte sich daran, welche rosige Gesichtsfarbe sein Vater früher gehabt hatte.

Für den Jungen war es die erste Konfrontation mit dem Tod und ein Schauer lief ihm über den Rücken. Er war mit einem Toten in einem Raum.

Lange genug hatte er sich auf diesen Moment einstellen können, als die Unheilbarkeit der Krankheit seines Vaters zur Gewissheit wurde und es nur noch eine Frage der Zeit war, wann es zu Ende gehen würde.

Jakob schämte sich für das Gefühl, das er jetzt empfand. Es ekelte ihn.

Widerwillig gab er sich einen Ruck, denn es musste sein.

Er legte den Toten auf die Erde, zog ihn nackt aus und zündete ein Licht an.

Er wusch seinen Vater gründlich mit Wasser und Seife. Dann zog er ihm ein schlichtes Totenhemd an. Dieses Hemd hatte Jakobs Mutter nach altem jüdischem Brauch ihrem Bräutigam zur Hochzeit geschenkt.

Jakob vergewisserte sich, ob er nichts vergessen hatte, und ging zur Tür.

Einen Augenblick zögerte er noch, dann öffnete er sie und weckte seine Mutter.

Als sie den Raum betrat und ihren toten Ehemann erblickte, schluchzte sie laut auf und Jakob musste sie stützen.

Er sagte leise: „Gräme dich nicht Mutter, er hat nun keine Schmerzen mehr."

Sie umarmte ihren Sohn und küsste ihn, wie sie ihn als Kind immer geküsst hatte, auf die Stirn, die Augen und auf beide Wangen.

Die letzten Wochen waren schlimm gewesen. Abwechselnd hatten sie am Krankenbett gewacht und Jakob merkte seiner Mutter die Anstrengungen an.

Schweigend standen sie nebeneinander, blickten hinunter auf den Leichnam und dachten beide das gleiche.

Was soll jetzt werden?

Drei Tage später wurde Aaron Rosendahl auf dem kleinen Friedhof der jüdischen Gemeinde beigesetzt.

Ein schlichter Sarg, kein Blumenschmuck, kein Grabstein.

Im Tod sind alle Menschen gleich, sagen die Juden.

Jakob verließ die Schule, er musste Arbeit finden, denn er war jetzt für sich und seine Mutter verantwortlich.

Eine Zeitlang lebten sie noch von Erspartem, aber das war schnell aufgebraucht und Jakob musste Geld verdienen.

Er fand eine Anstellung in einer der zahlreichen privaten Schlachthallen, die es in einer so großen Stadt wie Berlin gab.

Der Schlachthofbesitzer, ein kleiner, fetter, unfreundlicher Mann namens Otto Jakubke zeigte wenig Begeisterung, als Jakob ihn um Arbeit bat, aber als er ihm sagte, er würde alles tun, wirklich alles, willigte er schließlich ein.

Jakob meldete sich am nächsten Morgen pünktlich um fünf Uhr zur Arbeit und sein Chef drückte ihm einen groben Straßenbesen in die Hand und erklärte ihm, was er zu tun hatte.

Mit dem Besen wurden die Eingeweide, die man den geschlachteten Tieren herausriss und die man einfach auf den Boden fallen ließ, zusammengekehrt und anschließend mit den bloßen Händen sortiert.

Därme und andere Innereien der Tiere wurden gesäubert, von den Fäkalien getrennt und in einen dafür vorgesehenen Bottich geworfen, der mehrmals am Tage geleert werden musste.

Kot, Urin und Blut der Tiere kehrte Jakob in eine Rinne, die am Ende der Halle in eine Grube endete, die so fürchterlich stank, das Jakob sich in den ersten Tagen mehrmals übergeben musste, sobald er auch nur in die Nähe der Grube kam.

Das Tempo, mit denen die Männer den geschlachteten Tieren die Eingeweide aus den aufgeschlitzten Leibern rissen, konnte Jakob anfangs nicht beibehalten und so wurde er oft angeschrien und beschimpft. Darunter litt er fast noch mehr als unter der stumpfsinnigen und ekelerregenden Arbeit.

Jakob biss die Zähne zusammen und nach ein paar Wochen ging er seiner Tätigkeit wie im Schlaf nach, hielt das Arbeitstempo, das verlangt wurde, spielend bei.

Nach sechs Monaten bekam Jakob einen anderen Arbeitsplatz zugewiesen.

Er musste in großen Trögen die Därme auskochen, die dann anschließend zum Trocknen aufgehängt wurden, um sie später mit Wurstmasse zu füllen.

Eine leichte Tätigkeit.

Sein Fleiß und seine Anpassungsfähigkeit wurden belohnt, denn er tat, was von ihm verlangt wurde, beklagte sich nie und er lernte.

Nach und nach arbeitete er überall in der Halle, sprang hier und da ein und lernte so das Metzgerhandwerk von der Pike auf.

Nach zwei Jahren konnte er alles, was für die Schlachtung und Verarbeitung von Rindern, Schweinen, Schafen und Ziegen beherrscht werden musste.

Sein Chef schätzte ihn wegen seiner Zuverlässigkeit und bei seinen Kollegen war er beliebt wegen seiner Hilfsbereitschaft.

Kurz vor seinem achtzehnten Geburtstag starb Jakobs Mutter.

Sie war nie über den frühen Tod ihres Mannes hinweggekommen.

Sie starb, wie sie gelebt hatte, still und unauffällig.

Jakob war ganz allein.

Nach der Beerdigung verkaufte Jakob den gesamten Hausstand.

Er zog in ein billiges, möbliertes Zimmer. Er brauchte nicht viel, denn er war sowieso nur selten zu Hause und konnte so mehr sparen.

Irgendwann nämlich hatte Jakob angefangen zu träumen.

Eher wage zuerst, aber dieser Traum bekam immer realistischere Züge.

Ein eigenes Geschäft.

Denn mit seiner Hände Arbeit alleine, konnte er nichts erreichen, auch wenn er noch so schuftete, das hatte er längst erkannt.

Er würde eine Möglichkeit finden, auf eigenen Füßen zu stehen.

Er würde die stinkende Halle verlassen, auf jeden Fall.

So vergingen die Jugendjahre des jüdischen Jungen Jakob Rosendahl.

An einen kalten Novembertag, Jakob ging wie immer zu Fuß zur Arbeit, um das Geld für die Straßenbahn zu sparen, dachte er wie so oft über seine Pläne nach.

Er hatte jetzt annähernd 2.500 Reichsmark gespart.

Er fing jeden Morgen um fünf Uhr zu arbeiten an, manchmal sechzehn Stunden am Tag, auch samstags und manchmal auch sonntags, denn der Fleischbedarf einer Großstadt wie Berlin war enorm.

Von seinen Arbeitskollegen wurde er oft gehänselt, weil er keine Gelegenheit ausließ, seinen Verdienst durch Überstunden aufzubessern, aber das störte ihn nicht.

Sie wussten nichts von seinen Plänen, denn er sprach mit niemandem darüber.

Jakob war fünfundzwanzig Jahre alt und die Zeit schien reif, seine Träume zu verwirklichen.

Ein Jahr wollte er noch sparen, dann schätzte er, hätte er genug beisammen, um sich in der näheren Umgebung einen eigenen Metzgerladen zu kaufen.

Er ging schneller, ihm war kalt.

Als er um die Ecke bog, sah er seine Kollegen auf der Straße stehen und wusste im gleichen Moment, das etwas passiert sein musste.

Als er die Schlachthalle erreicht hatte, sah er den Polizisten, der im Eingang stand und die Tür bewachte.

„Was ist denn hier los", fragte Jakob. Der Buchhalter der Firma kam auf ihn zu und antwortete eifrig: „Der Alte ist gestern Abend verhaftet worden, Steuerhinterziehung. Ich muss den Beamten nachher sämtliche Bücher aushändigen. Wie es aussieht, ist hier erst mal Feierabend."

„Worauf warten die anderen denn noch?" Jakob deutete mit einer Kopfbewegung auf seine Kollegen, die in einer Gruppe nahe dem Eingang standen und sich leise unterhielten.

„Neugier, was denn sonst. Außerdem will jeder wissen, wie es jetzt weitergeht."

Der Buchhalter wollte sich entfernen, doch Jakob hielt ihm am Ärmel fest.

„Und, wie geht es weiter?", fragte er.

„Keine Ahnung." Der Buchhalter machte seinen Arm los.

„Aber wie ich die Sache einschätze, geht unser Chef für lange Zeit ins Gefängnis."

„Wir werden den Schlachthof versteigern müssen, Herr Rosendahl, um wenigstens nicht alles in den Schornstein zu schreiben, was Herr Jakubke uns schuldet.

Es sei denn, wir finden einen solventen Käufer. Einen zahlungskräftigen Käufer. Um die Verbindlichkeiten dieses Herrn in etwa abzudecken."

Der Bankdirektor sah Jakob durch seine randlose Brille an.

Er konnte kaum glauben, dass dieser kleine Metzger, der vor ihm saß, ernsthaft in Erwägung zog, ein solches Objekt zu kaufen.

Reine Zeitverschwendung hatte er bei sich gedacht, als seine Sekretärin den Besuch eines gewissen Jakob Rosendahl ankündigte.

Doch er wollte nicht unhöflich erscheinen und so ließ er bitten.

Nun saß Jakob vor ihm und wusste vor Verlegenheit nicht wohin mit seinen Händen.

Noch immer blickte der Bankdirektor Jakob an und wartete.

Jakobs Mund war ausgetrocknet und er konnte immer nur denken: Hier ist sie, meine Chance, hier ist sie.

Als er sprach, kam ihm seine eigene Stimme fremd vor. „Um welche Summe handelt es sich denn?" „Sind sie denn ernsthaft interessiert?"

Der Direktor lächelte freundlich und als Jakob nickte, beugte er sich weit vor, als wollte er flüstern, sprach dann aber mit unveränderter Stimme weiter. „6.000 Reichsmark", sagte er, wobei er sein Gegenüber genau beobachtete, doch konnte er in dessen verschlossenem Gesicht keine Regung entdecken.

Jakob stand auf. „Angesichts dieser Summe muss ich passen."

Er hielt dem Direktor seine Hand entgegen, doch dieser übersah sie, stattdessen bedeutete er Jakob, sich wieder zu setzen. Er seufzte.

„In welcher Größenordnung bewegen sich denn Ihre Vorstellungen?"

Er musste sich eingestehen, diesen jungen Mann gründlich unterschätzt zu haben.

„Das Höchste, was ich flüssig machen kann, sind 3.500 Reichsmark.“

Der Direktor verdrehte die Augen und schien nach Luft zu schnappen.

„Lieber Herr Rosendahl, das ist nicht Ihr Ernst, Sie ruinieren mich.“ Bei sich dachte er: kleiner jüdischer Schweinehund.

Als er aber sah, dass Jakob sich abermals erheben wollte, hob er beschwichtigend die Hand und auf seiner Stirn bildeten sich feine Schweißperlen.

„Mein letztes Angebot“, sagte er und tat unglücklich: „4.500 Reichsmark.“ Säuerlich fügte er hinzu: „Den Schreibkram, Notarkosten etc. übernimmt meine Bank.“

Jakob holte tief Luft und zum ersten Mal an diesem Morgen, seit er die Bank betreten hatte, entspannte er sich und ein Lächeln huschte über sein Gesicht.

„Abgemacht“, sagte er und sie schüttelten sich die Hand.

Das Geschäft war perfekt. Jakob war Unternehmer.

Jakob wusste, dass es sich um einen einmaligen Glücksfall handelte, den Schlachthof zu erwerben, noch dazu zu diesem Preis.

Er wusste aber auch, dass er noch eine Menge zu investieren hatte, um den Betrieb auf Vordermann zu bringen.

Bei einem bekannten Juden aus der Nachbarschaft lieh er sich zu seinen 2.500 Reichsmark noch einmal die gleiche Summe.

Natürlich hätte er bei der Bank einen Kredit aufnehmen können, aber das wollte er nicht.

Die Verhandlungsposition war mit Bargeld ungleich günstiger, das wusste er.

Jeder Banker ist von Bargeld beeindruckt.

Nach Abzug des Kaufpreises blieben ihm also 500 Reichsmark.

Dieser Etat musste erst einmal ausreichen, um die ersten Änderungen in der Schlachthalle vorzunehmen.

Zuallererst ließ er die stinkende Grube leerpumpen und beauftragte den gleichen Unternehmer, dies einmal wöchentlich zu tun.

Als Nächstes wurden alle Wände und der komplette Fußboden mit Steinplatten gefliest.

Die uralten Risse in den Wänden und dem Fußboden verschwanden und die Halle konnte sauber gehalten werden.

Die alten Schlachttische aus Holz wurden herausgerissen und durch neue, abwaschbare Tische ersetzt.

Jakob teilte die Halle in drei Bereiche ein.

Im ersten Teil wurden die Tiere geschlachtet, gehäutet oder entborstet und ausgenommen.

Was nicht verarbeitet wurde, kam als Abfall in Zinkwannen, die regelmäßig geleert wurden.

Im zweiten Teil wurden die Tiere halbiert, gründlich gesäubert und grob zerlegt.

Im letzten Teil schließlich portionierte man, so wie es gebraucht wurde.

Anfangs kamen Jakobs Mitarbeiter nicht klar mit dem neuen System, aber es war durchdacht und effektiv.

Die meisten von ihnen, überwiegend Fachkräfte, arbeiteten schon lange hier, denn Jakob hatte sie der einfachheitshalber übernommen. Doch sie taten sich schwer mit den Neuerungen und waren das alte Schema gewohnt.

Aber schon bald erkannten sie, dass diese Art der Arbeitseinteilung rationaler, vor allem aber sauberer war.

Sie standen bei ihrer Arbeit nicht mehr knöcheltief im Blut, in den Eingeweiden und den Fäkalien der Tiere.

Jakob übernahm auch den Buchhalter der Schlachthalle.

Anton Hollmann, so hieß er, war ein ernst dreinblickender, großer, dünner Mann Anfang dreißig, mit hagerem Gesicht und wachen Augen, immer korrekt gekleidet.

Wenn man ihn sah, dachte man unwillkürlich an einen Beamten.

Jakob brauchte seine Erfahrung, denn in dem Bereich Buchführung war er Neuling.

Hollmann brachte das fachliche Wissen mit, kannte die Branche und wusste, warum Jakobs früherer Chef gescheitert war.

Innerhalb der nächsten sechs Monate verdoppelte die Schlachthalle Jakob Rosendahl den früheren Umsatz.

Jakob stellte drei weitere Metzger und zwei Hilfskräfte ein.

Jetzt arbeiteten, einschließlich Hollmann, vierzehn Angestellte für ihn, denn es hatte sich schnell herumgesprochen, dass man im Schlachthof Rosendahl gutes Fleisch zu vernünftigen Preisen bekam und korrekt bedient wurde.

Jakobs Kunden waren Großabnehmer wie Gaststätten, Hotels, Krankenhäuser und eine Vielzahl von kleineren Metzgereien, die ihr Vieh hier schlachten ließen, um es dann selbst zu verarbeiten.

Eines Morgens sagte Hollmann, der Buchhalter, zu Jakob: „Herr Rosendahl, ich schaffe die Büroarbeit nicht mehr alleine, ich brauche eine Hilfskraft.

Jakob saß ausnahmsweise einmal an seinem Schreibtisch und sah auf.

„Ich kümmere mich darum", brummte er und vertiefte sich wieder in seine Arbeit.

Am darauffolgenden Montag kam Hollmann wie gewohnt um sieben in sein Büro, hängte Hut und Mantel akkurat an den dafür vorgesehenen Kleiderständer und wollte sich eben seiner Arbeit zuwenden, als er stutzte.

Gegenüber, am Schreibtisch seines Chefs, saß ein junges Mädchen von ungefähr zwanzig Jahren und sah ihn mit den größten braunen Augen an, die er je gesehen hatte.

„Was", begann er und brach ab, weil er einen Kloß im Hals sitzen hatte. Er räusperte sich.

„Was haben wir denn da?" Der neuerliche Versuch gelang besser. „Wer sind denn Sie?"

Hollmann erschrak über seinen barschen Ton. Keinesfalls wollte er dieses reizende Geschöpf verängstigen.

Aber die junge Frau machte keineswegs einen ängstlichen Eindruck. Sie stand auf und kam auf ihn zu. Eine Figur wie ein Traum, dachte Hollmann.

Er saß stocksteif auf seinem Stuhl, wie festgenagelt, unfähig, sich zu bewegen.

„Entschuldigen Sie." Das Mädchen lächelte und hielt ihm ihre kleine, zierliche Hand entgegen.

„Mein Name ist Ella Landau, ich bin Ihre neue Bürohilfe, Herr Hollmann." Er griff nach ihrer Hand und stotterte idiotischerweise. „Angenehm, Hollmann."

Sie fuhr fort: „Herr Rosendahl hat mir seinen Schreibtisch zugewiesen, damit ich mit Ihnen in einem Büro arbeiten kann. Verzeihen Sie mir mein Eindringen, aber Herr Rosendahl meinte, ich soll hier auf ihn warten." Ihr Lächeln war immer noch auf ihrem Gesicht.

„Das geht schon in Ordnung", sagte Hollmann, dem erst jetzt bewusst wurde, das er noch immer ihre Hand hielt. Deshalb fügte er rasch hinzu: „Dann auf gute Zusammenarbeit, fangen wir an." Er schüttelte ihre Hand noch einmal kräftig und ließ sie dann los.

In den darauffolgenden Wochen und Monaten wurde Ella Landau eingearbeitet.

Die junge Frau erwies sich als intelligent und wissbegierig, hatte eine schnelle Auffassungsgabe und konnte vorzüglich mit den Kunden umgehen.

Letzteres resultierte aus der Tatsache, dass sie nicht nur bildhübsch, sondern auch aufgeschlossen und unkompliziert war.

Das mochte die überwiegend männliche Kundschaft.

Jakob registrierte dies alles mit Genugtuung und stellte befriedigt fest, für sein Geschäft gab es keine bessere Reklame als diese junge Frau.

Sie verzauberte ihre Umgebung.

Aber Jakob registrierte noch etwas anderes. Diese junge Frau verzauberte auch ihn.

Dem Buchhalter Hollmann fiel es sofort auf.

Jakob war öfter im Büro anzutreffen als sonst. Dafür gab es nur einen Grund.

Ihm missfiel das Interesse, das sein Chef der neuen Angestellten entgegenbrachte, denn es bedurfte keine Frage, warum man Jakob Rosendahl so oft hier sah.

Hollmann gestand sich ein, dass auch er von Ella Landau angetan war, mehr noch, er fand sie betörend und faszinierend.

Er reagierte auf jeden mit Eifersucht, der ihr zu nahe kam und ihr schöne Augen machte.

Er saß alleine im Büro und schrieb Zahlenkolonnen untereinander. Zum dritten Mal addierte er und zum dritten Mal kam ein anderes Endergebnis heraus.

Er konnte sich nicht auf seine Arbeit konzentrieren, denn andere Dinge lenkten ihn ab.

Hollmann dachte an Ella, dachte daran, wie er ihr näher kommen konnte.

Er musste äußerst behutsam vorgehen, denn er wollte es sich mit seinem Chef nicht verderben.

Er sah ihn als Konkurrent in der Gunst Ellas und musste sich eingestehen, dass Jakob Rosendahl die bessere Partie für die junge Frau sein würde.

Aber kampflos wollte er seinem Chef das Feld nicht überlassen. Aber noch etwas anderes stand ihm im Weg, wenn Hollmann sich für eine Frau interessierte.

Seine Schüchternheit. Waren Frauen in der Nähe, fing er zu stottern an, bekam rote Ohren und wurde verlegen wie ein Schuljunge.

Dabei schien es gerade jetzt so einfach.

Ella, diese aufgeschlossene, junge Frau, mochte ihn, das wusste Hollmann. Keinesfalls war es nur Freundlichkeit, mit der sie ihm begegnete, nein, Hollmann meinte sich ganz sicher zu sein, Zuneigung war es, er spürte es genau.

Wie konnte er also Ella, seine eigene Zuneigung zeigen?

Unauffällig aber mit Nachdruck, darüber zerbrach er sich schon geraume Zeit den Kopf.

Immer wieder umkreisten seine Gedanken diesen einen heiklen Punkt, als die Bürotür sich öffnete und Ella eintrat.

Wie immer schlug Hollmanns Herz schneller, sobald er sie sah.

Ella grüßte freundlich und ging zu ihrem Schreibtisch.

„Herr Hollmann ich bin in Eile.“ Sie raffte einen Stapel Papiere zusammen und kam auf ihn zu.

„Würden sie mir einen großen Gefallen tun?“

„Jeden“, erwiderte Hollmann, „das wissen sie doch.“

Bei sich dachte er, wenn du wüsstest, wie wörtlich ich das meine.

Ella wusste von den Gefühlen des Herrn Hollmann, ihrer Person betreffend, eine Frau merkt so etwas. Für sie war es nichts neues, dass die Männer fasziniert waren von ihrer Erscheinung.

Sie sah blendend aus, war fröhlich und unbeschwert.

Dieses Strichmännchen, wie sie Hollmann heimlich nannte, interessierte sie aber überhaupt nicht.

Der verstaubte Bürohocker war ihr nicht besonders sympathisch.

Seine Art, sie mit seinen frivolen Blicken abzutasten, wann immer er sich unbeobachtet fühlte, widerte Ella an.

Sie nahm sich vor, ihm einen Denkzettel zu verpassen, und genau jetzt schien die Gelegenheit dazu gekommen zu sein.

Sie wählte ihre Worte deshalb bedacht und mit voller Berechnung, als sie sagte: „Ich habe eine Verabredung heute Abend, wenn Sie mir nicht helfen, komme ich zu spät. Die Papiere müssen durchgearbeitet und dann abgeheftet werden, wenn Sie so freundlich wären.“

Ella drückte ihm den Stapel Papiere in die Hände und mit ihrem Lächeln, das Eisberge zum Schmelzen bringen konnte, fügte sie hinzu: „Herr Rosendahl holt mich ab, Sie wissen ja, wie er Unpünktlichkeit verabscheut.“

Sie war draußen, noch ehe Hollmann etwas erwidern konnte.

Wie ein getretener Hund stand er in der Mitte des Raumes und bewegte sich eine Zeitlang überhaupt nicht.

Dann ging er mit schleppenden Schritten zu seinem Schreibtisch und ließ sich in seinen Stuhl fallen. Die Papiere warf er achtlos beiseite.

Ihm war elend zumute und er fühlte sich uralt.

Sie saßen in einem der vielen Biergärten draußen am Wannsee.

Ella trug ein leichtes Sommerkleid, das ihre schlanke Figur vortrefflich zur Wirkung brachte.

Ihr schwarzes Haar fiel locker bis hinunter zu den Schultern und rahmte ihr schönes Gesicht in vollkommener Weise ein.

Sie hatte sich dezent geschminkt. Ein bisschen Rouge, weil sie immer so blass wirkte, und Lippenstift, mehr nicht.

Um diese Jahreszeit, Anfang Mai, hatte die Saison noch nicht begonnen und nur wenige Tische waren besetzt.

Fast ausschließlich junge Paare verbrachten hier ihren freien Sonntag, fernab der Großstadt.

Jakob hatte Bier bestellt und Limonade. Er sah Ella an. Wie schön sie ist, dachte er.

Nachdem der Kellner die Getränke gebracht hatte, sagte Jakob, indem er sein Glas hob: „Nun gehen wir schon das fünfte Mal zusammen aus, ein Jubiläum, das wir feiern sollten."

Ella lachte: „Wie haben Sie sich diese Feier vorgestellt?"

Jakob legte die Stirn in Falten und tat so, als ob er angestrengt überlegte, dann sagte er:

„Zunächst lassen wir mal das dumme Sie weg, ich heiße Jakob, und du?" Das Du zog er unnatürlich lang und betonte es.

Beide lachten und stießen mit ihren Gläsern an.

„Wir werden schick essen gehen und dabei verrate ich dir ein Geheimnis."

Ella protestierte: „Herr Rosendahl, ich meine Jakob, Sie, du, solltest nicht immer so viel Geld ausgeben. Ich gehe gerne mit Ihnen aus, ohne dass Sie mir etwas Besonderes bieten müssen."

Nach einer Weile fügte sie leise hinzu: „Das hast du doch gar nicht nötig."

Sie wurde rot und senkte den Blick.

Jakob fasste über den Tisch und drückte ihre Hand, es rührte ihn, sie so zu sehen.

„Ich weiß Ella", sagte er, „aber heute muss es sein, denk an unser Jubiläum."

Sie sprachen nichts mehr, hielten sich nur bei der Hand und als der Kellner kam, zahlte Jakob und sie wechselten das Lokal.

Das Essen war hervorragend und sie aßen beide mit großem Appetit.

Der festlich gedeckte Tisch stand in einer Nische. Jakob hatte den Tisch vorher reserviert, aber davon wusste Ella nichts. Sie hatte sich wohl gewundert, dass der Kellner sie zu dem einzigen freien Platz führte, nachdem Jakob ein paar Worte mit ihm gewechselt hatte.

Während des Essens redeten sie über belanglose Dinge und ab und an lockerte Jakob die Unterhaltung durch eine witzige Bemerkung auf, über die Ella jedes Mal herzlich lachen musste.

Ella war gerne mit Jakob zusammen, sie hatte ihn von Anfang an gemocht.

Er war nicht so ernst wie die meisten Menschen, die sie kannte.

Auch gefiel er ihr als Mann sehr gut, obwohl Jakob kein Frauentyp in dem klassischen Sinne war.

Er sah gut aus, keine Frage, aber das war es nicht, das Ella anzog.

Es war die Art und Weise, wie er Dinge tat oder sagte.

Seine ganze Erscheinung hatte etwas Faszinierendes.

Ella hatte es schon oft in der Firma bemerkt. Er zog andere Menschen in seinen Bann, ohne etwas Besonderes dafür zu tun.

Nach dem Essen konnte Ella ihre Spannung kaum noch aushalten, so fragte sie:

„Was ist das für ein großes Geheimnis, von dem du gesprochen hast?"

Jakob amüsierte sich: „Wäre ich nicht neugierig, so wäre ich kein Weib", kommentierte er.

„Also gut", er wurde ernst, dann fragte er: „Was ist in unserem Geschäft das größte Problem?"

Ella machte ein verständnisloses Gesicht.

Jakob fragte weiter: „Womit müssen wir beim Frischfleisch, gerade im Sommer, ständig rechnen?"

Ellas Miene erhellte sich und sie antwortete: „Dass uns die Ware verdirbt."

„Richtig", Jakob war jetzt in seinem Element. Er beugte sich vor und sprach weiter:

„Die Haltbarkeit von Frischfleisch ist begrenzt, sehr begrenzt.

Bisher haben wir uns auf das Schlachten sowie auf das Zerlegen der Tiere beschränkt, weil wir eine reine Schlachthalle betreiben.

Mir aber schwebt eine Fleischverarbeitung vor, wie es jeder Metzgereibetrieb tut."

Jakob sah Ellas erstauntes Gesicht und fuhr schnell fort: „Im großen Stil, Ella, verstehst du?

Von der Schlachtung der Tiere über die Verarbeitung des Fleisches bis zur Wurst. Einfach alles."

„Eine", Ella unterbrach sich und schluckte, „eine Fleischfabrik", sagte sie gepresst.

Sie sah Jakob bewundernd an. Die Idee gefiel ihr.

„Eine Fleischfabrik", sagte Jakob mit Nachdruck, „genau."

Es freute ihn sehr, dass Ella seine Idee gut fand.

Den Rest des Abends sprachen sie nicht mehr über geschäftliche Dinge und als Jakob sich von Ella vor ihrer Haustür verabschiedete, nahm er ihr das Versprechen ab, mit niemandem über seine Pläne zu sprechen.

Ella lag in dieser Nacht noch lange wach. Sie dachte an den schönen Abend, an Jakob und an das Gespräch, das sie geführt hatten.

Sie wusste nicht, wie Jakob seine Idee und seinen Plan in die Tat umsetzen wollte. Aber eines wusste sie genau: Was dieser Mann sich vornahm, würde er durchführen, und sie war bereit, ihn dabei zu unterstützen.

Ella war zum ersten Mal in ihrem Leben verliebt.

Eines Abends, Jakob stand neben Ella und sah auf das Blatt Papier hinunter, das sie in Händen hielt, berührte er zufällig ihren Busen.

Wie elektrisiert zuckte er zurück und murmelte eine Entschuldigung.

Ella sah lächelnd zu ihm hoch und blieb ruhig sitzen. Dieses Lächeln war freundlich und kokett zugleich. Mehr noch, es war herausfordernd und provozierend.

Sie waren alleine im Büro und Jakob konnte der Versuchung nicht mehr widerstehen. Zu lange hatte er auf diese Gelegenheit gewartet.

Er beugte sich zu ihr runter und küsste sie. Erst zart und vorsichtig, aber als Ella seinen Kuss mit weichen Lippen erwiderte, leidenschaftlich und fordernd.

Immer und immer wieder küssten sie sich, umarmten einander und sanken schließlich zu Boden.

Jakob fuhr ihr mit der Hand unter den Rock und berührte nacktes, festes Fleisch, da wo ihre Strümpfe endeten.

Sie gab seiner drängenden Hand nach, indem sie ihre Schenkel öffnete, und signalisierte Bereitschaft.

Ihr Schoß fühlte sich warm und feucht an und Jakob hatte nun keinen Zweifel mehr, dass auch Ella es wollte.

Sie versanken beide in einen Taumel aus Leidenschaft und Lust und Ellas kleiner, spitzer Schrei, den sie von sich gab, als Jakob in sie eindrang, steigerte sein Verlangen ins Unerträgliche.

Sie liebten sich mehrmals hintereinander, nur von kurzen Pausen unterbrochen, waren hungrig nach Zärtlichkeit, süchtig nach Berührung durch den anderen und unendlich glücklich, endlich einander gehören zu können.

Als es draußen hell wurde, fragte Jakob: „Willst du meine Frau werden, Ella?“

Sie sah ihn lange ernst an. Ihr Gesicht glühte. Dann küsste sie ihn immer und immer wieder und zwischen den Küssen flüsterte sie: „Ja mein geliebter Jakob, das will ich.“

Jakob hielt Ella im Arm. Er wollte sie nie mehr loslassen.

„Komm herein.“ Ella küsste Jakob flüchtig auf die Wange.

Ihr Gesicht war gerötet und Jakob dachte, sie ist genau so nervös wie ich.

Ihm war nicht wohl in seiner Haut. Sein Antrittsbesuch bei Ellas Eltern hatte er immer wieder hinausgeschoben, aber irgendwann musste es ja sein, denn keinesfalls wollte er den Eindruck hinterlassen, dass er keine ernsten Absichten hatte.

Er klopfte sich den Schnee, so gut es ging, von seinem Mantel und zog ihn aus.

Seit Tagen schneite es ununterbrochen und es war eisig kalt.

Ella schloss die Haustür hinter ihm und Jakob dachte: Jetzt gibt es kein Zurück mehr.

Sie nahm ihm den Mantel ab und hängte ihn am Kleiderreck auf.

Jakob wechselte den Blumenstrauß für Ellas Mutter nervös von der einen Hand in die andere.

Ella musterte Jakob kritisch, fand aber, dass er gut aussah.

Er trug einen dunkelblauen Anzug mit Krawatte, obwohl er Krawatten hasste.

„Tadellos siehst du aus“, sagte sie, „komm.“

Einen Augenblick sahen sie sich wortlos an, dann nickte Jakob und Ella ging voraus und öffnete die Tür zur Wohnstube.

Wohlige Wärme kam ihnen entgegen.

Die Landaus saßen an einem Tisch am Ende des Raumes und sahen ihnen erwartungsvoll entgegen.

Ella nahm Jakob bei der Hand und führte ihn zu ihren Eltern, die freundlich lächelten.

„Mutter, Vater“, sagte sie, „darf ich euch Jakob Rosendahl vorstellen?“

„Angenehm“, murmelte Jakob befangen, „ich freue mich, Sie kennenzulernen.“

Er ging zuerst auf Ellas Mutter zu und wickelte umständlich die mitgebrachten Blumen aus dem Papier. Als er sie überreicht hatte, gab er Ellas Vater die Hand.

„Wir freuen uns auch“, brummte dieser und Ellas Mutter nickte noch immer lächelnd.

„Ein unfreundliches Wetter ist das heute“, sagte Jakob, um irgendetwas zu sagen.

„Unfreundlich ja“, erwiderte Ellas Vater, „wenn es nicht bald mal aufhört zu schneien, ersaufen wir im Schnee.“

Alle lachten sie über die letzte Bemerkung.

„Aber setzt euch doch.“ Ellas Mutter stand auf. „Ich hole eine Vase für die schönen Blumen, dann können wir Kaffee trinken.“

Sie ging hinaus und Ella und Jakob setzten sich an den Tisch.

„Mutter hat einen Kuchen gebacken, extra für dich“, sagte Ella und sah Jakob von der Seite an.

Jakob wurde verlegen, erwiderte aber nichts.

„Sie backt immer irgendwelche Kuchen“, knurrte der alte Landau.

„Papa!“ Ella sah ihren Vater strafend an, der Jakob grinsend zuzwinkerte.

Ellas Mutter kam mit einem Tablett zurück und verteilte das Kaffeeservice auf dem Tisch.

Der Kaffee war dampfend heiß und gut.

Beim dritten Stück Kuchen musste Jakob passen.

„Frau Landau, ich habe noch nie einen so leckeren Kuchen gegessen, aber ich kann nicht mehr.“

Ellas Mutter zeigte sich erfreut über das Kompliment und strahlte.

Befriedigt dachte Ella: Mutter hat er schon auf seiner Seite, der Charmeur.

Als Ellas Vater anfing, Jakob über dessen Geschäfte, Pläne und Zukunftsabsichten auszufragen, räumten die beiden Frauen den Tisch ab und gingen in die Küche.

Ellas Mutter sagte zu ihrer Tochter, als sie alleine waren: „Ein wirklich netter Bursche, dein Jakob. Vater gefällt er auch. So zurückhaltend und höflich und gut sieht er aus.“

Ella lachte und umarmte ihre Mutter.

„Na, na Mutter, ich kriege doch hoffentlich keine Konkurrenz?“

Sie war erleichtert und glücklich.

Die Vorbereitungen zur Hochzeit übernahmen Ellas Eltern.

Jakob und Ella wollten keine große Sache daraus machen, aber Ellas Eltern bestanden darauf.

Sie saßen im Wohnzimmer der Landaus und besprachen die Einzelheiten.

„Es ist das wichtigste Fest überhaupt im Leben von uns Juden, denn erst dadurch werdet ihr vollwertige Mitglieder des Gottesvolkes, vergesst das nie.

In der Eheschließung sehen wir den Fortbestand des Volkes Israel.“

Ellas Vater sah erst Jakob und dann seine Tochter an.

Er holte ein kleines, abgegriffenes Buch hervor.

„Hier steht alles drin, was ihr wissen müsst“, sagte er feierlich und legte es vor Jakob und Ella auf den Tisch.

„Was ist das für ein Buch?“, fragte Ella neugierig.

„Mit diesem Buch“, antwortete ihr Vater und legte eine Hand auf den Buchdeckel, „hat sich dein Urgroßvater schon auf den heiligen Stand der Ehe vorbereitet, dann dein Großvater und dann ich.“

Er machte eine Pause, dann sprach er weiter: „Da ich keinen Sohn habe, gebe ich es an dich weiter.“ Er strich seiner Tochter zärtlich übers Haar. „In der Hoffnung, du gibst es deinem erstgeborenen Kind weiter, wenn die Zeit gekommen ist.“

„Das ist eine wichtige Familientradition, die beibehalten werden muss“, bemerkte Ellas Mutter.

Jakob und Ella sahen sich vielsagend an. Gegen diese Argumente waren sie machtlos.

Die Trauung fand in der Synagoge der jüdischen Gemeinde statt, in der schon Ellas Eltern geheiratet hatten.

Nie sah ich Schöneres, dachte Jakob, als er seine Braut sah und so ging es den meisten der hier Anwesenden.

Sie standen unter dem Trauhimmel, einem von vier Stangen getragenen Baldachin, der das Heim des Ehepaares darstellen sollte.

Nach dem Segensspruch über dem Brautstand und einem Becher Wein trank erst Jakob und gab den Becher weiter an Ella, die ihn leerte.

Dann wurde die Ehe durch die Erklärung des Bräutigams geschlossen.

Jakob sagte mit belegter Stimme: „Siehe, du bist mir angetraut durch diesen Ring nach dem Gesetz Moses und Israels.“ Er steckte Ella den Ring an den zweiten Finger der linken Hand.

Ellas Vater trat vor und verlas den Ehevertrag.

Darin versprach Jakob, seine Frau zu ehren, für sie zu arbeiten, sie zu versorgen und sie mit allem zu versehen, was nötig ist.

Es folgten die sieben Segenssprüche der Eheschließung.

Die Zeremonie endete damit, dass ein Glas zerbrochen wurde zur Erinnerung an den zerstörten Tempel.

Alle Anwesenden beglückwünschten das Brautpaar.

Jakob und Ella atmeten auf.

Nur sie beide wussten, dass Ella bereits ein Kind unter dem Herzen trug.

Sieben Monate später gebar Ella einen gesunden Jungen.

Sie gaben ihm den Namen David.

Kapitel 2

Die junge Frau sah sich immer wieder nach allen Seiten um.

Wie ein gehetztes Tier stand sie da. Geduckt und in die dunkle Nacht hinein horchend, ob ein fremdartiges Geräusch an ihre Ohren drang.

Doch sie hörte nur ihren Atem, der stoßweise ging, und weiße Wölkchen bildeten sich vor ihrem Mund, immer wenn sie ausatmete.

Es regnete jetzt stärker und sie presste das Deckenbündel, das sie im Arm hielt, noch enger an sich.

Einen Moment verschnaufte sie noch, dann rannte sie weiter, so schnell wie das nasse, rutschige Kopfsteinpflaster es zuließ.

Ihre Schritte hallten laut von den Hauswänden zurück und das Herz der jungen Frau krampfte sich aus Angst, entdeckt zu werden, zusammen.

Als sie den Ortsausgang erreicht hatte, wurde ihr vor Erschöpfung schwarz vor den Augen und ihr schwanden die Sinne.

Dennoch blieb sie nicht stehen. Sie bog nach links in einen Feldweg ein, der erst sanft anstieg, dann aber immer steiler wurde und der ihr das Laufen zum Schluss unmöglich machte.

Das letzte Stück kroch sie, halb gebückt, sich mit der freien Hand im Morast abstützend, immer darauf bedacht, nicht auszurutschen, oder das Deckenbündel zu verlieren, bis sie die alten Gemäuer des Klosters erreicht hatte.

Sie lehnte sich mit dem Rücken gegen das große Tor und rutschte nach unten, am Ende ihrer Kräfte.

Der Regen hatte den Erdboden ringsum aufgeweicht, aber hier, dicht an der Mauer, war es trocken.

Eine Weile blieb sie regungslos sitzen, die Augen geschlossen. Sie war unfähig, sich zu bewegen oder etwas anderes zu fühlen als Müdigkeit und Erschöpfung.

Als ihr Herz nicht mehr so wild schlug und ihr Atem normal ging, öffnete sie die Augen wieder.

Ihre Kleider klebten vom Regen und ihrem Schweiß an ihrem Körper.

Sie drehte den Kopf und starrte an den Klostermauern empor.

Wie oft war sie als Kind den langen, beschwerlichen Weg zum Kloster hinaufgestiegen, um bei den Mönchen um einen Apfel oder ein Glas Brause zu betteln?

Nie wurde sie abgewiesen, im Gegenteil.

Die Mönche freuten sich und waren stets freundlich.

Schon damals hatte sie hier oben als Kind Sicherheit und Geborgenheit gespürt und empfunden, sobald sie auch nur in die Nähe des Klosters kam.

Diese Erinnerung hatte sie ihren Entschluss fassen lassen.

Aber jetzt, in dieser regenverhangenen Nacht, wirkte das Kloster kalt und bedrohlich, ja abweisend.

Plötzlich fror die junge Frau. Sie stand auf und legte das Deckenbündel vorsichtig dorthin, wo sie eben noch gesessen hatte.

Sie schlug die Deckenzipfel zurück und das winzige Gesicht eines schlafenden Kindes wurde sichtbar.

Die junge Frau weinte still in sich hinein, obwohl sie am liebsten laut geschrien hätte.

Sie biss sich die Lippen blutig, damit ihr kein Laut entfuhr.

Tränen der Verzweiflung, der Scham und der Trauer rannten ihr über die Wangen. Tränen der Wut, da ihr kein anderer Ausweg blieb.

Sie kniete nieder und küsste das kleine Gesicht des schlafenden Kindes immer und immer wieder.

„Vergib mir mein Sohn“, schluchzte sie dabei, „Gott wird mir nicht vergeben, das weiß ich, und ich mir selber auch nicht.“

Sie schlug die Deckenzipfel sorgfältig wieder zusammen, dann drehte sie sich um und lief, so schnell sie konnte, den Abhang hinunter.

Ostwärts kündigte ein graues Wolkenband den neuen Tag an.

Sechs Tage später fanden Fischer im Schilf am Ufer des nahen Bodensees die Leiche einer jungen Frau.

Die Leichenöffnung, die in solchen Fällen immer angeordnet wurde, ergab ohne jeden Zweifel: Tod durch Ertrinken. Selbstmord.

Aber noch etwas anderes stellte man fest.

Kurz vor ihrem Tod, so der abschließende Bericht, hatte die Frau entbunden.

Doch das Kind wurde nicht gefunden, trotz zahlreicher Suchaktionen.

Diese Tatsache ließ nur einen Schluss zu. Die junge Frau musste ihren Säugling mit in den Tod genommen haben.

Der Fall kam zu den Akten.

Das Kloster Heilig Kreuz, hoch über dem Bodensee, nahe dem Städtchen Weingarten wurde 1575 von Benediktinermönchen erbaut.

Die Bauzeit damals betrug sechzehn Jahre.

Im Laufe der Jahrhunderte wurde hinzugebaut und verändert.

Aber das Wesentliche, wie das Haupthaus mit der Kapelle, der Kreuzgang mit den Zellen für die Mönche und die alles umschließende Klostermauer, waren aus jener Zeit.

Der Benediktinerorden ist der älteste noch bestehende Mönchsorden seiner Art.

Gegründet von Benedikt von Nursia auf dem Monte Casino bei Neapel im Jahre 529.

Die Benediktinermönche pflegen seitdem die Liturgie.

Dieser Ausdruck kommt aus dem Griechischen und bedeutet so viel wie „Volksdienst" oder „für das Volk".

Nach diesem Grundprinzip, das Benedikt von Nursia als wesentliche Aufgabe für den Orden vor über 1400 Jahren ausgegeben hatte, nach dieser Lehre leben und arbeiten die Benediktinermönche noch heute in aller Welt.

So auch die Mönche des Klosters Heilig Kreuz am Bodensee.

Wer hier klopft, dem wird geöffnet, gleich ob Bettler oder Edelmann.

Er wird beköstigt und man gewährt ihm ein Lager für die Nacht.

Manchmal auch Schutz und Zuflucht.

Eine Hauptaufgabe der Mönche des Heilig-Kreuz-Klosters bestand neben der Seelsorge in der Krankenversorgung der Ärmsten der Armen.

Einer der Mönche, die täglich unterwegs waren, um das Leid der Ärmsten zu lindern, war Pater Thomas.

Im Moment regnete es nicht, aber der Himmel hing voller schwarzer Wolken.

Thomas überquerte den Hof und ging auf das große Tor zu.

Seine Tasche, die an seiner Schulter zerrte, war schwer, denn darin befand sich alles, was er für seine Krankenbesuche brauchte.

Er würde den ganzen Tag zu tun haben, darum beeilte er sich.

Thomas dachte an den beschwerlichen Abstieg und wünschte sich, er wäre schon unten im Dorf.

Sein Rücken schmerzte, das Regenwetter, dachte er.

Thomas war heute Morgen früher als sonst aufgestanden, weil er nicht mehr schlafen konnte, und hatte bis zum Frühstück in der Bibel gelesen.

Nach der Morgenandacht versammelten sich alle Mönche im großen Speisesaal zum gemeinsamen Frühstück, was Thomas besonders liebte, denn das war die einzige Gelegenheit, mit allen Mönchen etwas Zeit zu verbringen und das eine oder andere Gespräch zu führen.

Im Moment befanden sich vierundzwanzig Benediktiner im Kloster.

Einige Brüder waren nur auf der Durchreise, wie sie es untereinander nannten.

Sie wanderten umher, um das Wort des Herrn zu verkünden, und weilten nicht lange an einem Ort.

Ihren Berichten und Erzählungen hörten die anderen Mönche mit besonderem Interesse zu.

„Thomas", Pater Markus kam über den Hof und schreckte ihn aus seinen Gedanken.

Er sah dem Mönch entgegen, der mit schlurfenden Schritten auf ihn zukam.

„Ich möchte dich bitten, mir meine Medizin zu geben, ich habe nichts mehr und du bist doch den ganzen Tag unterwegs."

Der alte Mönch stand nun direkt vor Thomas und streckte ihm seine knotige Hand mit einer leeren Arzneiflasche entgegen.

„Wieder so schlimm?", fragte Thomas und nahm die Flasche.

Markus verzog das Gesicht. „Das kann sich kein Mensch vorstellen. Unser Herr Jesus Christus muss ähnlich gelitten haben, als man ihn ans Kreuz nagelte." Er bekreuzigte sich.

Thomas musste ein Grinsen unterdrücken. Er mochte den alten Mönch gern, denn es amüsierte ihn, wenn Markus in solch übertriebenen Vergleichen sprach, und das tat er oft.

Thomas griff in seine Umhängetasche und reichte dem anderen die gewünschte Medizin.

„Tausend Dank, Bruder." Der alte Mönch lächelte und dabei öffnete er seinen zahnlosen Mund.

Er sah nach oben und betrachtete die dunkeln Wolken.

„Es wird noch mehr regnen", stellte er fest.

Thomas sah ebenfalls in den wolkenverhangenen Himmel. „Sieht so aus, ja", antwortete er.

„Gott zum Gruß." Markus klopfte Thomas auf die Schulter. „Und vielen Dank für deine Freundlichkeit." Er faltete die Hände und humpelte den Weg zurück, den er gekommen war.

„Armer Kerl", murmelte Thomas und sah ihm voller Mitleid nach.

Er kannte Markus jetzt fünfundzwanzig Jahre, genau so lange wie er, Thomas, hier im Kloster weilte. Nie hatte er ihn anders gesehen als humpelnd und mit verkrümmten, knotigen Händen.

Markus wurde von Rheuma und Gicht geplagt.

Vor langer Zeit verabreichte Thomas ihm eine stark schmerzlindernde Salbe, die Markus half, sein Leiden wenigstens halbwegs zu ertragen. Seitdem brauchte Markus diese Medizin regelmäßig.

Thomas drehte sich um und setzte seinen Weg fort.

Ein paar Mönche kamen ihm entgegen und grüßten freundlich, Thomas nickte ihnen zu.

Noch ein paar Schritte, dann hatte er das Tor erreicht.

Er schob den schweren Balken zurück, der die Pforte sicherte, und spürte wieder den stechenden Schmerz in seinem Rücken.

Einen Augenblick hielt er inne, dann öffnete er die eine Seite des Portals und trat hinaus.

Er hatte das Tor schon fast wieder geschlossen, als er das Deckenbündel sah.

Er kniete nieder und schlug die Decke, die er dort entdeckte, auseinander.

„Ein Kind“, entfuhr es ihm, „gütiger Himmel, ein Kind.“ Thomas schaute in das kleine Gesicht und schluckte. Das Kind hatte die Augen geöffnet und sah Thomas an.

Es weinte nicht.

Tausend Gedanken schossen Thomas durch den Kopf. Was nun? Erst einmal raus aus dem scheußlichen Wetter, dachte er.

Er hob das Bündel auf und ging zurück in den Klosterhof.

Der Abt würde wissen, was zu tun war. Der Abt wusste immer, was zu tun war.

Er saß hinter seinem Schreibtisch, als Thomas den Raum betrat. Er lächelte freundlich und winkte, bedeutete ihm, mit einer Handbewegung näherzukommen.

„Was haben wir denn da, Bruder?“ Der Abt lächelte noch immer und kam um seinen Schreibtisch herum.

Erst wenn er stand, sah man seine imposante Gestalt in voller Größe.

Eigentlich war alles an ihm ein bis zwei Nummern zu groß geraten.

Sein riesiger Schädel mit den grauen Haaren wippte beim Gehen hin und her, gerade so, als wäre sein Kopf mit einer Feder auf den breiten Schultern befestigt.

Dem Betrachter drängte sich der Verdacht auf, dieser Kopf war zu schwer und wackelte deshalb.

Ein eisgrauer Bart, passend zum Haupthaar, überwucherte sein breitflächiges Gesicht und nur wenn er sprach, konnte man erahnen, wo sich sein Mund befand.

Seine braunen Augen lagen unter den buschigsten Brauen, die Thomas je gesehen hatte.

Diese Augen strahlten Güte und Zuversicht aus.

Das Auffälligste in diesem Gesicht und gleichzeitig das Zentrum aber war die Nase.

Überdimensional, ständig rot und knollig.

Thomas hatte unwillkürlich an eine große, vollreife Erdbeere denken müssen, als er vor vielen Jahren zum ersten Mal in dieses Gesicht blickte.

„Ich wollte eben hinunter ins Dorf, ehrwürdiger Vater", sagte er, „da lag dieses Kind vor unserer Pforte. Es muss dort in der Nacht abgelegt worden sein."

Der Abt kam noch näher und sah den Findling neugierig an.

Die ungeschickte Art, wie Thomas den Säugling hielt, als könne er ihn zerbrechen, amüsierte den Abt.

Er schnupperte mit seiner Knollennase und sah Thomas fragend an.

„Es hat sich wahrscheinlich in die Hose ..." Thomas beendete den Satz nicht.

„Hmm." Der Abt runzelte die Stirn, verschränkte die Arme auf dem Rücken und begann, im Zimmer hin und her zu wandern.

Er dachte angestrengt nach und Thomas wusste, dass man ihn jetzt keinesfalls stören durfte, also verhielt er sich ruhig. Er wartete.

Ohne seine Wanderung zu unterbrechen, sagte der Abt „Gehe mit dem Kind in die Küche und lasse dir von Bruder Stephan etwas zu essen und zu trinken geben. Es muss versorgt werden."

Der Abt blieb vor Thomas stehen, dann fuhr er fort: „Außerdem muss es gesäubert werden." Er rümpfte die große Nase.

„Kümmere dich um den Findling. Bis wir eine Lösung gefunden haben, entbinde ich dich von deinen anderen Aufgaben."

Thomas sah den Abt verwundert an und für einen Moment wollte er protestieren, aber das wäre höchst ungehorsam gewesen und schickte sich nicht.

„Ja ehrwürdiger Vater", erwiderte er deshalb nur und verließ den Raum.

Der Abt wartete, bis Thomas den Raum verlassen hatte, dann setzte er sich wieder an seinen Schreibtisch, faltete die riesigen Hände und durchdachte die Situation.

Die einfachste Lösung, das Kind an ein Waisenhaus zu überstellen, widerstrebte dem Abt sehr.

Zu viele dieser Häuser hatte er gesehen, in zu viele traurige Kinderaugen gesehen, in zu viele hoffnungslose Gesichter geblickt, die ohne Liebe, Nestwärme und Zuneigung aufwachsen mussten. Kinder ohne Zukunft.

Wollte die verzweifelte Mutter nicht genau das verhindern?

Hatte sie nicht deshalb den beschwerlichen Aufstieg zum Kloster auf sich genommen, um es hier in Obhut zu wissen?

Damit es hier im christlichen Glauben erzogen würde?

Natürlich, der Abt war Realist. Das Kind konnte nicht für immer hier im Kloster bleiben.

Aber erst einmal. Bis man eine geeignete Pflegefamilie gefunden hatte. Was sprach dagegen?

„Der Säugling bleibt vorerst hier, denn er ist Gottes Geschöpf und hat ein Recht auf Liebe und Fürsorge."

Den letzten Gedanken sprach der Abt laut aus, ganz so, als wolle er seiner Entscheidung Nachdruck verleihen.

Er nahm einen Bogen Papier aus der Schreibtischlade und begann. einen Brief zu schreiben.

Schließlich mussten die Behörden in Kenntnis gesetzt werden.

Der Abt kannte allerdings schon jetzt die amtliche Antwort und schmunzelte in sich hinein.

Die zuständigen Stellen würden froh sein, sich um ein Findelkind weniger kümmern zu müssen.

Er unterschrieb den Brief, stand auf, ging in die Mitte des Raumes und legte sich bäuchlings auf den Steinboden.

Er streckte seine Arme und Beine weit von sich und sprach ein Gebet.

Er betete für die unglückliche Mutter und ihr Kind und als er geendet hatte, bat er Gott um Vergebung, falls es die falsche Entscheidung gewesen sein sollte, die er getroffen hatte.

Thomas indes ging den Flur des Hauptgebäudes entlang. Er war nervös und irritiert.

Der ehrwürdige Vater übergab das Kind seiner Obhut. Warum?

Nur weil er es gefunden hatte? Das alleine konnte nicht der Grund sein.

Der Säugling auf seinem Arm weinte.

Thomas versuchte, ihn zu beruhigen, indem er mit leiser Stimme auf ihn einredete.

Tatsächlich hörte er nach einer Weile zu weinen auf.

Als er die Küche erreichte, wurde er von Pater Stephan schon ungeduldig erwartet.

„Da bist du ja endlich", empfing er ihn und hantierte an dem großen Herd, der in der Mitte der Küche stand.

„Hast dir Zeit gelassen."

Als er in das erstaunte Gesicht von Thomas blickte, fügte er erklärend hinzu: „Einer der Brüder hat dich mit dem kleinen Wurm gesehen."

Thomas begriff und setzte sich auf einen Stuhl nahe dem Ofen.

Wohlige Wärme durchströmte ihn und er spürte wieder das Stechen im Rücken. Außerdem schmerzten seine Arme, denn er verkrampfte sich immer mehr beim Versuch, das Kind möglichst ruhig zu halten, denn damit es nicht schrie, hatte er begonnen, es sanft zu wiegen und zu schaukeln.

„Nimm es mir mal ab, bitte, ich habe schon kein Gefühl mehr in den Armen."

Er reichte es Stephan, der es vorsichtig entgegennahm.

Sofort fing der Säugling wieder zu schreien an. Stephan machte ein entsetztes Gesicht.

„Hab ich ihm wehgetan?", fragte er.

Thomas nahm ihm das Kind wieder ab.

„Kannst eben nur mit Kochtöpfen umgehen", erwiderte er und hielt sich den Säugling vor die Brust.

Sein Mund war jetzt ganz dicht am Köpfchen des Kindes und behutsam und ganz leise flüsterte Thomas ihm Worte ins Ohr und in kürzester Zeit hatte er es beruhigt.

Pater Stephan war beeindruckt. „Alle Achtung", sagte er.

„Wir brauchen warme Milch und warmes Wasser."

Das Kind lag noch immer mit leicht geneigtem Köpfchen auf Thomas' Brust und schien zu lauschen, was er gerade sagte.

Ein rührendes Bild.

„Habe ich alles vorbereitet." Pater Stephan kam zum Herd.

Tatsächlich stand ein Topf mit Wasser auf dem Feuer und daneben ein Blechteller mit Milch.

„Dann lass uns keine Zeit verlieren." Thomas stand auf.

Sie legten den Säugling auf den Tisch und zogen ihn behutsam aus.

Die Decke, in die das Kind eingewickelt war, benutzten sie als Unterlage.

Als sie es nackt ausgezogen hatten, sahen sie, dass es ein Junge war.

Stephan kam mit dem großen Topf Wasser und setzte ihn auf den Tisch neben dem Säugling ab.

Thomas fasste mit der Hand in den Topf und hätte sich fast die Finger verbrüht.

„Heilige Mutter Gottes", entfuhr es ihm. „Willst du ihn umbringen?"

„Heißes Wasser", Stephan zuckte die Achseln und tat beleidigt.

„Badewasser, Jesus im Himmel, Badewasser, ich fasse es nicht." Thomas schüttelte den Kopf.

„Wir sollen ein Kind baden, keine Eier kochen."

Stephan schüttete einen ganzen Eimer kaltes Wasser hinzu. Jetzt hatte es die richtige Temperatur.

Sie setzten den Säugling behutsam in das wohltemperierte Wasser.

Stephan hielt ihn und Thomas wusch ihn mit einem weichen Schwamm ab.

Danach kleideten sie ihn wieder an und flößten ihm mit einem kleinen Löffel die Milch ein, weil sie keine entsprechende Flasche hatten.

Sie schlugen ein Bastkörbchen mit Decken aus und legten den Knaben hinein.

Augenblicke später schlief er erschöpft ein.

Die beiden Mönche blickten zufrieden auf den schlafenden Säugling hinab und Stephan bemerkte: „Wie Moses vor langer Zeit.“

Thomas nickte nur mit Tränen in den Augen.

Vor Ergriffenheit angesichts des friedlich schlafenden Kindes hätte er sowieso kein einziges Wort herausgebracht.

Pater Thomas zog in eine größere Zelle, da der Abt das Findelkind in seine Obhut gab und ihn bat, sich zu kümmern.

Sogleich machte Thomas sich daran, alles an einschlägiger Lektüre zu lesen, um den Knaben zu versorgen.

Das Kloster verfügte über eine Bibliothek mit mehr als zweihunderttausend Büchern, nach Sachgebieten geordnet und katalogisiert.

Trotzdem musste Thomas viele Stunden suchen, um die richtigen Bücher für seine Bedürfnisse zu finden.

Fast alles, was Thomas für den Knaben benötigte, wurde im Kloster nach seinen Angaben angefertigt.

Die anderen Mönche unterstützen ihn dabei nach Kräften, was ihn sehr freute.

Was im Kloster nicht hergestellt werden konnte, besorgte Thomas im Dorf.

Auch in seiner neuen Zelle wurde es immer enger und schließlich musste er mit seinem Schützling abermals umziehen.

Thomas saß am Tisch, ein aufgeschlagenes Buch vor sich, aber er las nicht.

Er hing seinen Gedanken nach.

Seit er das Kind gefunden hatte, wurde er von Erinnerungen gequält, die er glaubte, längst überwunden zu haben.

Als junger Mann, direkt nach seinem Theologiestudium, trat er nicht, wie beabsichtigt, seine für ihn vorgesehene Stelle als Seelsorger an, sondern bat seinen Bischof, ihn freizustellen.

Er wolle, so begründete er sein unverständliches Verhalten, erst zu sich selbst finden.

Er fühlte sich noch nicht stark, vor allem aber noch nicht reif genug, die große Verantwortung zu übernehmen, um als Priester tätig zu werden.

Alle Versuche des Bischofs, Thomas umzustimmen, schlugen fehl, weil er nicht wusste, warum dieser junge Mann so handelte, noch was ihn bedrückte.

Doch Thomas offenbarte sich ihm nicht.

Was sollte er tun? Schweren Herzens kam er Thomas' Wunsch nach.

Tatsächlich trug Thomas einen Gewissenskonflikt mit sich aus.

Einerseits besaß er einen unerschütterlichen Glauben und seine Liebe zu seinem Herrn Jesus Christus war grenzenlos.

Andererseits gab es so viele Ungereimtheiten in der theologischen Lehre, die Thomas, ein moderner Denker, oft zweifeln ließen.

Ganz zu schweigen von der altmodischen Starrheit der katholischen Kirche und deren strengen Richtlinien.

Die Tatsache nämlich, dass er als katholischer Priester niemals eine eigene Familie, niemals eine Ehefrau, niemals Kinder haben würde, fraß ihn innerlich auf.

In den nächsten drei Jahren wanderte Thomas quer durch Europa, rastlos getrieben von einem Ort zum anderen, auf der Suche nach Antworten auf seine Fragen und um sich über seine Empfindungen Klarheit zu verschaffen.

Er besaß nur das, was er auf dem Leib trug, lebte von dem, was man ihm gab, und schlief unter freiem Himmel.

Die Antworten, die er suchte, fand er nicht, aber er fand zu sich selbst.

Am Ende des dritten Jahres weilte er im Benediktinerkloster Heilig Kreuz, hier am Bodensee.

Ihm wurde klar, dass er sich entscheiden musste.

Aber es dauerte fast noch ein weiteres Jahr, bis Thomas glaubte, sich seiner Sache sicher zu sein.

Er trat in den Benediktinerorden ein.

Zwei Jahre später wurde er hier zum Priester geweiht.

Thomas vernahm vom Bettchen her ein Seufzer und stand auf.

Nur das Köpfchen des Kindes guckte aus den Decken hervor.

Die Augen fest geschlossen, der Mund leicht geöffnet, mit bebenden Nasenflügeln, so lag es da und schlief tief und fest. Thomas streichelte sanft die blonden Löckchen am Hinterkopf des Knaben.

Er ging weg vom Bettchen, nicht ohne noch einmal die Decke glatt gezogen zu haben, dann legte er sich in die Mitte des Raumes bäuchlings auf den Fußboden und sprach sein Abendgebet.

Als er geendet hatte, fügte er hinzu: „Oh Herr, ich bitte dich, gib mir die Kraft und die Geduld, das Kind in deinem Namen und in deinem Glauben zu erziehen, und ich mich würdig erweise und das Vertrauen des ehrwürdigen Vaters nicht enttäusche."

Thomas erhob sich, legte sich auf seine Pritsche und schloss die Augen.

Das Kind war ein Monat im Kloster und sollte am nächsten Tag, dem 10.11.1897, sein erstes heiliges Sakrament empfangen: die Taufe. Sie würden ihm den Namen Martin geben.

Kapitel 3

Das Berlin um die Jahrhundertwende war der kulturelle, gesellschaftliche und politische Mittelpunkt Europas und die Hauptstadt des Deutschen Reiches.

Eine Metropole, deren Herzschlag schneller pulsierte als anderswo.

Eine weltoffene, moderne Stadt mit Charme und Flair.

Jakob liebte diese Stadt und diese Stadt schien ihn zu lieben. Was er anfing, gelang.

Sein Geschäft lief vorzüglich und er expandierte.

Mit Fleiß, Fingerspitzengefühl und geschäftlichem Weitblick machte er aus der ehemaligen Schlachthalle jene Fleischfabrik, wie er es geplant hatte.

Fleisch- und Wurstspezialitäten von Rosendahl waren weit über die Grenzen Berlins bekannt, geschätzt und beliebt.

Zwanzig Metzger, zehn Hilfskräfte und fünf Büroangestellte arbeiteten nun in der Fleischfabrik Jakob Rosendahl.

Jakob kaufte ein Haus, Villa wäre der richtigere Ausdruck für dieses Anwesen, mit wunderschönem Garten in Berlin Grunewald, einer bevorzugten Wohngegend wohlhabender Geschäftsleute. Eine hohe Hecke umgab Grundstück und Haus, das von einem bekannten Architekten kernsaniert und umgestaltet wurde. Eine Oase der Ruhe und des Friedens.

Fast ausnahmslos gutgestellte Juden wohnten in dieser Gegend. Hier war man unter sich. Ella richtete ihr neues Zuhause geschmackvoll ein und Jakob ließ sie gewähren, denn er wusste, dass Ella in solchen Dingen Stil und Schönheitssinn besaß.

„Wir müssen den Betrieb ausbauen“, sagte Jakob eines Abends zu Ella.

„Der Platz reicht nicht mehr aus."

Ella hatte den kleinen David zu Bett gebracht und setzte sich zu Jakob auf das Sofa.

„Wie hast du dir das vorgestellt?", fragte sie.

„Hinter dem Schlachthof ist ein freies Gelände", sagte Jakob. „Dort möchte ich eine neue Halle bauen. Eine moderne Produktionsstätte."

„Wem gehört denn das Grundstück?" Ella hatte ihr Nähzeug genommen und begann mit ihrer Handarbeit.

„Das weiß ich nicht, ich habe Hollmann beauftragt, es in Erfahrung zu bringen. Ich wollte nur vorher mit dir darüber gesprochen haben."

Jakob gähnte. Ella sah in das müde, abgespannte Gesicht ihres Mannes.

„Du arbeitest zu viel", sagte sie, „wenn angebaut wird, sicher noch mehr.

Du hast viel erreicht bis jetzt, mehr als die meisten Leute, die wir kennen.

Jakob", sie legte ihr Nähzeug beiseite. „Was willst du noch? Das Leben besteht doch nicht nur aus arbeiten. Deinen Sohn siehst du fast nie. Wenn er morgens aufwacht, bist du schon weg.

Wenn du abends nach Hause kommst, schläft er bereits. David wird bald vier Jahre alt. Langsam fängt er an, zu begreifen, dass sein Vater nie Zeit für ihn hat."

Ella schluckte, dann sprach sie weiter: „Ich liebe dich Jakob, weil du fleißig und strebsam bist.

Du versorgst uns gut. Wir haben genug zum Leben. Das neue Haus. Ich will mich bestimmt nicht beklagen, nur", sie schluckte erneut, „wir vergessen, zu leben."

Eine Weile sahen sie sich schweigend an, dann nahm Jakob das Gesicht seiner Frau in beide Hände und bedeckte es mit kleinen Küssen.

Dann sagte er: „Wahrscheinlich hast du Recht, vergiss die neue Halle, vorerst jedenfalls."

Er stand auf und nahm seine Frau bei der Hand. Wortlos folgte sie ihm ins Schlafzimmer.

Hier küssten sie sich hingebungsvoll und zogen sich gegenseitig aus.

Sie liebten sich zärtlich und Ella konnte sich nicht erinnern, wann es das letzte Mal so schön für sie gewesen war.

Als sie danach in der Dunkelheit nebeneinanderlagen, fragte Jakob: „Bin ich wirklich ein so schlechter Ehemann und Vater?"

Ella zeichnete mit dem Zeigefinger Jakobs Konturen im Gesicht nach.

„Du dummer, dummer Jakob", sagte sie.

„Wie ich dich liebe."

Als Jakob zwei Tage später das Büro betrat, stand Hollmann beflissentlich auf und folgte seinem Chef unaufgefordert in dessen Büro.

Jakob schmunzelte. Dem Benehmen Hollmanns zu entnehmen, hatte dieser gute Neuigkeit.

Der Buchhalter konnte vor ihm nichts verbergen. Jakob kannte ihn genau.

Als Hollmann die Tür hinter sich geschlossen hatte, fragte Jakob, indem er hinter seinem Schreibtisch Platz nahm: „Wie ist es gelaufen?"

Der Buchhalter öffnete eine Mappe mit Geschäftspapieren und nahm gegenüber ebenfalls Platz.

„Wir haben es", sagte er dann triumphierend.

Jakob klatschte in die Hände: „Hervorragend und zu welchem Preis?"

Hollmann grinste breit, sagte aber nichts. Er wollte die Situation auskosten, das merkte man.

„Machen Sie es nicht so spannend." Jakob war aufgeregt.

„Weit unter dem von uns kalkulierten Preis."

Hollmann drehte die geöffnete Mappe so, dass Jakob das oberste Blatt mit den Zahlen ablesen konnte, und legte sich dann, noch immer genüsslich grinsend auf seinem Stuhl zurück und schlug die Beine übereinander.

Jakob studierte die aufgeschriebenen Zahlenreihen und pfiff anerkennend durch die Zähne.

„Das ist wirklich erfreulich“, kommentierte er und um seinen Worten Nachdruck zu verleihen, wiederholte er, „wirklich sehr erfreulich.“

Er sah Hollmann jovial an, dann fragte er: „Und die Verträge?“

„Auf den Seiten zwei und drei, einschließlich dem beglaubigten Eintrag im Grundbuch und den notariellen Formalitäten.“

Der Buchhalter stand auf und kam um den Schreibtisch herum, um es Jakob zu zeigen, doch dieser blätterte schon.

„Sehr schön, sehr schön“, murmelte Jakob und überflog die Urkunden.

„Damit wäre alles perfekt.“

„Eine Frage Chef“, Hollmann ging zurück zu seinem Stuhl und setzte sich. „Wann fangen wir mit dem Bau an?“

Jakob, der diese Frage erwartet hatte, seufzte: „Vorerst nicht.“

Dem Buchhalter wäre fast die Kinnlade heruntergefallen.

„Was? Aber ... wieso denn?“ Stotterte er.

Jakob hob beschwichtigend die Hand: „Dass wir weiter expandieren müssen, ist für uns beide keine Frage. Alleine schon aus Gründen der Konkurrenzfähigkeit.“

Jakob machte eine Pause und wählte seine Worte sorgfältig, bevor er weitersprach: „Ich habe das Grundstück nicht gekauft, um es brach liegen zu lassen. Wie werden die Halle anbauen wie geplant.“

Wieder machte er eine Pause, dann sagte er: „Nur nicht zum jetzigen Zeitpunkt. Aufgeschoben ist nicht aufgehoben.“

Er sah in das enttäuschte Gesicht Hollmanns und fügte hinzu: „Das ändert nichts an der Tatsache, dass sie hervorragende Arbeit geleistet haben, mein Lieber.“

Der Buchhalter stand auf. „Gut“, sagte er dann, „Sie sind der Chef. Sie müssen wissen, was sie tun.“

„Verlassen Sie sich darauf“, antwortete Jakob lächelnd, „das weiß ich.“

Er wandte sich seinen Papieren zu.

Die Unterredung war beendet.

Nachdem Hollmann den Raum verlassen hatte, stand Jakob auf und öffnete das Fenster.

Draußen hasteten die Menschen auf dem Weg zur Arbeit vorüber.

Es war noch früh, aber schon sehr warm. Seit Wochen lag eine unerträgliche, schwüle Hitze über der Stadt. Wie eine Dunstglocke. Auch heute würde es wieder heiß werden.

Jakob setzte sich an seinen Schreibtisch und verfiel ins Grübeln.

Einerseits konnte er die Enttäuschung Hollmanns gut verstehen. Vor drei Wochen hatte er seinen Buchhalter zu sich gebeten und ihm seine Pläne unterbreitet.

Die Begeisterung, mit der Hollmann Jakobs Ansinnen, die Firma auszubauen, aufnahm, bestätigte Jakob in seinem Vorhaben.

Also beauftragte er den Buchhalter, das Grundstück hinter der Schlachthalle zu kaufen.

Hollmann war nicht dumm und sofort an die Arbeit gegangen, denn er wusste genau, dass eine weitere Expansion zwangsläufig eine Vergrößerung seines Kompetenzbereichs mit sich brachte.

Jakob hatte Hollmann schon vor Jahren zu seinem Stellvertreter ernannt.

Er besprach mit ihm alle geschäftlichen und firmeninternen Dinge. Er vertraute ihm.

Dass die Erweiterung der Halle jetzt erst einmal auf Eis lag, musste für Hollmann frustrierend sein.

Andererseits konnte er ihm nicht Ellas Einwände als Grund für seine Entscheidung nennen.

Er würde es ihm als Schwäche auslegen.

Jakob hatte in den letzten Tagen viel darüber nachgedacht und sich eingestehen müssen, dass Ella Recht hatte.

Tatsächlich arbeitete er zu viel und verbrachte zu wenig Zeit mit seiner Familie.

Er dachte an seinen Sohn David. Ein prächtiger Kerl.

David war jetzt fast vier Jahre alt. Wie die Zeit verging.

Jakob seufzte. Für ihn tat er das alles, das musste Ella doch wissen. Er sollte es einmal besser haben.

Vor Jakobs geistigem Auge erschienen Bilder, die sich bei ihm unauslöschlich eingebrannt hatten, die ihn zu diesem unermüdlichen Arbeiter hatten werden lassen, die ihn prägten.

Er sah sich als Fünfzehnjährigen die Eingeweide der geschlachteten Tiere sortieren, über und über mit Kot, Urin und Blut besudelt.

Er meinte, die barschen Stimmen der Metzger zu hören, die ihn anschrien, wenn er das Arbeitstempo nicht einhalten konnte.

Er glaubte, den infernalischen Gestank der Abfallgrube riechen zu können, der in der Nase stach, dass man glaubte, den Gestank nie mehr loswerden zu können.

Mit einem heftigen Kopfschütteln vertrieb Jakob diese dunklen Gedanken aus jener Zeit.

Er wischte sich über die Augen.

„Nein", flüsterte er zu sich selbst, „mein Sohn wird so etwas niemals erleben müssen.

Ich werde die Halle bauen. Lass noch etwas Zeit verstreichen, dann wird auch Ella einsehen, dass es richtig und notwendig ist."

Er stand auf und verließ sein Büro.

Sein allmorgendlicher Gang durch den Betrieb würde ihn auf andere Gedanken bringen.

Der kleine David tobte ausgelassen im Garten umher.

Er schlug Purzelbäume und übte Handstand, um seiner Mutter zu imponieren.

Ella saß auf der Bank unter dem großen Kirschbaum, dessen Blüten jetzt im Frühling einen wunderbaren Duft verbreiteten.

Sie liebte es, hier zu sitzen und zu faulenzen.

Belustigt schaute sie zu, wie ihr Sohn Kunststücke vorführte.

Als er allzu wild wurde, rief sie ihn zu sich und er krabbelte auf ihren Schoß und legte den Kopf auf ihre Brust.

Ella strich dem Jungen zärtlich durch das verschwitzte Haar.

„Du Räuber", sagte sie dabei. „Nachher tust du dir weh."

„Wenn erst mein Brüderchen da ist", sagte er und horchte Ellas gewölbten Bauch ab, „werde ich ihm meine Kunststücke beibringen."

„Und wenn es ein Mädchen wird?"

„Mit kleinen Mädchen spiele ich nicht", sagte er entschlossen, ohne den Kopf zu heben, „die sind so zimperlich."

Ihm fiel etwas ein. Er hob den Kopf und sah seine Mutter an.

„Wieso kann man eigentlich nicht selber bestimmen, ob man lieber einen Jungen oder ein Mädchen haben möchte?"

Ella lachte: „Weil die Natur das so eingerichtet hat. Sie lässt sich da nicht reinreden. Von niemandem."

David überlegte: „Sicher hast du mich dann nicht mehr lieb."

Ella nahm das Gesicht des Jungen in beide Hände und küsste ihn auf die Nasenspitze.

„Wann habe ich dich nicht mehr lieb?"

„Wenn das Baby da ist", sagte er ernst. „Und sicher hast du dann keine Zeit mehr für mich."

„Ich werde dich immer lieb haben, David", sagte Ella.

„Eine Mutter kann zehn Kinder haben. Trotzdem hat sie alle ihre Kinder gleich gern. Eine Mutter hat nämlich ein sooo großes Herz."

Sie zeichnete mit beiden Armen einen unsichtbaren Kreis in die Luft.

Beruhigt und zufrieden mit der Antwort legte David seinen Kopf wieder auf Ellas Brust.

Er schob sich den Daumen in den Mund und mit der freien Hand suchte er Ellas Muttermal im Nacken, mit dem er immer spielte, wenn er auf ihrem Schoß saß.

Ella lächelte. Schon als Säugling hatte er das getan. Stundenlang konnte er so sitzen, am Daumen lutschen und über ihr Muttermal streicheln.

„Vielleicht hast du für mich keine Zeit mehr, demnächst", sagte Ella nach einer Weile.

David sah entsetzt auf.

„Wieso?", fragte er.

„Du kommst bald in die Schule und bist morgens nicht mehr da. Am Nachmittag musst du Hausaufgaben machen."

Ella zählte auf: „Schreiben, Rechnen, Lesen. Ich möchte gerne hier sitzen, mit meinem Sohn schmusen, doch er hat so schrecklich viel zu tun und keine Zeit für seine arme Mutter."

Ella tat gespielt traurig.

David strich ihr mit seinen kleinen Händchen über die Wangen.

Dann sagte er: „Für dich habe ich immer Zeit.

„Versprochen?“, fragte Ella.

„Versprochen“, sagte David.

Sie streifte ihr Nachthemd über ihren fetten, unförmigen Körper und gähnte ausgiebig.

Dann schlug sie die Bettdecke zurück und setzte sich ächzend.

Das Bett protestierte mit einem lauten Knarren unter dem enormen Gewicht.

Sie war todmüde und hatte nur noch ein Verlangen. Schlafen, schlafen und noch einmal schlafen.

Für morgen standen keine Termine in ihrem kleinen Buch, doch was besagte das schon?

Die Kinderchen, denen sie half, das Licht der Welt zu erblicken, hielten sich selten an feste Zeiten.

Berta Jeschke war Hebamme, bereits seit vierzig Jahren.

Sie liebte ihren Beruf, doch in letzter Zeit wurde es ihr manchmal zu viel.

Eben erst war sie von einer schwierigen Geburt zurückgekommen.

Die fünfte an diesem Tag.

Sie schaute auf die Uhr, die auf ihrer Nachtkommode stand.

Drei Uhr morgens.

Sie war jetzt vierundzwanzig Stunden auf den Beinen.

Mit einem Seufzer legte sie sich hin und rollte sich auf die Seite, bevor sie sich zudeckt. Da ertönte die Türglocke.

Leise fluchend stand Berta auf, ging zum Fenster und öffnete es weit.

Der Sohn der Rosendahls stand unten und schaute zu ihr herauf.

Natürlich wusste sie, dass bei den Rosendahls etwas unterwegs war, aber Frau Rosendahl konnte unmöglich schon so weit sein.

Frühestens in drei Wochen, wenn ihr Gedächtnis sie nicht im Stich ließ.

„Was ist los?“, rief sie zu dem Jungen hinunter.

„Mein Vater schickt mich“, rief er, „ich soll sie holen, meine Mutter bekommt ein Kind.“

Berta Jeschke murmelte „Was du nicht sagst“ und fügte etwas lauter „Scheiße“ hinzu und schloss das Fenster.

Im Handumdrehen hatte sie sich angekleidet, streifte Schuhe und Mantel über und setzte ihren Hut auf.

Im Hinausgehen griff sie sich ihre Tasche, die immer bereitstand, und polterte die Treppe hinunter.

Unten verriegelte sie sorgfältig die Haustür.

Der Junge drehte nervös seine Mütze in den Händen und trat von einem Bein auf das andere.

„Wieso denn jetzt schon?“, fragte Berta ihn.

„Nach dem Abendbrot hat es angefangen“, antwortete er, „ihr wurde schlecht und sie bekam keine Luft mehr. Sie musste sich hinlegen, aber es wurde immer schlimmer. Sie hat starke Schmerzen, wir müssen uns beeilen.“

Er ging ungeduldig ein paar Schritte voraus.

„Kommen Sie schnell, kommen Sie.“ Der Junge weinte fast.

„Immer mit der Ruhe“, sagte Berta, „bin schließlich kein junges Fohlen mehr.“

Mit watschelnden Schritten und so schnell, wie es ihre Leibesfülle zuließ, lief sie neben dem Jungen her.

Nach fünf Minuten hatten sie das Haus der Rosendahl erreicht.

Jakob saß am Bett und hielt Ellas Hand. Wie blass sie war, dachte er. Er machte sich Sorgen und Vorwürfe.

Bei der Geburt von David hatte es auch Komplikationen gegeben.

Er hätte darauf bestehen sollen, sie ins Krankenhaus zu bringen.

„Alle Kinder werden zu Hause geboren“, hatte Ella gesagt.

Nun warteten sie auf die Hebamme. Wo sie nur blieb?

Ella stöhnte auf und drückte Jakobs Hand. Eine neue Wehe.

„Es kann nicht mehr lange dauern“, sagte Jakob. Wie er diese Hilflosigkeit hasste.

Er ging zum Fenster, als die Türglocke ertönte.

„Endlich", Jakob atmete auf. Er lief die Treppe herunter und öffnete.

„Haben die Wehen schon eingesetzt?" Berta Jeschke verlor keine Zeit mit langen Begrüßungen.

„Vor einer Stunde", antwortete Jakob, erleichtert die Hebamme zu sehen.

„Jetzt alle paar Minuten", fügte er hinzu.

Berta Jeschke keuchte, als sie die Treppe hinaufwatschelte.

„Heißes Wasser", rief sie über die Schulter nach unten, als sie den Treppenabsatz schon fast erreicht hatte, „und saubere Tücher."

Sie betrat das Schlafzimmer und ging zum Bett.

„Na, meine Liebe", sagte sie außer Atem, „können sich auch nicht an vereinbarte Zeiten halten."

Die dicke Hebamme lachte ein kehliges Lachen.

Ella Rosendahl sah erschreckend aus.

Ihr Gesicht war so weiß wie das Bettlaken, in das sie gewickelt war. Mit tiefen schwarzen Ringen unter den Augen, schwer atmend, so lag sie da und versuchte ein Lächeln.

Jakob kam herein und trug eine Zinkwanne mit heißem Wasser.

„Dasselbe noch einmal, mit kaltem Wasser", befahl die Hebamme. Für alle Fälle.

Jakob nickte und verließ das Zimmer.

Berta setzte sich auf die Bettkante und zog das Laken zurück. Sie spreizte Ellas Beine weit auseinander und sah das Blut, aber das war normal.

Sie vergewisserte sich, dass der Muttermund weit offen stand, und drückte Ella auf den Bauch.

Ella stöhnte.

„Ich weiß, mein Kind", sagte die Hebamme, „wir wollen versuchen, Sie zu erlösen. Wenn ich drücke, pressen Sie, verstanden?"

Ella nickte matt.

Berta wartete, bis eine neue Wehe kam, dann drückte sie Ellas Bauch herunter, diesmal fester.

Ella schrie, gleichzeitig presste sie und nach einer Weile kamen die Wehen in immer kürzeren Abständen, bis zum Schluss die Presswehen einsetzten.

Ella krampfte die Finger in das Kopfkissen, fast ohnmächtig vor Schmerz.

Sie hatte das Gefühl, auseinandergerissen zu werden.

„Pressen, meine Liebe, pressen." Die tiefe Bassstimme der Hebamme wurde lauter.

„Es kommt." Tatsächlich war der Kopf des Kindes zu sehen.

Bei der nächsten Wehe rutschte das Kind bis zur Hälfte heraus und Berta dachte befriedigt: Jetzt wird es keine Schwierigkeiten geben.

Ella keuchte. Niemals mehr, wollte sie ein Kind zur Welt bringen, niemals mehr.

„Kommen Sie Kindchen, jetzt nur nicht schlappmachen."

Wie durch Watte kam die Stimme der Hebamme an Ellas Ohr.

Sie verstärkte den Druck auf Ellas Bauch noch mehr und Ella presste fast schon automatisch, aber sie fühlte, dass nichts geschah.

„Pressen, meine Liebe, Sie müssen mir helfen, pressen." Ella presste, so fest sie konnte.

Nichts, das Kind steckte fest. So kamen sie nicht weiter.

Die Hebamme schob eine Hand an dem Kind vorbei in den Geburtskanal der Mutter und versuchte, den Fötus zu drehen. Vergeblich.

Berta schwitzte. Sie tastete nach der Nabelschnur und ihre Befürchtung bestätigte sich.

Die Nabelschnur hatte sich verheddert.

Sie versuchte, die Nabelschnur freizubekommen, mit der anderen Hand zog sie an dem kleinen festsitzenden Körper des Kindes. Nichts. Keine Chance.

Ella stöhnte erneut auf, doch die Hebamme konnte ihr nicht helfen.

„Pressen, pressen", sagte Berta Jeschke laut und Ella presste, gleichzeitig zog die Hebamme und plötzlich gab der Körper des Säuglings nach und rutschte heraus.

„Gott sei Dank!" Berta Jeschke wischte sich mit dem Unterarm den Schweiß von der Stirn.

Ella sank kraftlos in die Kissen zurück, am Ende ihrer Kräfte.

Mit geübten Fingern säuberte die Hebamme Nase und Mund des Neugeborenen, wozu sie einen feuchten Lappen benutzte. Dann band sie den Säugling ab. Es war ein Mädchen.

Sie hielt das Neugeborene mit dem Kopf nach unten, um ihm den obligatorischen Klaps auf den Po zu geben. Klatsch, nichts.

Noch einmal schlug sie, diesmal etwas fester. Klatsch, nichts.

Klatsch, klatsch, klatsch, dreimal sauste die fette Hand der Hebamme auf das kleine Hinterteil. Nichts. Keine Reaktion.

Berta verlor nun keine Zeit mehr. Sie wusste, dass sie sich beeilen musste.

Fünf Minuten allerhöchstens, sonst war die Sauerstoffversorgung zum Gehirn zu lange unterbrochen. Schwerste geistige Schäden unvermeidbar.

Sie tauchte das Kind in das bereitstehende kalte Wasser. Gleichzeitig drückte sie den winzigen Brustkorb des Säuglings zusammen. Herzmassage. Nichts.

Sie tauchte den kleinen Körper in das heiße Wasser. Immer noch nichts.

Wieder in das kalte Wasser. Keine Reaktion.

Immer und immer wieder drückte sie den Brustkorb des Kindes dabei zusammen.

Berta Jeschke wusste nicht, wie viel Zeit verstrichen war.

Sie wusste nur eins: Sie durfte, wollte sie das Leben des Kindes retten, in ihren Bemühungen nicht nachlassen.

Wieder wechselte sie von warmem zu kaltem Wasser. „Komm schon, kleine Maus, atme, atme“, stöhnte die alte Hebamme dabei.

Sie schwitzte und ihre Kleider klebten an ihrem unförmigen Leib.

„Atme mein Kind, atme, tu es für mich.“ Gleichzeitig drückte sie den Brustkorb.

Wieder das Wechselbad, warmes Wasser, kaltes Wasser und plötzlich fing das kleine Herz zu schlagen an.

Unverhofft kräftig und wild weitete sich die kleine Brust beim allerersten Atemzug. Es ertönte der alles erlösende Schrei.

Es war ein lang gezogener, anklagender Schrei, so wie aus Protest über die unwürdige Behandlung, die ihm, kaum auf der Welt, widerfuhr.

Berta lächelte, erschöpft, aber glücklich.

Für sie war dies immer der schönste Augenblick an einer Geburt. Deshalb liebte sie ihren Beruf.

Sie legte der völlig erschöpften Mutter das Neugeborene auf die Brust.

„Ein Mädchen", sagte sie leise, „ein süßes kleines Mädchen."

Ella schloss die Augen und nickte, zu müde, um etwas zu erwidern.

Nachdem sie die Mutter gewaschen und das Kind gewickelt hatte, öffnete sie die Tür und Jakob kam herein.

„Sie haben eine Tochter, Herr Rosendahl", sagte sie, als sie in sein fragendes Gesicht blickte.

„Ist alles in Ordnung mit meiner Frau, mit dem Kind, ich meine", er brach ab. Überwältigt von seinen Gefühlen.

Berta Jeschke lachte ihr tiefes kehliges Lachen.

„Wenn ihr Mannsbilder die Kinder kriegen müsstet, auweia. Die menschliche Rasse würde aussterben." Sie schlug sich vor Vergnügen auf die Schenkel.

„Na los", sagte sie dann, „gehen Sie zu ihnen, sie haben es beide nicht leicht gehabt."

Die Hebamme hatte den Raum fast verlassen, als Jakobs Stimme sie zurückhielt.

„Entschuldigen Sie Frau Jeschke", sagte er, „aber in der Aufregung hätte ich doch beinahe Ihr Honorar vergessen."

Er drückte ihr ein paar zusammengefaltete Geldscheine in die Hand.

„Haben sie vielen Dank für Ihre Hilfe", fügte er hinzu.

„Ich bringe Sie selbstverständlich nach Hause, es ist schon spät."

Jakob hatte sich wieder völlig in der Gewalt.

Berta Jeschke winkte ab. „Das ist nicht nötig, gehen Sie zu Ihrer Frau."

Jakob wollte nicht widersprechen, er hatte die größte Hochachtung vor dieser Frau.

„Dann bringe ich Sie noch bis zur Tür."

Gemeinsam gingen sie die Treppe hinunter und an der Haustür verabschiedeten sie sich voneinander.

Berta Jeschke trat ihren Heimweg an. Sie taumelte vor Müdigkeit.

Gott sei Dank hatte sie es nicht weit zu laufen.

Sie vergrub ihre Hände in ihren Manteltaschen.

Die Geldscheine, die sie vorhin achtlos hineingesteckt hatte, knisterten.

Sie holte sie hervor und zählte nach.

Fast das Doppelte des sonst Üblichen.

Ein großzügiger Mann, dieser Jakob Rosendahl, dachte sie.

Sie schickte ein stummes Gebet zum Himmel.

Dorthin, wo alle Menschen ihren Gott vermuten.

Sie betete für das neugeborene Kind: Lass es gesund sein, lieber Gott.

Es ist ein so hübsches Mädchen.

Die alte Hebamme hatte ein ungutes Gefühl.

Ella erholte sich nur langsam von den Strapazen der Entbindung.

Jakob stellte eine Amme ein, denn Ella konnte den Säugling nicht versorgen.

Einmal am Tag wurde ihr das Kind für ein paar Minuten in den Arm gelegt, dann herzte sie ihre Tochter und war traurig, dass ihre Kraft für mehr nicht reichte.

Aber sie erholte sich zusehends und in der fünften Woche nach der Geburt konnte Ella alleine aufstehen und das Bett endlich verlassen.

Sie gaben ihrer Tochter den Namen Rowena, nach Ellas Großmutter.

Schon bald stellte sich heraus, dass mit dem Kind irgendetwas nicht stimmte, denn es verhielt sich anders als andere Kinder seines Alters.

Legte Ella das Kind zum Schlafen auf den Rücken, lag Rowena noch genau so, wenn sie Stunden später nach ihr sah.

Der Säugling strampelte nicht, griff nicht nach Gegenständen, die man ihm hinhielt, und weinte nie.

Rowena lag apathisch in Ellas Arm, wenn sie gebadet wurde, und ließ sich unbeteiligt füttern und an- oder ausziehen.

Die Kleine war jetzt sechs Monate alt und Jakob und Ella beschlossen, einen Arzt zu konsultieren.

„Um ihr Kind eingehend untersuchen zu können, muss es ein paar Tage hierbleiben."

Sie saßen im Besprechungszimmer des Krankenhauses dem Arzt gegenüber.

„Keine Angst, Frau Rosendahl." Er hob beschwichtigend die Hand, als er Ellas entsetzten Gesichtsausdruck sah.

„Die Untersuchungen werden Ihrer Tochter nicht schaden, das versichere ich Ihnen.

Wir müssen eine ganze Reihe von Tests durchführen, die Zeit in Anspruch nehmen. Währenddessen muss die kleine Patientin ständig unter Beobachtung stehen, das ist alles."

Er machte eine kurze Pause, damit seine Worte besser wirkten, und fuhr dann fort:

„Bei den Erscheinungsbildern, die Sie mir geschildert haben, ist es wichtig, zu ergründen, welchen Ursprung sie haben."

Jakob tätschelte Ellas Hand und blickte von der Seite in ihr besorgtes Gesicht.

„Der Doktor hat Recht, schließlich wollen wir doch Gewissheit haben, was ihr fehlt."

„Natürlich", sagte Ella leise und schluckte.

Eine dunkle, nicht zu erklärende Vorahnung krampfte ihr Herz zusammen.

Mein Kind, mein armes kleines Mädchen, dachte sie bitter.

„Also gut", der Arzt stand auf. „In drei Tagen können Sie Ihre Tochter wieder abholen, dann wissen wir mehr."

Er gab erst Ella die Hand, dann Jakob.

„Besprechen Sie mit der Schwester an der Annahme die Einzelheiten." Er lächelte und verließ den Raum.

Ella und Jakob sahen sich an.

Eine tiefe Traurigkeit überkam beide und im nächsten Moment lagen sie sich in den Armen.

Sie sprachen nichts, denn beide wussten, was der andere dachte.

Nach drei Tagen hatten die Ärzte die Untersuchungen abgeschlossen und das Ergebnis lag vor.

Es war niederschmetternd.

Die kleine Rowena war hochgradig geisteskrank.

Ella lehnte es kategorisch ab, die kleine Rowena wegzugeben.

Die Ärzte sprachen sich dafür aus, das Kind in ein Sanatorium einzuweisen.

„Sanatorium!", hatte Ella geschrien. „Welche vornehme Bezeichnung für Irrenhaus.

Sie ist meine Tochter, mein Fleisch und Blut, und ich werde meine Tochter selber versorgen und wenn ich daran zu Grunde gehe".

Jakob liebte seine Frau dafür noch umso mehr.

Doch er sah mit Besorgnis, dass Ella sich zu viel zumutete.

Er half ihr, wo er konnte, aber die Hauptlast lag bei ihr.

Im Vier-Stunden-Rhythmus musste die kleine Rowena versorgt werden, denn über das Stadium eines Säuglings würde das Kind niemals hinauskommen.

Apathisch in seinem Bettchen liegend und unverständliche Laute grunzend – sie würde niemals sprechen lernen oder sich aus eigener Kraft gezielt bewegen können – bot das Kind ein Bild des Jammers.

Verdammt dazu, ein menschenunwürdiges Dasein zu fristen.

Aber sie existierte.

Bei schönem Wetter ging Ella mit ihrer Tochter im Kinderwagen spazieren.

Am Anfang kostete es sie Überwindung, die verstohlenen, mitleidsvollen Blicke ihrer Nachbarn zu spüren, die aufrichtigen Anteilnahmen entgegenzunehmen.

Jakob indes tat es weh, zu sehen, wie Ella sich aufopferte, um Rowena zu pflegen.

Er hörte Ella oft weinen, wenn sie im Bett lagen und sie vor Erschöpfung nicht einschlafen konnte.

Wohlwissend, dass sie in drei, vielleicht auch schon in zwei Stunden wieder aufstehen musste.

Dann nahm er sie in den Arm und streichelte ihr über das Haar, bis sie einschlief.

Er selber lag dann meist noch lange wach und wünschte sich weniger Erfolg im Geschäft, dafür ein gesundes Kind.

Doch das Schicksal, das wusste er natürlich, lässt nicht mit sich handeln.

Kapitel 4

In den drei Jahren, die der kleine Martin jetzt im Kloster war, hatte sich Pater Thomas' Leben grundlegend geändert.

Das Kind nahm den alten Mönch voll in Anspruch.

Sie wohnten und schliefen in einer Zelle und verbrachten die meiste Zeit des Tages zusammen.

Immer war Thomas für den Jungen da.

Nächtelang hatte er den Säugling auf seinen Armen durch die Zelle getragen, weil das Kind gerade zahnte.

Er tröstete ihn, wenn er schlecht geträumt hatte, oder saß an seinem Bett, wenn der Junge krank war und fieberte.

Dann strich er ihm übers Köpfchen oder erzählte ihm Gute-Nacht-Geschichten, bis er einschlief.

Nie wurde es dem Mönch zu viel. Im Gegenteil.

Er dankte Gott für die Fügung, die ihm erlaubte, diesen kleinen Kerl zu lieben wie sein eigen Fleisch und Blut.

Die beiden hatten sich so aneinander gewöhnt, der kleine Junge und der alte Mann.

Martin liebte Thomas, wie man sonst nur Vater und Mutter liebt.

So behütet konnte der kleine Martin sich prächtig entwickeln.

Er war aufgeweckt, gewitzt und altklug, was damit zusammenhängen mochte, dass der Junge unter Erwachsenen aufwuchs ohne den Einfluss gleichaltriger Kinder, eine Tatsache, die Thomas nicht ohne Besorgnis beobachtete.

Alle Mönche mochten den kleinen Kerl, aber sie konnten ihm nicht die gleichaltrigen Spielgefährten ersetzen, die für die Entwicklung in diesem Alter prägend und formend waren. Dagegen konnte der alte Mönch nichts tun. Das belastete ihn.

Thomas begann schon sehr früh, seinem Schützling das Lesen und das Schreiben zu lehren, denn er erkannte die vielseitigen Begabungen des Jungen und die wollte er fördern.

Am meisten verblüffte Martins Gedächtnis.

Es war wie ein Schwamm, der alles in sich hineinsog, um es bei passender Gelegenheit zu nutzen.

Mit fünf Jahren konnte Martin fließend lesen und das Alphabet vorwärts und rückwärts aufsagen.

Thomas nahm seinen Schüler mit in die Klosterbücherei und suchte Literatur für Martin aus, die dessen Intelligenz forderte.

Beim Anblick der schier endlos erscheinenden Regale mit Büchern, fragte er Thomas verwundert:

„Warum gibt es alle dieser Bücher?"

Der alte Mönch strich dem Jungen durch seine blonden Locken und sagte ernst: „Die Menschen, die diese Bücher geschrieben haben, wollten ihre Erfahrungen, ihre Sehnsüchte und ihre Träume, ihre Ängste und Nöte für die Nachwelt erhalten."

Martin sah ihn mit großen Augen an.

„Die Nachwelt, das sind wir, ja?"

„Ja", lachte Thomas, „und alle, die nach uns kommen."

Die Ernsthaftigkeit, mit der Martin die Dinge ansprach, versetzte Thomas immer wieder in Erstaunen.

„Alle Antworten auf alle deine Fragen findest du in den Büchern. Du musst nur bereit sein, danach zu suchen", sagte der alte Mönch und wusste, dass Martin dazu bereit war.

Die Wissbegierde des Jungen war unstillbar.

Thomas baute eines Abends sein Schachspiel auf.

Neugierig legte Martin sein Buch zur Seite und kam näher.

Dieses königliche Spiel mit seinen unbegrenzten Möglichkeiten würde den Jungen faszinieren, das wusste Thomas.

Im Handumdrehen hatte Martin die Regeln verinnerlicht und so spielten sie fast jeden Abend.

Anfangs spielte Thomas ohne Dame, damit Martin auch einmal gewinnen konnte und er nicht die Lust verlor, oder er patzte mit einem Zug absichtlich, um dem Jungen ein Glücksgefühl zu bescheren. Wenn Martin dann den alten Mönch in wenigen Zügen Schachmatt setzen konnte, freute Thomas sich mit seinem Schützling überschwänglich, natürlich nur innerlich. Äußerlich musste er den unterlegenen, geschlagenen Kontrahenten mimen, um Martins Triumph nicht zu schmälern.

Je öfter sie jedoch spielten, umso perfekter wurde Martin und als er das Spiel richtig beherrschte, hatte Thomas Mühe, überhaupt noch gewinnen zu können.

Als Martin sechs Jahre alt wurde, nahm Thomas seine Tätigkeit als Krankenpfleger und Seelsorger wieder auf.

Er hatte jetzt nicht mehr die Zeit, sich so intensiv um seinen Zögling zu kümmern.

An den Tagen, an denen Thomas unterwegs war, blieb Martin im Kloster und vertrieb sich die Zeit auf mancherlei Art.

Er saß oft in der Küche an dem großen Tisch und half Pater Stephan, die Speisen zuzubereiten.

Aufmerksam sah er dem dicken Küchenmönch zu, wie dieser mit flinken Fingern aus Mehl, Milch und Wasser einen Teig formte, der dann mit Obst gefüllt einen herrlich schmeckenden Kuchen ergab.

Überhaupt liebte er es, hier zu sitzen, umgeben von den vielfältigen Gerüchen der Küche nach Backobst, frischem Brot und den verschiedensten Gewürzen.

Oder er ging in die Kapelle und sah den Mönchen andächtig bei ihrer Arbeit zu, die den kunstvoll holzgeschnitzten Altar und die Fresken an der Decke und den Wänden restaurierten.

Der kleine Junge konnte sich nicht sattsehen, an den ausdrucksstarken Schnitzereien und den kunstvoll bemalten Wänden.

Sein Schönheitssinn wurde dadurch geprägt und beeinflusst.

Mehrmals am Tag lief er zum großen Außentor, öffnete eine Seite des Portals und hielt Ausschau, ob Thomas noch nicht heimkehrte.

Zwar langweilte der Junge sich nicht, doch sein Ziehvater fehlte ihm.

Schließlich waren die beiden, solange Martin denken konnte, nie getrennt gewesen.

Egal wann Thomas auch immer heimkehrte, stets stand der Junge am Tor und wartete auf ihn.

Sobald Martin ihn sah, lief er ihm schreiend und winkend entgegen, stürzte in seine Arme und drückte seinen „Vater“ fast zu Tode, froh, ihn wiederzuhaben.

Aber auch Thomas’ Herz hüpfte vor freudiger Erwartung, sobald er in die Nähe des Klosters kam und von Weitem die helle Knabenstimme hörte und den kleinen Kerl angelaufen kommen sah.

Martin bettelte oft, Thomas möge ihn doch mitnehmen zu dessen Krankenbesuchen, aber das widerstrebte dem Mönch.

Er wollte dem Jungen das Elend ersparen, das er dann zwangsläufig zu sehen bekam.

Aber Martin ließ nicht locker und schließlich sprach Thomas mit dem Abt darüber und als dieser einwilligte, durfte Martin den Mönch begleiten.

In den darauffolgenden Jahren lernte der Junge das harte Leben außerhalb der schützenden Klostermauern kennen, das Thomas so lange wie möglich von seinem Schützling ferngehalten hatte.

Er sah unvorstellbares Leid, bittere Armut und Menschen ohne Hoffnung.

Sie wird sterben, dachte Thomas, als er in das gerötete Gesicht der Frau sah.

Es glühte förmlich.

Sie atmete schwer. Ihre fiebrigen Augen blickten zur Zimmerdecke.

Die Kinder der Frau, fünf an der Zahl, das jüngste drei, das älteste zehn Jahre alt, standen am Fußende des Bettes und sahen teils ängstlich, teils neugierig zu, wie Thomas zusammen mit Martin der Kranken einen Wadenwickel anlegten, um das Fieber zu senken.

Thomas wusste nicht, der Wievielte es war.

Er war sich sicher, dass nur Lisa, die älteste Tochter, den Ernst der Lage erkannte.

Das Mädchen war mit ihren zehn Jahren schon fast erwachsen.

Seit dem Tod des Vaters vor drei Jahren, kurz nach der Geburt ihres jüngsten Bruders, musste Lisa sich um ihre Geschwister kümmern und den Haushalt führen, denn ihre Mutter arbeitete als Magd bei einem Großbauern der Gegend oder half bei der Weinlese mit, seit ihr Mann, ein Sägewerkarbeiter, von einem umstürzenden Holzstapel erschlagen worden war.

Lisa hatte das Pech, die älteste Tochter zu sein, und so rückte sie an die Stelle der Mutter, die Geld verdienen musste, um ihre Familie durchzubringen.

Früh um fünf stand Lisa auf und bereitete, nachdem sie sich gewaschen und angekleidet hatte, ein karges Frühstück zu.

Dann weckte sie ihre Geschwister, half ihnen beim Anziehen, fütterte den Kleinsten und schmierte Brote für die anderen.

Ihre Mutter hatte dann das Haus bereits verlassen.

Lisa räumte auf, machte Betten, kochte, wusch die Wäsche und schrubbte die Fußböden.

Sie nähte, stopfte und flickte die abgewetzten Kleider ihrer Geschwister.

Lisa kümmerte sich um alles, hielt Haus und Garten in Ordnung, war verantwortlich.

So wurde aus dem kleinen Mädchen ein harter Mensch, unfähig, Gefühle zu zeigen.

Sie konnte sich über nichts freuen. Lachte nie.

Lisa ertrug ihr monotones Dasein mit einer bewundernswerten Gleichgültigkeit, wie es Menschen tun, die wissen, dass ihre Lage aussichtslos ist.

Jetzt kam auch noch die Krankheit ihrer Mutter hinzu.

Sie hatte eine Grippe verschleppt und lag nun mit einer doppelseitigen Lungenentzündung im Bett.

„Sie wird sterben, nicht wahr?“, fragte Lisa mit tonloser Stimme.

Thomas hatte für kurze Zeit den überheizten Raum verlassen, um Luft zu schnappen.

Er zuckte ratlos die Achseln. „Das weiß ich nicht, mein Kind.“

Zum ersten Mal, seit er dieses kleine, unglückliche Geschöpf kannte, glaubte er, in dem verhärmten Kindergesicht eine Regung zu erkennen.

Halb ängstlich, halb resignierend blickte das Mädchen den Mönch an und Thomas verspürte den Wunsch, die Kleine in den Arm zu nehmen.

„Wir müssen dann ins Waisenhaus." Dies war keine Frage.

Noch immer sah Lisa ihn an.

„So weit ist es noch lange nicht", antwortete Thomas mit rauer Stimme.

„Wir müssen das Fieber senken, irgendwie. Setz eine Suppe auf, Lisa. Wollen sehen, ob deine Mutter etwas zu sich nimmt. Martin kann dir dabei helfen. Außerdem müsst ihr Kinder auch etwas essen."

Ohne eine Antwort abzuwarten, ging er wieder ins Schlafzimmer und öffnete ein Fenster.

Frische Luft, dachte er, viel frische Luft.

Er schickte die Kinder hinaus.

Thomas trat ans Bett und wechselte erneut den Wadenwickel.

Der Zustand der Patientin war unverändert. Das Fieber verbrannte sie.

Als Lisa mit der Suppe hereinkam, stützte Thomas der Kranken den Kopf und fütterte sie.

Die Frau drehte immer wieder den Kopf zur Seite und schluckte angewidert. Sie wollte nicht essen.

Doch Thomas blieb hartnäckig, schob ihr Löffel für Löffel in den Mund, bis sie aufgegessen hatte.

Sanft ließ er ihren Kopf in die Kissen gleiten und Lisas Mutter versuchte ein Lächeln.

Thomas nickte ihr aufmunternd zu: „Wir schaffen das, versuch, zu schlafen."

„Ja", hauchte sie kaum hörbar und ihre Hand glitt langsam über die Bettdecke, bis sie Thomas Hand gefunden hatte.

Sie drückte sie schwach und sah ihn lange an.

Dann fiel sie in einen unruhigen Schlaf, ohne die Hand des Paters loszulassen.

„Schlaf dich gesund, du musst leben, deiner Kinder Willen", murmelte Thomas und löste vorsichtig seine Hand aus der ihren.

Stunden vergingen, ohne dass Thomas das Krankenbett verließ.

In regelmäßigen Abständen wechselte er die Wadenwickel, ansonsten saß er still am Bett der Frau.

Er sah sich genauer im Zimmer um. Ein Tisch, auf dem eine Öllampe stand, deren kleine Flamme unruhig flackerte und das Zimmer in mattes Licht tauchte, ein Stuhl, ein Bett und der große Ofen in der Ecke, waren das einzige Mobiliar.

Über dem Bett hing ein kleines Kruzifix an den sonst schmutzig weißen, kahlen Wänden.

Thomas starrte es lange und andächtig an.

Er betete: „Oh Herr, lass sie leben. Ihre Kinder haben niemanden mehr. Hilf mir. Bitte hilf mir: „

Die ganze Nacht hindurch blieb Thomas am Bett der Kranken und betete zu seinem Herrn.

Als es draußen hell wurde, regte sich vom Bett her etwas.

Thomas musste für einen Moment eingenickt sein.

„Wo sind die Kinder?“, fragte die Frau.

Thomas stand auf und fühlte ihre Stirn und das Unfassbare war geschehen.

Das Fieber war merklich gesunken.

„Sie schlafen noch“, antwortete er, „Lisa kümmert sich um alles.“

„Ja Lisa“, sagte die Frau, „meine kleine Lisa.“ Der wehmütige Unterton in ihrer Stimme war nicht zu überhören.

Thomas ging hinaus und kehrte nach kurzer Zeit mit einer heißen Suppe zurück.

Die Frau saß im Bett.

Sie aß alleine mit großem Appetit und Thomas sah ihr dabei zu.

Danach legte sie sich zurück und schloss erschöpft die Augen.

Thomas wartete noch, bis sie eingeschlafen war, dann verließ er den Raum und ging in die Küche, wo Lisa am Herd stand.

Martin saß am Tisch, ein Glas Milch vor sich. Er hatte die Nacht auf der Ofenbank verbracht.

„In den nächsten Tagen braucht deine Mutter absolute Ruhe und sorge dafür, dass sie viel isst, damit sie schnell wieder zu Kräften kommt.“ Lisa nickte.

„Ich komme in drei Tagen wieder und sehe nach ihr.“ Wieder nickte Lisa.

Thomas ging zur Tür und hängte sich seine Tasche um. Martin folgte ihm.

Als die beiden hinausgehen wollten, hielt Lisa Thomas am Arm fest. Schweigend nahm sie seine Hand und küsste sie. Dann drehte sie sich um und lief zu ihrer Mutter.

Martin sah ihr verwundert nach. „Warum tut sie das?“, fragte er.

„Aus Dankbarkeit, denke ich“, antwortete Thomas, „und weil sie froh ist, dass ihre Mutter wieder gesund wird.“

„Wird sie wieder gesund?“

„Ganz bestimmt“, sagte der alte Mönch.

Er legte einen Arm um die Schulter des Jungen und sagte bedeutungsvoll: „Wir haben heute Nacht ein Wunder erlebt, ein richtiges Wunder.“

Gemeinsam traten sie hinaus in die Kälte.

Auf dem Weg zum Kloster trafen sie kaum jemanden.

Heute, am Sonntag, blieben die Leute zu Hause am warmen Ofen.

Als sie den steilen Weg, der zum Kloster führte, erreichten, fragte Martin: „Wie kann ich den Menschen am besten helfen?“

„Wie meinst du das?“ Der alte Mönch atmete schwer, denn der steile Aufstieg machte ihm zu schaffen. Er war durstig, hungrig und todmüde.

„Nun ja.“ Martin suchte nach Worten. „Es gibt so viele arme und kranke Menschen, die auf Hilfe angewiesen sind. Denen möchte ich helfen, genauso wie du das tust.“

Thomas blieb stehen und kniete sich vor Martin nieder in den Schnee, dabei fasste er ihn an den Schultern: „Willst du das wirklich?“, fragte der alte Mönch und sah Martin forschend an.

„Ja, das will ich“, sagte Martin mit fester Stimme.

„Studiere Medizin und werde Arzt.“ Bei diesen Worten nahm der alte Mönch nicht seinen Blick aus dem Gesicht des Jungen.

Martin überlegte keine Sekunde und sagte: „Ja, ich werde Medizin studieren und werde Arzt.“

Thomas war sich sicher, dass der Junge es ernst meinte.

„Du möchtest zum ehrwürdigen Vater kommen.“

Mit diesen Worten empfing Pater Stephan die beiden, als Thomas mit Martin die Küche betrat.

„Hast du eine Ahnung, was er will?", fragte Thomas erstaunt, wobei er zum Herd ging und den Deckel vom Topf hob, der auf der Feuerstelle stand, ließ ihn aber gleich wieder fallen.

„Autsch." Er hatte sich die Finger verbrannt.

Der dicke Küchenmönch schüttelte den Kopf über so viel Ungeschick, nahm einen Topflappen und hob den Deckel.

„Bohnensuppe", kommentierte er dabei. Er tauchte einen Löffel in die brodelnde Suppe und ließ Thomas kosten, wobei er dessen Gesicht beobachtete und gespannt auf ein Urteil wartete.

„Mmm, fabelhaft." Thomas leckte sich theatralisch über die Lippen.

Zufrieden wollte Stephan den Topf wieder schließen, hielt aber plötzlich inne.

„Nein", er zwinkerte Thomas zu.

„Ich möchte lieber noch eine weitere Meinung von einem Feinschmecker einholen, bevor ich den anderen Brüdern diese Suppe vorsetze und mich womöglich blamiere."

Wieder tauchte er den Löffel ein und winkte Martin zu sich.

„Mein Sohn, würdest du bitte einmal kosten und meine Kochkunst bewerten?"

Martin kam zum Herd und ließ sich den Löffel von Stephan in den Mund schieben.

„Mmm, fabelhaft", wiederholter der Junge die Worte von Thomas.

Alle drei lachten sie vergnügt.

„Ich weiß nicht, was der ehrwürdige Vater von dir will", sagte Stephan und schob den Deckel auf den Topf.

„Am besten gehst du jetzt, denn in einer halben Stunde ist Essenszeit. Ich decke schon einmal den Tisch und Martin kann mir dabei helfen."

„Au ja." Martin klatschte in die Hände.

„Dieser Emsigkeit will ich nicht im Weg stehen", lachte Thomas.

Als er über den Korridor ging, grübelte er darüber nach, was der Abt von ihm wollte.

Ein ungutes Gefühl machte sich in ihm breit und in dem Moment, da Thomas das Büro betrat und das ernste Gesicht des sonst immer freundlich dreinblickenden Abtes sah, ahnte er Schlimmes und sah seine Befürchtungen bestätigt.

„Thomas, da bist du ja. Komm." Der Abt winkte und Thomas machte ein paar Schritte nach vorne, blieb aber auf Distanz.

„Sie haben mich rufen lassen, ehrwürdiger Vater?" Thomas bemerkte das Blatt Papier, das der Abt in den Händen hielt.

„Ja", antwortete der Abt gequält, indem er Thomas lange und bekümmert ansah.

„Ich habe einen Brief von der zuständigen Behörde erhalten, indem uns mitgeteilt wird, dass dein kleiner Schützling ab sofort in einer Pflegefamilie aufwachsen soll."

Der Abt sah die grenzenlose Traurigkeit im Gesicht von Thomas und dachte: Genauso gut kann ich ihm das Herz herausreißen.

„Ich weiß, wie dir jetzt zumute ist, aber für den Jungen ist es bestimmt besser, wenn er in einer richtigen Familie aufwächst, die wir für ihn niemals sein können."

Thomas antwortete nicht.

„Wir wussten, dass es irgendwann so kommen würde, und müssen auch an den Knaben denken, auch wenn es im Augenblick wehtut."

„Ja, ehrwürdiger Vater", sagte Thomas mit belegter Stimme.

Er stand da, mit hängendem Kopf und kraftlosen Gliedern, den Blick zu Boden gerichtet.

Dem Abt fühlte sich genauso elend.

Er stand auf, kam um den Schreibtisch herum und legte seine große Hand auf Thomas' Schulter. „Morgen bringst du den Jungen hinunter ins Dorf."

Thomas hob entsetzt den Blick: „Morgen schon?"

„Je eher, desto besser", antwortete der Abt und hasste sich dafür.

„Je eher, desto besser", wiederholte Thomas und der Sarkasmus in seiner Stimme war nicht zu überhören.

Thomas ging sofort in seine Zelle.

Hier legte er sich auf seine Pritsche, mit dem Gesicht zur Wand.

Innerlich aufgewühlt, vor seelischem Schmerz wie gelähmt, so lag er da und bewegte sich nicht.

Er glaubte, den Schmerz körperlich spüren zu können.

Ein stählernes Band drückte seinen Brustkorb zusammen, gleichzeitig stachen Hunderte Nadeln in sein Herz.

Ihm wurde schlecht und er glaubte, sich übergeben zu müssen.

Er versuchte krampfhaft, seine Übelkeit herunterzuschlucken, stand auf, schleppte sich mühsam zum Fenster und öffnete es weit.

Tief atmend sog er die schneidende Kälte in seine Lungen ein und nach ein paar Minuten verging der Brechreiz.

Er wankte zu seiner Pritsche zurück und ließ sich fallen, starrte in die Dunkelheit hinein.

„Warum bist du nicht zum Essen gekommen? Fehlt dir etwas?"

Martin stand vor seiner Pritsche.

Thomas hatte ihn nicht hereinkommen gehört und bemerkte ihn erst jetzt.

„Ich hatte plötzlich keinen Hunger mehr", sagte er leise.

„Mach bitte kein Licht, ich möchte schlafen", fügte er hinzu, weil er nicht wollte, dass Martin ihn in seiner jetzigen Verfassung sah.

Der Junge zog sich schweigend aus und legte sich ins Bett.

Was er wohl hat, dachte er. So kannte er Thomas nicht.

Bevor er einschlief, betete er und wie immer schloss er Thomas in sein Gebet ein.

Thomas hingegen schlief nicht.

Er lag mit offenen Augen in der Dunkelheit und lauschte auf das gleichmäßige Atmen des schlafenden Jungen.

Wehmütig schweiften seine Gedanken zurück. Er dachte an die letzten zehn Jahre, die er mit Martin verbracht hatte. Er durchlebte sie noch einmal.

Diese schönsten Jahre seines Lebens.

Oft hatte er seinen Herrgott dafür gedankt.

Nun war der Tag gekommen, vor dem er sich immer gefürchtet hatte.

Es war egoistisch, zu denken, dieser Tag würde niemals kommen, und er schämte sich für seine Gedanken, aber er konnte nichts dagegen tun.

In seinen Gebeten bat er um Vergebung, denn er durfte nicht nur an sich denken, musste das Wohl des ihm anvertrauten Jungen über seine persönlichen Empfindungen stellen, aber das fiel ihm so unsagbar schwer.

Als die Glocke zur Morgenandacht rief, hatte Thomas sich entschlossen, es Martin auf dem Weg ins Dorf zu sagen. Besser, er war mit ihm allein.

Er packte die Tasche des Jungen. Mit Tränen in den Augen legte er das Schachspiel und seine Bibel oben auf.

Martin sollte die Sachen haben.

Thomas biss sich auf die Lippen. Er kam sich wie ein Verräter vor.

Krampfhaft versuchte er, seinen Schmerz herunterzuschlucken.

Dann weckte er den Jungen.

Nach dem Frühstück gingen sie los. Martin bat, den Schlitten mitnehmen zu dürfen, und Thomas erlaubte es.

Sie stapften nebeneinander durch den hohen Schnee. Als sie die erste Wegbiegung hinter sich gelassen hatten, fragte Martin, denn ihm war Thomas Traurigkeit aufgefallen: „Du bist so still Vater, fehlt dir etwas?“

„Ich muss mit dir reden“, sagte der alte Mönch mit tonloser Stimme.

Eben wollte er zu einer Erklärung ansetzen, doch dazu kam er nicht mehr.

Thomas fasste sich ans Herz und fiel auf die Knie.

Bunte Punkte tanzten vor seinen Augen und er hatte das Gefühl, eine riesige Hand drückte sein Herz zusammen und schnürte ihm die Luftzufuhr ab.

Obwohl es bitterkalt war, schwitzte er und der Schmerz raubte ihm die Sinne.

Er kippte zur Seite und fiel in den Schnee, wo er schwer atmend liegen blieb.

Martin stand mit entsetztem Gesicht neben dem am Boden liegenden Thomas und wusste nicht, was er tun sollte.

Dann kniete er nieder und öffnete Thomas Kutte am Hals etwas, um ihm besser Luft zu verschaffen.

„Was ist mit dir Vater, was ist mit dir?“ Der Junge weinte.

„Es ist das Herz, mein Sohn.“

Thomas sah den Jungen an und versuchte, mit äußerster Anstrengung einen Arm zu heben, um Martins Tränen wegzuwischen, doch der Arm gehorchte ihm nicht mehr.

Kraftlos fiel er nach unten.

„Weine nicht, mein Sohn“, flüsterte der alte Mönch. „Aber du weinst ja auch“, rief der Junge.

„Ich laufe zum Kloster und hole Hilfe.“ Martin sprang auf, doch Thomas schüttelte den Kopf.

„Bleib“, sagte er leise, „unser Herr Jesus Christus ruft mich gerade zur rechten Zeit.“

Verständnislos sah der kleine Junge seinen Ziehvater an.

„Du darfst nicht sterben, hörst du, du darfst nicht sterben“, schluchzte der kleine Junge und legte den Kopf auf Thomas Brust.

„Du kannst mich doch nicht alleine lassen, ich habe doch sonst niemanden, nur dich. Lasse mich doch bitte, bitte nicht alleine.“

Noch einmal versuchte Thomas, seinen Arm zu heben – dieses Mal mit Erfolg.

Er strich dem Jungen übers Haar, wie so oft, wenn er ihn trösten oder beruhigen musste, und murmelte mit bebender Stimme: „Der Tod ist kein ewiges Getrenntwerden, mein Sohn. Es gibt ein Wiedersehen an einem helleren Tag.“

Martin hob den Kopf und schaute in das bläulich-rote Gesicht des Sterbenden.

Ein letztes Mal sahen sie sich an, der kleine Junge und der alte Mönch. Ein Blick, der mehr zu sagen vermochte als alle gesprochenen Worte.

Dann brachen Thomas Augen. Sein Kopf fiel zur Seite und sein Herz, das Zeit seines Lebens nur Nächstenliebe,

Toleranz und Mitgefühl gekannt hatte und dem Neid, Missgunst oder gar Hass völlig fremd waren, hörte für immer auf zu schlagen.

„Vater“, schrie Martin auf, „Vater!“ Er strich dem alten Mönch über das kalte Gesicht.

„Mach die Augen auf. Ich bitte dich, mach doch bitte die Augen auf. Lass mich nicht alleine“, wimmerte er.

Doch Thomas hörte ihn nicht mehr.

Eine Zeitlang weinte der Junge still in sich hinein.

Er hatte seinen Kopf wieder auf die Brust des Toten gelegt und glaubte, den Schmerz nicht ertragen zu können.

Dann fing er, ohne seine kauernde Haltung zu verändern, laut zu beten an.

Er betete so, wie Thomas es ihn gelehrt hatte.

Es hatte wieder begonnen zu schneien und ein eisiger Wind trieb die Schneeflocken vor sich her.

Doch Martin merkte es nicht.

Er fühlte auch nicht die Kälte, die langsam von unten in ihn hineinkroch.

Er fühlte gar nichts, nur seine Traurigkeit.

Die beiden Mönche, die Stunden später den Weg zum Kloster hochstiegen, hätten das Häuflein am Wegrand wahrscheinlich übersehen, denn inzwischen war es dunkel geworden und das Schneetreiben wurde immer dichter.

Die helle Knabenstimme ließ sie aufhorchen.

So fanden sie Martin bei dem Leichnam von Thomas, wie er sich vor Stunden niedergekniet hatte.

Laut betend, fast zugeschneit und halb erfroren.

Den beiden Mönchen wollte das Herz brechen, als sie dies sahen.

Dann handelten sie schnell.

Sie hoben Martin auf und führten ihn zur Seite. Er schien nicht ansprechbar.

Sie legten den Leichnam auf den Schlitten und banden ihn fest.

„Du musst dich bewegen Martin“, sagte Andreas, der ältere der beiden Mönche.

Er kniete nieder und rüttelte den Jungen an den Schultern.

Martin schaute ihn aus glasigen Augen an, als wenn er ihn noch nie im Leben gesehen hätte.

„Er“, begann er, doch sein Unterkiefer zitterte vor Kälte und seine Zähne schlugen aufeinander.

„Er ... hat ... mich ... alleine ... gelassen“, stammelte er. Der kleine Junge bibberte am ganzen Körper.

„Ich weiß“, sagte Andreas, „ich weiß.“ Der Mönch kämpfte mit den Tränen. Wie leid der kleine Kerl ihm tat.

„Jetzt müssen wir aber laufen, sonst erfrierst du, komm.“ Er nahm den Jungen bei der Hand, der sich willenlos und automatisch in Bewegung setzte, und sie liefen den steilen, rutschigen Weg hinauf.

Noch im Klosterhof zogen sie Martin die völlig durchnässten Kleider aus und rieben seinen nackten Körper mit Schnee ab.

Dann packten sie ihn in dicke Decken und trugen ihn in Thomas' Zelle.

Sie legten ihn auf dessen Pritsche und schichteten nochmals mehrere Decken über ihn.

Das alles ließ Martin wortlos und ohne Regung über sich ergehen.

Mit leeren Augen lag er da und starrte an die Zellendecke.

„Schock“, flüsterte Andreas.

Der andere Mönch nickte. Er holte sich einen Stuhl und setzte sich neben das Bett des Jungen.

„Verständige den ehrwürdigen Vater“, sagte er, „ich bleibe bei ihm.“

„Gut“, sagte Pater Andreas, „wollen hoffen, dass er sich keine Lungenentzündung geholt hat.“

Er verließ leise die Zelle und schloss die Tür.

Im Seitenschiff der Kapelle, direkt neben dem Altar, wurde der Leichnam von Thomas aufgebahrt.

Zwei seiner Brüder waren ständig bei ihm und hielten die Totenwache.

Zwei Tage und drei Nächte lang.

So ehrten die Mönche des Heilig-Kreuz-Klosters ihre Toten.

Das war schon immer so und würde immer so sein.

Am dritten Tag wurde der Leichnam der geweihten Erde des Friedhofs außerhalb des Klosters übergeben.

Hier, wo die Mönche seit Jahrhunderten ihre Toten beisetzten, würde auch Pater Thomas seine ewige Ruhe finden.

In feierlicher Prozession geleiteten die Mönche den Sarg mit den sterblichen Überresten ihres Bruders zum Friedhof.

Martin ging direkt hinter den Sargträgern neben dem Abt.

Der Junge hatte sich etwas erholt, jedoch sah man ihm seinen Kummer an.

Später stand er am Grab, schluckte tapfer seine Tränen herunter und hörte die Stimme des Abtes, der das Requiem in Latein abhielt, wie aus weiter Ferne.

Am Ende, als der Sarg hinuntergelassen wurde, führte man ihn weg und der Junge ging mit, ohne recht zu wissen, was hier gerade passierte.

Martin hatte das Gefühl, als wenn er diese Szenen als Außenstehender beobachtete, als würden sie ihn gar nichts angehen. Er war nicht der Betroffene.

Er dachte: Gleich kommt Thomas und bringt mich von hier fort, dann wird alles wieder gut.

Thomas? Thomas kann nicht kommen. Thomas ist tot. Thomas kommt nie mehr, schrie eine Stimme in ihm.

Diese Stimme wurde immer lauter und lauter, bis sie sich überschlug ... tot ... tot ... tot ... tot ... tot ...

Und der kleine Junge fing haltlos an zu weinen.

Eine Woche später verließ Martin das Kloster.

Pater Andreas sollte den Jungen hinunter ins Dorf bringen und der Abt begleitete sie bis zum Portal.

Nun standen sie draußen vor dem Tor, knöcheltief im Schnee, denn in der Nacht hatte es erneut heftig geschneit, und schwiegen betreten.

Die Sonne spiegelte sich in den vom Neuschnee bedeckten Berghängen.

Der Abt räusperte sich: „Nun heißt es Abschied nehmen, mein Sohn." Er blickte den Jungen an.

„Vergiss uns nicht“, fügte er hinzu.

Martin schüttelte traurig den Kopf, sagte aber nichts.

Der Abt legte seine große Hand auf den blonden Schopf des Jungen und segnete ihn:

„Gott sei mit dir“, sagte er dabei. „Und mit deinem Geiste“, antwortete Martin automatisch.

Ohne den Abt anzusehen, drehte er sich um und begann mit hochgezogenen Schultern den Abstieg, um seine Tränen zu verbergen. Andreas folgte ihm.

Der Abt biss sich auf die Lippen. Er blieb reglos stehen und blickte den beiden nach.

Wegen der reflektierenden Sonne musste er seine Augen zusammenkneifen. Die Blendung schmerzte.

Wenn er sich umdreht und zurückblickt, sehe ich ihn wieder, dachte der Abt.

Er hatte den freundlichen, kleinen Kerl in sein Herz geschlossen wie alle seine Brüder im Kloster.

Noch immer konnte er die beiden Gestalten gut erkennen, obwohl sie sich schon ziemlich weit entfernt hatten.

Sie hoben sich deutlich von der weißen Landschaft ab.

Dreh dich um, mein Junge, dachte der Abt. Bitte dreh dich um. Nur ein einziges Mal.

Noch ein paar Schritte und sie würden die erste Biegung erreicht haben und aus dem Blickfeld verschwunden sein.

Geblendet schloss der Abt die Augen. Sie tränten.

Gleichzeitig sagte er laut, als könne er es dem Jungen einsuggerieren: „Dreh dich um, Martin, ein einziges Mal, blick zurück, bitte, blick zurück.“

Als er die Augen wieder öffnete, waren die beiden nicht mehr zu sehen.

„Ich sehe den Kleinen nie wieder“, sagte der Abt leise, fast stöhnend.

Unendliche Traurigkeit überkam ihn.

Eine ganze Weile blieb er noch stehen und blickte dorthin, wo die beiden eben erst verschwunden waren.

Dann wendete er sich resigniert ab und ging mit schleppenden Schritten in den Klosterhof zurück.

Kapitel 5

Jakob saß in der Küche am Frühstückstisch seiner Frau gegenüber und las die Zeitung.

„Ich werde David heute Nachmittag mit in die Firma nehmen, wenn er aus der Schule kommt", sagte er über den Zeitungsrand hinweg.

Ella setzte ihre Kaffeetasse ab.

„Findest du nicht, dass er dafür noch zu jung ist?" Sie vermied es, ihrem Mann dabei in die Augen zu sehen.

Ella wusste, hatte Jakob sich zu irgendetwas entschlossen, mochte er keinen Widerspruch.

„David ist elf Jahre alt", sagte Jakob, „in drei Jahren verlässt er die Schule und tritt in die Firma ein, wie geplant."

Er machte eine Pause, dann sprach er weiter: „Ich will ihm zeigen, was auf ihn zukommt, ihn vorbereiten. Schließlich soll er später einmal alles übernehmen, darüber waren wir uns doch einig."

Jakob hatte sein Frühstück beendet und faltete die Zeitung zusammen, blieb aber sitzen.

Ella seufzte: „Er ist ein so schwieriger, wilder Junge. Oft ungestüm und manchmal unbeherrscht."

„Was willst du Ella", lachte Jakob, „er hat dein Temperament."

„Im Ernst, Jakob, ich habe doch nur Angst, dass das, was er in der Schlachthalle sieht, ihn überfordert, ihn beeinflusst und das nicht zum Positiven.

Es ist so brutal, wie die Tiere getötet werden. Der ganze Beruf ist brutal."

Jakob stand auf und kam um den Tisch herum.

Er beugte sich zu Ella herunter und küsste sie.

„Ich bin also brutal?", sagte er scherzhaft und grinste.

Ella protestierte: „Das habe ich nicht gemeint und das weißt du auch. Ich finde nur“, sie suchte nach Worten, „seine empfindsame Kinderseele könnte Schaden nehmen, wenn er all die Rohheiten sieht.“

Bei den letzten Worten stand Ella schwerfällig auf und begann, den Tisch abzuräumen.

„Er ist ein richtiger Junge“, entgegnete Jakob nicht ohne Stolz in der Stimme. „Er wird das schon verkraften, da bin ich mir ganz sicher.“

Jakob trat hinter Ella und umfasste liebevoll ihren dicken Bauch.

Sie war im neunten Monat schwanger. Er küsste zärtlich ihren Nacken am Haaransatz und sagte dann einlenkend: „Ich mache dir einen Vorschlag. Wenn ich sehe, dass es für David eine zu große Belastung ist, lasse ich ihn nach Hause bringen.“

Ella drehte sich um und küsste Jakob auf den Mund.

„Einverstanden“, sagte sie schnell, froh darüber, ihm wenigstens dieses Zugeständnis abgerungen zu haben.

Es schien die brutale Art und Weise zu sein, wie das Vieh geschlachtet wurde, die David faszinierte.

Das markdurchdringende Schreien der Tiere, sobald sie an den Hinterbeinen angekettet hochgezogen wurden, bis sie den Boden unter den Füßen verloren und mit dem Kopf nach unten hilflos am Flaschenzug baumelten, mit weit aufgerissenen, hervorquellenden Augen, sich in Todesangst windend, bis der Klopfschlächter ihnen mit einem schnellen Schnitt die Halsschlagader durchtrennte, musste für jeden, der dies noch nie miterlebt hatte, unbeschreiblich grausam und erschütternd sein.

Nicht für David.

Jakob beobachtete seinen Sohn genau, so wie er es Ella versprochen hatte, doch konnte er keine Gefühlsregung von David erkennen, die Anlass zur Sorge gegeben hätte.

Im Gegenteil. Anstatt Abscheu oder Ekel zu empfinden, schien der Junge sich an dem blutigen Geschehen, mit dem er zum ersten Mal in seinem Leben konfrontiert wurde, zu ergötzen.

Jakob erinnerte sich, was er selber empfunden hatte, als er dies alles zum ersten Mal mit ansehen musste.

Er hatte von all dem Blut, dem Gestank und den Schreien der Tiere Alpträume bekommen.

Nicht so David. Er verfolgte die Arbeit der Schlächter mit Neugier und Interesse.

Ohne die geringste Spur von Abscheu oder Ekel.

Interessiert stand der Elfjährige dabei und beobachtete die sterbenden Tiere, die nach dem Abstechen ausbluteten, bis ihre zappelnden Bewegungen weniger wurden und sie schließlich still da hingen.

David schien es geradezu zu studieren.

Die Kopfschlächter allesamt, waren beeindruckt von dem Jungen.

„Gratuliere Chef", sagte einer von ihnen, „ein toller Bursche, Ihr Sohn."

Jakob nickte und sie gingen weiter.

Sie sahen dem Ausnehmen der Tiere zu, wie man ihnen die Eingeweide herausriss.

Sahen den Metzgern über die Schulter, die zerlegten und portionierten. Ganz besonderes Interesse zeigte David, als sie am Ende der Produktionskette bei der Wurstherstellung angelangt waren.

Fleischstücke und Reste gab man in ein Zerhack- und Rührwerk, reichte es mit den verschiedensten Gewürzen und Stärkemittel an, bevor die fertige Wurstmasse dann in Därme gefüllt, zum Räuchern aufgehängt wurde.

„So wird also Wurst gemacht", sagte David beeindruckt.

„Ja", sagte Jakob, „so wird Wurst gemacht. Die Beste, die du in Berlin kaufen kannst."

Er legte seinem Sohn einen Arm über die Schulter und dachte glücklich und stolz: „Damit sind Ellas Einwände und Bedenken widerlegt."

Von diesem Tag an verbrachte David ganze Nachmittage in der Fabrik seines Vaters, um den Fleischern bei ihrem blutigen Handwerk zuzusehen.

Und dass dies prägend für den Charakter des Jungen sein sollte, ahnte niemand.

Jakob sah auf das kleine Häuflein Mensch herunter, dass in Ellas Arm schlief.

Meine Tochter dachte er stolz.

Ella wirkte entspannt und man sah ihr nicht an, dass sie noch vor einer Stunde im Kreißsaal gelegen hatte.

„Das hast du gut hinbekommen", sagte Jakob und drückte Ella einen dicken Kuss auf die Stirn.

Ella lachte: „Vergiss nicht deinen zwar kleinen, keinesfalls aber unwichtigen Beitrag."

Sie sah ihren Mann liebevoll an. Glücklich und erleichtert. Sie hatte solche Angst gehabt.

Die Anspannung der letzten Wochen fiel von ihr wie eine Zentnerlast und alle Verkrampfung löste sich.

Sie hörte die Stimme des Geburtshelfers noch jetzt, als er verkündete: „Ein Mädchen. Ein süßes kleines Mädchen." Irgendwoher kannte sie den Satz.

Als der Arzt ihr das Neugeborene schließlich auf den Bauch legte und er sagte „Gesund und kräftig, es ist alles in Ordnung", fing Ella an zu weinen, vor Glück und Erleichterung.

Wenn Kinder zu kriegen, so einfach sein kann, dann möchte ich noch zehn, schoss ihr durch den Kopf.

Ella konnte nicht aufhören zu weinen ...

„Sie sieht genauso aus wie du", sagte Jakob.

„Ich weiß nicht, ob man bei einem Neugeborenen, dass eine Stunde auf der Welt ist, eine Ähnlichkeit erkennen kann. Außerdem willst du doch wohl nicht sagen, dass ich genauso viele Falten habe, oder?" Beide lachten und Jakob drückte sich Ellas freie Hand gegen die Wange.

„Wie soll sie heißen? Hast du schon einen Namen für den Wurm?", fragte er dann.

„Ja", sagte Ella, „und ob ich den habe. Wir nennen sie Sara, nach deiner Mutter."

Jakob bekam feuchte Augen und er beugte sich über Ella und küsste sie. Voller Dankbarkeit, Liebe und Glück.

Ellas und Jakobs jüngste Tochter entwickelte sich prächtig. Selten hatte man ein so freundliches Kind erlebt. Die kleine Sara lachte den ganzen Tag und tatsächlich wurde sie Ella immer ähnlicher, je älter das Kind wurde.

Die Kleine hatte wie ihre Mutter ebenmäßige, liebliche Gesichtszüge, in denen große, dunkle Augen dominierten, und die gleiche schwarzglänzende Haarfarbe.

Ein Sonntagskind. Ein Wonneproppen.

Eine Tatsache allerdings gab zur Sorge Anlass.

Beim Füttern der beiden Kinder fiel es Ella zum ersten Mal auf.

Die Mädchen saßen sich in ihren Kinderstühlchen gegenüber, als Sara die unartikulierten Laute ihrer Schwester nachahmte. Gleichzeitig schnitt sie eine Grimasse, wie Rowena es tat, wenn ihr etwas missfiel.

Ella war entsetzt und so sprach sie am Abend mit Jakob darüber.

Der tat dies als harmlosen Zufall ab. „Du siehst Gespenster." Ella ließ es vorerst dabei bewenden.

Doch die Vorfälle dieser Art wiederholten sich. Immer häufiger äffte Sara ihre Schwester nach.

Sara war jetzt ein Jahr alt und hätte schon lange mit dem Sprechen einfacher Worte anfangen müssen. Stattdessen grunzte sie nur Unverständliches.

Die schreckliche Wahrheit war ein Schock.

Man konnte die beiden Kinder nicht zusammen aufwachsen lassen, ohne das Risiko einzugehen, dass Sara in ihrer Entwicklung gestört wurde.

Wogegen Ella sich immer gesträubt hatte, wurde nun zur Notwendigkeit.

Rowena wurde in eine psychiatrische Klinik eingewiesen und Ella wollte das Herz brechen.

„Du bist ja nicht der einzige Bescheuerte in eurer Familie." Der Junge, der vor David stand, hatte die Fäuste geballt und kam bedrohlich näher.

Aus einer harmlosen Rempelei beim Verlassen des Schulgebäudes schien sich eine handfeste Keilerei zu entwickeln.

„Was willst du damit sagen?" David wich einen Schritt zurück. Der Junge kam näher.

Er war gut einen Kopf größer als David und Anführer einer Bande, denen alle Jungs der Schule gerne angehört hätten.

„Schau dir deine verrückte Schwester an, dann weiß du, was ich damit sagen will."

Der Große stand nun ganz dicht vor David und die anderen Jungen bildeten erwartungsvoll einen Kreis.

Ohne dass es im Ansatz zu erkennen war, schlug David seinem Kontrahenten die Faust ins Gesicht und dann stürzte er sich auf seinen Gegner und riss ihn zu Boden, noch bevor der andere Junge reagieren konnte.

Sie wälzten sich im Staub des Schulhofs und als David wieder einmal oben lag, schlug er erneut zu. Hart, gezielt und unerbittlich prügelte er auf seinen Gegner ein.

Zwei starke Arme schoben ihn von dem am Boden Liegenden weg. Der Klassenlehrer hatte die Auseinandersetzung vom Fenster aus beobachtet und trennte die beiden Streithähne.

Nachdem der Hausmeister die aufgeplatzte Lippe des anderen notdürftig verarztet hatte, standen die beiden Raufbolde nun dem Direktor gegenüber.

Obwohl sie hart verhört wurden, schwiegen beide über den Grund der Auseinandersetzung beharrlich. Schließlich wurden sie mit einer schriftlichen Ermahnung nach Hause geschickt.

Die Jungs der Schule hatten von diesem Tage an einen neuen Anführer.

Mutprobe nannten sie es.

Wenn einer der Jungen in Davids Bande aufgenommen werden wollte, musste er sich würdig, das hieß als ganzer Kerl erweisen.

Die Prüfungen, die bei diesen Gelegenheiten zu bestehen waren, variierten.

Irgendeinem Bandenmitglied fiel immer etwas ein. Nur ausgefallen genug musste es sein.

David legte die mitgebrachte Rindswurst und das Schlachtermesser vor sich auf den Boden.

„Hast du die Schnur?", fragte er.

Der blonde Junge neben ihm langte in seine Hosentasche und legte das zusammengerollte Knäuel zu dem Messer und der Wurst. Er war der Kandidat.

„Gut", kommandierte David. „Dann fangen wir an. Wir machen alles so wie besprochen."

Die anderen nickten. Auch der Blonde.

Sie befanden sich auf dem Schulgelände und verteilten sich in dem verwilderten Garten.

Eine hohe Hecke verhinderte, dass sie entdeckt werden konnten.

Lange brauchten sie nicht zu warten, bis ihr Opfer erschien.

Von dem Duft der Wurst unwiderstehlich angezogen, die Nase im Wind und immer wieder witternd, stand er da und knurrte.

Vorsichtig ging der Blonde auf den Hund des Hausmeisters zu und hielt ihm einladend die Wurst entgegen. Der Hund schnupperte, hielt sich aber noch zurück.

Sein angeborenes Misstrauen schien ihm zur Vorsicht zu ermahnen. Der Blonde kniete nieder, sodass er für den Hund nicht mehr so groß wirkte, und wartete.

Dies war jetzt der entscheidende Moment. Keiner der beiden bewegte sich.

Schließlich siegte die Fresssucht über den tierischen Instinkt. Der Hund kam näher.

Die anderen beobachteten aus ihrem Versteck heraus dieses Schauspiel.

„Braver Hund", sagte der Blonde so ruhig, er konnte, und ließ den Hund von der Wurst kosten.

Die anderen kreisten den Hund ein, der jetzt gierig fraß und sein Unheil nicht kommen sah.

Er hatte jede Scheu verloren.

Der Blonde wickelte circa einen Meter Schnur ab. Als er eine Schlaufe band, zitterten seine Hände. Der Hund fraß arglos weiter. Dann ging alles blitzschnell.

Während der Blonde dem Hund die Schlaufe über das Maul warf, stürzten sich die anderen Jungen auf das Tier.

Ihr Opfer wehrte sich verzweifelt, doch es waren zu viele Gegner, zu viele Hände. Er konnte nicht entkommen.

Sie banden das wimmernde Tier mit den Vorderpfoten an einen überstehenden Ast, Kopf nach oben. David gab dem Blonden das Messer. Die anderen sahen aus einiger Entfernung zu.

„Fang von oben an, mit einem langen Schnitt bis unten", sagte er fachmännisch und trat zurück.

Der Blonde nickte. Er machte einen Schritt auf sein zappelndes Opfer zu, das verzweifelt versuchte, freizukommen. Das helle Wimmern verursachte bei ihm eine Gänsehaut. Es ging durch und durch. Er stand jetzt dicht vor dem Hund und sah die blutunterlaufenen, hervortretenden Augen, sah, wie das Tier sich in Todesangst wand. Der Blonde versuchte, das Messer zu heben, das immer schwerer zu werden schien. Vergeblich. Er war wie gelähmt, konnte sich nicht bewegen.

Er hörte ein missbilligendes Zischen der anderen. Aber es ging nicht. Der Hund tat ihm leid.

Plötzlich stand David neben ihm und nahm ihm das Messer aus der Hand: „Sieh her."

Er stach dem Hund das Messer in die Kehle und schlitzte ihn von oben bis unten auf.

Das Wimmern der gequälten Kreatur wurde unerträglich laut und gleichzeitig quollen die Gedärme aus dem Bauch heraus.

„Reiß ihm das Herz heraus", schrie David den Jungen an, der kreideweiß danebenstand.

Der Blonde rührte sich nicht.

„Mach schon", brüllte David, „du Feigling."

Dem armen Kerl wurde übel und er merkte, wie sein Magen revoltierte und sich der Boden unter seinen Füßen bewegte. Mit einem Satz war er am nächsten Baum, wo er sich röchelnd übergab.

Dieser makabre Vorfall blieb natürlich nicht unentdeckt und David war sehr schnell als Rädelsführer entlarvt.

„Rosendahl", schrie der Direktor. „Immer dieser Rosendahl." Er war außer sich über diesen derben Streich.

Man setzte eine Lehrerkonferenz an und wurde sich in kürzester Zeit einig.

David flog von der Schule.

Ein halbes Jahr früher als geplant, noch bevor David vierzehn Jahre alt wurde, trat er in die Firma seines Vaters ein.

David fing früh morgens um vier Uhr mit der Arbeit an. Sein Zwölf-Stunden-Tag war hart und für einen knapp Vierzehnjährigen kaum zu bewältigen.

Die Meister und Vorarbeiter in der Fabrik schonten ihn nicht. Keine extra Wurst hatte Jakob von ihnen verlangt. In erster Linie war dies eine disziplinarische Maßnahme.

Vielleicht wird er dann ruhiger, hoffte Jakob.

David verstand den Wink mit dem Zaunpfahl. Er beklagte sich kein einziges Mal. Was man auch immer von ihm verlangte, was man ihm auch immer auftrug, David erledigte es – zur vollsten Zufriedenheit.

Er lernte, sich anzupassen und zu gehorchen, war fleißig und arbeitswillig. Irgendwie schienen ihm diese Tätigkeiten in der Fleischfabrik zu liegen.

Nach einem Jahr hatte David alle Abteilungen in der Fabrik durchlaufen und ein Meister, der ein Auge auf David haben sollte, sagte zu Jakob: „Viel können wir Ihrem Sohn hier unten nicht mehr beibringen, Herr Rosendahl. Er ist ein Naturtalent. Äußerst geschickt. Ich habe noch nie einen Jungen gesehen, der so eifrig bei der Sache ist. Es macht einfach Spaß, ihm bei der Arbeit zuzusehen."

„Gut", Jakob nickte dem Meister freundlich zu und ging in sein Büro zurück. Er platzte fast vor Stolz und Genugtuung.

Eine halbe Stunde später stand David vor dem Schreibtisch seines Vaters. Sie waren alleine.

David hatte seine blutige Schürze ausgezogen und hielt sie etwas umständlich in der Hand.

„Du wolltest mich sprechen, Vater?"

„Ja, mein Junge, setz dich."

Als David Platz genommen hatte, sagte Jakob ohne ein weiteres Wort der Einleitung:

„Ab morgen arbeitest du hier im Büro." Er beobachtete Davids Reaktion und schmunzelte. Wie gut er ihn kannte, denn das Gesicht seines Sohnes war bei seinen Worten länger geworden.

„Dann bist du also nicht zufrieden mit dem, was ich jetzt tue?“ David legte seine Schürze auf die Knie. Er konnte seine Enttäuschung kaum verbergen. Jakob hob die Hand.

„Im Gegenteil, mein Sohn, ganz im Gegenteil. Ein Jahr habe ich dich beobachtet und es gibt keinen Grund zur Klage. Nicht den geringsten.“

David sah seinen Vater erleichtert, gleichzeitig aber auch fragend an: „Dann verstehe ich nicht ...“

Er beendete den Satz nicht.

„David“, Jakob stand auf und ging ans Fenster. Gedankenverloren blickte er auf die Straße.

Ohne sich umzudrehen, sagte er: „Ich habe drei Kinder, für die ich ein Leben lang geschuftet habe.

Wem soll ich das hier alles einmal übergeben?“ Bei den letzten Worten hatte er sich umgedreht und machte eine alles umfassende Handbewegung.

David wurde es unbehaglich. So hatte sein Vater noch nie mit ihm geredet.

„Deine Schwester Sara ist vier Jahre alt. Rowena ...“ Jakob seufzte. „Wem also, außer dir mein Junge, kann ich mein Lebenswerk anvertrauen?“

David sah seinen Vater an, sagte aber nichts. Was hätte er auch sagen können?

„In Europa gärt es, David“, sagte Jakob. „Wir müssen eine neue Halle bauen. Die Firma erweitern.

Das ist seit Langem geplant. Es wird Krieg geben und wir müssen vorbereitet sein. Aber ich brauche deine Unterstützung.“

Er ging zu seinem Schreibtisch zurück und wusste, dass seine Worte und Argumentationen wirkten.

Als er sich wieder gesetzt hatte, fuhr er fort: „Man kann keine Firma leiten ohne kaufmännische Vorkenntnisse, mein Sohn. Ich habe das lernen müssen und du wirst das auch lernen.

Mit dem heutigen Tag ist deine praktische Ausbildung im Betrieb abgeschlossen, nun folgt der administrative Teil. Du lernst, die Firma zu leiten. Gleichzeitig wirst du hier oben zum Kaufmann ausgebildet.“

David senkte den Blick. Er wurde blass. Ohne den Kopf zu heben, sagte er dann: „Wenn du meinst Vater, dass ich das kann, versuche ich es."

Jakob nickte zufrieden: „Das wirst du, schließlich bist du mein Sohn."

Die politisch-geografische Situation in Europa um das Jahr 1910 war Folgende:

Zwei Bündnisse standen sich gegenüber, die Europa in zwei Lager spalteten.

Zum einen die Entente – bestehend aus Frankreich, England und Russland.

Zum anderen das wesentlich ältere Dreierbündnis – Deutschland, Österreich/Ungarn und Italien.

Während Deutschland sich in Europa immer mehr eingeengt fühlte und Kaiser Wilhelm der II. begonnen hatte, an den Küsten von Nord- und Ostsee in riesigen Werften die deutsche Seestreitkraft auszubauen, um im Ernstfall der Seemacht England Paroli bieten zu können, war Österreich-Ungarn darauf bedacht, seine Interessen im Balkan gegen Russland zu wahren.

Es brodelte in Europa und der militärische Konflikt schien unausweichlich.

Der Funke, der dieses Pulverfass zünden sollte, blieb dann aber noch vier Jahre aus.

Im Frühsommer 1910 begann Jakob Rosendahl mit dem Bau der neuen Halle.

Die politische Lage duldete keinen Aufschub mehr.

Ella war zwar immer noch nicht glücklich über Jakobs Ansinnen, doch nun konnte sie ihn nicht mehr umstimmen. Sein Entschluss stand fest. Jakob verließ sich wie immer bei seinen geschäftlichen Entscheidungen auf sein Gefühl, das ihn zu einem wohlhabenden Mann hatte werden lassen.

Er persönlich wollte keinen Krieg. Gott bewahre. Jakob Rosendahl war ein friedliebender Mensch.

Er würde an diesem Krieg auch nicht teilnehmen, jedenfalls nicht aktiv, in kriegerischer Absicht, denn er hasste Gewalt. Aber er würde an diesem Krieg verdienen.

Bei seinen Überlegungen ging Jakob davon aus, dass im Kriegsfall die Armeen verpflegt werden müssten. Die Versorgung musste gewährleistet sein und dafür fühlte Jakob sich zuständig.

So wurde in nur sechs Monaten auf dem freien Gelände hinter dem Schlachthof eine der modernsten Produktionsstätten für Konservenfleisch errichtet.

Fleisch in Dosen gab es schon sehr lange.

Um genau zu sein, erfand man das Konservieren von Lebensmitteln jeglicher Art in Büchsen für die Armeen Napoleons.

Essbares so haltbar gemacht, haltbar für viele Monate, war leicht zu lagern, zu transportieren und zu rationieren.

An dem Tag, als Jakob durch das neue schmiedeeiserne Tor am Eingang des Betriebsgeländes trat, war er für einen Augenblick wieder der fünfzehnjährige jüdische Junge, der vor langer Zeit hier um Arbeit gebettelt hatte.

Eines Morgens stand David wie gewöhnlich früh auf und schlurfte gähnend zum Waschbecken.

Er hatte schlecht geschlafen und fühlte sich wie gerädert.

Bevor er wie jeden Morgen den Wasserhahn öffnete, um seinen Kopf unter den kalten Strahl zu halten, um wach zu werden, blickte er in den Spiegel und erschrak.

Wie vom Schlag getroffen war er hellwach. Sein Gesicht sah aus wie ein Streuselkuchen. Über und über mit Pickeln und Pusteln bedeckt. Er konnte es nicht fassen. David befühlte die Unebenheiten mit den Fingern. Kein Zweifel, dies war sein Gesicht. Pubertät schoss es ihm durch den Kopf. Er hatte darüber gelesen. Dagegen konnte man wenig tun.

„Pubertät", sagte er zu sich selber und grinste etwas hilflos sein Spiegelbild an.

Nach einer Woche hatte sich sein Aussehen drastisch verschlechtert.

Aus den Pickeln wurden gefährlich aussehende Pocken und dann eiternde Geschwüre, die teuflisch schmerzten, wenn man sie nur berührte.

David ging zum Arzt. „Was soll sein“, sagte der Doktor gemütlich, als er einen Blick in Davids Gesicht geworfen hatte. „Du bist in der Pubertät, Jungchen.“

„Was kann man dagegen tun?“, fragte David ungehalten.

„Such dir ein Mädchen“, sagte der Arzt grinsend.

„Ein Mädchen“, schrie David, „wer sieht mich denn so an?“ Der Arzt wurde ernst. „Die moderne Medizin hat gegen diese natürlichen Vorgänge keine Möglichkeiten. Du wirst erwachsen und das äußert sich durch Akne, so der medizinische Fachausdruck. Nach einem Jahr, vielleicht auch zwei, wirst du wieder normal aussehen.“

„Zwei Jahre so herumlaufen?“, brüllte David. Er konnte sich kaum beherrschen.

„Sauberkeit“, dozierte der Arzt, „ist hier noch die beste Medizin. Wasch dir dreimal am Tage das Gesicht mit Wasser und Seife, außerdem verschreibe ich dir einen Puder für die aufbrechenden Eiterbeulen.“ Er kritzelte auf seinem Rezeptblock herum.

„Sei froh“, sagte er dann, „dass nur dein Gesicht befallen ist.“

„Lieber wäre mir, ich hätte die verdammten Beulen am Hintern, den brauch ich nicht zur Schau zu tragen.“ Der Arzt sah David über den Rand seiner Brille an. „Dann könntest du nicht sitzen“, schmunzelte er und reichte David das Rezept.

David wusch sein Gesicht nicht dreimal am Tag, sondern zehnmal am Tag.

Oft schrubbte er es so heftig aus Frustration, dass ihm das Blut und der Eiter nur so runterliefen.

Er puderte sein Gesicht, balsamierte es förmlich. Nichts half. Die Eiterbeulen öffneten sich. Dann schlossen sie sich, um nach kurzer Zeit, gefüllt mit neuem Eiter, erneut aufzubrechen.

Natürlich entging David nicht, dass man im Büro hinter seinem Rücken über sein Aussehen tuschelte. Er bekam Komplexe und litt furchtbar unter seiner Akne, traute sich kaum noch unter Menschen.

Oft wachte David am Morgen auf und sein Kopfkissen war über und über mit Eiter und Blut besudelt.

Ella tat es weh, wie ihr Sohn litt, aber natürlich konnte sie ihm nicht helfen.

Schließlich gab David die Versuche auf, seine Akne in den Griff zu bekommen.

Er warf den Puder in die Mülltonne und wusch sich nur noch einmal am Tag.

Ziemlich genau nach einem Jahr, David war jetzt siebzehn Jahre alt, verschwanden die Pickel von selber. Zurück blieb ein tief vernarbtes Gesicht, das den Jungen für immer entstellte.

„Extrablatt“, schrie der Zeitungsjunge.

„Österreichischer Thronfolger ermordet. Extrablatt.

Erzherzog Franz Ferdinand und Gemahlin in Sarajevo erschossen.“

Die Passanten rissen ihm die Zeitungen buchstäblich aus den Händen.

Der Junge konnte sich nicht erinnern, wann sein Geschäft so floriert hatte.

Jakob ließ eine Münze in die offene Hand des Jungen fallen und las, was mit großen Lettern geschrieben stand.

Sarajevo, 28. Juni 1914:

Heute Vormittag wurde auf den Erzherzog Franz Ferdinand und seine Gemahlin ein Pistolenattentat verübt.

Der Erzherzog und die Herzogin sind tot. Der Täter wurde verhaftet.

Dem Kaiser ist Bericht erstattet worden.

Jakob ließ die Zeitung sinken.

Ein historischer Tag, der in die Geschichte eingehen wird, dachte er. So oder so.

Obwohl in den darauffolgenden Wochen von offiziellen Stellen aus Berlin, Wien, London, Paris und St. Petersburg immer wieder zu vernehmen war, man wolle den Frieden in Europa um jeden Preis erhalten, befahlen die mächtigen Führer insgeheim die Mobilmachung.

Die Würfel waren längst gefallen. Der militärische Konflikt war nicht mehr zu vermeiden. Die Frage war, wer tat den ersten Schritt?

Jakob sah seine Voraussicht in dem Augenblick bestätigt, als man ihm zwei Herren des Ministeriums meldete.

Sie wirkten vornehm in ihren dunklen Nadelstreifenanzügen, als sie in Jakobs Büro etwas steif vor ihm saßen.

Nachdem man belanglose Höflichkeiten ausgetauscht hatte, kamen sie schnell zur Sache.

„Ich bitte um absolute Diskretion, was unseren Besuch und unser Gespräch betrifft, Herr Rosendahl“, sagte der Ältere der beiden. Er war zweifellos der Wortführer.

Jakobs Gesichtsausdruck wirkte beleidigt. Er hob theatralisch beide Hände.

„Das ist doch selbstverständlich, meine Herren.“ Die beiden wechselten einen bedeutungsvollen Blick und der Jüngere nickte kaum wahrnehmbar.

„Gut“, begann der Ältere und räusperte sich. „Es wird Krieg geben Herr Rosendahl. Wir sind davon überzeugt, dass der Kaiser alles in seiner Macht stehende tun wird, um Deutschland herauszuhalten, aber die Bündnistreue mit Österreich lässt andererseits keine Passivität zu. So stehen die Dinge.“ Er machte eine Pause und beobachtete sein Gegenüber genau.

Jakob tat überrascht. „Krieg“, murmelte er. „Um Gottes willen, wie furchtbar.“

„Ja leider.“ Der Ältere nickte bekümmert.

Dann fragte er: „Wie viele Konserven können Sie täglich abfüllen, maximal?“

Endlich ist es heraus, dachte Jakob. Gleichzeitig wurde sein Gesicht nachdenklich und er legte seine Stirn in Falten, als ob er angestrengt überlegen würde. Er wusste die Antwort längst.

„Alles in allem …“ Dabei beobachtete er die beiden genau. „Alles in allem, täglich …“ Jakob holte Luft: „Verbindliche 10 000 Büchsen in verschiedenen Größen und in unterschiedlicher Befüllung.“

Die Herren schienen zufrieden zu sein, denn Jakob sah beide nicken, nachdem sie wieder jenen bedeutungsvollen Blick gewechselt hatten.

Wie auf ein geheimes Kommando hin erhoben sie sich gleichzeitig.

„In den nächsten Tagen schicken wir einen Mitarbeiter mit den Verträgen“, sagte der Jüngere.

Jakob war ebenfalls aufgestanden. „Mit welchen Verträgen?“, fragte er etwas dümmlich.

„Im Kriegsfall verpflichten wir uns, ihre gesamte Konservenproduktion abzunehmen.“

„Hmm“, machte Jakob und spielte den Sprachlosen.

Dann sagte er: „Wollen hoffen, dass der Friede in Europa uns noch lange erhalten bleibt.“

Als die beiden gegangen waren, lächelte er vor sich hin. Jetzt erst fiel ihm auf, dass mit keinem Wort über die Kosten gesprochen worden war. Sie würden also den von ihm geforderten Preis bezahlen.

Genau drei Wochen nach diesem Gespräch erklärte Deutschland Frankreich den Krieg.

Noch am selben Tag verließ der erste Lastwagen, beladen mit Konserven, die Fleischfabrik.

Unter einer Straßenlaterne blieb er stehen und zündete sich eine Zigarette an. Was für ein hässlicher Kerl, dachte die Dirne, als das Streichholz aufflammte und sie für einen kurzen Moment das vernarbte Gesicht erkennen konnte.

Sie stand in einer Toreinfahrt – ihrem Stammplatz – und beobachtete die schwankende Gestalt.

Besoffen, registrierte sie angeekelt. Ihr blieb aber auch nichts erspart.

Was sollte sie tun? Das Geschäft lief schlecht. Die meisten Männer waren an der Front. Damit beschäftigt, sich tot schießen zu lassen. Da musste man nehmen, was man kriegen konnte.

Sie seufzte. Als sie sich aus der Dunkelheit löste, fuhr der Mann herum. Erst als sie dicht vor ihm stand, sah sie, wie jung er noch war. Fast noch ein Kind.

„So schreckhaft Kleiner?" Sie lachte dunkel und warf ihren Kopf in den Nacken.

David sah zwei Reihen gelber Zähne. Aber der Rest gefiel ihm. Sein Körper entspannte sich.

„Was willst du?", fragte er unfreundlicher als beabsichtigt. Die Hure ließ sich nicht einschüchtern.

„Erst einmal eine Zigarette", sagte sie noch immer lachend. „Und dann zeige ich dir, wo es noch etwas zu trinken gibt, wenn du willst."

David hielt der Frau sein Zigarettenpäckchen hin und gab ihr Feuer, nachdem sie sich bedient hatte. Er sah ihr zu, wie sie gierig den Rauch einsog. Die Prostituierte wusste aus Erfahrung, dass sie jetzt keinesfalls drängeln durfte. Deshalb blieb sie einfach vor ihm stehen und ließ sich von oben bis unten mustern. Er prüft die Ware, dachte sie bei sich. Du hängst an der Angel Kleiner, weißt es nur noch nicht.

Nach einer Weile sagte David: „Einverstanden, du gefällst mir. Wo müssen wir lang?"

Die Dirne hakte sich bei ihm unter und warf den Zigarettenstummel weg.

„Ich führe dich, Süßer, und dann verführe ich dich." Wieder lachte sie ihr dunkles, glucksendes Lachen. „Komm, ist nur um die Ecke."

Der Raum, den sie wenig später betraten, roch nach billigem Parfüm.

Eine einzelne, nackte Birne an der Decke gab gerade so viel Licht ab, dass man die Umrisse und das Mobiliar des Zimmers erkennen konnte, nicht aber den Schmutz, der hier überall lag.

Nachdem David den vorher vereinbarten Preis bezahlt hatte, zog er sich aus und legte sich aufs Bett. Die Nutte behielt ihre Kleider an.

Sie kniete sich vor David und fing an, seinen Penis mit beiden Händen zu reiben.

Als er gleich darauf hart wurde, kommentierte sie: „Gut erzogen, der Kleine“. Dann setzte sie sich rittlings auf Davids Bauch.

Sie schob sich das steife Glied zwischen ihre Beine und tat so, als ob sie ihn sich einführte.

Tatsächlich aber hielt sie den Penis noch immer mit einer Hand umspannt. So begann sie, sich langsam auf und ab zu bewegen. Tausend und mehr Male hatte sie ihre Freier auf diese Art und Weise schon betrogen. Ihnen mit der Hand das Gefühl vorgegaukelt, wirklich in ihr zu sein.

Die Kerle sind so dumm, dachte sie wieder einmal, wenn sie geil sind.

Der Faustschlag zwischen ihren Schulterblättern nahm ihr den Atem und sie wurde durch die Wucht nach vorne geschleudert. Sie rollte auf den Rücken und rang nach Luft.

Noch bevor sie begriff, was passierte, war David über ihr und hieb ihr brutal seine Faust auf den Mund. Sie fühlte, wie ihre Lippe aufplatzte, und schmeckte Blut.

„Dreckige Nutte“, schrie David. „Wolltest mich bescheißen, was? Mir einen runterholen, kann ich alleine. Ich will mein Geld zurück.“

Die Dirne sah verschwommen, wie David die Faust hob, um erneut zuzuschlagen. Da schrie sie aus Leibeskräften um Hilfe.

Sie hatte Angst. Todesangst und diese Angst war es, die ihr übermenschliche Kräfte verlieh.

Sie bäumte sich mit einem Ruck auf, sodass David zur Seite katapultiert wurde. So kam sie frei.

Mit einem Satz war sie an der Tür und riss sie auf. Hysterisch schreiend lief sie den Flur entlang.

Etwas benommen wollte David ihr nachsetzen, als ein großer, kräftiger Mann im Türrahmen erschien. Zweifellos der Zuhälter der Nutte.

David sah das Messer sofort, dass er in der Hand hielt. „Du willst spielen“, sagte er grinsend.

„In Ordnung, spielen wir.“ Langsam kam der Mann näher. Er wechselte dabei das Messer von der einen in die andere Hand und ließ David dabei nicht aus den Augen.

Noch zwei Schritte, so schätzte David, war der Fremde von ihm entfernt. Als er das Messer wieder wechselte, machte David einen Schritt auf seinen Gegner zu und trat ihm blitzschnell in den Unterleib. Noch bevor der andere reagieren konnte, packte David ihm am Handgelenk und bog ihm den Arm nach hinten. Das Messer fiel zu Boden.

David hob es in dem Moment auf, als der Zuhälter ihn von hinten packte, ihm den Unterarm um den Hals legte und zudrückte.

Aus diesem „Schwitzkasten" konnte David sich nicht befreien. Er versuchte zwar, seinen Gegner aus dem Gleichgewicht zu bringen, indem er ihm den Ellenbogen in die Rippen schlug. Vergeblich. Sein Gegner war zu kräftig.

Davids Gesicht lief blau an und er dachte: Wenn er noch ein bisschen fester zudrückt, nur noch ein bisschen, bricht er mir das Genick.

In dieser misslichen Lage hatte David keine andere Wahl. Was sollte er tun?

Mit letzter Kraft – ihm wurde schon schwarz vor Augen – drehte er sich halb und bekam seine Hand mit dem Messer in eine günstige Position. Ohne zu überlegen, stach er zu.

Halb ohnmächtig merkte er, wie sich der Griff um seinen Hals lockerte. Gleichzeitig sah er die Blutlache. Dann fiel der Körper des Zuhälters schwer zu Boden.

David rang röchelnd nach Luft. Der Scheißkerl hätte ihn umgebracht, das stand fest.

Er musste weg hier, auf der Stelle. Er raffte seiner Kleider zusammen und zog sich hastig an.

Noch bevor er ganz fertig war, hörte er laute Stimmen und Schritte auf dem Flur.

Polizei, schoss es David durch den Kopf. Die Nutte hatte doch tatsächlich die Polizei verständigt.

Er verlor nun keine Zeit mehr, hastete zum Fenster und sprang in die Dunkelheit.

Er landete in einem Blumenbeet und wandte sich nach links. Kletterte über einen Lattenzaun und stand gleich darauf in einer schwach beleuchteten Gasse. Kein Mensch war zu sehen.

Weg, hämmerte es in seinem Kopf. Nur weg hier.

David rannte und rannte. Planlos, ziellos. Erst als er nicht mehr weiterlaufen konnte, weil er Seitenstiche bekam, gönnte er sich eine Pause. Er setzte sich in einen dunklen Hauseingang abseits der Straße und verschnaufte.

Sein Atem ging pfeifend und seine Beine zitterten. Es dauerte, bis er sich beruhigt hatte und er wieder klar denken konnte. Seine Nerven waren bis aufs Äußerste gespannt und er horchte in die Dunkelheit hinein. Stille. Mit fahrigen Fingern zündete er sich eine Zigarette an und inhalierte tief.

Jetzt erst wurde er sich über die ganze Tragweite der Geschehnisse bewusst. Er hatte einen Mord begangen. Wer würde ihm schon glauben, dass er in Notwehr gehandelt hatte?

Die Nutte würde gegen ihn aussagen, das stand fest.

Er war ein Mörder. Ein Mörder auf der Flucht und die Prostituierte konnte ihn genau beschreiben.

David sah schon die Schlagzeilen in den Zeitungen vor sich: Narbengesicht tötet Zuhälter.

Er musste verschwinden – sofort –, wollte er nicht den Rest seines Lebens im Zuchthaus verbringen.

Aber wohin? Er hatte kaum noch Geld und nur das, was er auf dem Leib trug.

Erneut zündete er sich eine Zigarette an und plötzlich hatte er eine Idee.

Vage erst, aber diese Idee nahm Gestalt an, setzte sich fest in seinem Kopf und ließ ihn nicht mehr los.

Erleichtert, dass ihm ein Ausweg eingefallen war, schloss er die Augen.

Erst als es hell wurde, verließ er sein Versteck.

Vor dem Anwerbebüro für Kriegsfreiwillige wartete David, bis sie ihn hereinließen. Er war der Erste an diesem Morgen.

Nachdem man ihn auf seine Tauglichkeit untersucht hatte, unterschrieb er zwei Schriftstücke und man händigte ihm seinen Marschbefehl aus.

Zwei Stunden später verließ David Berlin mit einem Sonderzug in Richtung Süden.

Kapitel 6

In erster Linie war es nicht seine freundliche und liebenswürdige Art, durch die er bestach.

Sicher, dadurch erschien er sympathisch. Seine Höflichkeit und Hilfsbereitschaft gegenüber seinen Vorgesetzten und Kollegen taten ein Übriges, ließen ihn, ausgestattet mit geschliffenen Umgangsformen, als Mann von Welt erscheinen. Man mochte ihn.

Aber wirklich geschätzt wurde er vielmehr wegen seiner fachlichen Kompetenz, denn sein Urteilsvermögen in kniffligen juristischen Fragen war bemerkenswert, seine intelligenten Argumentationen brillant. Wer ihn am Gericht erlebte, musste beeindruckt sein. Der Staatsanwalt am Landgericht Konstanz, Franz Kreidler.

Nur wenige wussten, dass dies Fassade war. Dieser nette, überaus zuvorkommende Mensch hatte zwei Gesichter.

Privat war er anders. Das genaue Gegenteil. Ein Despot, dem es Freude bereitete, seine Umgebung zu tyrannisieren.

Vom ersten Augenblick an, da Martin in das undurchsichtige Gesicht von Kreidler blickte, wusste er instinktiv, dass er sich vor diesem Mann in Acht nehmen musste.

Er konnte nicht sagen warum, er wusste es einfach.

Die beiden standen sich in Kreidlers Arbeitszimmer gegenüber.

Zwar lächelte Kreidler wohlwollend und freundlich, aber dieses Lächeln war aufgesetzt. Seine Augen blieben kalt.

Mit langem, forschenden Blick musterte er Martin. Dem Jungen wurde es unbehaglich. Er hatte das Gefühl, nackt da zu stehen.

Kreidler hingegen genoss die Befangenheit des Jungen.

Als er seine „Inspektion“ beendet hatte, sagte er unvermittelt: „Du bist also Martin.“

„Ja“, sagte er und senkte schüchtern den Blick, um nicht in diese kalten Augen blicken zu müssen.

„Sieh mich an, wenn ich mit dir rede.“ Kreidler sagte dies keinesfalls unfreundlich oder laut.

Dennoch zuckte der Junge zusammen und hob ängstlich den Kopf.

„In diesem Haus wirst du nun leben.“ Kreidler begann, im Zimmer auf und ab zu gehen. Ganz so, wie er es vor Gericht zu tun pflegte.

„Gewisse Spielregeln müssen eingehalten werden, sonst ist ein Zusammenleben unter zivilisierten Menschen nicht möglich. Verstehst du das?“ Kreidler blieb vor Martin stehen und sah ihn durchdringend an. „Ja“, sagte Martin leise, fast schüchtern.

„Ich kann dich nicht verstehen“, sagte Kreidler und sein Lächeln gefror. „Ja“, sagte Martin noch einmal, dieses Mal lauter.

Kreidler nahm seine Wanderung wieder auf. „Man hat dich mir als gut erzogen empfohlen. Ich werde herausfinden, inwieweit das zutrifft. Beim Abendessen wirst du meine Frau kennenlernen. Sie ist im Moment, sagen wir ... verhindert.“ Ironie schwang mit. Er beendete seine Wanderung.

„Klara wird dir dein Zimmer zeigen, damit du dich einrichten kannst.“

Wie auf ein geheimes Zeichen hin wurde die Tür geöffnet und eine junge Frau mit weißer Schürze kam herein. Zweifellos eine Bedienstete.

Wortlos nahm sie Martins Tasche und bedeutete ihm, ihr zu folgen.

Draußen atmete der Junge auf. Froh darüber, diesem Menschen nicht mehr gegenüberstehen zu müssen.

Sie lag auf dem Rücken und ließ die Prozedur still und reglos über sich ergehen.

Kreidler lag auf ihr und bewegte sich rhythmisch. Er grunzte vor Geilheit.

Wie ein Schwein, dachte Christine.

Sie spürte seinen Atem in ihrem Gesicht und drehte angewidert den Kopf zur Seite.

Er roch nach Alkohol. Wenn er getrunken hatte, dauerte es besonders lange. Christine empfand nichts außer Ekel. Sie wünschte sich nur, dass er endlich fertig würde. Wie sie ihn hasste.

Von Mal zu Mal kostete es sie mehr Überwindung, ihren ehelichen Pflichten nachzukommen.

Gottlob kam er in letzter Zeit seltener zu ihr. Nur noch dann, wenn er getrunken hatte.

Christine wusste, dass Kreidler sich regelmäßig bei irgendeiner Dirne holte, was sie nicht bereit war, ihm zu geben. Dabei hatte sie diesen Mann aufrichtig geliebt.

Ihre Gedanken schweiften zurück. Bei einem Silvesterball hatte sie ihn kennengelernt. Ihr gefiel dieser junge Mann mit seinen geschliffenen Umgangsformen und seiner höflichen, zurückhaltenden Konversation auf Anhieb. Dabei sah er blendend aus.

Christine war aus gutem Hause. Ihre Eltern wohlhabend. Er, ein kleiner Justiziar. Ein Habenichts, dem man allerdings eine vielversprechende Karriere voraussagte.

In den darauffolgenden Wochen und Monaten warb Franz Kreidler heftig um Christine.

Kreidler verstand es, ihr galant den Hof zu machen. Verdrehte dem kleinen Ding total den Kopf.

Sechs Monate später heirateten sie und kauften mit der ansehnlichen Mitgift ein wunderschönes Haus am Stadtrand.

Schon in der Hochzeitsnacht zeigte sich Franz Kreidler von einer ganz anderen Seite.

Er deflorierte die völlig unerfahrene Christine derart brutal und rücksichtslos, dass ihr zwei Wochen der Unterleib schmerzte.

In ihrer Naivität glaubte sie jedoch, dass dies so sein müsste. Ihr Leidensweg begann.

Christine war eine leidlich schlechte Hausfrau und kochen konnte sie überhaupt nicht. Hatte es nie gelernt. In ihrem Elternhaus gab es dafür Personal. Doch sie wollte sich Mühe geben und ihrem Mann eine gute Ehefrau sein. Vergeblich.

Kreidler entpuppte sich als kleinlicher Pedant, dem sie nichts recht machen konnte.

Bei der kleinsten Verfehlung ihrerseits bekam er Tobsuchtsanfälle. Er quälte, demütigte und schlug sie. Er ist der Teufel, dachte Christine, und ich sitze hier mit ihm in der Hölle.

Sie konnte sich niemandem anvertrauen. Sie hatte vorsichtig versucht, mit ihren Eltern darüber zu reden. „Du bist ein störrisches, verwöhntes Kind, das nicht erwachsen werden will“, hatte ihr Vater gesagt.

Zweimal versuchte sie sich danach, das Leben zu nehmen.

Sie schluckte Schlaftabletten, aber die Dosis war nicht hoch genug. Man pumpte ihr den Magen aus und nach drei Tagen wachte sie mit höllischen Kopfschmerzen aus einer Art Tiefschlaf auf.

Beim zweiten Mal schnitt sie sich die Pulsadern auf. Aber sie wurde rechtzeitig gefunden und man rettete ihr das Leben erneut.

Keiner erkannte in diesen Selbstmordversuchen ihre Hilferufe. Schließlich fügte sich Christine in ihr Schicksal. Sie war verurteilt, ihr Leben an der Seite dieses Mannes zu fristen.

Kreidler wollte unbedingt ein Kind. Einen strammen Stammhalter nach Möglichkeit, wie er sich ausdrückte, und so belästigte er Christine fast jede Nacht.

Sie wollte keine Kinder, nicht mit diesem Mann. So setzte sie sich zur Wehr.

Sie biss und kratzte, schlug und trat nach ihm, bis sie erkannte, dass sie damit das genaue Gegenteil erreichte. Kreidlers sadistische Veranlagung wurde dadurch nur noch mehr angestachelt. Da ihre Versuche, sich ihm vom Leibe zu halten, ohnehin immer damit endeten, dass sie brutal vergewaltigt wurde, unterließ sie jede Gegenwehr.

So kam es, wie es kommen musste, Christine wurde schwanger.

Sie war im dritten Monat, als sie auf dem obersten Treppenabsatz stand und die steile Treppe hinunterblickte.

Niemals werde ich ein Kind von dir gebären, Franz Kreidler. Niemals.

Sie schloss die Augen, hielt die Luft an und presste die Lippen zusammen. Dann stürzte sie sich die Treppe hinunter.

„Sie hatten eine Fehlgeburt, Frau Kreidler“, sagte der Arzt später, als sie im Krankenhaus erwachte. Gut dachte Christine. „Ich fürchte, Sie werden keine Kinder mehr bekommen können.“

Der Arzt sah sie mitleidsvoll an. Sehr gut, dachte Christine. „Es tut mir leid“, sagte der Arzt.

Mir nicht, dachte Christine. Mir ganz und gar nicht.

Das war jetzt zwei Jahre her. Und nun hatte Kreidler den fremden Jungen ins Haus geholt.

Kreidler stöhnte und riss sie aus ihren Gedanken. Sein Körper bäumte sich auf und zuckte in Ekstase. Er keuchte. Endlich, dachte Christine sachlich.

Einen Moment noch lag Kreidler still auf ihr, dann rollte er sich zur Seite und gab sie frei.

Sofort stand sie auf und ging ins Bad.

Sie seifte sich gründlich von oben bis unten ein und fing an, ihren Körper mit einem Waschlappen abzureiben. Doch der Schmutz, das wusste Christine, würde sich nicht entfernen lassen.

Er würde bleiben. Für immer.

Martin wurde seinem Alter entsprechend in die vierte Klasse eingeschult. Doch schon bald erkannten seine Lehrer, dass er seinen Mitschülern in allen Fächern haushoch überlegen war.

Er meisterte spielend leicht auch die schwierigsten Aufgaben. Sein hervorragendes Gedächtnis und seine schnelle Auffassungsgabe halfen ihm dabei.

Dieser hochintelligente und begabte Junge, so die einhellige Meinung aller Lehrer, war an dieser Volksschule völlig fehl am Platz. So schickte man Martin zum Ende des Schuljahres auf das Gymnasium.

Auch hier kam er ohne Probleme mit den nun höheren Anforderungen mit.

Probleme allerdings hatte Martin zu Hause mit seinen Adoptiveltern. Er litt unter der herodischen Strenge seines Vaters und unter der Gleichgültigkeit, mit der ihn seine Mutter behandelte.

Sie lehnte ihn ab, das fühlte er. Er wurde nicht geliebt und fand keine Anerkennung. Für den nun elfjährigen sensiblen Jungen war das unerträglich. Aus dem lebenslustigen, temperamentvollen Jungen wurde ein stiller, verschlossener Mensch.

Ängstlich bedacht, nichts Falsches zu tun, um der daraus resultierenden Prügelstrafe durch seinen Vater zu entgehen. Denn Kreidler hatte Martin von Anfang an für Kleinigkeiten, oft genug für lächerliche Bagatellen gezüchtigt.

Er wollte mit eiserner Hand über die Entwicklung des Jungen wachen und sah sich und seinen Erziehungsmethoden in den schulischen Leistungen von Martin bestätigt.

Er hielt nichts von Samthandschuhen und glaubte, einen Jugendlichen nur mit unerbittlicher Härte formen zu können.

Seiner Meinung nach war Martin viel zu lange bei den „Betbrüdern“ verweichlicht worden und nur mit Strenge und unnachgiebiger Härte konnte der Junge auf den rechten Weg gebracht werden.

Dazu fühlte Kreidler sich verpflichtet.

Martin saß seiner Adoptivmutter gegenüber.

Ihr zierliches, blasses Puppengesicht wirkte wie aus Porzellan. Sie trug ihr langes blondes Haar hochgesteckt. Er beobachtete sie verstohlen. Wie hübsch sie ist, dachte er.

Sie hielt ihr Besteck graziös mit schlanken, schönen Händen und stocherte lustlos in ihrem Essen herum. Wenn sie die Gabel zum Mund führte, tat sie das fast angewidert.

Sicher hat sie wieder ihre Migräne, dachte Martin.

Kreidler saß am Kopf der Tafel und schenkte sich gerade das dritte Glas Wein ein. Er trank viel beim Essen. Nicht nur beim Essen.

Aus Unachtsamkeit stieß Martin seine Tasse um, deren Inhalt sich über das Tischtuch ergoss.

Wortlos stand Kreidler auf und Martin musste ihm in dessen Arbeitszimmer folgen.

Er wusste, was jetzt kam.

Kreidler nahm das Holzlineal und Martin streckte automatisch seine Hände nach vorne, Handflächen nach oben und schloss die Augen. Er hörte, wie das Lineal zweimal auf seine Handflächen klatschte, gleichzeitig fühlte er den brennenden Schmerz, der sich von den Handflächen aus hoch fraß bis zu seinen Armbeugen.

„Auf dein Zimmer, du Tölpel", schrie Kreidler mit wutverzerrtem Gesicht. Er konnte sich kaum noch beherrschen.

Wortlos drehte der Junge sich um und trottete davon. Er legte sich auf sein Bett.

Seine Hände brannten, aber das war zu ertragen. Der Schmerz in ihm tat mehr weh. Viel mehr.

Voller Bitterkeit dachte Martin an all die hässlichen Szenen, die aneinandergereiht vor ihm abliefen.

Kreidler nahm jede Gelegenheit wahr, ihn zu demütigen. Der Junge fühlte sich so unglücklich und grenzenlos einsam.

Bruchstückhaft sah er seine Kindheit im Kloster vor sich. Die fürsorgliche und aufrichtige Zuneigung, die ihm dort entgegengebracht wurde. Doch immer wieder schob sich das wutverzerrte Gesicht seines Adoptivvaters dazwischen. Nicht einmal in meinen Gedanken bin ich vor ihm sicher, dachte Martin.

Es klopfte leise und seine Adoptivmutter trat ein. Verwundert sah Martin, wie sie die Tür hinter sich schloss und sich dann zu ihm auf die Bettkante setzte. Sie war noch nie in sein Zimmer gekommen. Sie nahm Martins Hände in die ihre und betrachtete lange die geröteten Handflächen.

„Wir sind ihm ausgeliefert", sagte sie nach einer Weile traurig und Martin sah in ihrem Gesicht jene Hilflosigkeit, die er schon des Öfteren gesehen hatte.

Sie trug ihr Haar jetzt offen, das weich über ihre Schulter fiel, wie flüssiges Gold.

„Es geht schon wieder", sagte Martin und entzog ihr seine Hände. „Wie geht es deiner Migräne?"

Sie legte die Stirn in Falten. „Woher weißt du?“ „Man sieht es dir an. Thomas hätte dir helfen können“, sagte Martin und seine Gesichtszüge wurden weich.

„Dein Pflegevater im Kloster, ja?“ Ihr entging die Veränderung des Jungen nicht.

„Ja“, sagte er leise.

Einen Augenblick zögerte Martin, doch als sie sitzen blieb und ihn unverwandt ansah, fing er an zu erzählen. Sie unterbrach ihn kein einziges Mal. Hörte nur zu. Martin erzählte ihr von seiner Kindheit im Kloster. Von jener unbeschwerten Zeit, die er dort verbringen durfte.

Er erzählte ihr von Thomas, seinem väterlichen Freund, zu dem er sich am meisten hingezogen fühlte.

Christine spürte förmlich die Sehnsucht des Jungen. Wie sehr er ihn geliebt hat, dachte sie, als Martin geendet hatte. Eine Zeitlang schwiegen beide.

Christine stand auf und lächelte ihm zu. „Ich bin froh, dass wir endlich miteinander gesprochen haben.“ „Ich auch“, erwiderte Martin mit Tränen in den Augen.

Als seine Mutter das Zimmer verlassen hatte, ließ Martin erneut seine Gedanken zurückschweifen. Wieder erschien Kreidlers Gesicht vor seinem geistigen Auge. So sehr Martin sich auch anstrengte, er wurde es nicht mehr los. Konnte es nicht aus seinem Kopf verbannen, jenes wutverzerrte Gesicht dieses Despoten.

Kreidler war allgegenwärtig und daran würde sich auch nichts ändern, solange Martin mit ihm unter einem Dach leben musste.

Das erste Mal passierte es ihm, als er hinter Klara die Treppe hochstieg.

Martin war jetzt fünfzehn Jahre alt und dass es nur sein Geschlechtstrieb sein konnte, ahnte er.

Er sah ihre nackten Beine und ihre aufreizend geschwungenen Hüften fast überdimensional groß vor sich und fühlte, wie sein Penis hart und steif wurde.

Er konnte nichts dagegen tun. Eine natürliche Reaktion, so dachte er. Froh darüber, Augenblicke später sein Zimmer zu erreichen, schloss er atemlos die Tür hinter sich.

Er lehnte sich an die Wand und wartete, bis er sich beruhigt hatte.

Klara schien gottlob nichts gemerkt zu haben. Es wäre ihm überaus peinlich gewesen.

Von da an ließ Martin keine Gelegenheit aus, Klara wie rein zufällig zu begegnen.

Er suchte ihre Nähe und er musste sich eingestehen, dass sie ihn erregte, obwohl sie gut zehn Jahre älter war.

An einem Samstag, Martin saß in der Badewanne und döste vor sich hin, ging die Tür auf.

Klara stand im Raum und Martin versuchte, tiefer ins Wasser zu rutschen, um seine Nacktheit vor ihr zu verbergen. Die Kreidlers verbrachten das Wochenende auswärts. Sie waren alleine.

Klara lachte laut auf und kam näher. „Kindskopf. Habe ich dir nicht immer den Rücken gewaschen? Gib mir die Seife", befahl sie.

Martin wollte protestieren, ließ es aber dann doch bleiben.

Klara begann, langsam und intensiv seinen Rücken einzuseifen. Ein wohliger Schauer, der sich über seinen ganzen Körper ausbreitete und ihm eine Gänsehaut bis zwischen den Schenkeln verursachte, durchlief ihn. Gleichzeitig wurde sein Penis hart.

„Gefällt dir das?", hauchte sie. Ganz nah waren ihre Lippen und berührten fast sein Ohr.

Er drehte den Kopf und sein Blick fiel auf ihre Brüste, die sich durch den Stoff ihrer dünnen Bluse abzeichneten. „Ja", stammelte er. „Ja ... ja."

„Steh auf", hauchte sie und Martin gehorchte, ohne zu überlegen. Ohne sich über seine Nacktheit im Klaren zu sein. Mit erigiertem Glied, das weit von ihm abstand, ließ er es zu, dass Klara ihm die Brust einseifte und begann, ihn zu massieren. In höchster Erregung fühlte er Klaras Hand, die tiefer und tiefer wanderte, bis sie zwischen seinen Beinen war und Penis und Hoden streichelte. Martins Glied war so hart, dass es fast schon schmerzte.

„Ein Mann ist er geworden“, sagte Klara mit heiserer Stimme. Auch sie war erregt.

Martin stöhnte auf und im gleichen Moment ergoss er sich in ihrer Hand.

Mit hochrotem Kopf angesichts dieses Missgeschicks ließ Martin sich in die Wanne fallen, sodass das Wasser spritzte.

Klara war keineswegs befangen. „Ich lasse meine Kammer heute Abend offen“, sagte sie beim Hinausgehen und lächelte verklärt.

In dieser Nacht machte Klara Martin zum Mann.

Einfühlsam und zärtlich, dann wieder leidenschaftlich und stürmisch, zeigte sie dem völlig unerfahrenen Jungen die Freuden der Liebe.

Martin klammerte sich an Klara wie ein Ertrinkender. Erdrückte sie fast. Später, sie lagen nebeneinander, glücklich und erschöpft, streichelte Martin Klaras Busen. Gedankenverloren.

Dann erzählte er ihr von dem Leben, dass die Mönche im Kloster führten. Wie sie den Ärmsten der Armen halfen. Schließlich von Thomas, wie er ihn aufgezogen hatte, und von dessen Tod.

Klara streichelte Martin über die blonden Locken und er sagte: „Genauso hat Thomas mir immer übers Haar gestrichen.“

Eine Weile lagen sie eng aneinandergeschmiegt und sprachen nichts.

Dann erzählte Klara vom Leben auf dem Bauernhof ihrer Eltern. Dass sie es nicht mit ansehen konnte, wie ihr Vater und ihre Mutter sich zu Tode schufteten und es vorne und hinten nicht reichte, um den zehn Kindern die hungrigen Mäuler zu stopfen.

Dass sie mit fünfzehn Jahren von zu Hause wegging, damit ein Esser weniger am Tisch saß.

Sie erzählte, wie sie sich als Magd durchgeschlagen hatte, als Küchenhilfe, als Wäscherin und als Bedienung in Wirtshäusern – bis Kreidler sie schließlich einstellte.

„Das habe ich nicht gewusst“, sagte Martin und küsste Klaras tränennasses Gesicht, ihre weichen Lippen und sie liebten sich erneut. Inständig und voller Hingabe.

Zu lange hatten beide auf Liebe und Zuneigung verzichten müssen.

Müde, aber glücklich verließ Martin Klara erst, als draußen schon der Morgen dämmerte.

Er war schon beinahe zur Tür hinaus, als er sich noch einmal umdrehte und fragte: „Darf ich wiederkommen?“

„Du musst sogar. Es war schön mit dir.“

Klara lag nackt auf dem Bett und reckte sich zufrieden.

„Aber …,nur wenn wir alleine im Haus sind. Nicht auszudenken, wenn wir erwischt werden. Dein Vater würde mich davonjagen und was er mit dir anstellt, möchte ich mir erst gar nicht vorstellen.“

Martin hatte plötzlich einen bitteren Geschmack im Mund. „Er ist nicht mein Vater“, sagte er trotzig, „wird es niemals sein.“ Wütend warf er die Tür ins Schloss.

Klara seufzte. Sie wusste, wie sehr Martin litt. Wie er seinen Vater hasste. Er tat ihr so leid.

Sie wollte ihm helfen und den ersten Schritt hatte sie getan.

Bleierne Müdigkeit überkam sie und sie schloss die Augen.

Sie dachte an die vergangene Nacht. Schön war es. Ganz anders als mit Kreidler.

Kreidler … verächtlich schnitt sie eine Grimasse.

Sie erinnerte sich an jenen Abend vor zwei Jahren, als Kreidler in ihr Zimmer gekommen war.

Er hatte seine Hose heruntergelassen, ohne sich die Mühe zu machen, sie ganz auszuziehen.

Dann schob er ihr das Nachthemd hoch bis zum Hals und steckte ihr seinen Penis zwischen die Beine.

Noch bevor die verdutzte Klara begriffen hatte, wie ihr geschah, war alles vorbei gewesen.

Von diesem Tage an kam Kreidler regelmäßig zu ihr und Klara ließ es geschehen.

Sie war zwar nur ein einfaches Mädel vom Land, aber keinesfalls dumm.

Sie arbeitete gerne im Hause der Kreidlers. Die Arbeit war sauber und leicht, außerdem bezahlten sie gut.

Hätte sie sich ihm verweigert, wäre sie die längste Zeit hier angestellt gewesen.

Also ließ sie ihn gewähren, wann immer er wollte. Anfangs widerwillig, aber mit der Zeit fand sie Gefallen daran.

Nicht, dass sie gerne mit Kreidler schlief. Er war egoistisch, suchte bei ihr nur seine Befriedigung.

Klara hatte nichts davon. Im Gegenteil. Aber sie fand auf eine andere Art und Weise Erfüllung.

Wenn er stöhnend auf ihr lag, grunzend vor Lust und Verlangen, hatte Klara Macht über ihn.

Das entschädigte sie für alles.

Der Brief lag zusammen mit der anderen Korrespondenz auf Kreidlers Schreibtisch, als er am Morgen sein Büro betrat.

Er nahm das versiegelte, amtliche Schreiben vorsichtig in die Hand, als könne er sich daran die Finger verbrennen, und drehte es nachdenklich, betrachtete es von allen Seiten, noch bevor er die Aufschrift las: Zu Händen des Staatsanwalts am Landgericht Konstanz, Herrn Franz Kreidler.

Mit fahrigen Fingern brach er das Sigel, öffnete den Umschlag und begann zu lesen.

Schon nach den ersten Zeilen setzte Kreidlers Herz für ein paar Sekunden aus. Er ließ sich in seinen Sessel fallen, weil er weiche Knie bekam.

Die Worte verschwammen ineinander und er wischte sich ein paarmal über die Augen. Als er zu Ende gelesen hatte, las er das Schreiben noch einmal und dann noch einmal. Er konnte es nicht glauben. Der amtliche Stempel und die Unterschrift jedoch ließen keinen Zweifel an der Echtheit zu. Langsam ließ er den Brief sinken und starrte eine Weile vor sich hin, um zu begreifen, was er eben gelesen hatte. „Ich glaube es nicht", murmelte er. „Ich glaube es nicht."

Er stand auf, ging quer durch sein Büro zu dem Aktenschrank in der Ecke und öffnete das Geheimfach. Die Flasche Cognac und den Schwenker nahm er mit und setzte sich hinter seinen

Schreibtisch. Er füllte den Cognacschwenker bis zum Rand und überflog das Schreiben abermals.

Als er den Schwenker zum Mund führte, zitterten seine Hände. Er trank und fühlte, wie der Weinbrand seine Kehle hinunterlief. Schweiß trat aus seinen Poren und er lockerte seine Krawatte, um besser atmen zu können.

Der hochprozentige Alkohol auf nüchternem Magen verfehlte seine Wirkung nicht. Allmählich beruhigten sich Kreidlers Nerven.

Er stand auf, öffnete eine Seite des großen Fensters und atmete tief durch. Die frische Luft tat gut.

Er ließ seinen Blick über die geduckt stehenden Fachwerkhäuser der Altstadt schweifen.

„Provinz", sagte er verächtlich und wandte sich ab.

Mit einem breiten Grinsen auf den Lippen setzte er sich wieder hinter seinen Schreibtisch und nahm wieder die amtliche Mitteilung zur Hand.

Langsam und genüsslich las er Wort für Wort des letzten Satzes: ... wird Herr Franz Kreidler mit sofortiger Wirkung als Oberstaatsanwalt an das Oberlandesgericht Frankfurt am Main berufen.

Alles in allem dauerte es einen Monat, bis die Familie Kreidler von Konstanz nach Frankfurt umziehen konnte.

Es bereitete keine Schwierigkeiten, das wunderschön gelegene Landhaus in Konstanz zu verkaufen. Ein Textilfabrikant hatte den von Kreidler stark überhöhten Kaufpreis widerstandslos akzeptiert. Aber in Frankfurt ließ sich ein gleichwertiges Anwesen nicht finden.

Da die Zeit drängte, kaufte Kreidler schließlich ein altes Patrizierhaus direkt im Zentrum, fünf Minuten vom Gerichtsgebäude entfernt.

Christine und Martin hatten unterschiedlich auf Kreidlers Versetzung reagiert. Christine wurde nur noch unglücklicher. In Konstanz war sie geboren und aufgewachsen, kannte die Menschen und deren Mentalität. Hier hatte sie ihren Freundeskreis. Hier stand ihr Elternhaus.

Das alles sollte sie nun hinter sich lassen? In Frankfurt kannte sie keine Menschenseele. Sie fürchtete sich vor dieser großen, unbekannten Stadt.

„Eine Frau gehört dorthin, wo das Leben ihren Mann hinstellt“, hatte ihre Mutter gesagt.

Gefragt wurde sie sowieso nicht, also fügte sie sich in ihrem Schicksal. Wieder einmal.

Martin war es ziemlich egal, aber als Kreidler Klara die Wahl ließ, sich der Familie anzuschließen, und sie einwilligte, schickte er ein Stoßgebet zum Himmel.

Kreidler wiederum fühlte sich geschmeichelt und in seiner Männlichkeit bestätigt. Er bildete sich tatsächlich ein, Klara folgte ihnen seinetwegen.

Es war nicht das erste Mal, dass ihre Periode auf sich warten ließ, deshalb maß sie dem auch keine große Bedeutung bei. Abwarten, beruhigte sie sich selber.

Als sie aber ihre Menstruation in der fünften Woche immer noch nicht bekommen hatte, wurde Klara nervös. Zudem fühlte sie sich abgespannt, matt und wie zerschlagen.

Martin spürte sofort, dass mit Klara etwas nicht stimmte. Sie war gereizt, abweisend und launig. So kannte er sie nicht. Klara hütete sich jedoch davor, ihm von ihrem Kummer zu erzählen.

Sie wartete noch drei Wochen und als sich nichts änderte, ging sie zum Arzt.

Nach eingehender Untersuchung bestätigte er ihre Befürchtung, sie war schwanger. Im dritten Monat.

Obwohl sie es geahnt hatte, war sie wie vor den Kopf gestoßen.

Eine Woche lang quälte sie sich und zermarterte sich den Kopf, was nun werden sollte. Eine Lösung fiel ihr nicht ein. In ihrer Not vertraute sie sich schließlich Kreidler an.

Wie ein Häufchen Elend stand sie vor ihm und sah ängstlich zu, wie Kreidlers Gesicht erst kalkweiß wurde und dann rot anlief, wobei die Adern an den Schläfen und am Hals bläulich hervortraten, bis Klara dachte, sein Kopf müsste jeden Moment platzen, und er losbrüllte:

„Du saudämlicher Bauerntrampel, wie konnte das passieren? Bist du noch zu dumm zum Vögeln?"

Klara hatte geahnt, dass Kreidler ihr die Schuld gab. Ihr alleine. Sie brach in Tränen aus.

Kreidler kam um seinen Schreibtisch herum und blieb vor ihr stehen.

„Hör auf zu heulen, du blöde Kuh", herrschte er sie an und rüttelte sie an den Schultern.

„Wir müssen eine Lösung finden, und zwar schnell. Du brauchst eine Adresse."

Klara schnäuzte sich in ihr Taschentuch. Sie begriff, was er meinte, und brach erneut in Tränen aus.

Im Volksmund hießen jene Leute, die illegal Abtreibungen durchführten, Engelmacher.

Dieser Ausdruck schoss Klara durch den Kopf und sie wurde erneut von einem Weinkrampf geschüttelt.

Das Bordell der Madame Theres lag in eines der vornehmsten Gegenden Frankfurts.

Niemand, der es nicht besser wusste, vermutete hinter der noblen Fassade ein solches Etablissement.

In dem Haus mit der Nr. 66 verkehrten ausschließlich hochgestellte Persönlichkeiten aus Politik, Wirtschaft und der Stadtverwaltung.

Das Freudenhaus war die erste Adresse für die erste Garnitur der sogenannten besseren Gesellschaft.

Hier konnten sie ihre von der Außenwelt sorgsam verborgenen Neigungen ausleben, sich gehen lassen. Hier war man unter sich.

Keinesfalls genügte es, ein hohes Amt mit Einfluss zu bekleiden. Es brauchte Empfehlungen.

Nach diesem Prinzip führte Madam Theres – eigentlich hieß sie Käthe Malzkorn – ihr Etablissement nun schon seit fünfzehn Jahren. Nie gab es Scherereien.

Das lag mit Sicherheit auch daran, dass Madame ihre Mädchen mit äußerster Sorgfalt auswählte.

So existierte eine umfassende, detaillierte Kartei von allen Damen, die hier arbeiteten, mit ihren genauen Lebensläufen.

Von dieser Kartei wusste niemand. Madame hielt sie immer unter Verschluss und sie hütete sie wie ihren Augapfel. Sich diese Informationen zu beschaffen, war nicht sonderlich schwer.

Der Polizeipräsident war unter anderem ein gern gesehener Gast.

Nicht den geringsten Zweifel an der Zuverlässigkeit und der Integrität ihrer Mädchen ließ Madame Theres zu. Sie stellte nur Mädchen ein, die noch nie in diesem Gewerbe gearbeitet hatten und folglich auch noch nie registriert worden waren.

Franz Kreidler betätigte den Türklopfer und ein erschreckend lautes Pochen war zu hören.

Augenblicke später wurde die Tür geöffnet und man ließ ihn herein.

Er betrat die geräumige Empfangshalle und blieb stehen.

„Ich möchte Madame sprechen, in einer dringenden Angelegenheit“, sagte er zu dem Mädchen, das ihm geöffnet hatte. „Ich warte hier, melden Sie mich bitte an.“

„Sofort“, antwortete sie, machte einen Knicks und entfernte sich.

Nervös begann Kreidler auf und ab zu gehen. Die dicken, teuren Teppiche schluckten jeden seiner Schritte. Er betrachtete die Wandverkleidung aus dunklem, massivem Holz und die an ihm befestigten Wandleuchten, die den Raum in warmes, beruhigendes Licht hüllten.

Wieder einmal dachte Kreidler beeindruckt, wie geschmackvoll alles aufeinander abgestimmt war, als Madame Theres den Raum betrat.

Lächelnd kam sie auf Kreidler zu. Sie ist von zeitloser Schönheit gesegnet, dachte er.

„Herr Oberstaatsanwalt, welche Freude, Sie wieder einmal bei uns zu haben.“ Die Freude schien echt zu sein. Jedenfalls wirkte sie so.

Kreidler verbeugte sich galant, nahm die dargebotene Hand und deutete einen Handkuss an.

Ganz gentlemanlike. Er lächelte nicht.

Mit ernstem Gesicht sagte er: „Ich muss Ihre Hilfe in Anspruch nehmen, meine Liebe. Heute bin ich nicht zu meinem Vergnügen hier."

Madame Theres zog die Augenbrauen hoch. Tat überrascht. „Wie förmlich", sagte sie.

„Kommen Sie in mein Büro, Sie haben mich neugierig gemacht."

Wenig später schloss sie hinter Kreidler die Tür und sie setzten sich an einen niedrigen Tisch.

„Ich weiß Madame, dass ich mich auf Ihre Diskretion verlassen kann, darum bin ich hier."

Er holte Luft, ließ noch etwas Zeit verstreichen, um das Kompliment länger wirken zu lassen, und sprach dann weiter: „Ein Bekannter von mir, nein sagen wir besser ein Freund, hat eine junge Dame in Schwierigkeiten gebracht." Kreidler seufzte bekümmert. „An sich noch kein Grund, Sie, liebe gnädige Frau damit zu belästigen, ich weiß." Kreidler hob die Hand. Dann sprach er weiter:

„Mein Freund, in gehobener Position wie ich, ist leider Gottes verheiratet und wäre beruflich wie gesellschaftlich ruiniert. Zudem", Kreidler legte wieder eine seiner wirkungsvollen Pausen ein, „ist die junge Dame aus gutem Hause. Beider Ansehen käme in Verruf, würde die Liaison bekannt."

Kreidler sah Madame Theres lange an, aber ihr verschlossener Gesichtsausdruck gab ihm keinen Anhaltspunkt und so stellte er die alles entscheidende Frage direkt und ohne Umschweife:

„Können Sie mir eine Adresse geben?" Er hasste Klara dafür, dass er hier saß.

Madame Theres schien keineswegs überrascht, ein solches Ansinnen gerade aus seinem Mund zu hören. Immerhin handelte es sich um eine Straftat.

Ohne Worte stand sie auf und ging gemütlich zu einem Schränkchen in der Ecke des Zimmers.

Nach längerem Kramen in mehreren Schubladen schien sie gefunden zu haben, wonach sie suchte. Sie schob wenig später einen Zettel über den Tisch und sah belustigt zu, wie er ihn hastig und erleichtert einsteckte.

„Ich kann Ihnen gar nicht genug danken", sagte er und stand auf. „Ich stehe in Ihrer Schuld." Er gab ihr die Hand. Madame nickte vielsagend. „Das sind Sie, Herr Oberstaatsanwalt."

Madame saß noch eine Weile in ihrem Büro. Für einen guten Freund tut er das also, dachte sie verächtlich.

Dass Kreidler von sich gesprochen hatte, war ihr sofort klar gewesen.

Ihre berufsbedingten Menschenkenntnisse ließen sie niemals im Stich. Darauf konnte sie sich immer verlassen.

Wer mochte wohl das arme Ding sein, an dem jetzt alles hängen blieb?

Scheißkerl, dachte Madame Theres bitter. Erbärmlicher, feiger Scheißkerl.

Auf ihr Klopfen hin öffnete niemand. Unschlüssig stand sie da und wartete. Sie warf einen Blick auf den Zettel, den Kreidler ihr gegeben hatte. Die Adresse stimmte.

Sie klopfte nochmals. Nichts. Als nach dem dritten Klopfen nichts geschah, öffnete sie entschlossen die Tür und trat ein.

Klara stand in einem fensterlosen Raum und blieb zögernd stehen. Sie sah fast nichts. Ihre Augen mussten sich erst an die Dunkelheit gewöhnen. Sie rümpfte die Nase.

Es roch nach abgestandenem Essen, Knoblauch und Schweiß. Ein eigenartig muffiger Geruch.

Sie wollte sich schon wieder umdrehen und hinausgehen, als sie vom Ende des Zimmers ein Geräusch vernahm.

Klara kniff die Augen zusammen, konnte aber nichts erkennen. Sie fühlte sich unbehaglich, aber wollte nicht unverrichteter Dinge fortgehen. Deshalb nahm sie allen Mut zusammen und ging langsam auf das Geräusch zu.

Sie sah die alte Zigeunerin im gleichen Moment, als diese sagte: „Sieh an, sieh an, Besuch."

Die Alte saß in einem Schaukelstuhl und sog genüsslich an einer Tabakspfeife.

„Ich komme … eine Freundin hat mir Ihre Adresse gegeben“, stotterte Klara befangen.

„Kummer, mein Kind?“, krächzte die Alte. „Das kann man sagen.“ Klara senkte den Blick.

Die alte Zigeunerin stand mühsam auf und erst jetzt sah man, wie klein und krumm sie war.

„Ich mache uns Tee“, sagte sie dabei. „Tee entspannt.“ Sie grinste.

„Hast du nichts vergessen?“ Klara begriff nicht und sah verständnislos in das runzelige Gesicht. Erst als die Alte ihre gelbe, fleckige Hand ausstreckte, wusste Klara, was sie meinte.

Sie reichte ihr die zusammengefalteten Geldscheine.

Misstrauisch zählte die Alte nach. Das Ergebnis schien sie zu befriedigen.

Sie füllte zwei schmutzige Tassen mit Tee und gab Klara eine davon.

Ekel krampfte ihr den Magen zusammen. Sie musste sich überwinden, trank in kleinen Schlucken. Keinesfalls wollte sie ihre Gastgeberin beleidigen. Der Tee schmeckte überraschend gut.

Die Alte sah zu, wie Klara ihre Tasse leerte.

„Wollen wir?“ Sie ließ Klara keinen Augenblick aus den Augen. Als diese nickte, führte sie Klara in ein angrenzendes Zimmer.

Klara merkte, wie ihr schwindlig wurde. Der Tee, dachte sie, irgendetwas war in dem Tee.

Die Konturen des Zimmers verschwammen. Sie sah durch einen roten Nebel, wie die Alte sie zu einem niedrigen Bett führte.

Willenlos ließ sie sich ausziehen und legte sich auf das Bett. Automatisch spreizte sie ihre Beine.

„Entspann dich“, sagte eine Stimme aus weiter Ferne. „Entspann dich, sonst tut es weh.“

Sie spürte einen stechenden Schmerz im Unterleib.

Aufhören, dachte Klara benommen. Aufhören.

Sie wollte protestieren, merkte aber, dass ihre Zunge ihr nicht gehorchte.

Ich will das Kind haben. Warum sagt ihr niemand, dass ich das Kind haben will?

Wie kam sie überhaupt hierher? Wieder der stechende Schmerz.

Wie kam diese alte Schlampe eigentlich dazu, ihr das Kind nehmen zu wollen? Aufhören, wollte sie schreien. Das Denken fiel ihr schwer. So schwer.

Konzentriere dich, Klara, befahl sie sich. Denk nach. Aber es gelang ihr nicht, an den Nebeln vorbeizudenken.

Kreidler tauchte plötzlich auf. Zwischen den Nebelschwaden sah sie sein Gesicht.

Es ist nicht dein Kind, wollte sie schreien, doch Kreidlers Gesicht zerplatzte wie eine Seifenblase.

Dann sah sie Martin zwischen zwei Nebelfetzen. Ganz nah war er. Martin hilf mir, flehte sie, die Alte bringt unser Kind um. Aber Martin hörte sie nicht.

Traurigkeit erfasste sie. Unser Kind, stöhnte sie. Es tut so weh ...

Jemand tätschelte ihre Wangen. „Aufwachen Kindchen, wach auf.“

Klara öffnete die Augen und sah in das runzelige Gesicht der alten Zigeunerin.

Sie roch den Knoblauch und den Schweiß und da wusste sie, dass sie nicht geträumt hatte.

Schlagartig wurde ihr bewusst, wo sie sich befand. Benommen setzte sie sich auf, bereit zu fliehen, wenn die Alte ihr noch einmal zu nahe kommen sollte.

„Du musst gehen, Kindchen“, sagte die Alte.

„Ja, ja“, lallte Klara benommen. Mit wackligen Beinen stand sie auf und zog sich hastig an.

Dann verließ sie den stinkenden Raum.

Weg hier, dachte sie. Nur weg.

Wenig später schleppte Klara sich die Stufen zum Bahnsteig hinauf und setzte sich erschöpft auf eine der vielen Bänke, die entlang der Gleise standen.

Nur wenige Menschen waren zu dieser späten Stunde noch unterwegs.

Die Reisenden hasteten vorbei, ohne Notiz von der jungen Frau zu nehmen, die alleine auf der Bank kauerte.

Als der Zug einfuhr, stand Klara mühsam auf. Ihr war schwindelig. Sobald der Zug zum Stehen kam, öffnete sie die Tür und suchte ein leeres Abteil.

Sie wollte alleine sein, weil sie jetzt keinen Fremden ertragen konnte. Nicht jetzt.

Klara setzte sich in die äußerste Ecke und schlang die Arme um ihren Unterleib. Wenn sie so saß, konnte sie die Schmerzen aushalten. Sie presste die Lippen aufeinander.

Der Zug ruckte an und verließ pfeifend den Bahnhof.

Klara drehte den Kopf und sah gedankenverloren aus dem Fenster. Landschaften zogen vorbei.

Saftig grüne Wiesen, blühende Bäume und bestellte Felder.

Klara liebte den Frühling. Sie lehnte sich zurück und schloss die Augen. Die Schmerzen ließen nach. Oder bildete sie sich das nur ein? Erst jetzt merkte sie, wie müde sie war.

Eine wohltuende Schwerelosigkeit erfasste sie. Ihr Körper wurde hochgehoben und sie hatte das Gefühl, auf einer Wolke dahinzuschweben.

Schließlich fiel ihr Kopf zur Seite und sie verlor das Bewusstsein.

Der Schaffner fand Klara eine Stunde später. Der Zug stand auf dem Abstellgleis an der Endstation.

Er sah das blasse, fast weiße Gesicht der jungen Frau und wusste sofort, dass etwas Schlimmes passiert sein musste. Sein Blick fiel nach unten und er erschrak.

Auf dem Boden, zwischen den Füßen der Frau, hatte sich eine große Blutlache gebildet.

Der leitende Kriminalbeamte war schlecht gelaunt. Eigentlich hatte er Feierabend.

Die Leute suchen sich die unmöglichsten Zeiten für ihr Ableben aus, dachte er sarkastisch.

Es schien ein Routinefall zu sein.

Anhand der Papiere, die Klara bei sich hatte, konnte sie recht schnell identifiziert werden.

Missmutig ordnete er eine Obduktion an, ließ die persönlichen Gegenstände der Verstorbenen ins Präsidium bringen und nachdem der Leichnam abtransportiert war, versiegelte er das Zugabteil für die Spurensicherung. Mehr konnte man im Moment nicht tun. Er wollte ins Bett.

Am anderen Morgen lag der Bericht des Gerichtsmediziners auf seinem Schreibtisch.

Die junge Frau war, laut Befund, an den Folgen eines Schwangerschaftsabbruchs gestorben.

Innerlich verblutet. Ein Gewaltverbrechen, so hieß es abschließend, sei definitiv auszuschließen.

Da er ein gründlicher Beamter war, nahm er die Handtasche der Toten näher unter die Lupe und fand darin jenen Zettel mit der Anschrift außerhalb Frankfurts.

Dieser Spur ging er nach und traf ins Schwarze.

Noch am selben Tag wurde die alte Zigeunerin ins Präsidium vorgeladen.

Sie wurde hart vernommen und schließlich gestand sie, die Abtreibung bei der jungen Frau vorgenommen zu haben. Sie kam in Untersuchungshaft.

Einen Monat später fand vor dem Oberlandesgericht Frankfurt der Prozess statt.

Man warf der Zigeunerin fahrlässige Tötung vor.

Die Anklagevertretung übernahm kein Geringerer als der Oberstaatsanwalt Franz Kreidler.

Der Angeklagten wurde vom Gericht ein Pflichtverteidiger zur Seite gestellt, da sie keinen Rechtsbeistand hatte.

Der junge, unerfahrene Rechtsanwalt – es war sein erster größerer Prozess überhaupt – hatte gegen den ausgebufften Kreidler nicht den Hauch einer Chance.

Die Beweise waren erdrückend und es lag ein unterschriebenes Geständnis der Angeklagten vor.

Da die Zeitungen wochenlang über diesen Fall berichteten – endlich hatte man eine Schlagzeile –, war das öffentliche Interesse groß und am Verhandlungstag platzte der Gerichtssaal aus allen Nähten.

Für Kreidler genau die richtige Kulisse und so lief er dann auch zur Hochform auf.

In seinem Plädoyer machte er klar, wie niederträchtig das Verbrechen war, dessen die Angeklagte sich zu verantworten hatte.

Sie tötete aus Habgier ein unschuldiges, ungeborenes Kind und führte durch ihre Kurpfuscherei den Tod eines weiteren Menschen herbei.

Geschickt entwarf Kreidler ein Bild, das die alte Zigeunerin als skrupellosen, geldgierigen Unmenschen darstellte.

Er war wirklich brillant und als er geendet hatte, konnte man den Hass der Zuschauer gegen die Angeklagte, die zusammengesunken und hilflos auf der Anklagebank kauerte, fast körperlich spüren.

Das Urteil fiel dann auch erwartungsgemäß hart aus.

Man schickte die alte Zigeunerin für neun Jahre ins Gefängnis.

Alle Zeitungen in Frankfurt und Umgebung berichteten vom Ausgang des Prozesses. Schließlich war dies eine Sensation. Allerdings nur auf Seite zwei.

Für die Titelseite gab es noch eine größere Sensation.

Die Ermordung des österreichischen Thronfolgers und seiner Gattin in Sarajevo.

Nach Klaras Tod kapselte Martin sich völlig von der Außenwelt ab.

Sein Schmerz saß so tief, dass er glaubte, verrückt zu werden. Er aß kaum etwas und schlief schlecht, von Alpträumen gepeinigt. Er gab sich die Schuld an ihrem Tod. Schließlich hatte er sie in diese Lage gebracht. Es war sein Kind gewesen und die Selbstvorwürfe fraßen ihn auf.

In seinem Zimmer lag er auf dem Bett und hing seinen Erinnerungen nach.

Klara war so lebendig in seinen Gedanken. Wie konnte sie tot sein? Nicht mehr da. Er verstand es nicht. Jetzt wurde ihm erst bewusst, wie sehr er Klara gebraucht hatte. Mit ihr konnte er reden. Sie verstand ihn. Sie hörte ihm zu. Er hatte sie geliebt. Oh Gott, wie sehr er sie geliebt hatte, weil sie Seelenverwandte waren.

Immer öfter ertappte er sich dabei, wie er mit ihr sprach, als wenn sie noch da wäre. Er musste sich zusammenreißen, um nicht durchzudrehen.

Die Abschlussprüfungen in der Schule standen an und Martin konzentrierte sich ganz auf diese Aufgabe, froh auf andere Gedanken zu kommen.

Er arbeitete wie ein Besessener und am Ende der Prüfungen verließ Martin als Jahrgangsbester und mit siebzehn Jahren als jüngster Abiturient die Schule.

Kreidler überflog Martins Abschlusszeugnis und sein Gesicht drückte Zufriedenheit aus.

„Für dein Jurastudium ist dieses Zeugnis schon fast zu gut."

Kreidler lachte schallend. Er meinte, einen guten Witz gemacht zu haben.

Martin lachte nicht.

„Ich werde Medizin studieren", sagte er ruhig.

Kreidler starrte ihn ungläubig an. Lange und durchdringend, wobei ihm die Zornesröte ins Gesicht schoss. Und dieses Mal hielt Martin diesen kalten Augen stand. Viel zu lange habe ich mich von dem Kretin einschüchtern lassen, dachte er. Das ist jetzt vorbei.

Er sah, wie Kreidler einen Schritt auf ihn zumachte und ausholte, um ihn zu schlagen, aber Martin war schneller. Er fing den erhobenen Arm seines Stiefvaters ab und hielt ihn am Handgelenk fest.

„Was fällt dir ein", brüllte Kreidler und zappelte an Martins ausgestrecktem Arm. Speichel tropfte aus seinen Mundwinkeln. „Du wirst mich nie wieder schlagen", zischte Martin. „Nie mehr, sonst breche ich dir den Arm." Um seinen Worten Glaubwürdigkeit zu verschaffen, drückte er Kreidlers Handgelenk so fest, wie er konnte.

Kreidler schrie auf und wand sich unter Martins eisernem Griff. Martin war gut einen Kopf größer und Kreidler begriff, dass er keine Chance hatte.

Er gab seine Gegenwehr auf, aber erst als er still stand, ließ Martin los.

Christine erlebte diese Szene mit Genugtuung und Schadenfreude. Niemals hätte sie das dem Jungen zugetraut. Es war die erste Niederlage für Kreidler und am liebsten hätte sie vor Freude laut geschrien.

Dieser Vorfall bekräftigte Martin in seinem Entschluss, den er seit Längerem gefasst hatte, von hier fortzugehen.

Er wusste nicht wohin und er wusste auch nicht genau, was nun werden sollte, aber hier blieb er auf keinen Fall. So packte er seine alte Reisetasche.

Er nahm nur das Nötigste mit und als die Tasche halb voll war, legte er seine Bibel mit dem abgegriffenen Buchdeckel und sein Schachspiel oben auf. Fertig.

Er hatte seine Stiefmutter nicht hereinkommen gehört.

„Du gehst weg.“ Dies war keine Frage, sondern eine Feststellung.

„Ja“, antwortete Martin fest. „Ist besser so.“

Er machte sich auf Vorwürfe oder Einwände gefasst. Stattdessen sagten sie: „Du hast recht. Gehe, bevor er dich zerbrochen hat. Dein Leben liegt noch vor dir.“

Martin sah in das unbewegliche Gesicht aus Porzellan. „Und was ist mit deinem Leben?“

„Ich bin tot. Seit langem schon“, sagte sie tonlos. „Mein Leben, das eigentlich keins ist, war vorbei, als ich diesen Despoten geheiratet habe.“

In ihrem kleinen Gesicht zuckte es und ihr ganzer Körper fing zu zittern an, wie unter einem Anfall von Schüttelfrost. Sekunden später lagen sie sich in den Armen.

Das erste Mal überhaupt, dass Martin seiner Mutter so nahe war.

Er brauchte zwei volle Tage. Viele Sonderzüge mit Soldaten waren unterwegs, schließlich befand Deutschland sich im Krieg und so wurden sie immer wieder auf Abstellgleisen rangiert, wo man sie stundenlang warten ließ.

Die letzten zwanzig Kilometer ging Martin zu Fuß und dann sah er es endlich.

Sein Herz klopfte stärker bei diesem Anblick und er blieb stehen, weil er keine Luft mehr bekam.

Schlagartig kamen seine Erinnerungen zurück. Hier hatte sich nichts verändert, die Zeit schien stehen geblieben zu sein. Er hatte das Gefühl, das alles gestern zum letzten Mal gesehen zu haben.

Die sanft ansteigenden Wiesen, der schmale Weg. Die gelb leuchtenden Felder mit ihren reifen Ähren, die sich sanft im Wind wiegten. Obstbäume mit fruchtbeladenen, herunterhängenden Ästen.

Über allem, hoch oben thronte der mächtige Bau des Klosters. Einem Wächter gleich, der dieser Region seit Jahrhunderten schon den Frieden bewahrte.

Er brauchte fast eine Stunde für den Aufstieg, weil er immer wieder stehen blieb und den Blick – ergriffen von der Schönheit dieser Landschaft – wandern ließ bis zu den Bergmassiven der angrenzenden Schweiz.

An der letzten Wegbiegung, hier wo der Pfad schon sehr steil anstieg, entdeckte er im hohen Gras eine einzelne, wilde Rose.

Er nahm sein Taschenmesser und fing an, vorsichtig zu graben, bis er die Blume mitsamt der Wurzel herausziehen konnte.

Er hielt sich die Rose dicht unter die Nase und sog mit geschlossenen Augen ihren Duft ein.

Martin lächelte zufrieden.

Als er das Kloster erreicht hatte, unterdrückte er den Wunsch, an das große Tor zu klopfen und einfach hineinzugehen. Stattdessen wandte er sich nach rechts und ging die Klostermauer entlang bis zum Friedhof. Seinem eigentlichen Ziel.

Die gepflegten Gräber mit ihren Holzkreuzen, deren Inschriften an all jene Mönche erinnerten, die hier im Kloster Heilig Kreuz gelebt hatten, um Gott und den Menschen zu dienen, stimmten Martin melancholisch.

Als er vor Thomas' Grab stand, kniete er nieder und betete. „Fast acht Jahre ist es her, Vater. Ich bin so alleine", murmelte er. Grenzenlose Traurigkeit überkam ihn und mit Tränen in den Augen fing er an, dicht unter dem Kreuz ein kleines

Loch zu graben. Er pflanzte die Rose ein und verteilte die Erde ringsum wieder sorgfältig. „Schau Thomas“, flüsterte Martin. „Eine Rose. Für dich. Meinen einzigen Freund.“

Er blieb noch eine Weile an Thomas’ Grab stehen, bis er es nicht mehr ertrug.

Abrupt drehte er sich um, verließ den Friedhof mit großen Schritten und machte sich an den Abstieg.

Er blickte kein einziges Mal zurück.

Im Bahnhofsgebäude, das er am frühen Abend betrat, herrschte reges Treiben.

Die Vorhalle war bei Ausbruch des Krieges kurzerhand umfunktioniert worden. Man hatte einen Informationsstand eingerichtet und Trennwände aufgestellt.

Hinter den Sperrholzwänden wurden Kriegsfreiwillige auf ihre Tauglichkeit untersucht, nachdem sie sich eingeschrieben hatten.

Martin stand vor einem Plakat, auf dem ein junger Soldat abgebildet war, der mit dem Finger auf den jeweiligen Betrachter zeigte.

„Dein Vaterland braucht dich“, stand unter dem Bild.

„Interesse?“, fragte eine Stimme hinter ihm. Als Martin sich umdrehte, stand ein Mann in Uniform vor ihm und sah ihn freundlich an. Wahrscheinlich ein Offizier, dachte Martin, aber mit den Rangabzeichen kannte er sich nicht aus.

„Tja“, sagte er zögernd, „ich weiß nicht.“

„Für einen unternehmungslustigen jungen Mann gibt es doch nichts Besseres“, sagte der Uniformierte. „Was gibt es da zu überlegen? In spätestens drei Monaten ist der Krieg vorbei, wenn er überhaupt so lange dauert, und Sie sind nicht dabei gewesen. Können später nicht mitreden, wenn Ihre Freunde von ihren Kriegserlebnissen berichten.“

Der Soldat machte seine Sache gut.

Er redete weiter, weil er Martins unschlüssiges Gesicht sah.

„Was erzählen Sie später Ihren Kindern, wenn die Sie fragen, wo Sie im Krieg waren?“

Martins Gesicht zeigte immer noch Unentschlossenheit. Der Uniformierte hatte recht. Er wusste nicht wohin, was er anfangen sollte. Bei der Armee war er erst einmal versorgt.

Er wägte alle Vor- und Nachteile gegeneinander ab. Dann hatte er seinen Entschluss gefasst.

„Wo muss ich unterschreiben?", fragte er mit fester Stimme.

Lächelnd führte der Soldat ihn hinter die Sperrholzwand.

2. BUCH

Kapitel 1

In den Vogesen, südlich der Stadt Epinal, entspringt nahe Mühlhausen aus einem schmalen Feldspalt ein Fluss, den die Franzosen Moselle nennen.

Auf ihrem langen Weg in nord-östlicher Richtung fließt sie durch Ostfrankreich, streift Luxemburg und überquert unweit von Trier die deutsch-französische Grenze. Ab hier heißt sie dann Mosel.

Nach etwa 545 Kilometern, gemessen von der Quelle aus, vereint sich die Mosel, die in ihrem windungsreichen Verlauf eine bezaubernde Landschaft mit bewaldeten Berghängen und üppig grünen Tälern erschaffen hat, mit dem größten deutschen Strom, dem Rhein.

Genau an der Mündung von Mosel und Rhein, eine der schönsten Flusslandschaften Europas, die Dichter seit jeher inspirierte und die in zahlreichen Liedern besungen wird, liegt die Stadt Koblenz, vor langer Zeit aus einem römischen Kastell entstanden.

Ende August 1914 glich Koblenz einem Tollhaus.

Nichts mehr zeugte von der sonst so beschaulichen Idylle, denn die Stadt war wegen ihrer geografischen Lage zu einem strategisch wichtigen Stützpunkt geworden.

Die oberste deutsche Heeresleitung zog hier große Teile ihres Nachschubs zusammen, um ihn auf dem Landweg und zu Wasser an die Westfront zu transportieren.

Der Feind stand 150 Kilometer entfernt an der französisch-luxemburgischen Grenze.

Tag und Nacht rollten die Züge durch den kleinen Bahnhof und schafften schweres Kriegsmaterial und Soldaten heran. Ohne Pause. Unermüdlich.

Patriotisch gesinnte Männer ließen sich im ganzen Land anwerben. Auch Abenteurer und Glücksritter waren unter ihnen.

Zu allen Zeiten war es so und würde immer so sein.

Man rief sie und sie kamen, um ihrem Vaterland zu dienen und für König, Kaiser oder Zar zu kämpfen.

In ihrer Naivität glaubten sie alles, was man ihnen vorlog, denn sie wollten es glauben. Hüben wie drüben. Sie traten für die Freiheit ihres Volkes ein, das wurden ihnen vorgegaukelt.

So wurden sie zu Handlangern ihrer Anführer, die am Verhandlungstisch versagt hatten.

Deren Arroganz und Feigheit es aber nicht zuließen, die eigene Inkompetenz einzugestehen, oder ihr engstirniges Handeln infrage zu stellen.

Nicht vor Gott und nicht vor den Menschen, die ihnen blind vertrauten.

Sie nahmen es in Kauf, Elend und Verderben über Millionen Menschen zu bringen.

Die Zeiger der großen Bahnhofsuhr zwischen den rostigen Eisenpfeilern bewegten sich träge auf halb sechs zu, als der Zug mit kreischenden Bremsen einlief und – so schien es – unendliche Mühe hatte, anzuhalten.

Die alte Lokomotive keuchte unter ihrer schweren Last, wobei sie wütend heißen Wasserdampf ausspie, der sich wie feiner Nebel verteilte.

Noch einmal ruckte die Lok, fast trotzig, dann stand sie still.

„Koblenz Hauptbahnhof, Endstation", rief eine heisere Stimme. „Koblenz, Endstation. Alles aussteigen."

Türen wurden aufgerissen und übernächtigte Männer entstiegen dem Zug.

Die meisten von ihnen schnell, fast hastig, froh darüber, der Enge im Wageninneren entkommen zu sein. Andere wiederum zögernd, beinahe ängstlich, wohlwissend, dass, wenn sie einmal ausgestiegen waren, es kein Zurück mehr für sie gab.

Niemand von ihnen wusste schließlich, was sie erwartete.

Martin zählte fünf Männer in Uniform, als er sich auf dem Bahnhofsvorplatz zu den Neulingen gesellte.

Die Uniformierten standen abseits und schienen sich über den zusammengewürfelten Haufen der Neuen zu amüsieren. Ab und zu hörte man sie laut lachen.

Empfangskomitee, dachte er ironisch. Er war total erschöpft und seine Glieder schmerzten von der langen Fahrt in überfüllten Zügen. Er glaubte, jeden Knochen einzeln zu spüren.

Müde betrachtete er die übrigen Männer, die gerade erst mit ihm zusammen angekommen waren.

Er schätzte die Anzahl der Wartenden auf ungefähr zweihundert.

Einige von ihnen unterhielten sich leise. Die meisten harrten ruhig, fast abwesend der Dinge, die da kamen. Das Stimmengemurmel verstummte abrupt, als jemand rief: „Alles herhören."

Der Mann hatte sich aus der Gruppe der Uniformierten gelöst und kam auf sie zu.

Er stellte sich so, dass ihn jeder sehen konnte, und fuhr dann mit lauter Stimme fort: „Euer Marschbefehl ist mit einem dick gedruckten Buchstaben am rechten unteren Rand versehen.

Alle, die einen mit A gekennzeichneten Befehl haben, treten nach links raus. Alle anderen bleiben stehen und rühren sich nicht."

Gemurmel wurde wieder laut. „Wollt ihr Arschlöcher wohl die Schnauzen halten", brüllte der Soldat. „Und ein bisschen plötzlich."

Konsterniert über den barschen Kasernenhofton, mit dem die meisten zum ersten Mal in ihrem Leben konfrontiert wurden, kramten sie schweigend in ihren Taschen und nach fünf Minuten endlich hatte sich links von den übrigen eine Gruppe von circa achtzig Mann gebildet, wie man es ihnen befohlen hatte. Martin war auch unter ihnen.

Gleich darauf ließ derselbe Uniformierte sie in Dreierreihen antreten, nicht ohne nochmals eine Kostprobe seines Schimpfwortvokabulars gegeben zu haben. Als sie ihre Habseligkeiten aufgenommen hatten, marschierten sie los.

„Was ist mit denen?", fragte Martin seinen Nebenmann und deutete mit dem Kopf auf die Zurückgebliebenen. „Kommen in eine andere Kaserne, schätze ich", flüsterte er.

„Schnauze“, brüllte der Uniformierte und sie sprachen nichts mehr.

Nach einer Stunde Fußmarsch erreichten sie die Augustakaserne. Ihren Namen hatte die Kaserne von der deutschen Kaiserin Augusta, der Frau Wilhelm des II.

Eine breit angelegte Straße mit Kopfsteinpflaster führte vom Tor aus zum Hauptgebäude, einem langgestreckten, vierstöckigen Backsteinbau mit zahlreichen hohen Fenstern.

Von der Straße aus zweigten nach rechts und links kleinere Wege mit festgewalztem Schotterbelag ab, über die man zu den Nebengebäuden gelangte.

Obwohl das Gelände hinter dem Kasernenkomplex sofort steil anstieg, war es im Inneren eher flach, fast eben.

Den Männern fiel das Gehen immer schwerer, denn die meisten von ihnen waren nunmehr seit vierundzwanzig Stunden auf den Beinen und das Marschieren nicht gewohnt.

Außerdem war das Tempo, was man ihnen abverlangt hatte, bis hierher mörderisch gewesen.

Viele Soldaten in Marschformation kamen ihnen entgegen.

Ihre Kochgeschirre klapperten rhythmisch und der feste Schritt ihrer genagelten Stiefel auf dem Kopfsteinpflaster hallte durch die morgendliche Stille.

Die Anspannung in den Gesichtern der Männer ließ nur einen Schluss zu: Sie waren auf dem Weg an die Front.

Als die Gruppe vor dem Hauptgebäude haltmachte, torkelten die meisten vor Erschöpfung.

„Klappe halten“, brüllte der Uniformierte sofort, obwohl niemand etwas gesagt hatte.

Dazu waren sie viel zu müde. Er tat dies vorsorglich, um erst gar keine Unruhe aufkommen zu lassen.

Er stellte sich breitbeinig vor die Männer, die nach Luft ringend und mit hängenden Köpfen dastanden, und grinste.

„Ich hoffe“, sagte er dann, wobei seine Stimme in eine Art Plauderton fiel, sodass man genau hinhören musste, um ihn zu verstehen –, „dass euch unser Morgenspaziergang gefallen hat.“

Wieder dieses Grinsen. „Ihr werdet euch jetzt in den dritten Stock dieses Gebäudes begeben und Quartier beziehen.“

Er wies mit dem Daumen über seine Schulter. „Ich wiederhole, in den dritten Stock. Wer keine Schlafstätte findet, pennt auf dem Sportplatz." Er machte eine Pause, um das Gesagte wirken zu lassen. Dann fuhr er fort: „Die Kameraden, die schon dort sind, werden euch beim Bettenbau behilflich sein. Sodann schnappt sich jeder einen freien Spind, damit ihr später euere Klamotten unterbringen könnt. In zwanzig Minuten von jetzt an", er sah demonstrativ auf seine Taschenuhr, „ist Antreten."

Als er geendet hatte, blieben die Männer unsicher stehen und warteten, weil sie nicht wussten, was genau jetzt von ihnen verlangt wurde.

„Wegtreten", brüllte der Uniformierte. Langsam kam Bewegung in die Gruppe.

„Im Laufschritt", schrie der Soldat. „Ich trete jedem in den Arsch, der in zwei Sekunden noch hier ist." Sie rannten los, so schnell es ihre müden Beine zuließen.

Das Zimmer – Saal wäre die richtigere Bezeichnung gewesen –, das Martin wenig später betrat, war circa zehn Meter lang und genauso breit. Er zählte sechzehn Betten auf der rechten Seite, immer zwei übereinandergestellt, und an der gegenüberliegenden Wand sechzehn Spinde.

Dazwischen, in der Mitte des Raumes, ein langer Tisch mit Stühlen. Martin ging quer durch das Zimmer und steuerte auf das letzte freie Bett am Fenster zu.

Auf der oberen Pritsche lag ein Mann zusammengerollt und schien zu schlafen. Martin sah nur seinen Rücken, deshalb war er sich nicht sicher.

So salopp er konnte, fragte er: „Ist die Koje unter dir noch frei?" Keine Antwort. Er wollte sich schon abwenden, als sich die Gestalt langsam umdrehte und ihn mürrisch ansah.

Martin erschrak. Er hatte noch nie einen so hässlichen Menschen gesehen. Das Gesicht des jungen Mannes, der ihn aus verschlafenen Augen ansah, war von tiefen Narben entstellt.

Martin bedauerte es bereits, ausgerechnet diese Stube gewählt zu haben, als etwas Eigenartiges geschah. In das Narbengesicht kam Bewegung. Der Mund stellte sich schief, als die

Lippen makellose, weiße Zähne entblößten und die Augen wurden noch kleiner, als sich die untere Gesichtshälfte nach oben schob, um dem Mund ein Lächeln zu ermöglichen.

Dieses Lächeln war etwas Besonderes. Sympathisch, offen und ehrlich. Auch Martin lächelte jetzt und die beiden schauten sich lange an, wobei keiner von ihnen etwas sagte.

„Wo bist du her?", fragte David endlich und schwang sich aus dem Bett. Er war einen Kopf kleiner als Martin, aber etwas kräftiger von der Statur her.

„Entschuldige meine Unhöflichkeit", sagte Martin, „ich habe mich noch gar nicht vorgestellt. Martin Kreidler", sagte er dann, „ich komme aus Frankfurt. Aber eigentlich aus Weingarten", fügte er hinzu.

„Weingarten? Hört sich an wie eine Kneipe." David grinste.

„Nein", lachte Martin. „Es ist ein kleiner Ort am Bodensee. Ein schönes Fleckchen Erde. Von daher komme ich."

„David Rosendahl, Berlin. Freut mich, dich kennenzulernen." Sie gaben sich die Hand.

Dann fing Martin an, sein Bett zu beziehen, und David half ihm dabei.

„Bist du auch freiwillig hier?", fragte Martin, als sie fertig waren. David zögerte. „Freiwillig ja", sagte er dann. „Wann seid ihr denn angekommen, du und die anderen?"

„Schubweise, in der vergangenen Nacht", antwortete David.

„So ne Scheiße, so ne verfluchte." Ein baumlanger Kerl nahe der Tür, gebürtiger Kölner wie sich später herausstellte, unterbrach ihr Gespräch. Er maulte lauthals und hieb mit der Faust gegen das Bettgestell. Die anderen kamen neugierig näher.

„Wie soll ich in dat Kistchen schlafen?" Er hatte sich probeweise auf seiner Pritsche lang gemacht und musste feststellen, dass er zu lang für das Bett war. Wütend kroch er aus seiner Koje und schnaubte dabei wie ein wilder Stier.

„Außerdem, mit sechzehn Männer uffe Bude, dat is menschenunwürdisch." So langsam erkannten die anderen, dass seine Aufregung nicht echt war, dass er Theater spielte.

„Es ist Krieg", sagte jemand feixend, „wir müssen alle Opfer bringen."

„Kriech, hat ich verjessen. Aber dat misch hier keiner furzt", fügte er hinzu. „Wenn einer furzt, bin isch dat." Um seinen Worten Nachdruck zu verleihen, kam von ihm ein lautes, unanständiges Geräusch. Die anderen lachten und für einen Moment vergaßen sie, wo sie waren.

Sie hatten gerade noch Zeit, sich untereinander bekannt zu machen, als eine Trillerpfeife ertönte.

Hastig rannten sie hinaus.

Die Ausbilder formierten in aller Eile drei Züge unter dem üblichen Geschrei und den schon bekannten Flüchen. Scheinbar ging nichts ohne Fluchen und Gebrüll.

Man zeigte den „Zivilisten", wo jeder einzelne zu stehen hatte. Alles musste schnell und präzise ausgeführt werden. Die neuen Rekruten spürten die Nervosität der Ausbilder.

Etwas Besonderes, auch für die Unteroffiziere nicht Alltägliches, würde geschehen. Die Spannung lag fühlbar in der Luft.

Die Einkleidung der Neuen hatte den ganzen Vormittag in Anspruch genommen und nachdem sie ihre Uniformen angezogen und die restliche Ausrüstung in ihren Spinden verstaut hatten, gönnte man ihnen eine hastige Mahlzeit.

Jetzt standen sie in der Mittagssonne und warteten. Die Uniform war zu warm für diese Jahreszeit. Viel zu warm. Die Männer schwitzten und der dicke, raue Stoff kratzte fürchterlich auf der Haut.

Nach einer Stunde endlich brüllte jemand „Achtung" und jeder der neuen Rekruten versuchte, so gut er konnte, strammzustehen.

Ein kleiner, hagerer Mann kam mit federnden Schritten aus dem Kompaniegebäude. Er wirkte drahtig, durchtrainiert.

Seine Haltung, seine tadellos sitzende Uniform und die glänzenden Reitstiefel verrieten ihn als Offizier.

Nachdem der Kompaniefeldwebel ihm 144 neue Rekruten gemeldet hatte, stellte er sich vor die wartenden, schwitzenden Männer und musterte eine Zeitlang schweigend die angetretenen Züge.

Es war mucksmäuschenstill. Die Rekruten wagten es kaum, zu atmen.

Der Offizier nickte ein paarmal mit dem Kopf, um seine Zustimmung auszudrücken. Scheinbar erregte im Augenblick nichts sein Missfallen.

„Soldaten", rief er dann und seine Stimme klang merkwürdig schnarrend, die Worte abgehackt.

„Ich bin euer Kompanieführer. Mein Name ist Schmitt. Ich bin Offizier ihrer Majestät des Kaisers. Mein Dienstgrad ist Oberleutnant." Bei den letzten Worten trat seine Brust noch stärker hervor.

„Eine Grundausbildung dauert normalerweise zehn Wochen", fuhr er fort. „Normalerweise soll heißen, in Friedenszeiten." Seine Stimme wurde lauter: „Aber es ist Krieg. Ein Krieg, den das deutsche Volk und der Kaiser nicht gewollt haben." Eine Pause folgte. Dann sprach er weiter:

„Von höchster Stelle wurde befohlen, es in der Hälfte der Zeit zu schaffen, und wir schaffen das, denn ich sehe es als Herausforderung." Er holte Luft, um seiner Stimme Nachdruck verleihen zu können, als er rief: „Drückeberger, Feiglinge und Simulanten werden nicht geduldet. Jeder, der sich an die Vorschriften hält, wird gerecht behandelt. Aber jeder", seine Stimme überschlug sich fast, „der sich nicht an die Vorschriften hält und Befehle missachtet, wird als abschreckendes Beispiel mit den Eiern am höchsten Baum, der sich finden lässt, aufgehängt." Wieder legte er eine Pause ein, wobei er die Rekruten genau beobachtete. Seine Drohung schien zu wirken, denn er sah Furcht in ihren Gesichtern.

Befriedigt sprach er im Normalton weiter: „Vergesst niemals, dass ihr des Kaisers Waffenrock tragt. Zeigt euch würdig, ein deutscher Soldat zu sein, damit die Daheimgebliebenen stolz sein können."

Noch ein paar Augenblicke blieb er reglos stehen, dann drehte er sich auf dem Absatz um und grüßte militärisch zackig in Richtung seiner Unteroffiziere, die im Hintergrund warteten, und verschwand dann mit großen Schritten im Kompaniegebäude.

Ihr Tag begann jeden Morgen um vier Uhr in der Früh.

Nach der Morgentoilette, dem Stuben- und Revierreinigen war Antreten vor dem Kompaniegebäude befohlen. Danach führte man sie geschlossen zur Küche, einem Gebäude hinter dem Haupttrakt, das schon von Weitem als Kantine ausgemacht werden konnte.

Das typische Geklapper von Töpfen, Pfannen und Geschirr wies ihnen den Weg.

Zum Frühstück gab es Malzkaffee, glitschig nasses Brot und Marmelade, die aussah wie Wackelpudding. Die Farbe der Marmelade wechselte von Zeit zu Zeit, nicht aber deren Geschmack.

In den zurückliegenden Tagen hatte man mit ihnen exerziert. „Ihr müsst erst einmal laufen lernen“, meinten die Ausbilder. So ließen sie die Rekruten die breite Hauptstraße hinauf und wieder hinunter marschieren, um Gleichschritt und Kommandos zu üben.

Immer und immer wieder hetzten sie die Rekruten über das Kopfsteinpflaster und den angrenzenden Exerzierplatz, bis sie jeden Quadratzentimeter, jeden Stein kannten und sie das Gebrüll ihrer Ausbilder im Schlaf noch hörten. Drei Tage lang.

Sie bekamen Blasen an den Füßen und liefen sich wund zwischen den Beinen.

Am vierten Tag händigten die Unteroffiziere ihnen ihre Waffen aus und unterwiesen sie in Handhabung und Gebrauch.

Aber erst als sie das Gewehr 98 mit geschlossenen Augen auseinanderbauen und wieder zusammensetzen konnten – jeder Handgriff musste sitzen –, durften sie ihren ersten Schuss abfeuern. Die Schießübung, die folgte, war kurz, denn Munition war knapp und deshalb kostbar.

Ihre Ausbilder meinten, sie würden noch genügend Gelegenheit bekommen, ihre Waffe zu benutzen, was ja auch sicherlich zutraf.

Jetzt standen sie in Habachtstellung mit feldmarschmäßiger Ausrüstung vor dem Kompaniegebäude und warteten.

Warten hatten sie inzwischen gelernt. Sich nicht bewegen zu müssen, war ungleich besser, als von den Ausbildern „geschliffen“ zu werden. Ihre Tornister drückten zwar auf den

Schultern und der Riemen ihres schweren Karabiners schnitt ins Fleisch, aber das konnte man ertragen.

Geländeausbildung stand auf dem Dienstplan und die meisten Rekruten waren froh, die Kaserne verlassen zu können, obwohl keiner wusste, was genau auf sie zukam. Sie sehnten sich ganz einfach nach Abwechslung, wie auch immer sie aussehen mochte.

Feldwebel Niklaus – er hieß tatsächlich so – stand unterdessen am Fenster der Schreibstube und beobachtete missbilligend das Antreten der neuen Rekruten.

Er machte ein unglückliches Gesicht, denn er hasste den Diensteifer der Ausbilder, die eben noch die verstörten „Neuen" über den Exerzierplatz gescheucht hatten, einer Herde Schafe gleich, weil diese sich nicht schnell genug formierten oder weil ihre Ausrüstung unvollständig war.

Militärischer Drill musste sein, das wusste ein so alter Hase wie Niklaus, zur Genüge, keine Frage.

Alleine schon aus disziplinarischen Gründen. Aber sinnlose Schikanen zur Belustigung wollte und konnte er nicht akzeptieren.

Feldwebel Niklaus war ein gemütlicher, etwas beleibter Endvierziger mit Halbglatze und mächtigem Zwirbelschnurrbart, dem jede Art von Hektik zuwider war.

Wegen seines gutmütigen Charakters und seiner ausgesprochenen Menschenfreundlichkeit eignete er sich wenig für diese Ausbildungseinheit.

Manchmal hasste er die Uniform, die er trug, aber das behielt er natürlich für sich.

Als „Spieß", wie man den Kompaniefeldwebel nennt, beschränkten sich seine Aufgaben mehr auf den Organisations- und Führungsbereich. Sein Talent bestand darin, dafür zu sorgen, dass alles reibungslos lief. Das lag ihm. Zwar war er der direkte Vorgesetzte aller Unteroffiziere und Mannschaften, aber mit der Rekrutenausbildung an sich hatte er wenig zu tun.

Sonst hätte er sich bei Kriegsausbruch wahrscheinlich anders entschieden. Aufgrund seiner Dienstjahre konnte er wählen. Die Stelle als Kompaniefeldwebel dieser Ausbildungseinheit anzutreten oder an die Front geschickt zu werden.

Da er – wie er fand – zum Kriegsspielen zu alt war, entschloss er sich, in der Heimat zu bleiben und nicht in vorderster Linie im Schützengraben zu kämpfen und womöglich zu krepieren.

Diese Einstellung war wenig ruhmreich, was soll's, von Heldentum hielt er sowieso nichts. Helden sind dumm. Diese Auffassung vertrat er schon immer. Er wollte diesen Krieg überleben. Schließlich war es nicht sein Krieg. Aber er musste auch realistisch denken. Würde der Krieg länger dauern als geplant – und es sah ganz danach aus –, mussten auch die letzten Reserven mobilisiert werden und dann konnte es sein, dass er in den Schlamassel mit hineingezogen wurde.

Diese Tatsache bereitete ihm Kopfzerbrechen.

Wieder sah Feldwebel Niklaus zum Fenster hinaus. Inzwischen hatten die Züge sich formiert und warteten.

Die Rekruten würden den ganzen Tag mit ihren Ausbildern im Gelände sein. Zeit für ihn, Liegengebliebenes zu erledigen. Mit einem Seufzer rückte er sein Koppel zurecht, wobei sich sein Körper automatisch straffte. Uralte Soldatenmanier. Er prüfte den Sitz seiner Mütze. Tadellos.

Im Hinausgehen nahm er die Mappe mit den Tagesbefehlen vom Tisch und klemmte sie sich unter den Arm.

In Dreierreihen marschierten sie den steilen Waldweg hinauf. Zugweise. Die Straße ließen sie hinter sich. Der Schatten, den die hohen Bäume spendeten, tat gut. Es war noch immer ungewöhnlich warm für diese Jahreszeit und die Männer schwitzten vor Anstrengung.

Nach einer Stunde erreichten sie eine Lichtung, ihr eigentliches Ziel, und die Ausbilder gönnten ihnen eine Pause. Sie nahmen ihre Tornister ab und stellten ihre Gewehre beiseite.

„Zigarettenpause", rief jemand, „Feuer frei."

„Endlich", stöhnte David. Er ließ sich auf den Waldboden neben Martin fallen.

Er hielt ihm seine Zigarettenpackung hin. Martin schüttelte den Kopf. „Du weißt doch, dass ich nicht rauche." Ohne zu antworten, brannte David seine Zigarette an und inhalierte tief.

Auch die anderen ihres Zuges setzten sich dort, wo sie gerade standen, auf den Boden.

Einige unterhielten sich. Die meisten rauchten schweigend und hingen ihren Gedanken nach.

Martin ließ seinen Blick schweifen und was er sah, gefiel ihm. Eine große Wiese mit nicht allzu hohem Gras begann dort, wo die letzten Bäume standen, und erstreckte sich gut dreihundert Meter sanft abfallend bis zum nächsten Waldrand.

Das hellgrüne Gras der im Sonnenlicht getauchten Wiese hob sich perfekt ab von den herbstlich bunten Blättern der Bäume. Solche Landschaften gibt es am Bodensee zuhauf, dachte Martin melancholisch. „Schön ist es hier", sagte er zu David gewandt, um nicht ins Grübeln zu verfallen.

„Wunderschön", antwortete David und Martin hörte aus dem Tonfall heraus, dass er es ironisch meinte. David hatte für so etwas keinen Blick. Schade, dachte Martin.

„Antreten", brüllte jemand und sie schnallten ihre Tornister um und nahmen ihre Gewehre wieder auf.

Die Zugführer teilten die Rekruten in Korporalschaften ein. Jede Stube war eine Korporalschaft mit einem Unteroffizier als Gruppenführer.

Den Rest des Tages jagten die Unteroffiziere ihre Gruppen durch das Gelände. Die Korporalschaft, der Martin und David angehörten, litt am meisten.

Ihr Gruppenführer, Unteroffizier Hasenrahn, war ein Schinder übelster Sorte. Jeder in der Kompanie wusste das. Er schikanierte seine Rekruten, wo er nur konnte. Hasenrahns ganze Erscheinung war unsympathisch. Die schmutziggraue Gesichtsfarbe als Folge seiner bisherigen Tätigkeit unter Tage – er war vor dem Krieg Bergmann gewesen und der Kohlenstaub hatte sich in seine Haut gefressen –, die engstehenden, arglistigen, nie ruhenden kleinen Augen, die einen nie direkt ansahen, denen aber nichts entging, und die hektischen Bewegungen, wenn er mit den Händen sprach, riefen in jedermann Ablehnung hervor.

Die Männer seiner Gruppe lernten diesen Menschen hassen. Vier Stunden lang jagte Unteroffizier Hasenrahn seine Rekruten über die Waldlichtung.

„MG-Feuer von links, volle Deckung." Die Männer warfen sich zu Boden und pressten ihre Körper ins Gras. „Bis zum Waldrand vorarbeiten", kommandierte Hasenrahn und sie robbten auf den Ellbogen flach am Boden liegend, wie er es befohlen hatte. Um gleich wieder aufzuspringen, wenn sie seine Kommandos hörten: „Sprung auf Marsch, Marsch. Geht das nicht schneller ihr Arschlöcher. Tiefflieger von rechts. Volle Deckung." Wieder flach auf den Bauch.

„Sprung auf Marsch, Marsch. Granatfeuer von vorne. Volle Deckung."

Er quälte seine Rekruten, ohne ihnen eine Verschnaufpause zu gönnen, bis sie am ganzen Körper zerschunden waren und jeder Knochen schmerzte.

Als sich die Züge zum Abmarsch formierten, stand David neben Martin und leckte sich den Dreck von den Lippen. „Schön ist es hier", zischte er atemlos und spuckte aus. „Wunderschön", grinste Martin gequält. Am Ende ihrer physischen Kräfte schleppten sie sich in die Kaserne zurück.

Nachdem sie ihre Uniformen und ihre Gewehre gereinigt hatten, fielen sie in ihre Betten.

Wie tot.

In den darauffolgenden Wochen drillte man sie in Gefechtsausbildung und Nahkampf.

Das weiträumige Waldgelände hinter der Kaserne eignete sich vorzüglich für diese Zwecke.

Fast täglich führten die Ausbilder ihre Rekruten zu jener Lichtung zwischen den hohen Bäumen, die alsbald von den Rekruten nur noch – Schmittchens Spielwiese – genannt wurde, obwohl ihr Kompaniechef hier oben noch nie gesehen worden war.

Dazwischen lagen Gewaltmärsche von bis zu dreißig Kilometern mit vollem Gepäck.

Dienstfrei gab es für die Männer überhaupt nicht. Ihre Ausbilder erinnerten sie darin, dass die Grundausbildung in der Hälfte der Zeit gestemmt werden musste. Die Oberste Heeresleitung verlangte es so. Darum gönnte man ihnen keine Pause und Hasenrahn übertraf sie alle.

Sein Diensteifer kannte keine Grenzen und bei der kleinsten Verfehlung setzte es Strafdienst.

Ein Hemd war nicht vorschriftsmäßig zugeknöpft, ein Waffenrock hing beim Stubendurchgang nicht auf den Millimeter genau im Spind. Schuhe, die nicht blitzblank geputzt waren, Hasenrahn fand immer etwas und dann wurden Disziplinarstrafen fällig.

Die Palette reichte von Latrinen schrubben mit einer Zahnbürste über stundenlanges Stillgestanden vor dem Kompaniegebäude bis zum Strafexerzieren.

Am gefürchtetsten aber war Hasenrahns „Vernichtungssport", wie die Rekruten es nannten, wenn er sie in feldmarschmäßiger Ausrüstung antreten ließ und er sie dann über den mit schwarzer Asche festgewalzten Sportplatz scheuchte.

Erst im Trab, dann im Galopp. Eine Stunde lang. Danach Liegestütze und zum Schluss Klimmzüge an der Turnstange.

Hasenrahn gab erst Ruhe, wenn die Männer entkräftet umfielen und liegen blieben.

Die Stimmung und die Moral in der Kompanie, speziell aber in der Korporalschaft Hasenrahn, waren auf dem Nullpunkt.

Etwas Gutes hatte das Ganze. Die Männer wuchsen zu einer verschworenen Gemeinschaft zusammen und gingen füreinander durchs Feuer.

„Was ist mit dir?", fragte Martin. Lüders saß unbeweglich auf seiner Pritsche und starrte die Wand an. Er antwortete nicht. „Willst du dich nicht fertig machen?" Martin ging auf ihn zu und blieb vor seinem Bett stehen.

„Ich gehe nicht", sagte Lüders tonlos, ohne den Blick von der Wand zu nehmen. Wie hypnotisiert starrte er sie an. David schnürte gerade seine Schuhe und hielt inne.

„Habt ihr gehört, Spargel nimmt sich heute einen freien Tag", sagte er trocken.

„Watt iss?“ Mit einem Satz war der lange Kölner um das Bett herum. Er war Stubenältester und verantwortlich für den reibungslosen Ablauf allmorgendlich.

Auch die anderen unterbrachen ihr hektisches Tun. „Er geht nicht mit“, sagte David leichthin und band sich den zweiten Schuh. „Dat jibbet nisch“, protestierte der Lange in seiner unverfälschten Mundart. „Hört schon auf!“ Zu Lüders gewandt sagte Martin: „Komm ich helfe dir.“ Er reichte Lüders die Hand und zog ihn hoch. Der ließ es ohne Gegenwehr geschehen.

Erst jetzt, als er neben Martin und dem riesenhaften Kölner stand, sah man, wie schmächtig er war. Er wirkte wie ein Schulkind unter Erwachsenen und die Uniform, die er trug, tat ein Übriges. Sie war ihm mindestens zwei Nummern zu groß und schlotterte nur so.

Seinem mageren Körper mit den dünnen Ärmchen und Beinchen verdankte er den Spitznamen Spargel.

Martin schnallte Lüders den Tornister um. Der schien gar nicht anwesend zu sein. Ihnen blieben zehn Minuten. Höchstens. Seine Kameraden wussten, was Lüders bedrückte. Er war so etwas wie der Kompanietrottel. Von Anfang an trat er in jedes Fettnäpfchen, das sich ihm bot. Krampfhaft bemüht, alles richtig zu machen, tat er immer das Falsche.

Ein gefundenes Fressen für Unteroffizier Hasenrahn. Der elende Schinder hatte sich auf den armen Kerl eingeschossen. Er quälte den Jungen unablässig.

Dreimal hatte Hasenrahn ihn in dieser Woche schon über den Sportplatz gescheucht.

Pferdeställe ausmisten und Latrine putzen waren für Lüders Alltäglichkeiten, die er schon als selbstverständlich hinnahm.

Erst gestern hatte er das ganze Treppenhaus mit einer Wurzelbürste schrubben müssen – vom Keller bis zum Dachgeschoss –, weil Hasenrahn beim Stubendurchgang in Lüders Spind unter seinem Drillichzeug einen Grashalm gefunden hatte. Das genügte, um ihn zu disziplinieren, wie es im allgemeinen Sprachgebrauch der Ausbilder genannt wurde.

Lüders zog das Unheil unwiderstehlich auf sich. Magisch. Während die anderen nur Schiss vor Hasenrahns erzieherischen Maßnahmen hatten – wie er selber sein Drangsalieren zu nennen pflegte –, war es bei Lüders Angst. Panische, nackte Angst. Dazu kam, dass er der täglichen Tortur psychisch und physisch nicht gewachsen war. Er gehörte nicht hierher.

Die Tür flog auf, der verhasste Vorgesetzte stand im Türrahmen.

„Achtung", brüllte jemand und die Rekruten nahmen Haltung an. Sie sahen sofort, dass Hasenrahn schlecht gelaunt war. Noch schlechter als sonst. Sein schmutziges Gesicht kam noch unfreundlicher rüber. Er ließ seine Augen durchs Zimmer eilen. In der Tat war er übelster Laune. Er hatte ein unerfreuliches Gespräch mit dem Kompaniefeldwebel.

Niklaus drohte ihm, er würde ihn melden, weil ihm seine Ausbildungsmethoden zu weit gingen.

Ihn melden, Hasenrahn fasste es nicht. Ihn, einen hervorragenden Soldaten, der seinen Untergebenen immer ein leuchtendes Vorbild an Disziplin, soldatischem Auftreten und korrektem Verhalten war. Der lasche Sesselpupser Niklaus war der Meinung, dass die Rekruten seiner Korporalschaft von ihm zu hart angefasst wurden.

Das Weichei hatte keine Ahnung. Auf dem Schlachtfeld würden sie keinen Tag überleben, wenn man ihnen nicht schonungslos vor Augen führte, was sie erwartete. Sie nicht abhärtete für den Ernstfall. Nicht eisern durchgriff.

Gott sei Dank war Oberleutnant Schmitt, der Kompaniechef, aus dem gleichen Holz geschnitzt wie er selber. Sollte der Schreibtischhengst Niklaus ihn melden, würde Hasenrahn sich zu rechtfertigen wissen und er glaubte sich der vollen Unterstützung seines Kompaniechefs sicher.

Der Unteroffizier stand immer noch in der Tür, ohne sich bewegt zu haben. Sein geübtes Auge sah sofort, dass zwei Stühle am Tisch nicht mit den übrigen Stühlen eine Linie bildeten. Sie standen etwas versetzt. Aber diese Unachtsamkeit genügte ihm nicht. Heute nicht. Deshalb ging er langsam durch den Raum und unterzog jeden der reglos da stehenden Männer einer genauen Musterung. Vor Lüders blieb er schließlich stehen.

Hasenrahn kannte seine Wirkung auf den Jungen. Mit Genugtuung sah er, dass Lüders am ganzen Körper zitterte, krampfhaft bemüht, still zu stehen.

„Am liebsten würdest du deinen Konfirmandenpimmel herausholen und mich anpissen, du kleiner Scheißkerl, stimmt's?", dröhnte Hasenrahn. „Nein", Lüders war sichtlich bestürzt. Sein knorriges Gesicht mit den abstehenden Ohren und den eingefallenen Wangen lief rot an.

„Aus welchem Grund hast du denn den Hosenschlitz auf, du Pfeife?" Lüders sah überrascht an sich herunter und tatsächlich, zwei Knöpfe seiner Hose standen offen. Er schloss für einen Moment die Augen und schluckte krampfhaft.

Immer ich. Ich bin aber auch zu dämlich, dachte er resigniert, denn er wusste, das würde der Schinder ihm nicht ungestraft durchgehen lassen. Er war den Tränen nahe.

Der Unteroffizier sah die feuchten Augen des Jungen. Solche Memmen widerten ihn an. Mit diesen Würstchen war kein Krieg zu gewinnen.

Er drehte sich um und ging zur Tür. „In fünf Minuten ist Antreten", zischte er dabei.

Das Wetter war umgeschlagen. Die Sonne verkroch sich hinter einer dichten Wolkendecke und es setzte Regen ein. Langanhaltender, von Windböen gepeitschter Dauerregen, der die bunte Herbstlandschaft in ein graues Einerlei verwandelte.

Die Korporalschaft Hasenrahn war als letzte Gruppe ihres Zuges losmarschiert und kämpfte sich nun durch das dichte Unterholz des Rübenacher Forstes, wie die Waldgegend hinter der Kaserne hoch über der Mosel genannt wurde.

Immer darauf bedacht, die gutausgetretenen Wege zu meiden, das wäre zu einfach gewesen.

Hasenrahn trieb seine Rekruten quer durch den unwegsamen Wald. Er war vorne, um ein aberwitziges Tempo vorzulegen, dann hinten, um den Nachzüglern Beine zu machen.

Die Rekruten fluchten und wünschten dem Schinder die Pest an den Hals.

Sie waren nass bis auf die Haut. Hungrig und erschöpft. Zerschunden an Händen und im Gesicht von den herabhängenden Zweigen der Bäume.

Bereits seit fünf Stunden tapsten sie durch den klammkalten Wald und nur Hasenrahn wusste, wo genau sie sich befanden. Er kannte das Gelände wie seine Westentasche.

Orientierungsmarsch hieß es am Morgen beim Antreten. Gruppenweise. Die Soldaten der Korporalschaft Hasenrahn wussten, was ihnen blühte.

Sie hatten es schon einmal erlebt. Ihnen stand eine Quälerei sondergleichen bevor, denn Unteroffizier Hasenrahn wollte die beste Gruppe befehligen, um seinen krankhaften Ehrgeiz zu befriedigen. So mancher in der Kaserne nannte es Profilierungssucht. Er nahm keine Rücksicht auf nichts und niemandem.

„Ich bring ihn um, dieses Schwein", keuchte David. Sie gingen hintereinander. Erst der lange Kölner – er bildete die Vorhut –, dann Martin und David, gefolgt von dem Rest der Gruppe.

„Vorne halt", hörten sie Hasenrahns Stimme von irgendwo weiter hinten. „Der Rest aufschließen."

Der lange Kölner blieb stehen und rang nach Luft. Die Männer ließen sich auf den Waldboden fallen und stöhnten vor Erleichterung.

Hasenrahn lief fluchend an den sitzenden und liegenden Rekruten vorbei an die Spitze der Gruppe. „Wer hat etwas von Pause gesagt, ihr faulen Säcke", schrie er. „Auf die Beine mit euch. Los, los."

Zähneknirschend rappelten die Männer sich wieder hoch.

„Lüders, brauchst du eine extra Einladung?" Der bäuchlings am Boden liegende Lüders rührte sich nicht. Hasenrahn rannte zu ihm und trat ihm unter die Stiefelsohlen. Keine Regung.

„Steh auf, du Simulant", brüllte er außer sich. Er raste vor Wut, bückte sich und drehte Lüders auf den Rücken, dessen Gesicht rot angelaufen, fast schon blau war. Speichel lief ihm übers Kinn.

Hasenrahn rüttelte ihn. „Zum letzten Mal, steh auf du Wurst."

„Er ist bewusstlos, sehen Sie das nicht?", sagte Martin ruhig. „Er kann nicht mehr."

Die anderen der Gruppe standen schweigend dabei und dem brutalen Ausbilder schlug eine Welle der Verachtung entgegen.Hasenrahns Gedanken arbeiteten schnell und präzise. Ich kriege euch, ich kriege euch alle, dachte er und sagte dabei linkisch und scheinbar einlenkend: „Gut, wenn er nicht mehr laufen kann, muss er getragen werden. Trage bauen." Sein Blick machte die Runde: „Rosendahl, Kreidler", entschied er knapp. „Beeilt euch, ihr habt zehn Minuten."

David und Martin knöpften ihre Zeltplanen zusammen und schoben zwei armdicke Äste durch die Enden. So entstand eine brauchbare Trage.

Als sie Lüders hochhoben, erlangte er das Bewusstsein wieder. „Was ...?" Weiter kam er nicht.

„Halt die Schnauze, Spargel", zischte David. „Du spielst toter Mann. Kapiert. Wir werden dich tragen." Lüders verstand überhaupt nichts. Aber er fühlte sich hundsmiserabel und nicht in der Lage, zu protestieren.

Halb wach und halb von Sinnen, schleppten sie ihn zurück. Sie brauchten zwei Stunden, bis sie den Weg erreichten, der steil bergab zur Kaserne führte.

Genau an der Stelle, wo der Wald sich lichtete und der Blick auf die Kaserne frei wurde, ließ Unteroffizier Hasenrahn seine Gruppe halten.

„Herhören", rief er und seine befehlsgewohnte Stimme hallte von den Bäumen des Waldrandes zurück. „Eben erhalte ich die Meldung, dass der Feind Koblenz besetzt hat. Seine eigentlichen Ziele sind die umliegenden Kasernen, um Waffen und Munition zu erbeuten. Wir müssen so schnell wie möglich zurück. Im Laufschritt, marsch, marsch!", brüllte er.

Die Männer, am Rande des Erträglichen, liefen los. Mechanisch. Verbissen. Obwohl ihre körperliche Substanz eigentlich nicht mehr ausreichte, stürmten sie den Weg hinunter.

Natürlich wussten die Männer, dass der angebliche Angriff auf die Kaserne wieder nur eine von Hasenrahns ausgefallenen Ideen war, sie zu drangsalieren.

Sie mobilisierten ihre letzten Kraftreserven und stolperten zum Schluss durch das Kasernentor an den Wachposten vorbei bis zum Kompaniegebäude.

Martin und David waren die letzten. Ausgepumpt und halb blind vor Überanstrengung setzten sie die Trage ab und kippten zur Seite. Lüders rappelte sich hoch.

Die anderen ihrer Gruppe lagen, saßen oder hockten auf den Knien und husteten, spuckten oder kotzten, dem Ersticken nahe. Wäre der Feind wirklich hier gewesen, sie hätten darauf geschissen, konnten nicht mehr.

Lüders war der einzige seiner Gruppe, der aufrechtstand. Welche Ironie.

Hasenrahn schüttelte der Kopf. „Weichlinge allesamt. Ihr seid ein Bild des Jammerns. Wollen hoffen, dass unser Oberleutnant euch nicht gesehen hat. In die Quartiere wegtreten, marsch“, befahl er.

Die Männer schlichen in das Kompaniegebäude.

„Lüders“, rief Hasenrahn, als dieser schon den Treppenabsatz erreicht hatte. „Du nicht.“ Lüders zuckte hilflos die Achseln. Gehorsam trottete er hinter seinem Unteroffizier her, Richtung Sportplatz.

Sie drängten sich um die Fenster und blickten hinunter. Von hier aus konnten sie den Sportplatz in seiner gesamten Länge einsehen.

„Der Drecksack bringt ihn um“, sagte jemand mit zitternder Stimme. Zwanzig Minuten jagte Hasenrahn den Rekruten Lüders nun schon über die aufgeweichte, schwammige Asche.

Die Längsseite des Platzes im Dauerlauf, die Querseite im Sprint. Die Längsseite auf allen vieren, die Querseite hüpfend aus der Hocke heraus, Gewehr über dem Kopf, mit gestreckten Armen. Runde um Runde.

Ein Dutzend Mal war Lüders schon zusammengebrochen, aber immer wieder aufgestanden.

„Warum bleibt er nicht einfach liegen, der blöde Hund“, sagte einer aus der Gruppe. „Genau“, sagte ein anderer. „Einfach liegen bleiben, dann kann der elende Schinder gar nichts machen." Die Männer der Gruppe mussten die menschenverachtende Quälerei mit ansehen.

„Blief lieje Jong", stöhnte jetzt auch der lange Kölner, als könne Lüders ihn hören.

Als Lüders in Höhe der Turnstange stürzte und nicht wieder hochkam, lösten David und Martin sich aus dem Pulk der Gaffer und liefen hinaus, ohne sich vorher verständigt zu haben.

Sie hasteten die Treppen hinunter und rannten auf den Sportplatz.

Lüders lag unterhalb der Turnstange in einer Pfütze und rührte sich nicht, als Martin sich neben ihn kniete. Sein dreckverschmiertes Gesicht wirkte noch eingefallener als sonst.

Martin versuchte Lüders Halsschlagader zu ertasten. „Er lebt", raunte Martin, „aber sein Puls ist schwach. Er muss auf die Krankenstation. Sofort."

Eine Woche blieb er im Lazarett. Der Stabsarzt diagnostizierte einen leichten Kreislaufkollaps in Folge körperlicher Überanstrengung. Nichts Dramatisches also.

Lüders war nach dieser Woche in der Krankenstation – so der Stabsarzt – wieder voll diensttauglich, ohne Einschränkung. Man ging zur Tagesordnung über.

Die Kameraden seiner Korporalschaft wussten es besser. Sie erlebten den psychischen Zusammenbruch des Jungen, der an der ungerechten und diskriminierenden Behandlung seines Ausbilders zerbrach. Immer ein bisschen mehr.

Unteroffizier Hasenrahn hingegen drangsalierte seine Rekruten weiter ohne Rücksicht.

Er würde den Teufel tun, seine Ausbildungsmethoden zu ändern oder irgendjemanden mit Samthandschuhen anzufassen. Das galt auch – oder speziell – für Lüders, den Kompanietrottel.

Aus medizinischer Sicht war Lüders diensttauglich, das hatte er schriftlich, unterschrieben und abgestempelt vom Stabsarzt des Bataillons.

Lüders kapselte sich unterdessen immer mehr ab. Er redete nur noch, wenn er direkt angesprochen wurde. Igelte sich ein. Apathisch, fast abwesend, mit starrem Blick und glasigen Augen, nahm er das, was um ihn herum geschah, kaum noch wahr.

Er wirkte wie eine Marionette, wie ein Blechspielzeug, das mit einem Schlüssel aufgezogen worden war. Seine Kameraden machten sich berechtigte Sorgen.

Als die Trillerpfeife des Unteroffiziers vom Dienst um 4 Uhr am Morgen weckte, trat der lange Kölner wie jeden Morgen gegen sein Bettgestell aus Frust, in Allerherrgotts Frühe aufstehen zu müssen.

„Wat enne Dress", fluchte er dabei. Dann erschrak er. Lüders war nicht da. Sein Bett nicht benutzt. Allgemeine Ratlosigkeit. Jemand sprach aus, was die meisten dachten: „Er wird doch wohl keinen Blödsinn fabriziert haben?" Allen, ohne Ausnahme, war Lüders Veränderung aufgefallen. Er tat ihnen leid. Aber was konnten sie tun? Wie konnten sie ihm helfen? „Wir müssen das melden", sagte jemand. „Wir kommen selber in Teufels Küche", sagte ein anderer.

„Moment." David saß auf der Bettkante und rieb sich die Augen. „Wenn er draußen irgendwo herumläuft, weil er nicht schlafen kann, machen wir die Pferde scheu und bringen ihn in die Bredouille. Er hat genug Ärger an den Hacken." Zustimmendes Gemurmel.

„Was schlägst du vor?", fragte Martin. „Wir suchen alles ab nach ihm", antwortete David nach kurzer Überlegung. „Frühstück fällt heute mal aus, einverstanden?" Alle nickten.

In Windeseile zogen sie sich an und suchten die nähere Umgebung ab. Ohne Erfolg. Lüders blieb verschwunden. Schweren Herzens mussten sie das Fehlen des Rekruten Lüders melden.

Er galt jetzt offiziell als „u. a." – unerlaubt abwesend.

Erst am späten Nachmittag des gleichen Tages fand man ihn auf dem Speicher des Kompaniegebäudes. Dort, wo die ausrangierten Spinde, Bettgestelle, Tische und Stühle deponiert wurden, hatte sich Lüders an einem Balken des Dachstuhls mit einer Zeltschnur erhängt.

Oberst von Theuerzeit studierte die ihm vorliegende Meldung mit penibler Genauigkeit, wie alles, was er tat. Ab und zu schüttelte er den grauen Aristokratenkopf, während er las.

Dieses Kopfschütteln des „Alten“ – wie der Bataillonskommandeur heimlich, keinesfalls aber respektlos genannt wurde – erzeugte unterschiedliche Reaktionen.

Während Oberleutnant Schmitt von Hitzewellen heimgesucht wurde, sodass er glaubte, sein Blut koche und sein Puls könne ihn erschlagen, stand Feldwebel Niklaus eher gelassen dabei.

Seine seit Langem gehegten Befürchtungen hatten sich bestätigt. Ein Rekrut ihrer Kompanie war tot. Die näheren Umstände belegten das mangelhafte Einfühlungsvermögen eines Ausbilders im Umgang mit den ihm anvertrauten Rekruten.

Obwohl Niklaus seinem Kompaniechef mehrmals von den Schikanen der Unteroffiziere – speziell von Hasenrahns Übergriffen – in schriftlicher und mündlicher Form berichtet hatte, befand dieser es nicht für nötig, einzugreifen.

Als aber sie beide in das Dienstzimmer des Bataillonskommandeurs zitiert wurden, machte er sich keine Illusionen mehr darüber, dass auch er in die Schusslinie geraten würde.

Aber er hatte in all den Jahren als Berufssoldat zu viel erlebt. Ihn konnte nichts mehr erschüttern.

Ein unsichtbarer Wall, der ihn umgab, machte ihn unangreifbar, auch gegen aufgeblasene, hochnäsige und arrogante Offiziere, die ständig versuchten, die eigenen Fehler anderen in die Schuhe zu schieben. Wäre Oberleutnant Schmitt den Berichten seines Kompaniefeldwebels nachgegangen, könnte der Rekrut Lüders unter Umständen noch leben.

Der Oberst unterbrach die Gedanken des alten Feldwebels, als er sagte: „Wir können den Krieg nicht gewinnen, meine Herren, wenn sich unsere Leute selber umbringen.“ Mit diesen Worten schob er den Bericht zur Seite. Er tat dies fast angeekelt.

„Sorgen Sie für Disziplin in Ihrer Kompanie, Herr Oberleutnant. Härte muss sein. Aber weisen Sie Ihre Ausbilder an, es nicht zu übertreiben. Meine Zeit lässt es nicht zu, dass ich mich mit solchen Kinkerlitzchen befassen muss.“ Seine Stimme wurde schneidend: „Ist das klar?“

„Jawohl, Herr Oberst“, stieß der Oberleutnant hervor. Er wäre am liebsten im Erdboden versunken. Wenn ich doch jetzt nur tot umfallen könnte, dachte er unglücklich.

„Nun gut“, der Oberst fuhr in normalem Tonfall fort, indem er fragte: „Was ist das für ein Soldat, dieser ...?“ Er suchte nach dem Namen. „Hasenrahn“, kam Niklaus ihm zur Hilfe.

Ein Schwein, ein Drecksack, hätte Niklaus am liebsten geschrien, doch das verkniff er sich. Er zögerte seine Antwort nur ungewöhnlich lange hinaus, bis der Oberst ungeduldig sagte: „Schon gut, Feldwebel, Sie wollen einen Kameraden nicht belasten, das verstehe ich.“

Gar nichts verstehst du gelackter Offiziersarsch, dachte Niklaus. Laut sagte er: „Danke Herr Oberst“. Er tat erleichtert. „Was passiert jetzt mit ihm?“, fragte Niklaus etwas vorlauter, als ihm zustand. Der Oberst nahm seine Brille ab und massierte müde den Nasenrücken mit Daumen und Zeigefinger. „Unteroffizier Hasenrahn wird abkommandiert. Sein Temperament ist anderswo besser einzusetzen.“ Front, dachte Niklaus nicht ohne Genugtuung und das versöhnte ihn ein kleines bisschen.

Er ging zum Kompaniegebäude zurück.

Aus den tiefhängenden Wolken fiel unaufhörlich dichter Regen, den der alte Feldwebel aber nicht wirklich wahrnahm. In seinem Kopf herrschte heilloses Durcheinander.

Der Fall Lüders wurde abgehakt, ohne dass jemand zur Rechenschaft gezogen wurde.

Ein Rekrut wird so lange gequält, bis er keinen Ausweg mehr sieht und sich das Leben nimmt – und nichts geschieht.

Wie hatte der Alte es doch gleich genannt? „Kinkerlitzchen.“

Und wieder einmal hasste er die Uniform, die er trug, und alles das, was sie verkörperte.

Der Tod des Rekruten Lüders war allen an die Nieren gegangen, auch den Korporalschafts- und Zugführern. Die Unteroffiziere versuchten zwar, ihre Betroffenheit zu verbergen, aber die Rekruten spürten die Unsicherheit ihrer Vorgesetzten. Sie war allgegenwärtig.

Von Stund an wurden die Rekruten nicht mehr geschliffen und geschunden. Man ließ sie weitgehend in Ruhe. Sie machten Dienst nach Vorschrift.

„Auf die Stuben wegtreten", befahl der Zugführer. Die Korporalschaften verschwanden im Kompaniegebäude, als Unteroffizier Hasenrahn ihnen – feldmarschmäßig ausgerüstet – auf der Treppe entgegenkam. Er war auf dem Weg an die Front. David versperrte ihm den Weg. In seinem Narbengesicht zuckte es und die Augäpfel rollten nach hinten, bis nur noch das Weiße zu sehen war, als er zischte: „Man sieht sich immer zweimal im Leben. Solltest du mir vor die Flinte laufen an der Front, leg ich dich um. Ich mach dich kalt. Das ist ein Versprechen."

Hasenrahns Gesichtsfarbe wechselte von Schmutziggrau zu Purpurrot. Sein Instinkt bewahrte ihn davor, etwas zu erwidern. So stand er nur da, wie angewurzelt, unfähig, sich zu bewegen.

Angst kroch in ihm hoch, als er Davids verzerrtes Gesicht sah. Nackte Angst.

Der lange Kölner zog David schließlich mit sich. Er fürchtete, die Situation würde hier schon eskalieren. „Lass los", schnauzte David. Er hatte sich wieder im Griff.

Am Ende der letzten Woche ihrer Grundausbildung brachten sie das Kompaniegebäude auf Hochglanz. Zwei Tage lang putzten und bohnerten sie die Stuben, Flure und Treppenhäuser.

Auch die Pferdeställe und die Außenanlagen wurden auf Vordermann gebracht.

Oberleutnant Schmitt nahm höchstpersönlich den Appell ab.

Danach hatten sie Ausgang. Den ersten überhaupt.

„Sucht euch ein williges Weibsstück und haut euch die Birne voll Fusel. Es wird für lange Zeit die letzte Gelegenheit sein", hatte Feldwebel Niklaus ihnen im Vertrauen gesagt.

Der alte Spieß war der Meinung, die Jungen hätten das verdient.

Schließlich absolvierten sie die Grundausbildung in der Hälfte der Zeit.

Das sagte er ihnen auch.

„Aber bedenkt, wer morgen früh um fünf Uhr nicht in der Kaserne ist, gilt als fahnenflüchtig und kommt vors Kriegsgericht.“

Am Morgen danach – es war Sonntag, Anfang Oktober 1914 – ging ihr Truppentransport.

Ihr Bataillon kam als Ersatz direkt an die Westfront.

Kapitel 2

Die deutschen Armeen krallten sich in die französische Erde, die sie als Eroberer betreten hatten.

Ausgeblutet. Mutlos.

Von Enthusiasmus der ersten Wochen war nicht mehr viel übrig geblieben. Eine dunkle Ahnung machte sich unter den Landsern breit, denn sie glaubten, zu wissen, was ihnen nun bevorstand, nachdem der Plan, Frankreich in einem Blitzkrieg zu unterwerfen, gescheitert war.

Krampfhaft bemüht, die reduzierten Truppen aufzufüllen – manche Kampfverbände verfügten nur noch über 40 Prozent ihrer Normalstärke nach den verheerenden Verlusten in den Schlachten an Marne, Aisere und um Ypern –, rekrutierte das deutsche Oberkommando 17- und 18-Jährige direkt von der Schulbank und aus den Lehrwerkstätten heraus.

Aber dieser Ersatz, nicht kampferprobt und in kürzester Zeit ausgebildet, konnte allenfalls als Kanonenfutter dienen.

Trotzdem hielt die oberste deutsche Heeresleitung an ihrer Strategie fest, vorrangig zuerst Frankreich in die Knie zu zwingen. Erst danach wollte man die Hauptstreitkräfte an die Ostfront verlegen und gemeinsam mit Österreich-Ungarn Russland unterwerfen.

Bis dahin sollte Österreich Deutschland den Rücken freihalten, damit die deutschen Feldheere nicht den gefürchteten Zweifrontenkrieg führen mussten.

So gruben sie sich ein, denn man befahl ihnen, keinen Handbreit Boden preiszugeben. Die Stellungen mussten gehalten werden.

Und auf einer Länge von 700 Kilometer, von der Atlantikküste bis zu den Schweizer Alpen, erstarrte die Front im Stellungskrieg.

Zu diesem Zeitpunkt ahnte niemand, dass dieser Wahnsinn vier Jahre dauern sollte und fast zehn Millionen Menschen das Leben kosten würde.

Sie standen im vordersten Schützengraben auf Beobachtungsposten.

„Siehst du was?“, fragte Martin. David suchte mit den Augen die französischen Stellungen ab, konnte aber nichts ausmachen. „Nö“, sagte er und gähnte ausgiebig. Er war müde und fror.

Die Leuchtkugel schwebte langsam auf die Erde herab und erlosch im nassen Gras. Das Gelände wurde von der Dunkelheit verschluckt.

„Ich kann mich an den Scheiß nicht gewöhnen.“ Er zog den Mantel enger um sich und gähnte erneut. Martin schmunzelte. Er wusste, was David meinte. Es waren die vierzehn Tage in der vordersten Kampflinie. Drei Stunden auf Posten, drei Stunden Schlaf. Im gleichbleibenden Rhythmus. Tag und Nacht. Nur war an Schlaf für sie meistens nicht zu denken. Ihre Nerven, nicht abgestumpft genug, waren immer aufs Äußerste angespannt. Sie besaßen noch nicht die Fähigkeit, abzuschalten, wenn sie sich lang machten, um eine Mütze Schlaf zu bekommen.

Die erfahrenen Landser konnten das. Sie schnarchten sogar noch ruhig weiter, wenn um sie herum die Granaten einschlugen. Sie schliefen überall. Sogar im Sitzen und sogar im Stehen, mit offenen Augen. Waren aber sofort hellwach und auf der Hut, wenn unmittelbare Gefahr drohte.

Sie hatten gelernt, ihr Bewusstsein aus- und ihr Unterbewusstsein einzuschalten.

Einem inneren Wachposten gleich, stufte ihr Unterbewusstsein mit tierischem Instinkt und nahezu unfehlbar das Pfeifen und Grollen der herannahenden Geschosse als gefährlich oder ungefährlich ein und schlug sofort Alarm, wenn es brenzlich wurde.

Dieses Phänomen, mit Logik nicht zu erklären, hatte ihnen Hunderte Male das Leben gerettet.

„Übermorgen werden wir abgelöst“, sagte Martin. „Vierzehn Tage Ruhequartier.“ David stöhnte genüsslich. Der Gedanke daran machte ihn noch schläfriger. Fast lethargisch.

„Ich werde eine ganze Woche lang pennen, darauf kannst du einen lassen.“

Dann schwiegen sie. Ein Gespräch wollte nicht so recht in Gang kommen. Martin ging ein Stück auf und ab, um die steifen Glieder zu bewegen.

Der Boden war hart gefroren und knirschte unter seinen Stiefeln, aber wenigstens war es trocken.

Seine Hände schmerzten. Bei Kälte machten sich seine rissigen Wunden besonders bemerkbar. Deshalb vergrub er sie tief in den Manteltaschen.

Er dachte an die vergangenen Wochen. Man hatte ihre Ausbildungskompanie über die ganze Division verstreut. Nur der lange Kölner gehörte noch ihrem Zug an, war aber in einer anderen Korporalschaft.

Drei Wochen lang hatten sie im strömendem Regen – der die Erde klebrig, zäh und schwer wie Blei werden ließ – ihre Stellungen ausgebaut und sich eingegraben.

Martin, die körperliche Arbeit nicht gewohnt, hatte Blasen an den Händen bekommen, die alsbald bis auf das rohe Fleisch aufplatzten.

Die Zugführer trieben die Soldaten zur Eile an, denn sie mussten fertig werden, bis der erste Frost im Boden war. Aber nicht nur der unaufhörliche Regen behinderte ihr Arbeiten. Sie lagen ständig unter feindlichem Beschuss, sodass sie an manchen Tagen aus ihren lehmigen Löchern gar nicht herauskamen.

So hockten sie in ihren halb fertigen Stellungen, auf deren Grund sich das Wasser sammelte und nicht ablief, im knietiefen, eiskalten Schlamm, zogen die Köpfe ein und warteten auf die nächste kurze Feuerpause, um ihre Verwundeten und Toten nach hinten zu schaffen.

Den Franzosen war klar: Hatten die Deutschen sich erst einmal eingegraben und festgesetzt, würde es für sie fast unmöglich sein, ihre Gebiete zurückzugewinnen.

Ein Gegner, den man erst ausgraben muss, ist schwer zu bekämpfen.

Dennoch war es den Deutschen gelungen – wenn auch unter hohen Verlusten –, ausgetüftelte Grabensysteme, Artilleriestellungen und MG-Nester zu errichten.

Von der Nachbarstellung zischte eine Leuchtrakete in den dunklen Nachthimmel, die in weiße und grüne Sterne zerfiel, und riss Martin aus seinen Gedanken. Er unterbrach seine Wanderung und spähte zu den französischen Linien hinüber.

„Da, am Drahtverhau." Er streckte den Zeigefinger aus. „Ich sehe nichts", sagte David gleichgültig.

Martin wurde unsicher. Sah er schon Gespenster? Hatten seine überempfindlichen Sinne ihm einen Streich gespielt. Aber so konnte er sich doch nicht geirrt haben. „Gib mir die Pistole", sagte er erregt. David gab sie ihm und Martin feuerte eine Leuchtkugel in die dunkle Nacht.

Wieder wurde das Niemandsland hell erleuchtet und diesmal sah auch David sie ganz deutlich.

Sie lagen flach am Boden. Schemenhafte Gestalten, die damit beschäftigt waren, ihre eigenen Drahtverhaue zu beseitigen. „Was machen die denn da?", fragte David, obwohl er glaubte, die Antwort zu wissen.

„Ich wecke Trimmborn." Martin stolperte los. David starrte angestrengt in die Dunkelheit vor sich.

Alle seine Sinne waren jetzt hellwach. Wenn es das bedeutete, was er vermutete, würde es eine unruhige Nacht werden. Seine Hände umklammerten den Karabiner fester.

Martin kam mit dem Unteroffizier zurück. Er sah verschlafen aus und stellte sich missmutig neben David. „Leuchtpistole", befahl er knapp. Der trockene, dumpfe Knall, das zischende Geräusch der Kugel, als sie den Lauf verließ, und das Hochnehmen des Feldstechers waren eins.

„Hurensöhne“, kommentierte er das, was er sah. „Gefechtsbereitschaft“, sagte er zu Martin, „weck die anderen. Ich gehe zum Leutnant.“ Zu David: „Du bleibst auf deinem Posten.“

Schon war er in der Dunkelheit des Grabens verschwunden. Auch Martin rannte los.

Was glaubt das Arschloch wohl, wo ich hingehe, dachte David verdrossen.

Er überlegte, ob er noch eine Leuchtkugel riskieren sollte, als um ihn herum die Luft vibrierte. Ein helles Pfeifen war zu hören, das rasend schnell anschwoll und in das sich dumpfes Dröhnen mischte. Sekunden später detonierten die Einschläge. Die französischen Batterien eröffneten das Feuer. David rutschte an der Grabenwand herunter und zog den Kopf ein.

„Scheiße“, fluchte er laut. Er sah seine Befürchtungen bestätigt. Die Franzosen bereiteten einen Angriff vor. Mit stundenlangem Trommelfeuer würden sie die feindlichen Stellungen zerstampfen und die Moral des Gegners zermürben.

Danach kam der Sturmangriff. In breiter Front. Tausende wilder Bestien gleich. Bereit, zu töten. Bereit, zu sterben. David hörte Schritte im Graben. Viele Schritte. Links und rechts tauchten die runden Stahlhelme seiner Kameraden auf. Im gleichen Augenblick begann die deutsche Artillerie zu feuern.

Martin stand neben David. Geduckt presste er seinen zitternden Körper gegen die Grabenwand und versuchte, hinüberzuspähen. David krallte seine Finger in Martins Hosenbein und zog ihn zu sich herunter. „Da kommt keiner rüber“, schrie er dabei, doch es war sinnlos, sich zu verständigen.

Die detonierenden Granaten hüben und drüben und das Hämmern der Artillerie übertönten alles.

Sie konnten nichts tun. Nur ausharren und beten, dass ihre Stellung nicht von einem Volltreffer ausradiert wurde.

Sechs Stunden hockten sie im Graben, ohne dass die Feuerkraft nachließ.

Als der Tag anbrach, ohne dass es merklich heller wurde, lugte David vorsichtig über den Grabenrand, weil er die Untätigkeit nicht länger ertrug.

„Sieh dir das an“, schrie er zu Martin herunter, doch der verstand ihn nicht. Er war benommen und fast taub von dem pausenlosen Bombardement der letzten Stunden.

David gestikulierte und bedeutete ihm so, aufzustehen. Was sie sahen, war erschütternd.

Von einem Horizont zum anderen hüllten dichte Wolken aus Geschützrauch und Pulverdampf die Stellungen ein. Die Novembersonne mit ihren kraftlosen, kalten Strahlen vermochte nicht, diesen gelblich, stinkenden Qualm – der die Atemwege reizte und ihnen die Tränen in die Augen trieb – zu durchdringen.

Schemenhaft, fast gespenstisch breitete sich das Gelände vor ihnen aus, das sich in eine Kraterlandschaft verwandelt hatte. Da gab es keinen Quadratmeter mehr, der nicht mehrmals von immer neuen Granaten umgepflügt worden war. Immer noch flogen die Geschosse heran. Krepierten weiter vorne oder gefährlich nahe, dass sie die Köpfe einzogen. Zerfetzten das Feld, wühlten sich in den Boden. Fontänen spritzten hoch, aus Feuer, Stahl und Erde.

Die Artilleriestellung links neben ihnen wurde getroffen. Sie sahen die Kanoniere durch die Luft fliegen wie Strohpuppen. Das Geschützrohr brach unter der ungeheuren Wucht der Explosion ab, fegte über ihre Köpfe hinweg – einem riesigen Rotor gleich – und bohrte sich zehn Meter von ihnen entfernt senkrecht in die Erde.

Männer brüllten nach den Sanitätern. Die nächste Serie wütender Einschläge brachte den Graben rechts neben David und Martin zum Einsturz. Sandsäcke wurden hochgeschleudert und die herabrutschenden Erdmassen begruben die dort postierten Soldaten unter sich.

David und Martin lagen flach am Boden und als keine weiteren Detonationen folgten, sprangen sie auf und versuchten, die Verschütteten mit bloßen Händen freizubekommen. Andere Kameraden eilten herbei und taten es ihnen gleich.

Nach einer Weile des intensiven Grabens bekam Martin einen Stiefel zu fassen und zog daran. Er wunderte sich, wie leicht der Stiefel sich aus der Erde ziehen ließ, dachte sich aber zunächst nichts dabei. Dann erschauderte er. Das dazugehörige Bein war dicht über dem Kniegelenk abgetrennt – wie von einer Sense amputiert – und steckte lose im Stiefelschaft.

Angeekelt ließ Martin den blutigen Stumpf fallen. Er drückte seine Stirn gegen die kalte Grabenwand, wobei ihm sein Stahlhelm vom Kopf rutschte. Er achtete nicht darauf. Brechreiz überkam ihn. Er schluckte krampfhaft und versuchte, gleichzeitig so viel Luft in seine Lungen zu saugen wie irgend möglich.

Inzwischen hatten die anderen die Verschütteten frei bekommen. Jedoch kam für sie jede Hilfe zu spät.

Drei der insgesamt fünf Toten waren bis zur Unkenntlichkeit zerstückelt. Die beiden anderen von den tonnenschweren Erdmassen erdrückt worden.

Die Männer standen mit hängenden Köpfen um ihre toten Kameraden herum. In ihren dreckverschmierten Gesichtern spiegelte sich Fassungslosigkeit und Furcht wider.

Unteroffizier Trimmborn, der mit geholfen hatte beim Graben, fasste sich als Erster.

Er wischte sich mit dem Unterarm den Schweiß von der Stirn und nahm den gefallenen Soldaten die Erkennungsmarken ab.

„Tragt die Kameraden nach hinten." Er sagte dies keinesfalls im Befehlston. In seiner Stimme lag Betroffenheit.

Geduckt verschwand er im hinteren Laufgraben, als die Geschütze der Franzosen verstummten.

Nur ihre großkalibrigen Kanonen für Steilfeuer – deren Geschosse über ihre Köpfe hinweg donnerten und weiter hinten einschlugen – feuerten unvermindert weiter.

So blieb ihnen nicht mehr die Zeit, ihre Toten zum Sammelplatz zu bringen.

Hastig nahmen sie ihren Platz an den Schießscharten ein und überprüften mit fahrigen Fingern ihre Ausrüstung und ihre Karabiner. Die Kompanieführer liefen durch den Graben.

„Gefechtsbereitschaft", schrien sie dabei. Ihnen blieben fünf Minuten, höchstens.

Jeder einzelne wusste, was von ihm verlangt wurde. Ausharren, um jeden Preis.

Die Franzosen würden angreifen, obwohl die deutsche Artillerie mit ihrem Sperrfeuer unaufhörlich weiter schoss. Die Einschläge lagen auf oder dicht vor den feindlichen Linien.

Dann kamen sie. Welle auf Welle preschte heran. Ihr „Viva la France“ aus Tausenden von Kehlen wurde als Wortfetzen vom Wind herübergeweht.

Die französischen Offiziere führten ihre Soldaten mit gezückten, blitzenden Säbeln gegen eine Wand aus zerberstenden Stahlmantelgeschossen und hochspritzenden Erdfontänen – die wie glühende Lavaasche auf sie niederregnete – in den sicheren Tod.

Gegen diese Feuerwalze war kein Ankommen.

Sie verbrannte, erstickte, begrub alles unter sich. Diejenigen, die es ein paar Meter weiter schafften, ohne von den deutschen Granaten zerrissen und zerstückelt zu werden, wurden von den gut postierten Maschinengewehren niedergemäht.

So erstarb der Angriff der Franzosen nach wenigen Minuten unter verheerenden Verlusten. Sie kehrten um und versuchten schleunigst, ihre schützenden Gräben zu erreichen.

Ihnen blieb nicht mal mehr die Zeit, ihre Toten und Verwundeten mitzunehmen.

Am nächsten Tag wurde Martins und Davids Kompanie abgelöst.

Die Männer der Korporalschaft Trimmborn saßen vor der Scheune, die dem 1. Zug der B-Kompanie als Quartier diente und wärmte die steifen Knochen an einem hochgeschichteten Feuer. Es knackte und zischte, wenn einer der Männer feuchtes Holz in die Glut warf, um es in Gang zu halten.

„Was war das heute wieder für ein Fraß, den sie uns vorgesetzt haben“, maulte Hufnagel empört und stocherte mit einem Streichholz in den Zähnen herum. „Undefinierbar“, brummte Angermeyr.

„Das war Steckrübengemüse“, kommentierte Aha – eigentlich hieß er Albert Haag, aber alle nannten ihn nur Aha – und setzte seinen Zigarrenstummel in Brand, auf dem er schon eine Weile herumgekaut hatte. Er zog die Schultern hoch, wobei sich sein Oberkörper straffte, und faltete die Hände in den Schoß. Wenn er diese Positur einnahm, wussten die anderen, was jetzt kam. Einer von Ahas gefürchteten Vorträgen.

Der alte Landser – der als einziger der Gruppe seit Kriegsbeginn dabei war – hatte den Ruf, etwas geschwätzig zu sein. Doch was er sagte, hatte meistens Hand und Fuß.

„Ist euch schon einmal aufgefallen“, begann er, „dass die Versorgung immer miserabler wird?

Angefangen beim Essen. Ihr habt es richtig bemerkt, es lässt zu wünschen übrig. Die warmen Winterklamotten? Kamen erst gar nicht und dann völlig unzureichend. Sogar die Munition wird ihnen knapp. Nur noch drei Schuss pro Geschütz, pro Tag.“

„Woher weißt du das?“, fragte Martin verblüfft. „Ein Kanonier des 3. Zuges hat es mir erzählt“, antwortete Aha geduldig. „Was sagt euch das?“, fragte er dann lauernd und beobachtete jeden seiner Zuhörer genau. „Und?“, fragte David gelangweilt. „Was sagt es uns, du Schlauberger?“

Noch immer thronte Aha in unveränderter Haltung und kostete die Blicke der anderen aus, die an seinen Lippen hingen. „Sie kommen nicht mehr nach, in der Heimat“, sagte er dann genüsslich.

„Mit der Produktion von allem. Mit der Versorgung der Truppe. Der Krieg dauert schon viel länger als geplant. Darauf waren sie nicht eingerichtet.“

Die nachdenklichen Gesichter seiner Zuhörer ermunterten ihn, in seinen Erklärungen fortzufahren.

„Wisst ihr noch? In zwei Wochen bis Paris hat der Kaiser geprahlt. Jetzt sitzen wir hier schon seit Monaten fest und haben uns eingegraben. Nein, nein, ich sage euch, der Krieg dauert noch lange.“ Er sah ungläubiger Missmut in den Gesichtern.

„Gott bewahre“, entfuhr es Martin. Er stöhnte es fast.

„Gott?“ Davids Gesicht drückte Verachtung aus, als er sagte: „Wo ist Gott? Wo ist er in diesem Augenblick?“

„Er ist hier“, antwortete Martin ruhig. David spuckte im hohen Bogen ins Feuer.

„Ich habe gesehen“, seine Stimme klang jetzt provozierend, „wie ein Pfaffe unsere Kanonen segnete. Auf der anderen Seite machen es die Franzosen genauso. Sie erflehen himmlischen Beistand für ihr todbringendes Geschäft. Hüben wie drüben. Ich kann mir nichts Perverseres vorstellen. Jetzt frag ich dich, auf wessen Seite steht er denn? Mit wem ist der Herr? Wessen Gott ist er denn?"

„Unser aller Gott", antwortete Martin mit fester Stimme.

„Auch der Gott der Toten, die sterben mussten in diesem sinnlosen Krieg, noch bevor sie anfingen, zu leben?"

„Ja."

„Auch der Gott der Verkrüppelten, die fortan ein menschenunwürdiges Dasein fristen müssen?"

„Ja", sagte Martin mit unerschütterlicher Ruhe. „Unser aller Leben ist vorherbestimmt, lange bevor wir geboren werden. Göttliche Vorsehung." David raufte sich die Haare. „Ich habe es gewusst", presste er hervor. „Was hast du gewusst?", fragte Angermeyr verständnislos.

„Dieser Scheißkrieg ist Gottes Werk", seufzte David.

„Das ist Gotteslästerung", schrie Angermeyr entrüstet und sprang auf die Beine. Er hatte das Streitgespräch zwischen Martin und David mit zunehmendem Unbehagen verfolgt und obwohl er als gottesfürchtiger Mann, der er war, die gleichen Ansichten wie Martin vertrat, wollte er sich nicht einmischen. Doch die letzte Bemerkung Davids brachte ihn auf die Palme.

So etwas sagte man nicht. Es gehörte sich nicht. Jedenfalls nicht dort, wo er herkam, aus einem kleinen Dorf in Bayern.

Er stand da, mit geballten Fäusten und schnaubte vor Wut wie ein kampfbereiter Stier.

Auf einmal herrschte Hochspannung am Lagerfeuer. Jeder der Männer fühlte die elektrisierende Atmosphäre, die fast körperlich zu spüren war.

David blieb gelassen sitzen, ließ sein Gegenüber aber nicht aus den Augen.

Es war Martin, der die Situation entschärfte, indem er einlenkend sagte: „Ruhig Blut. Jeder hat seine Meinung, die er vertreten darf."

„Er soll den lieben Gott aus dem Spiel lassen", versuchte Angermeyr, seinen Ausbruch zu rechtfertigen. „Ach Scheiße", fluchte er und warf David einen bösen Blick zu. Dann stapfte er mit rotem Kopf davon und verschwand in der Scheune.

Eine Zeitlang schwiegen sie. Nur das Prasseln des Feuers war zu hören.

„Eigentlich ist es egal", sagte Hufnagel schließlich und gähnte. „Eigentlich ist alles egal. Der Krieg dauert so lange, bis wir alle verreckt sind. Wen interessiert es, wer sich diese Sauerei ausgedacht hat." Dann schwiegen sie wieder.

Jeder der Männer dachte daran, dass sie in ein paar Tagen wieder im Schützengraben liegen würden. Ob sie am Leben blieben oder starben. Göttliche Vorsehung oder Zufall.

Wie Hufnagel richtig bemerkt hatte. Es war egal. Einfach egal.

Was geschehen sollte, würde geschehen. So oder so.

So pendelten sie zwischen Front und Ruhequartier als feldgraue Masse und aus Wochen wurden Monate, ohne dass sich ihre Lage änderte. Längst war die Grenze der Belastbarkeit überschritten.

Die Verantwortlichen, die aus sicherer Entfernung in sicheren Bunkern an diesem unglückseligen Krieg teilnahmen – diese Schlächter in ihren maßgeschneiderten Uniformen –, verschoben Armeen in Sandkästen wie Figuren auf einem Schachbrett und opferten ganze Regimenter um eines Geländeabschnitts Willen, der dem Feind eine Woche später aus strategischen Gründen kampflos überlassen wurde.

Was also zählte der einzelne Soldat, der frierend und hungernd, am Ende seiner psychischen und physischen Widerstandskraft, im Schützengraben lag?

Als winziger Teil einer riesigen Kriegsmaschinerie, die außer Kontrolle zu geraten drohte.

So hockten die Landser in den Gräben und harrten aus, wenn die Granaten ihre Stellungen zerstampften. Stürmten vor, auch wenn der Gegner zahlenmäßig weit überlegen war. Widerspruchslos. Sie waren zu dressierten Tieren geworden, die man zum Töten abgerichtet hatte, aber ihr desolater Zustand ließ es nicht zu, sich diesem Wahnsinn zu widersetzen.

Zu ausgelaugt, erschöpft und abgestumpft waren sie.

So starben sie im Kollektiv. In einer Nacht 500. An einem Vormittag 5000.

Schlacht folgte auf Schlacht. Gemetzel auf Gemetzel.

Angriff, Gegenangriff. Stoß, Gegenstoß ...

Und niemand hörte die stummen Schreie der gequälten Seelen.

Niemand sah die weinenden Herzen, wenn ihr Blut die Erde tränkte.

Diese fremde Erde, die ihnen nichts bedeutete.

Kapitel 3

Seit drei Tagen saßen sie im Unterstand und die stickige Luft reichte kaum noch aus zum Atmen.

Mit noch nie dagewesener Artillerievorbereitung an allen Frontabschnitten wollte das deutsche Oberkommando eine Entscheidung erzwingen und den zermürbenden Stellungskrieg endgültig beenden.

Die Geschütze der Franzosen antworteten mit wütendem Trommelfeuer ihrer Kanonen und bestrichen die Gräben ihres Gegners mit immer neuen Serien von Granatsalven und hielten die Deutschen in ihren Stellungen fest.

Für die Hälfte der Rekruten – in deren käsigen Gesichtern sich die nackte Angst spiegelte, die aber tapfer versuchten, diese Angst zu verbergen – war es der erste Fronteinsatz überhaupt.

Durchweg junge Kerle, die erst letzte Woche direkt aus dem Feldrekrutendepot als Ersatz nach vorne genommen worden waren.

Die älteren Landser, die mit ihnen im Bunker saßen und auf das Ende des französischen Gegenfeuers warteten, wussten aus eigener Erfahrung, was in ihnen vorging.

Ihre bebenden Körper, die bei jedem Granateinschlag zusammenfuhren, sprachen Bände.

Sie kannten diese hilflose Angst, wenn sie entnervt die Hände gegen die Ohren pressten, weil sie das pausenlose Grollen und Pfeifen, das Heulen und Zischen der herannahenden Geschosse nicht mehr ertrugen.

Diese nackte Todesangst, die jeden befiel, der dieser Hölle zum ersten Mal ausgeliefert war.

Einer der Neuen hockte schon seit Stunden mit angezogenen Beinen auf seinem Platz, die Arme um die Unterschenkel geschlungen, den Kopf auf den Knien, ohne sich auch nur einmal bewegt zu haben. Ein kleines Häuflein Mensch, von allen verlassen. An seinen zuckenden Schultern sah man, dass er weinte.

Ein anderer, ein hochaufgeschossener Bursche mit blondem Bürstenhaarschnitt begann, im Bunker hin und her zu rennen. Wie ein gefangenes Tier im Käfig. Er schien um sich herum nichts mehr zu registrieren.

David packte ihn schließlich an den Schultern und schüttelte ihn.

„Setz dich auf deine fünf Buchstaben und halte die Füße still, du nervst", fauchte er ihn an.

Der Junge verkroch sich daraufhin wortlos in die äußerste Ecke, wo er sich auf den Boden hockte und vor sich hin stierte.

Eine wilde Serie von Detonationen direkt vor dem Unterstand ließ den Bunker erzittern.

Der Luftdruck riss die Tür aus den Angeln und katapultierte sie quer durch den Raum.

Das Holz der Stützbalken splitterte. Es ächzte und knirschte in allen Fugen des Gebälks.

Aber der Bunker hielt stand.

Am frühen Morgen des vierten Tages endlich ebbte die Feuerkraft der Franzosen ab.

Kurze Zeit später stürzte Unteroffizier Trimmborn durch den Eingang des Bunkers.

„Fertig machen", schrie er. „Wir gehen vor. Los raus, raus."

Das Getöse um ihn herum, vor allem das Hämmern der eigenen Bakterien, verschluckte seine Worte.

Sie rannten hinaus ins grelle Tageslicht. Ihre Stellungen gab es nicht mehr. Nur noch aufgewühlte Erde und tiefe Trichter, zerfetzter Stacheldraht und zerbombte Bunker.

Im Abstand von zweihundert Metern schossen rote Leuchtkugeln aus den zerpflügten Stellungen. Das Angriffssignal. In geschlossener Schützenreihe stürmten sie vor.

David lief neben Martin, seinen Karabiner abfeuernd, repetierend und wieder feuernd.

Auch Martin schoss, wie man es ihnen in der Ausbildung beigebracht hatte. Zum Zielen blieb ihnen keine Zeit. Die Franzosen stürmten ihnen entgegen.

Sie sahen ihre Kameraden fallen, hörten ihre Schmerzensschreie und das Winseln der Verwundeten, die liegen blieben. Erde spritzte auf, da wo die verirrten Geschosse einschlugen.

Widerlicher Geruch stieg ihnen in die Nase und nahm ihnen den Atem.

Der Geruch von Pulverdampf, verbranntem Fleisch und Blut.

Der Geruch des Krieges. Der Geruch des Todes.

Mit elementarer Wucht prallten sie auf ihren Gegner. Ein unvorstellbares Gemetzel begann.

Nahkampf. David hatte sein Gewehr unter den Arm geklemmt, mit aufgepflanztem Bajonett, einer Lanze gleich. Mit der anderen, freien Hand schwang er seinen Klappspaten.

Was sich ihm in den Weg stellte, wurde entweder von seinem Bajonett durchbohrt oder von seinem Spaten erschlagen.

So erreichte er den ersten französischen Graben. Mit einem riesigen Satz sprang er darüber hinweg und warf sich erneut ins Kampfgetümmel.

Er wurde angesprungen, wehrte ab, schlug zu.

Er funktionierte wie eine Maschine. Ohne zu denken. Ohne zu fühlen.

Er tötete automatisch, um nicht selber getötet zu werden. Schnell, gezielt, erbarmungslos.

Den Säbel, der auf ihn heruntersauste, sah er im Augenwinkel. David fing ihn durch eine geschickte Körperdrehung mit dem Gewehrlauf ab. Gleichzeitig schlug er dem Angreifer die geschärfte Kante seines Spatens seitlich gegen den Hals.

Er sah die ungläubig aufgerissenen Augen des französischen Offiziers, bevor dessen Kopf nach hinten klappte und sein Körper in sich zusammensackte.

David wollte weiter stürmen, als er von etwas ungemein Hartem am Helm getroffen wurde und in einen Granattrichter fiel, wo er benommen liegen blieb.

Das Geschrei der über ihn vorbeihastenden Soldaten drang nur gedämpft in sein Bewusstsein.

Nur nicht ohnmächtig werden, dachte er. Er bemühte sich krampfhaft, die Besinnung nicht zu verlieren, bewegte sich aber nicht. Das rettete ihm wahrscheinlich das Leben.

Die vorstürmenden Franzosen hielten ihn für tot.

David wusste nicht, wie lange er so reglos im Trichter lag.

Als keine weiteren Soldaten kamen, rappelte er sich hoch und spähte über den Trichterrand.

Die Kampfhandlungen lagen am ersten französischen Graben, circa fünfhundert Meter hinter ihm.

Die Franzosen schickten sich an, den deutschen Angriff zurückzuwerfen.

Sein Instinkt sagte ihm, dass er von hier weg musste. Sofort. Er musste den zweiten französischen Graben erreichen. Notfalls in Gefangenschaft zu geraten, war ungleich besser, als zurückzumüssen in diese Hölle.

So kroch David aus dem Trichter und torkelte. Er konnte sich kaum auf den Beinen halten.

Das Feld war übersät mit Gefallenen. Franzosen und Deutschen. Atemlos erreichte er die zweite französische Kampflinie. Der Graben war vollkommen leer.

Die Franzosen hatten also auch ihre letzten Reserven nach vorne genommen.

David sprang in den Graben und fiel gegen die grob gezimmerte Tür eines Unterstandes.

Er hatte sich nun wieder völlig in der Gewalt. Mit dem Fuß stieß er die Tür auf, bereit, zu feuern, wenn sich etwas regen sollte. Nichts geschah. Er blieb ein paar Sekunden stehen und verharrte im Türrahmen, damit sich seine Augen an die Dunkelheit gewöhnen konnten. Dann ging er hinein.

Ein Bett, ein Tisch mit Stuhl, eine Konsole mit Telegrafengerät und mehrere Regale an der Wand, alles intakt. Ungewöhnlich ordentlich. Sogar das Bett war gemacht.

David erfasste das alles mit einem Blick.

Es musste sich um einen Befehlsgefechtsstand handeln, das war klar. Darum das Funkgerät.

Er ging, ohne die Tür aus den Augen zu lassen, zur hinteren Wand mit den Regalen.

Sein Gewehr behielt er dabei im Anschlag.

Er fand mehrere Konserven mit Fleisch und Wurst, fein säuberlich gestapelt. Ein paar Bücher. Die Fotografie einer jungen Frau. Und … eine Landkarte. David nahm sie heraus und schob sie sich hinters Koppelschloss. Dann steckte er noch vier Dosen der Konserven ein. Wahllos, ohne auf den Inhalt zu achten. Das Bett erinnerte ihn daran, wie müde er war, aber er widerstand der Versuchung, sich einen Augenblick hinzusetzen, um sich auszuruhen.

Stattdessen ging er zur Tür und horchte. Erst als er kein verdächtiges Geräusch vernahm, verließ er den Bunker.

Er folgte dem Graben nach rechts, immer darauf gefasst, auf Franzosen zu stoßen.

Als der Graben plötzlich einen scharfen Knick nach links vollzog, prallte er auf Martin. Hufnagel war bei ihm.

David ließ seine schussbereite Waffe sinken und presste Luft durch die Zähne. Beinahe hätte er geschossen.

„Ist das alles von unserem Haufen?", fragte er dann. „Scheint so." Martin wischte sich den Schweiß von der Stirn. „Und Trimmborn?" Martin schüttelte den Kopf. „Ich sah, wie er fiel."

„Was jetzt?", fragte Hufnagel nervös. Er richtete die Frage an David, als wenn dieser eine Lösung herbeizaubern könnte.

Tatsächlich war ihre augenblickliche Lage mehr als misslich. Sie befanden sich hinter den feindlichen Linien. Abgeschnitten von den eigenen Verbänden.

Zurück konnten sie nicht. Dort tobte unvermindert die Front. David fasste einen Entschluss.

„Wenn wir nicht zurückkönnen, dann gehen wir nach vorne." Hufnagel sah ihn ungläubig an.

„Noch tiefer ins feindliche Gebiet? Bist du lebensmüde? Die Franzmänner werden uns massakrieren."

„Dann geh in die andere Richtung." David wies mit dem Daumen über die Schulter. Dorthin, von wo der Gefechtslärm kam. „Was meinst du, was dir dort blüht?"

Martin lenkte ein. „Er hat Recht. Erst einmal müssen wir hier verschwinden. Dann sehen wir weiter." Nacheinander sprangen sie aus dem Graben.

Vor ihnen lagen ein unübersichtliches, hügeliges Gelände und in weiter Ferne ein bewaldeter Berghang.

„Wir müssen sehen, dass wir den Wald erreichen", sagte David. Ohne ein weiteres Wort marschierte er los und Martin folgte ihm. Hufnagel stand noch immer am gleichen Fleck. Unschlüssig. Resigniert schüttelte er den Kopf. Dann setzte er sich auch in Bewegung.

Nach einer halben Stunde erreichten sie unbehelligt den Wald.

Am Fuße des Berges, im Schatten der ersten Bäume, setzten sie sich auf den Boden. Hier war die Hitze erträglicher.

Martin ließ seine Feldflasche rumgehen. Gezuckerter Tee. Sie tranken gierig.

David breitete die Karte aus.

„Wo hast du die Karte her?", fragte Hufnagel verblüfft. Auch Martin war überrascht.

Davids Narbengesicht verzog sich zu einem Grinsen. „Kriegsbeute."

Das umliegende Gelände war auf der Karte eingezeichnet, einschließlich der französischen und deutschen Stellungen.

„Hier sind wir." David tippte mit dem Finger auf einen Punkt. Der Berg in ihrem Rücken war auf der Karte als grün staffiertes Dreieck dargestellt. Hinter dem Dreieck schlängelte sich eine blaue Linie. „Hier müssen wir hin." David deutete auf die Linie.

„Was soll das sein?", fragte Hufnagel verständnislos. Sein dreckverschmiertes Gesicht legte sich in Falten. Er verstand überhaupt nichts mehr.

„Das ist die Mosel", antwortete Martin für David. „Genau." David faltete die Karte zusammen.

„Dort ist es am einfachsten, die französischen Stellungen zu passieren. Eine andere Möglichkeit sehe ich nicht." David sah Martin an. Der nickte zustimmend.

„Gut", sagte David und stand auf. Nach allen Seiten sichernd und immer bemüht, keinen Lärm zu verursachen – sie mussten immer damit rechnen, von französischen Patrouillen aufgegriffen zu werden –, schlichen sie durch das dichte Unterholz bergauf, dem Gipfel entgegen.

Sie brauchten eine Stunde für den beschwerlichen Aufstieg.

Nur ihr Überlebenswille hielt sie auf den Beinen und die Furcht, entdeckt zu werden, trieb sie vorwärts.

Als sie die Hochebene erreichten, gaben die letzten Bäume den Blick auf das Moseltal frei.

Sie krochen durch das niedrige Gras zur anderen Seite des Plateaus und blieben nebeneinanderliegen.

Tief unter ihnen schlängelte sich der Fluss träge durch die Mittagshitze. Silberglänzend reflektierte das Wasser die einfallenden Sonnenstrahlen.

Diesseits der Mosel führte eine Bahnlinie direkt am Fluss entlang. Mehr konnten sie der Bäume wegen nicht sehen. Am anderen Ufer reichten die Berghänge fast bis ans Wasser.

Nur ein mattweiß schimmernder Kieselsteinstreifen trennten den Fluss von dem steil ansteigenden Wald.

Die Ruhe, die hier herrschte, wirkte entspannend auf die Nerven und ließ nicht vermuten, dass etwas weiter damit begonnen worden war, diese Bilderbuchlandschaft für Jahrzehnte zu zerstören. Nur das ferne Rumoren der Front erinnerte daran.

David setzte sich auf und nahm seinen Tornister von den Schultern. Er hatte genug gesehen.

„Wie viel Futterage habt ihr noch?", fragte er. Martin kramte einen Kanten Brot hervor und Hufnagel ein Stück Käse. Zusammen mit den Konserven, die David aus dem französischen Bunker hatte mitgehen lassen, ein geradezu üppiges Mittagessen.

Sie stellten ihre Tornister nebeneinander und setzten sich im Schneidersitz um den gedeckten Tisch. Jeder Bissen wurde zwanzigmal gekaut. Eine Soldatentaktik, die sie sich angewöhnt hatten, weil man nie wusste, wann es das nächste Mal etwas zu beißen gab. So tricksten sie ihre Mägen aus, die der Illusion erlagen, reichlich zu bekommen.

„In der Dämmerung gehen wir runter", sagte David und wischte sich die fettigen Finger an der Hose ab. „Dann sind wir bei Anbruch der Dunkelheit unten."

Martin erwiderte nichts. Er überließ die Entscheidung wie immer David. Er verließ sich darauf, dass David das Richtige tat. Hufnagel glaubte – als geborener Pessimist – sowieso nicht an ihre Chance, aus dieser misslichen Lage heil herauszukommen. Was spielte es also für eine Rolle, ob er Einwände hatte. So grunzte er nur missmutig und verkniff sich einen Kommentar.

„Haut euch hin und versucht, etwas zu schlafen", sagte David, „ich übernehme die erste Wache."

Martin und Hufnagel rollten sich dankbar zusammen und waren Sekunden später eingeschlafen.

Ein vertrautes Geräusch weckte Martin. Er maß dem monotonen Brummen zunächst keine Bedeutung bei. Ein Flugzeug, dachte er verschlafen. Ein Flugzeug ...? Hier?

Mit einem Satz war er in der Hocke. Wenn auch die Bäume gegen Fliegersicht Schutz boten, saßen sie hier oben auf dem Präsentierteller.

Wo war David, wo war Hufnagel? Er hatte keine Zeit mehr, sich darum zu kümmern. Das Flugzeug war bedrohlich nahe.

Etwas weiter vorne stand allerlei dichtes Gebüsch. Brusthoch. Martin überlegte nicht lange. Kopfüber hechtete er hinein. Keinen Moment zu früh. Schon donnerte die Maschine über ihn hinweg. Er blieb liegen, bis sich das Motorengeräusch entfernt hatte. Dann verließ er sein Versteck und klopfte sich den Staub aus der Uniform.

David tauchte auf. Er war plötzlich da. Wie ein Gespenst. Wie immer lautlos, wenn man am wenigsten mit ihm rechnete.

„Das war knapp", murmelte er. „Wo ist Hufnagel?"

Martin sah sich um und zeigte dann nach unten, wo die Bäume dichter standen.

Hufnagel kroch gerade auf allen vieren nach oben. Er war kreideweiß und stotterte vor Aufregung.

„Nicht mal in Ruhe scheiß ... scheißen lassen sie einen."

Sie sahen dem Flugzeug nach, das sich hell vom dunkelgrünen Hintergrund des gegenüberliegenden Berges abhob.

Die Maschine war mitten über dem Wasser, als sie abdrehte, einen eleganten Bogen flog und zurückkam.

„Das gibts doch nicht", stöhnte Hufnagel. „Die haben uns entdeckt. Die haben uns Gott verdammt entdeckt." Die Worte sprudelten nur so aus ihm heraus.

„Er ist zu tief", zischte Martin. „Viel zu tief."

David sagte gar nichts. Er stand da und beobachtete das Schauspiel mit zusammengekniffenen Augen. Tatsächlich befand sich das Flugzeug jetzt dicht über dem Wasser. Wenn es seinen augenblicklichen Kurs beibehalten würde, musste es unweigerlich am Berg zerschellen.

Alle drei starrten sie gebannt auf das kleine Flugzeug, das anmutig den Fluss überflog, so dicht, als wollte es auf dem Wasser landen, dann über die Gleise segelte und im nächsten Moment unter ihnen verschwand, als hätte der Berg es verschluckt.

Unwillkürlich hielten sie den Atem an und warteten auf die Explosion, die folgen würde. Den Aufprall. Das Zerschellen der Maschine ... Nichts. Gar nichts geschah.

Ungläubig sahen sie sich an.

David schüttelte schließlich den Kopf. Er wusste nicht, was er davon halten sollte.

„Wir gehen jetzt runter", sagte er entschlossen.

Sie holten ihre Sachen und machten sich an den Abstieg.

Die Sonne stand dicht über den Wipfeln der Bäume am anderen Ufer, als sie das Tal erreichten.

Eine asphaltierte Straße, die sie vom Plateau aus nicht hatten sehen können, verlief parallel zu den Eisenbahnschienen. Sie entschlossen sich, der Sache nachzugehen.

„Wir müssen das Tageslicht ausnutzen", sagte David. Er hatte seine Stimme zu einem Flüstern gedämpft. Der Feind konnte überall lauern.

„Also los." Sie wandten sich nach links und schlichen durch das Dickicht.

Das Gelände war unwegsam und so kamen sie nur mühsam voran. Trotzdem verließen sie den schützenden Wald nicht, ließen die Straße aber nicht aus den Augen.

Als die Dunkelheit hereinbrach, konnten sie sich nur noch vortasten. Es war jetzt stockfinster.

Plötzlich blieb David stehen und hob die Hand. Auch Martin und Hufnagel sahen es sofort.

Keine zehn Schritte vor ihnen hörte der Wald auf und durch das dichte Blattwerk der letzten Bäume fiel fahles Licht. „Kein Laut“, zischte David. Er legte sich flach auf den Bauch und bedeutete den beiden, es ihm gleich zu tun. So krochen sie bis zum Waldrand auf das Licht zu und sahen Augenblicke später, wohin das Flugzeug verschwunden war. Des Rätsels Lösung.

In einem Nebental – eigentlich war es nur ein schmaler Bergeinschnitt von circa fünfzig Metern Breite und dreihundert Metern Länge – lag gut versteckt eine Start- und Landebahn für Flugzeuge.

Das gesamte Areal war mit hohem Stacheldraht eingefasst und abgeblendete Scheinwerfer leuchteten die einzige Rollbahn aus.

Auf der gegenüberliegenden Seite lag ein langes, hohes Gebäude, durch dessen offene Tore sie in das Innere sehen konnten. Dort standen nebeneinander – als hätte man sie mit einer Schnur peinlichst genau ausgerichtet – vier Flugzeuge.

Eine Holzbaracke an der linken Stirnseite des Hangars war einfachheitshalber gegen die Felswand gelehnt worden und diente mit hoher Wahrscheinlichkeit der Wachmannschaft als Unterkunft.

Davids ganzes Augenmerk aber lag rechts von der Halle. Dort nämlich lagerten drei riesige Tanks, mit allerlei Gestrüpp gegen Fliegersicht getarnt.

Aber von hier, vom Waldrand aus, konnte man sie gut erkennen. David hatte sie sofort gesehen.

Hufnagel wollte gerade zu einer Bemerkung ansetzen, doch Davids flache Hand, die ihm auf den Mund schlug, verhinderte, dass er einen Laut von sich gab.

Die beiden Franzosen, die am Stacheldrahtzaun vorbeipatrouillierten, unterhielten sich angeregt.

Vielleicht fünf Schritte von der Stelle entfernt, wo die drei im Gras lagen, blieb der eine Wachposten plötzlich stehen. Seine Konturen zeichneten sich scharf ab im Gegenlicht der Rollbahnbeleuchtung.

David umfasste den Griff seines Bajonetts und zog es lautlos aus der Scheide. Seine Muskeln spannten sich, bereit zum Sprung. Doch er wartete ab.

Als ein Streichholz aufflammte, sah er deutlich das Gesicht des Franzosen. Es war seine Haltung, die Art und Weise, wie er dort stand – eher arglos als aufmerksam –, die David zögern ließ.

Schließlich hielt der Wachposten das Streichholz an die im Mundwinkel hängende Zigarette und ging weiter.

Als die beiden Franzosen außer Sicht waren, krochen sie vorsichtig zurück.

„Was jetzt?“, fragte Martin, als sie sich weit genug entfernt hatten. Sie setzten sich auf den Waldboden.

„Einen richtigen Flugplatz haben die hier, habt ihr gesehen?“ David lehnte gegen einen Baum und starrte in die Dunkelheit.

„Von hier aus fliegen sie ihre Einsätze und werfen uns die Spreng- und Brandsätze in die Gräben. Wir werden ihnen die Suppe versalzen. Solch eine Gelegenheit müssen wir nutzen.“

„Was hast du vor?“, fragte Hufnagel. In seiner Stimme lag Besorgnis. „Lass uns von hier verschwinden.“

„Werden wir auch“, sagte David. „Aber vorher machen wir ein kleines Feuerchen.“

„Na klar.“ Hufnagel nahm seinen Helm vom Kopf und wischte sich mit dem Taschentuch über die schweißnassen Haare. Es war schwül warm. Die Nacht hatte kaum Abkühlung gebracht.

„Du denkst an die Treibstofftanks, oder?“, fragte Martin ruhig.

„Ja, so ist es.“ David holte aus seinem Tornister alle Verbandspäckchen und legte sie vor sich auf den Waldboden. Hufnagel glaubte, seinen Ohren nicht zu trauen.

„Aber dann … aber dann sind wir im Eimer“, stammelte er.

„Du hast einen Plan“, sagte Martin, ohne auf die Einwände Hufnagels zu achten. Es war keine Frage, lediglich eine Feststellung. „Im Prinzip ganz simpel.“ David steckte sich die Verbandspäckchen in die Hosentasche. Tatsächlich hatte er einen Plan, verriet aber nur so viel:

„Mit einem gewaltigen Rumms werde ich die Tanks in die Luft jagen. Dann sind die Franzmänner abgelenkt und beschäftigt, während wir geradewegs durch ihre Stellungen flutschen. Damit rechnen die nie. Diese Gelegenheit hat der Himmel geschickt. Wir schlagen zwei Fliegen mit einer Klappe. Wir kommen heil durch die französischen Stellungen und fügen dem Feind immensen Schaden zu." Martin antwortete nicht. Was hätte er auch sagen sollen. Ausreden konnte er David dieses aberwitzige Unternehmen sowieso nicht. Er wusste, dass David immer das Gegenteil von dem tat, was logisch und nachvollziehbar war, und er musste sich eingestehen, dass sie es Davids unorthodoxem Handeln zu verdanken hatten, noch am Leben zu sein.

Ihm fiel die Geschichte mit dem Bunker ein:

Sie lagen unter schwerem Beschuss in den vorderen Stellungen und die Männer ihres Zuges – meist unerfahrene Grünschnäbel vom letzten Ersatz – versuchten in Panik, den schützenden Bunker zu erreichen, um den tödlichen Granaten zu entkommen.

David hatte ihn – Martin – in den dahinterliegenden Laufgraben gezogen, als der Bunker Sekunden später von einem Volltreffer vollkommen zerstört wurde. Keiner ihres Zuges überlebte, nur David und Martin.

Solche und ähnliche Erlebnisse nur dem Zufall zuzuschreiben, wäre zu einfach gewesen.

Es war Davids außergewöhnlicher Gefahreninstinkt, der sie bis jetzt aus allem herausgehalten hatte, und Martin würde keine Sekunde zögern, ihm sein Leben anzuvertrauen.

David war zum Soldaten geboren.

Deshalb beschränkte Martin sich jetzt auf eine einzige Frage: „Was machen wir in der Zwischenzeit?"

„Ihr durchschwimmt den Fluss und wartet auf der anderen Seite auf mich. Hier würde es zu heiß werden", sagte er zweideutig. Er gab Hufnagel seinen Tornister und Martin sein Gewehr.

„Nehmt meine Klamotten mit. Wenn ich in einer Stunde nicht drüben bin, wartet nicht länger. Dann müsst ihr alleine versuchen, durchzukommen."

„Viel Glück", flüsterte Martin. Doch David war bereits in der Dunkelheit verschwunden.

„Das geht schief", stöhnte Hufnagel. „Das kann nur schiefgehen."

„Halt deine Schnauze", fuhr Martin ihn an. „Habe ich dir eigentlich schon einmal gesagt, dass du ein saublöder Hund bist?"

Aber auch er selber hatte kein gutes Gefühl.

David schlich zum Waldrand, von wo aus er den Flugplatz ungehindert einsehen konnte. Mit den Augen suchte er das Gelände ab, konnte aber keine Menschenseele entdecken.

Er musste im Gebüsch bleiben, bis die Patrouille sein Versteck passiert hatte, dann blieben ihm zwanzig Minuten. Alles in allem.

So lange würden die Wachposten seiner Schätzung nach brauchen, um den Flugplatz zu umrunden.

Er hörte Stimmen. Sein Herz klopfte stärker. Er fühlte, wie es gegen die Rippen trommelte.

In ihm war keine Furcht. Das nicht. Aber äußerste Anspannung und Konzentration. Er durfte keinen Fehler machen, sonst waren sie alle drei geliefert.

Die Posten schlenderten an ihm vorbei. Achtlos. Als David sie aus den Augen verloren hatte, wartete er noch zwei Minuten. Dann kroch er die wenigen Meter zum Stacheldraht und schlüpfte hindurch. Er hatte jetzt keine Deckung mehr. Freies Gelände auf fünfzig Meter bis zum Hangar und zu den Tanks.

Er hielt inne und lauschte. Nichts, kein Geräusch. Er kroch behutsam vorwärts und nutzte jede Unebenheit, jede Vertiefung des Bodens. Unbehelligt erreichte er den Hangar.

Er sah sich nach allen Seiten um. Nichts Verdächtiges. Aber erst als er zwischen den Tanks war, richtete er sich auf.

Er schob das Gestrüpp zur Seite und entdeckte am oberen Teil der Tanks, etwas seitlich, die Verschlusskappen. Gott sei Dank waren sie nicht verschraubt. Nacheinander öffnete er sie. Beißender Benzingeruch stieg ihm in die Nase. Er schwitzte vor Anstrengung und seine Knie zitterten, weil er sich auf die Zehenspitzen stellen musste, um die schweren Eisenverschlüsse umklappen zu können. Alle drei Tanks waren randvoll.

David gönnte sich keine Pause. Hastig nahm er die Verbandspäckchen heraus und riss sie auf.

Vier Verbände tauchte er in die ölglänzende Flüssigkeit, bis sie sich vollgesogen hatten. Dann rollte er drei davon aus und hängte die Enden in die Tanks. Die anderen Enden verknotete er mit dem vierten Verband, den er nur halb abwickelte. Den Rest legte er auf den Boden zwischen den Tanks. Seine Hände arbeiteten schnell und präzise.

Zum Schluss verteilte er das Gestrüpp so, dass von den Lunten nichts zu sehen war.

Geschafft. Bevor er hinter den Hangar schlich, sah er sich wieder nach allen Seiten um.

In der hintersten Ecke schließlich zündete er unter seiner Uniformjacke eine Zigarette an. Dann eilte er zurück zu den Tanks.

Er bohrte mit dem kleinen Finger in der Mitte des übergebliebenen Verbandröllchens eine Vertiefung, sodass er die glimmende Zigarette hineinstecken konnte. Sie saß jetzt wie auf einer Zigarettenspitze.

Vorsichtig legte er das so präparierte Röllchen wieder auf den Boden zwischen den Tanks.

David musste grinsen. Ein perfekter Zeitzünder.

Die Zigarette würde eine Zeitlang brauchen, um niederzubrennen und dann die benzingetränkten Verbände in Brand zu setzen und schließlich die Tanks.

Er tarnte den Glimmstängel noch mit allerlei Zweigen, dann kroch er eilig den Weg zurück, den er gekommen war. Er schlüpfte durch den Stacheldraht und erreichte ohne Zwischenfall den Waldrand.

So schnell es die dicht stehenden Bäume und die mangelnde Sicht zuließen, lief er der Straße mit dem dahinterliegenden Fluss entgegen.

Bevor er den Wald verließ, sondierte er noch einmal die nähere Umgebung. Alles ruhig.

Mit großen Sätzen überquerte er die Straße und die Eisenbahnschienen. Dann glitt er, so wie er war, ins Wasser. Zum Ausziehen blieb keine Zeit.

Das Wasser war erfrischend kühl und David schwamm mit kräftigen Zügen. Schon nach wenigen Metern bereute er den Entschluss, seine Kleider nicht ausgezogen zu haben. Der grobe Stoff seiner Uniform wurde schwer wie Blei und zog ihn nach unten.

Die Hälfte hatte er vielleicht hinter sich gebracht – er konnte es wegen der Dunkelheit nur erahnen –, als seine Kräfte ihn verließen. Erst wurden seine Arme und Beine lahm, dann taub, schließlich spürte er sie gar nicht mehr. Nur die Ruhe bewahren, dachte er. Nicht nervös werden. Panik konnte er jetzt nicht gebrauchen. Er drehte sich auf den Rücken, schwamm gar nicht mehr, sondern ließ sich von der Strömung treiben, versuchte nur noch, über Wasser zu bleiben. Als sein Kopf unter Wasser geriet, prustete er, keuchte und würgte und schluckte eine Menge Wasser.

Schließlich schwanden ihm die Sinne und sein Körper sackte ganz ab.

Das Letzte, was er fühlte – mehr unterbewusst –, waren Hände, die ihn packten und ans Ufer zogen.

Martins Gesicht war über dem seinen, als er die Augen aufschlug und er ihn besorgt fragte:

„Alles in Ordnung?"

„Ja, ja", würgte David hervor.

Er richtete sich auf und starrte zum anderen Ufer hinüber. Dorthin, wo in der Dunkelheit der Flugplatz lag. Nichts war geschehen.

„Hat nicht funktioniert dein Plan, was?", flüsterte Hufnagel neben ihm. Man hörte den Spott heraus. „Hauen wir ab", fügte er hinzu.

David antwortete nicht. Er starrte noch immer hinüber und zerbrach sich den Kopf, was schiefgelaufen sein mochte, als mit einem dumpfen Knall eine riesige Feuerfontäne in den Nachthimmel schoss. Dann noch eine und dann noch eine.

Mehrere Explosionen folgten kurz hintereinander. Schrille Sirenen ertönten, in die sich wenig später dröhnendes Motorengeräusch mischte.

Der Flugplatz brannte und es sah von hier so aus, als wenn das ganze Tal brennen würde.

„Schaut euch das an", presste Martin hervor. Er klopfte David überschwänglich auf die Schulter.

„Dafür hast du das Eiserne Kreuz verdient."

David sprang auf die Beine. Er musste seinen Blick gewaltsam von diesem Schauspiel lösen.

„Machen wir uns auf den Weg." Er konnte den Triumph in seiner Stimme kaum verbergen.

Das Gelände wurde merklich flacher. Ein untrügliches Zeichen dafür, dass sie sich der Front näherten. David blieb stehen, als der Fluss einen großen Bogen nach rechts beschrieb.

Genau in der Biegung am anderen Ufer lag ein französisches Patrouillenboot vor Anker und dümpelte im seichten Wasser. Sie mussten also schon hier damit rechnen, auf zurückgezogene Einheiten der Franzosen zu stoßen.

David suchte mit den Augen den Flusslauf ab, konnte aber sonst nichts Verdächtiges erkennen.

„Wir müssen hier hinein", sagte er gedämpft, als Martin und Hufnagel zu ihm aufgeschlossen hatten. David sah sich um und stieg ein paar Schritte höher in den Wald. Nach einer Weile fand er das, was er suchte. Eine abgebrochene Baumkrone mit ausladenden Verästelungen war genau das Richtige.

Zu dritt schleppten sie die Baumkrone ans Ufer und ließen sie lautlos ins Wasser gleiten.

„Immer in Flussmitte bleiben", flüsterte David, als sie sich vom Ufer abstießen.

Sie paddelten mit den Beinen und hielten sich am Stamm fest, peinlichst darauf bedacht, keinen Lärm zu verursachen.

Die Strömung war hier sehr stark und es kostete sie ungeheure Anstrengung, den schweren, ungelenken Baumstamm zu dirigieren. Aber sie kamen gut voran.

Sie rührten sich nicht, als sie an dem Patrouillenboot vorbeitrieben. Doch ihre Sorge entdeckt zu werden, war unbegründet. Keine Menschenseele zu sehen. Das Boot wirkte wie ausgestorben.

Trotzdem atmeten sie auf, als sie außer Sichtweite waren und die Flussbiegung passiert hatten.

Aber der schwierigste Teil lag noch vor ihnen. Die Hauptkampflinie der Franzosen.

Wenig später sahen sie die ersten Leuchtraketen, die in unregelmäßigen Abständen die Nacht erhellten und ihnen zeigten, wo sich die deutschen und französischen Stellungen befanden.

Jetzt kam es einzig und allein auf ihr Glück an. Ihre Empfindungen waren unterschiedlich.

Hufnagel dachte als geborener Pessimist „Das geht in die Hose. Die knallen uns ab, die Franzmänner". Er schloss die Augen und war bereit, sich in sein Schicksal zu fügen – am liebsten hätte er sich auch die Ohren zugehalten, um die Schüsse nicht zu hören, die jede Sekunde durch die Nacht peitschen mussten – aber dazu hätte er den Baumstamm loslassen müssen und wäre mit ziemlicher Sicherheit abgesoffen. David hingegen konzentrierte sich auf eine einzige Frage: Wie stark war die Bewachung der französischen Stellungen hier am Fluss bei Nacht.

Martin dachte gar nichts. Er betete. Er war so erzogen, dass der Herr Jesus Christus mit denen ist, die starken Glaubens sind. Martin glaubte deshalb fest daran, dass sie es schaffen würden.

Eine Leuchtrakete zog dicht über dem Wasser ihre Spur und zerfiel in bunte Sterne. Tauchte die nähere Umgebung in hartes, brutal helles Licht.

Sie waren jetzt genau in Höhe der französischen Hauptkampflinie. Am linken Ufer wurde eine Flakstellung sichtbar. Das Geschützrohr ragte senkrecht in den Himmel.

Nichts regte sich.

Das gibt es doch nicht, dachte David. Die pennen. Die pennen tatsächlich. Was haben wir für ein Schwein. Die Leuchtkugel erlosch und die schützende Dunkelheit hüllte sie wieder ein.

Das Schicksal war in dieser Nacht auf ihrer Seite.

Sie kamen ungeschoren durch die französischen Stellungen.

Als sie die ersten deutschen Gräben sahen, fasste David nach unten ins Wasser und holte aus seiner Hosentasche den Seidenfallschirm einer Leuchtrakete – den er als Taschentuch benutzte – heraus und band ihn am Lauf seines Karabiners fest.

Dann fing er an, zu schreien. „Nicht schießen, nicht schießen. Deutsche Soldaten. Nicht schießen. Wir sind Deutsche." Dabei schwenkte er sein Gewehr hoch über seinem Kopf wie eine Fahne.

Sie hatten es tatsächlich geschafft.

Unverletzt erreichten sie die eigenen Stellungen und waren in Sicherheit.

Das Husarenstück „Flugplatz“ sprach sich wie ein Lauffeuer in den deutschen Gräben herum.

Man klopfte ihnen auf die Schultern und sie mussten Hunderte Hände schütteln.

Der Divisionskommandeur sagte seinen Besuch an, um persönlich zu gratulieren.

Er verlieh David tatsächlich das Eiserne Kreuz, so wie Martin es prophezeit hatte, und beförderte ihn zum Unteroffizier. „Rosenland“, sagte er gespielt ergriffen – er hatte es noch nicht einmal für nötig befunden, sich Davids Namen zu merken – „es erfüllt mich mit Stolz, solche Männer unter meinem Kommando zu haben. Weiter so.“

Er schüttelte Martin und Hufnagel noch die Hand. Dann setzte er sich wieder in seinen Wagen, der mit laufendem Motor gewartet hatte, und brauste davon.

Das Ganze dauerte keine fünf Minuten.

David übernahm die 3. Korporalschaft des 1. Zuges der B-Kompanie, da Unteroffizier Trimmborn gefallen war. Von da an galt er als Held.

Kapitel 4

Ein eiskalter Wind aus den Vogesen trieb schneebeladene Wolken vor sich her und fegte über die öde Kraterlandschaft. Der Winter hielt Einzug.

Die Soldaten froren erbärmlich in ihren Stellungen und notdürftigen Unterständen.

Dann schneite es eine Woche lang. Die Gräben mussten mehrmals täglich freigeschaufelt werden.

Selbst unter den Franzosen, die in dieser Region zu Hause waren, gab es niemanden, der schon einmal so einen Winter erlebt hatte.

Die Kampfhandlungen beschränkten sich auf einzelne, kurze Feuergefechte, nur um der anderen Seite zu zeigen, dass man noch da war.

Weihnachten schwiegen die Waffen für zwei Tage sogar ganz. Eine inoffizielle Waffenruhe an fast allen Frontabschnitten.

Dieser Anflug von Menschlichkeit in einem menschenverachtenden Krieg durfte als außergewöhnlich bezeichnet werden.

Ende März lockerte der Winter die eisige Umklammerung endlich und die Temperaturen wurden erträglicher.

Ab und an riss die graue Wolkendecke auf und die Sonne zeigte sich. Vorbote des nahenden Frühlings.

Tauwetter setzte ein. Tonnenschwere Schlammlawinen wälzten sich von den nahen Bergen herunter und aus Rinnsalen wurden reißende Ströme.

Die mit Gräben durchzogenen Felder wurden zu Schlammbecken und das Land drohte, im Morast zu versinken.

Die Soldaten hatten alle Hände voll zu tun, ihre Stellungen zu befestigen und die Schäden zu beheben.

Tag und Nacht schaffte man Abertausende Sandsäcke heran und sie legten Schutzwälle an, um die einströmenden Wassermassen aufzuhalten.

Zunächst konnte er sich keinen Reim daraus machen, als Leutnant Stanko im Unterstand erschienen war und er ihm mitteilte, er habe sich um zwölf Uhr mittags beim Bataillon einzufinden.

Der Kommandeur wolle ihn sprechen. Persönlich.

Voller Unruhe machte sich Martin eine Stunde vorher auf den Weg und hatte sich unterwegs den Kopf darüber zermartert, was der Alte wohl von ihm wollte.

Konnte es Ärger bedeuten? Martin war sich keiner Schuld bewusst.

Beförderung? Die wurde gruppenweise von den Kompanieführern vorgenommen. Er tappte völlig im Dunkeln.

Um Punkt zwölf Uhr betrat er das alte Schulgebäude, in dem das Hauptquartier untergebracht war, und stand nun dem Bataillonskommandeur gegenüber. Was der ihm – nach jovialer Begrüßung – eröffnete, daran hatte Martin nicht im Traum gedacht.

Aufgrund seiner Schulbildung und erprobt im Feld – theoretische und praktische Vorkenntnisse ideal, wie sich Hauptmann Schnier militärisch knapp auszudrücken pflegte – bot man dem Landwehrmann Martin Kreidler an, das Offizierspatent zu erwerben.

Deutschland befand sich seit nunmehr eineinhalb Jahren im Krieg und die oberste deutsche Heeresleitung suchte händeringend nach fähigen jungen Männern als Ersatz für jene Offiziere, die auf den Feldern der Ehre, für Kaiser und Vaterland ihr Leben gelassen hatten.

Martin erbat sich Bedenkzeit – schließlich kam dieser Vorschlag ziemlich überraschend, wie er dem Kommandeur offen gestand, denn dieser Schritt wolle reiflich überlegt sein. Er musste draußen, nachdem er sich höflich verabschiedet hatte, erst einmal tief Luft holen.

Jetzt schlenderte er die Dorfstraße hinunter und versuchte, seine Gedanken zu ordnen.

Die Betriebsamkeit um ihn herum nahm er kaum wahr.

Martin kam an der Feldküche vorbei. Aus den dampfenden Kesseln roch es herrlich nach Erbsensuppe. Aber er verspürte keinen Hunger.

Als er den Dorfausgang erreichte, breitete sich vor ihm die Tiefebene aus. Bei gutem Wetter hatte man einen freien Blick bis zu den Bergen auf der anderen Seite, aber jetzt hüllte dichter Nebel das Tal ein. Bereits hier begann die Front.

Die Kanoniere einer zurückgezogenen Artilleriestellung waren damit beschäftigt, ihre Geschütze auszurichten und Munitionskisten zu stapeln. Sie beachteten ihn kaum.

Ein Lastwagen hielt neben Martin an, dessen Fahrer sich weit aus dem Fenster lehnte.

„Nach vorne?“, schrie er gegen das dröhnende Motorengeräusch an. Martin nickte.

Der Fahrer zeigte mit dem Daumen über die Schulter. „Spring auf.“

Martin kletterte auf die Ladefläche. Der Lastwagen war mit allerlei Schanzzeug beladen und offenbar auf dem Weg zu den vordersten Linien.

Während der Wagen anruckte und über unwegsames Gelände rumpelte, gingen Martins Gedanken zu dem Gespräch zurück, das er mit dem Bataillonskommandeur geführt hatte.

Er kam – würde er das Angebot ergreifen – erst einmal aus dem Dreck heraus. Ein Aspekt, der nicht zu verachten war. Mindestens drei Monate Kriegsschule, in Sicherheit, bei guter Verpflegung und fester Unterkunft. Aber dann würde er seinen Haufen verlassen müssen. Die Kerle waren ihm allesamt ans Herz gewachsen. Und David. Ganz besonders David.

Was kam dann? Was kam danach? Er musste sich eingestehen, dass Soldatsein sattzuhaben.

Aber vielleicht war der Krieg bis dahin vorbei?

Er hatte drei Tage Zeit – so Hauptmann Schnier –, dann musste er sich entschieden haben.

Der Lastwagen bremste scharf und Martin wurde unsanft aus seinen Gedanken gerissen. Offenbar waren sie am Ziel.

Als er sich von der Ladefläche schwang, krepierten mehrere Granaten in der Nachbarstellung, aber zu weit weg, um sich Gedanken machen zu müssen. In ihrem Abschnitt war es seit Tagen ruhig. Martin bedankte sich beim Fahrer und sprang in einen der vielen Verbindungsgräben, die zur Hauptkampflinie führten, und erreichte wenig später den Unterstand des 1. Zuges.

An der Eingangstür stieß er auf Hufnagel.

„Wo ist Rosendahl?", fragte Martin. „Beim Franzmann", kam die Antwort.

„Rede keinen Stuss." Martin war nicht in Stimmung für Scherze. Hufnagel sah Martin treuherzig an.

„Ich rede keinen Stuss. Der Leutnant will wissen, warum die in der Nachbarstellung Kattun kriegen, während es bei uns friedlich ist. Der Leutnant meint, da stimmt was nicht. Deshalb soll Rosendahl etwas spionieren, drüben."

„Wer ist bei ihm?", fragte Martin besorgt, dem es jetzt erst auffiel, dass an fast allen Schießscharten Soldaten postiert waren, die konzentriert das vor ihnen liegende Gelände beobachteten, obwohl der Nebel mittlerweile so dicht war, dass die Sichtweite allerhöchstens zehn Meter betrug. Auch Leutnant Stanko starrte angestrengt durch einen der Sehschlitze.

Martin sah sein Gesicht im Profil. Es wirkte versteinert.

„Er ist alleine los", hörte er Hufnagel sagen. „Keiner deckt seinen Arsch?"

Hufnagel schüttelte den Kopf. „Du kennst doch Rosendahl. Er hat gesagt, er bewegt sich alleine schneller."

„Der verrückte Hund", stieß Martin hervor und war mit einem Satz an der Leiter, die aus dem Graben führte. „He, he, wo wollen Sie hin Mann?", schrie Stanko, doch Martin war bereits vom Nebel verschluckt worden.

Er bewegte sich schnell und geschmeidig. Wie eine Katze, die sich einer Beute nähert, kroch er, flach auf dem Bauch liegend, dicht am Boden, wobei er die nähere Umgebung mit den Augen absuchte.

Die aufgewühlte Erde war nass und klebrig. Martin glitt in einen vor ihm liegenden Granattrichter, um bessere Deckung zu haben, und versank sofort knietief im Schlamm.

Sinnlos in dieser Suppe jemanden zu finden, schoss es ihm durch den Kopf, während er angestrengt Ausschau hielt und gleichzeitig versuchte, sich aus dem Morast zu befreien.

Mehrmals rutschte er an der glitschigen Kraterwand nach unten, bevor er endlich ein Grasbüschel zu fassen bekam und sich nach oben ziehen konnte, als er das Pfeifen hörte.

Dieses wohlbekannte, grässliche Pfeifen.

Der Luftdruck der detonierenden Granate schleuderte ihn zur Seite und die umhersurrenden Splitter drangen glühend heiß in sein Fleisch. Hackten Stücke aus seinen Beinen.

Einen Augenblick blieb er benommen liegen und biss die Zähne zusammen. Der Schmerz fraß sich rasend schnell von unten nach oben durch seinen ganzen Körper.

Martin versuchte, aufzustehen, doch seine Beine gehorchten ihm nicht. Von den Hüften abwärts war er bewegungsunfähig.

Du musst zum Graben, schrie es in ihm. Zum Graben.

Noch einmal versuchte er, seine Beine anzuwinkeln, als die nächste Granate kam. Erbarmungslos zischte sie heran. Sie wird mich auseinanderreißen, dachte er.

Halb wahnsinnig vor Angst, zog er seinen Körper auf den Unterarmen gestützt über den glitschigen Boden. Unendlich langsam kam er so voran.

Bis auf zwei Meter hatte er den Graben erreicht, als die Luft ringsum erzitterte und das bösartige Zischen der nahenden Granate unerträglich laut wurde. Ihm blieb nun keine Zeit mehr. Mit letzter Kraft drehte er sich auf der Stelle und rollte seitwärts über den Grabenrand.

Noch bevor er unten aufschlug, hörte er die Detonation. Außer Atem blieb er liegen, geschafft.

Sekunden später setzte der Schmerz ein. Unverhofft und heftig.

Martin biss sich die Lippen blutig. Dann versuchte er wieder, die Beine anzuziehen, und dieses Mal gelang es. Gott sei Dank, dachte er erleichtert.

„Nicht bewegen." David war plötzlich über ihm. Martin sah ihn verschwommen und versuchte ein Lächeln. „Hast es wieder einmal geschafft, du Schweinehund. Was ist mit meinen Beinen?", fragte er dann. „Nur ein Kratzer", sagte David, als er einen Blick auf Martins zerfetzte Unterschenkel geworfen hatte. Überall quoll rotes Fleisch aus seinen Hosenbeinen. David drehte den Kopf zur Seite, um seinen Freund nicht ansehen zu müssen.

„Bist ein schlechter Lügner." Martin packte Davids Arm. „Versprich mir, dass sie mir nicht die Beine amputieren."

„Als wenn sie dir die Beine amputieren, du Spinner", sagte David rau. Unwirsch machte er seinen Arm los. „Solche Verletzungen habe ich schon tausend Mal gesehen, dafür gibt es nicht einmal Etappe. In einer Woche, höchstens zwei Wochen, stehst du wieder neben mir im Graben, bis zum Hals in der Scheiße."

„Versprich es mir", beharrte Martin. „Was soll ich dir versprechen?", fragte David gespielt verständnislos. „Dass wir wieder in der Scheiße stehen? Das kann ich dir sogar schriftlich geben."

„Nein", Martin winkte müde ab. „Dass sie nicht amputieren." Er sah David unverwandt an.

„Ja, ja, du Quälgeist. Auch das verspreche ich dir", murmelte David.

„Danke, bist ein wahrer Freund", flüsterte Martin. Dann verlor er das Bewusstsein.

„Sieht böse aus", meinte einer der Sanitäter, als er wenig später Martins Verletzungen sah.

Gefährlich nahe schlug eine Granate ein und gleich darauf noch eine. Instinktiv zogen sie die Köpfe ein. Erdklumpen prasselten auf die geduckt stehenden Männer.

„Weg hier, los, los", schrie der zweite Sanitäter. Sie legten den bewusstlosen Martin hastig auf eine Trage und David rannte mit ihnen durch den brusthohen Laufgraben nach hinten.

Erst als sie den Graben verlassen konnten, weil sie außer Reichweite der französischen Artillerie waren, gingen sie normal.

David steckte dem Sanitäter drei Zigaretten zu. „Seht zu, dass er gleich zum Doktor kommt." Er sah besorgt zu Martin herunter. Seine Gesichtszüge wirkten angespannt. Ab und zu flackerten seine Augenlider und er stöhnte leise. Ansonsten lag er still.

Der Hauptverbandsplatz, den sie nach zwanzig Minuten erreichten, lag gut getarnt in einem Birkenwäldchen.

Zwar hörte man hier den Gefechtslärm noch deutlich, doch die Geschosse der Franzosen, die weiter vorne den Tod brachten, waren hier hinten nicht mehr als fernes Donnerrollen eines abziehenden Gewitters.

Vor den Zelten des Verbandsplatzes aufgereiht, lagen die Schwerverwundeten. Man hatte ihre Verletzungen erstversorgt und nun warteten sie auf den Abtransport ins Lazarett.

Die meisten von ihnen schrien vor Schmerzen und riefen nach dem Doktor. Andere, denen die Kraft fehlte, sich bemerkbar zu machen, wimmerten leise oder lagen apathisch auf ihren Tragen, gleichgültig was mit ihnen geschah. Sie hatten mit ihrem Leben abgeschlossen.

Einige beteten.

Viele würden den Transport nicht überleben oder starben, noch bevor die Lastwagen eintrafen.

Arme Teufel, dachte David, und ein Schauer lief ihm über den Rücken.

Die Sanitäter trugen Martin in eines der Zelte und legten ihn auf den Tisch, der in der Mitte stand.

Sie gingen hinaus. Der Rest war Sache des Doktors.

David rümpfte die Nase. Er hasste den Sanitätsbereich. Ihm wurde regelmäßig übel von dem Geruch, der hier allgegenwärtig war. Es roch nach Karbol, Eiter und Blut.

Er stand neben dem Tisch, auf den die Träger Martin gelegt hatten, und wartete. Er würde hier nicht weggehen, ganz gleich, was passierte. Das stand für ihn fest.

Nach fünf Minuten kamen ein junger Arzt und eine Rote-Kreuz-Schwester herein. Beide wirkten übermüdet.

Der Arzt musterte David kurz, sagte aber nichts und wandte sich dem Verwundeten zu. Er untersuchte Martins Verletzungen oberflächlich. Die Krankenschwester assistierte ihm.

Keine zehn Sekunden später befahl der Arzt: „Chloroform, Schwester. Skalpell und Knochensäge."

„Was haben sie vor, Doktor?", fragte David so ruhig, er konnte.

„Was glauben Sie wohl, habe ich vor?" Der Arzt sah ihn an. Seine gereizte Art gefiel David nicht.

Als er ihm nicht antwortete, fügte er hinzu: „Ich tue das, was ich nun schon seit achtundvierzig Stunden ununterbrochen tue. Knochen zersägen." Es klang resignierend. „Und nun gehen sie aus dem Weg, Mann."

Er wollte David zur Seite schieben. Der hielt ihn am Arm fest. Der Arzt sah ihn unwillig an.

„Das kann ich nicht zulassen, Doktor", sagte David immer noch ruhig. „Ich habe es versprochen."

Der Arzt zog die Augenbrauen hoch.

„Ach so, wenn Sie es versprochen haben. Gut, gut, gut ... Lassen wir ihn eben verbluten." Er rang nach Fassung. „Helfen Sie ihm, Doktor, aber eine Amputation kommt nicht infrage." David ließ seinen Arm los.

„Sie verkennen den Ernst der Dinge. Ich kann sein Leben nur retten, wenn ich amputiere", schrie der Arzt außer sich. „Warum verstehen Sie das nicht? Denken Sie vielleicht, dass macht mir Spaß?

Die Wunden sind verheerend und gut ein Dutzend Splitter stecken noch in seinen Beinen.

Außerdem ..."

Der Schuss aus Davids Karabiner beendete der Wortschwall des Doktors abrupt.

Die Schwester stieß einen spitzen Schrei aus.

David hatte kurz entschlossen seine Waffe abgefeuert, Lauf nach oben.

Seiner Meinung nach vertrödelte man wertvolle Zeit mit unnützen Diskussionen.

Augenblicke später stürzten mehrere Sanitäter in das Zelt, gefolgt von einem älteren Arzt. Sein Kittel stand offen und David erkannte eine Majorsuniform.

Oberstabsarzt registrierte er automatisch. Na also.

„Was geht hier vor?“, brüllte der Major. Der junge Arzt wollte zu einer Erklärung ansetzen, doch David fuhr ihm über den Mund.

„Ihr Assistent will meinem Freund die Beine abschneiden, das kann ich ihm nicht gestatten.“

„So, können Sie nicht?“ Der Oberstabsarzt schüttelte fassungslos den Kopf über so viel Unverfrorenheit. Er sah David durchdringend an, doch die zuckenden Narben in dessen Gesicht alarmierten ihn zur Vorsicht. Der Kerl meinte es ernst.

Das Eiserne Kreuz, das David um den Hals trug, gab schlussendlich den Ausschlag.

„Ihr Frontschweine seid harte Burschen, was?“, seufzte der Arzt einlenkend.

„Mann, Sie riskieren Kopf und Kragen, ist Ihnen das klar?“

„Völlig Herr Major“, erwiderte David ungerührt. „Das tue ich jeden gottverdammten Tag.“

Ohne ein weiteres Wort ging der Arzt zum Operationstisch und untersuchte den immer noch bewusstlosen Martin eingehend. „Wir werden versuchen, ihm seine Beine zu erhalten“, sagte er nach einer Weile. „Knochen sind nicht verletzt. Aber er wird eine Menge Schmerzen aushalten müssen.“

„Das wird er“, sagte David überzeugt.

Der Oberstabsarzt ließ sich von der Schwester eine Gummischürze umbinden.

„Gehen Sie raus, Unteroffizier“, sagte er zu David. „Halten Sie sich aber zur Verfügung. Wir sprechen uns noch.“ Zur Schwester gewandt: „Chloroformieren Sie den Mann, wir dürfen keine Zeit mehr verlieren.“

Draußen zündete David sich eine Zigarette an und ging durch die Reihen der Verwundeten.

Er konnte das Stöhnen der Männer nicht ertragen. Nicht jetzt. Er wollte weg. Nur weg.

„Gib mir eine Zigarette, Kamerad."

Der Landser lag am Ende der Reihe auf einer Trage und sah David flehend an.

Seine Wangen waren eingefallen. Sie wirkten wie ausgehöhlt. David schätzte ihn auf höchstens siebzehn. Er hielt ihm seine angerauchte Zigarette hin. „Nimm die."

Als der andere nicht danach griff, sah David, dass er keine Hände mehr hatte.

Zwei, mit dicken Verbänden umwickelte Armstümpfe lagen links und rechts neben dem Körper des Jungen, als wolle er sie verstecken. Er schämte sich ihrer Nutzlosigkeit.

Noch immer sah der Junge David unverwandt an und in seinen fiebrigen Augen lag verlegene Traurigkeit.

Dann lieber tot, schoss es David durch den Kopf, als er sich bückte und dem Jungen den Zigarettenstummel zwischen die blutleeren Lippen schob.

Er ging weiter und setzte sich abseits ins Gras, mit dem Rücken an einen Baum gelehnt. Sein Gewehr legte er sich über die Knie. Bleierne Müdigkeit überkam ihn. Zwei Tage hatte er nicht mehr geschlafen.

David schloss die Augen. Er dachte an sein weiches Bett mit den weißen Laken zu Hause und er glaubte, die frische Bettwäsche riechen zu können.

Vergeblich versuchte er, sich zu erinnern, wann er das letzte Mal in einem richtigen Bett geschlafen hatte.

Das Gesicht seiner Mutter tauchte auf. Urplötzlich war es da. Sie stand im Garten. Er sah einen kleinen Jungen auf die Mutter zulaufen und erkannte in ihm sich selbst.

Sie bereitete die Arme aus und er lächelte glücklich, als er weiterlief. Die Mutter würde ihn auffangen, wie sie es immer tat. Der kleine Junge jauchzte vor Glückseligkeit und rannte immer schneller. Noch zwei Schritte und er würde in ihren Armen liegen.

Beschützt, geborgen, dass ihm nichts Böses widerfahren konnte.

Plötzlich erstarrte er. Blieb stehen. Abrupt. Wie angewurzelt. Ungläubig starrte er auf die blutigen Armstümpfe, die sich ihm entgegenstreckten.

Der kleine Junge wollte schreien, doch kein Laut kam ihm über die Lippen.

Schließlich verschwand das Gesicht seiner Mutter. Es verschwamm und zerfloss und im nächsten Moment sah er in die traurigen Augen des jungen Landsers auf der Trage.

Jemand rüttelte David heftig an den Schultern und er wurde unsanft in die Wirklichkeit versetzt.

Der Oberstabsarzt stand vor ihm. Mit einem Satz war David auf den Beinen.

„Entschuldigen Sie, Herr Major“, murmelte er benommen, „ich muss eingeduselt sein.“

Der Arzt nickte nachsichtig. „Wie geht es ihm?“, fragte David gepresst. „Wird er es schaffen?“

„Machen Sie sich keine Sorgen. Er ist bereits auf dem Weg ins Lazarett.“

Der Oberstabsarzt sah, wie erleichtert David diese Nachricht aufnahm, und fügte hinzu: „Um Sie mache ich mir mehr Sorgen. Sie wissen, dass ich Meldung machen muss?“

„Ja“, antwortete David leichthin.

„Ich hoffe, dass er das wert ist.“ Der Major sah David forschend an.

„Das sollte jeder Mensch wert sein“, sagte David leise.

Der Bataillonskommandeur stand am Fenster und drehte Leutnant Stanko den Rücken zu.

Dieser saß auf einem Stuhl und hatte salopp die Beine übereinandergeschlagen.

Es herrschte eine ungezwungene, gelöste Atmosphäre in dem großen, schmucklosen Raum.

Sie kannten sich seit knapp einem Monat, solange nämlich war Hauptmann Schnier beim Bataillon.

Der Führer der B-Kompanie, in deren Eigenschaft Leutnant Stanko jetzt hier saß, hatte den neuen Bataillonskommandeur in dieser kurzen Zeit schätzen gelernt.

Er kannte die Abneigung des Hauptmanns, sich ein Urteil zu bilden, bevor er nicht alle Fakten kannte, und er mochte ganz besonders die unkomplizierte Art, mit der er Probleme und Schwierigkeiten anpackte. So hoffte er im vorliegenden Fall auf Milde und Nachsicht.

„Was ist das für ein Soldat, dieser Rosendahl?“, hörte Leutnant Stanko den Hauptmann fragen, ohne dass sich dieser umdrehte.

„Geben Sie mir zwanzig seines Kalibers und wir beide sitzen in einer Woche auf dem Champs Élysée und trinken Kaffee.“

Leutnant Stanko beobachtete, wie Schnier sich langsam umdrehte. An dessen Miene las er ungläubiges Erstaunen ab, deshalb fügte er schnell hinzu: „Er ist ein Elitesoldat. Träger des Eisernen Kreuzes. Sie wissen, wie ungewöhnlich es ist, dass einem einfachen Soldaten diese höchste Auszeichnung verliehen wird. Der verrückte Kerl geriet während eines Sturmangriffs mit zwei weiteren Soldaten hinter die feindlichen Linien und hat ganz alleine einen Flugplatz der Franzosen zerstört.“

Stanko legte eine Pause ein, weil seine Worte wirken sollten, und zündete sich eine Zigarette an.

Der Kommandeur war sichtlich beeindruckt.

Nachdem Stanko ein paar Mal tief inhaliert hatte, fügte er abschließend hinzu: „Vorne in den Gräben, ist er eine Legende. Ihm umgibt ein Mythos der Unverwundbarkeit und tatsächlich hat die von ihm geführte Korporalschaft die wenigsten Verluste. Er hält seine Männer mit seinen Instinkten aus jedem Schlamassel heraus. Wenn es – Sie verzeihen Herr Hauptmann – in diesem Scheißkrieg Helden gibt, dann ist Unteroffizier Rosendahl mit Sicherheit ein Held. Sie müssen ihn im Kampf erleben, dann wären Sie mit mir einer Meinung.“

„Die letzte Heldentat Ihres Paradesoldaten liegt mir vor.“

Hauptmann Schnier ging zum Tisch, der mit Kartenmaterial und Papieren überhäuft war, und fischte nach einem Schriftstück, das Leutnant Stanko hinlänglich kannte.

Die Beschwerde des jungen Stabsarztes gegen Unteroffizier Rosendahl.

Der Kommandant überflog die Zeilen noch einmal. Beim Lesen bewegte er die Lippen. Als er aufsah, war er offensichtlich zu einem Entschluss gekommen, denn er sagte: „Stauchen

Sie Ihren Unteroffizier tüchtig zusammen, Herr Leutnant." Er warf die Meldung auf den Tisch zurück.

„Das sollte genügen. Und jetzt entschuldigen Sie mich, ich muss zur Kommandeursbesprechung."

„Jawohl Herr Hauptmann." Stanko stand auf und tippte sich mit zwei Fingern an die Mütze. Er hatte verstanden.

„Erledigt", dachte er draußen zufrieden. „Gott sei Dank."

Der Bataillonskommandeur würde die Angelegenheit auf sich beruhen lassen.

Die Lastwagen erreichten mitten in der Nacht ihr Ziel.

Das Spital – ein großer Gebäudekomplex, dessen weißgetünchte Fassade den Eindruck steriler Sauberkeit vermittelte, ganz so, wie es sich für ein Krankenhaus gehört – lag am Ende einer gepflegten Parkanlage, die von einem hohen Gitterzaun umgeben war.

Das Personal am Haupteingang hatte alle Hände voll zu tun, die Verwundeten nach Schwere und Art der Verletzungen aufzunehmen.

Martin verbiss sich den Schmerz und wartete geduldig, bis er an der Reihe war.

Schließlich wurde er von zwei Sanitätern auf eine fahrbare Liege gehoben und von einer Rote-Kreuz-Schwester in Empfang genommen. Sie schob ihn durch die hellerleuchtete Halle in das Innere des Gebäudes, einen Korridor entlang, der zu einer Tür führte, vor der schon eine zweite Schwester wartete. Sie nickte Martin kurz zu und lächelte müde, nachdem sie einen Blick auf dessen blutdurchtränkten Verbände geworfen hatte.

Ohne eine Erklärung machte sie sich sogleich am Kopfende der Liege zu schaffen.

Das Letzte, was Martin registrierte, war der stechende Geruch von Chloroform.

Er erwachte mit höllischen Schmerzen in den Beinen. Gleichzeitig hatte er das Gefühl, sein Schädel müsse zerspringen. Das

Chloroform, dachte er benommen. Die unangenehmen Nebenwirkungen des Narkosemittels waren ihm bekannt.

Sobald er klar denken konnte, tastete er mit den Händen an seinen bandagierten Beinen entlang, so weit nach unten, wie er dazu in der Lage war. Er schaffte es nur bis zu den Knien.

Martin versuchte etwas anderes. Mühsam gelang es ihm, seine Zehen zu bewegen.

Das besagte noch nichts, dachte er keineswegs beruhigt.

Er hatte von Amputierten gehört, denen wochenlang die Zehen juckten, obwohl das ganze Bein nicht mehr da war. Er wollte Gewissheit haben.

Nervös sah er sich im Zimmer um und zählte fünfzehn Betten. Alle belegt. Es war totenstill. Nur ab und zu hörte er leises Stöhnen.

Er musste sich also gedulden, bis eine Schwester oder ein Arzt kam.

Eine Weile brütete Martin dumpf vor sich hin, als die Tür aufflog und die morgendliche Hektik einsetzte. Jene nervöse Geschäftigkeit, die nur einem Krankenhaus zu eigen ist.

Mehrere Wagen auf Gummirollen mit Bergen von Verbandsmaterial und eine Unzahl von Medikamenten, chirurgischem Besteck, Chromschalen, Fieberthermometern, Bettpfannen und Urinflaschen wurden hereingeschoben.

Eine junge Schwester trat an Martins Bett und zwitscherte ein gutgelauntes: „Guten Morgen, Ausgeschlafen?“ Bevor sie seinen Puls fühlte.

„Wie schwer sind meine Verletzungen?“, fragte Martin sofort. „Ist noch alles dran, an mir?“

Die Schwester sah ihn vergnügt an. „Aber ja.“ Sie ließ seinen Arm los. Mit dem Resultat ihrer Messung schien sie zufrieden zu sein.

„Sie hatten tiefe Fleischwunden, die vernäht werden mussten“, erklärte sie. „Außerdem haben Sie eine Menge Blut verloren, deshalb werden wir Sie erst einmal aufpäppeln.

Aber es kommt alles in Ordnung. Machen Sie sich keine Sorgen.“

Die ruhige, freundliche Stimme der Schwester war für Martins Nerven Balsam.

„Nach dem Frühstück kommt der Doktor und gibt Ihnen eine Spritze gegen die Schmerzen. In ein paar Tagen sind sie wieder wie neu." Sie lächelte noch immer. Dann schüttelte sie Martins Kopfkissen auf, zwinkerte ihm zu und ging zum nächsten Bett.

Es kommt alles in Ordnung, hallte es in Martin wider. Glücklich ließ er sich zurück in die Kissen fallen. Er hätte die Schwester umarmen können.

Sechs Wochen blieb Martin im Lazarett. Seine Wunden verheilten ohne Komplikationen.

Sein behandelnder Arzt verordnete noch zwei Wochen Genesungsurlaub.

„Nach Hause Soldat", meinte er gönnerhaft bei der letzten Visite. „Zur Muttern."

Doch Martin bat – zum allgemeinen Erstaunen –, sofort zur Truppe zurückkehren zu dürfen.

Kopfschüttelnd stimmte der Arzt zu. Was sollte er dazu auch sagen?

Er konnte ja nicht wissen, dass die Schützengräben Martins Zuhause waren.

Kapitel 5

Die seit Monaten gegen die zäh verteidigten Festungen in Verdun geworfenen Armeen bluteten aus und die erwartete Offensive der Alliierten an der Somme hatte begonnen, sodass die oberste deutsche Heeresleitung gezwungen war, einen beträchtlichen Teil ihrer Feldheere aus anderen Regionen der Westfront zusammenzuziehen.

Die Verantwortlichen beider Seiten waren der Meinung, der Krieg würde sich auf diesen beiden Schlachtfeldern zu ihren Gunsten entscheiden.

So rollten die Eisenbahnzüge den Hauptkriegsschauplätzen entgegen. Unablässig. Tausende und Abertausende Waggons.

Geschütze, Munition, Verpflegungsgüter und ... Truppen, Truppen, Truppen. Um sie in den Brandherden zu verheizen.

Leutnant Stanko saß in seinem Unterstand und erledigte die seit Tagen liegengebliebene Post.

Der junge Offizier schrieb an die Hinterbliebenen der Gefallenen seiner Kompanie.

Er hasste diese Pflicht.

Ihr Mann ... Ihr Sohn ... Ihr Verlobter ... war uns stets ein Vorbild an Tapferkeit und Pflichterfüllung.

Wir schätzten sein freundliches, hilfsbereites Wesen und werden das Andenken unseres Kameraden in Ehren halten. In stolzer Trauer ...

Er unterschrieb die Zeilen schnörkellos und griff nach dem nächsten Papier, als Hauptmann Schnier im Unterstand erschien.

Leutnant Stanko wusste sofort, dass etwas Ungeheuerliches vorgefallen sein musste. Der sonst so selbstsichere Bataillonskommandeur wirkte verstört. Sein Gesicht war aschfahl und eingefallen.

Er warf sich in den noch freien Stuhl und reichte dem Leutnant wortlos ein Schreiben, das die Unterschrift und das Sigel des Generalstabschefs trug.

Der Führer der B-Kompanie überflog die Zeilen und fühlte, wie Übelkeit in ihm hochstieg.

... Wird ihr Bataillon nach Verdun abkommandiert. Der letzte Satz sprang ihn förmlich an.

Himmelfahrtskommando, zuckte es Leutnant Stanko durch den Kopf. Jeder wusste, dass in Verdun die gewaltigste Schlacht der Weltgeschichte tobte. Ein Trauma für alle, hüben wie drüben.

Eine ganze Weile saßen die beiden Offiziere reglos. Sie sprachen nichts.

Als Leutnant Stanko den Schock, der ihm in die Glieder gefahren war, halbwegs verdaut hatte, stand er auf und holte aus seinem Gepäck eine Flasche Weinbrand, die er für einen besonderen Anlass aufgehoben hatte. Wenn nicht jetzt, wann dann.

Er füllte zwei zerbeulte Blechbecher bis zum Rand und reichte einem davon seinem Kommandeur. „Zu neuen Ufern", sagte dieser sarkastisch und stürzte das Getränk in einem Zug hinunter. „Es lebe der Kaiser", fügte Stanko bitter hinzu. Auch er trank, ohne abzusetzen.

Noch lange nachdem Hauptmann Schnier gegangen war, saß der Leutnant an seinem Klapptisch und starrte mit trostlosem Blick auf das Papier, das noch immer vor ihm lag.

„Verdun", murmelte er vor sich hin. Immer das eine Wort: „VERDUN."

Es war früher Abend, als sie ihren Bestimmungsort erreichten. Die Kompanieführer ließen antreten. Das Ausmaß der Zerstörung erschütterte auch die Hartgesottensten unter ihnen.

Sie hatten viel gesehen in den zwei Jahren Krieg. Dies hier übertraf ihre schlimmsten Befürchtungen.

Das Dorf, in dem sie Stellung beziehen sollten, existierte praktisch nicht mehr. Hier gab es kein Haus mehr, das von den weitreichenden Ferngeschützen und den Bombenabwürfen der Flugzeuge verschont geblieben war.

Jetzt wurde die Bezeichnung „Hölle von Verdun“ real, angesichts der dach- und fensterlosen Ruinen, der zerschossenen Fassaden und der durch Granat- und Bombentrichter unpassierbaren Straßen. Wie würde es erst an der Hauptkampflinie aussehen? Auf dem eigentlichen Schlachtfeld?

Nachdem sie den Ort genauer inspiziert hatten, verteilten die Männer sich auf die umliegenden Häuser. Die Gruppe um David bezog ein Kellergewölbe am Dorfausgang als Quartier. Die Stimmung war miserabel.

„Seht es doch mal so“, versuchte Aha aufzumuntern und rückte seinen Strohsack zurecht.

„Wir haben drei Meter Stahlbeton, Schutt und Steine über uns. Einen besseren Unterstand finden wir nirgends. Die Franzosen bauen solide Häuser. Hier sind wir sicher.“

Der alte Landser dachte immer praktisch und irgendwie hatte er Recht mit dem, was er sagte.

Die Granaten konnten ihnen nichts anhaben, hier im Keller. Wenn sie nicht gerade einen Volltreffer bekamen.

„Hier stinkt es. Mein Gott, wie es hier stinkt. Das ist ja nicht zum Aushalten.“ Hufnagel trat missmutig gegen seinen Strohsack. Er meinte den modrigen Geruch, der allen alten Häusern zu eigen ist. Es roch muffig, in der Tat.

„Hier ist es trocken und warm.“ Aha zündete sich genüsslich eine Zigarre an und zwischen zwei paffenden Zügen sagte er gemütlich: „Es sind schon viele erfroren, aber noch keiner erstunken.“

„Außerdem ist es nicht für lange“, fügte David hinzu.

„Was meinst du, wann wir nach vorne müssen?“, fragte Martin.

„Bald, sehr bald.“ David rollte sich in seine Decke ein.

Irgendjemand löschte die Petroleumlampe.

In der Ferne donnerte die Front.

Zwei Tage später setzte sich ihr Bataillon in Marsch. Ihr Einsatzgebiet war die Woevre-Ebene. Die Heeresleitung erwartete hier einen Durchbruchversuch des Gegners, weshalb die Verteidigung verstärkt werden musste.

Was die Soldaten in den darauffolgenden Wochen und Monaten erdulden mussten, lag jenseits jeder Vorstellung.

Sie hockten in verschlammten Granattrichtern – ihre Stellungen existierten längst nicht mehr – und waren schutzlos dem ständigen Artilleriefeuer sowie dem Regen ausgesetzt, der unaufhörlich fiel, der unter die Haut ging und sie frieren ließ bis ins Mark.

Die Verluste waren verheerend und die Moral der Truppe auf dem Nullpunkt.

Auf dem aufgewühlten Kampfgelände lagen Tausende Leichen und der Frontverlauf wurde immer unübersichtlicher.

Oft geschah es, dass die Truppen in das Feuer der eigenen Artillerie gerieten. Aber es wurde Ausharren befohlen. Um jeden Preis. Dieser Frontabschnitt war von größter Bedeutung.

Mit diesem Frontabschnitt stand oder fiel Verdun.

Der Wald zwischen ihnen und den französischen Stellungen war zweihundert Meter entfernt.

Er wirkte bedrohlich in der Dunkelheit.

„Wenn sie kommen, dann von dort." David deutete auf den Wald.

Seit drei Tagen saßen sie nun schon in dem Trichter, bis zu den Hüften im eiskalten Wasser.

Vor Erschöpfung konnten sie kaum noch die Augen aufhalten.

„Würden sie doch endlich kommen", sagte Martin. „Das Warten, es zermürbt einen. Aber ich glaube, das ist auch eine Art, Krieg zu führen. Psychologisch, weißt du."

David spuckte angewidert aus: „Ich weiß nur, dass ich seit drei Tagen nicht mehr geschlafen habe. Dass der gottverdammte Regen meine Knochen aufweicht und die Kälte sich in mich reinfrisst. Von unten, bis zu den Eiern, habe ich schon kein Gefühl mehr in den Beinen. Bleib mir also mit deinem psychologischen Scheiß vom Leib."

Martin grinste, erwiderte aber nichts. Er fühlte sich genauso.

Er griff in seinen Tornister und holte eine Dose Roastbeef heraus. Mit ein paar Handgriffen öffnete er die Büchse und aß den Inhalt bis zur Hälfte, dann reichte er sie David.

„Henkersmahl", spottete David sarkastisch und drehte die Konserve nachdenklich in der Hand.

Wegen der Dunkelheit konnte er das Etikett nicht lesen, aber er wusste auch so, was darauf stand:

Fleischfabrik Jakob Rosendahl, Berlin.

Er dachte an zu Hause, an seine Eltern und Geschwister, während er langsam kaute.

Wie es ihnen wohl ging? Die Mädchen waren bestimmt mächtig gewachsen.

Ich werde sie nie wiedersehen, dachte er traurig. Darüber machte er sich keine Illusionen.

Mit dem letzten Bissen schluckte er seine Verbitterung herunter und in einem Anfall unbändiger Wut schleuderte er die Büchse, so weit er konnte, in Richtung der französischen Stellungen.

„Nicht so weit", sagte Martin. „Du könntest einen Franzmann treffen."

David presste Luft durch die Zähne, als er sagte: „Du musst mir etwas versprechen, Martin. Wenn ich fallen sollte, musst du meine Familie besuchen. Sag ihnen, dass es mir leidtut, sie verstehen dann schon. Versprich es mir. Ich habe dich noch nie um etwas gebeten. Aber du gehst hin, ja, wenn alles vorbei ist?"

Eben wollte Martin etwas erwidern, als Leutnant Stanko am Trichterrand auftauchte.

„Wir gehen vor, bis zum Wald", sagte er keuchend. „Divisionsbefehl."

„Der Wald steckt höchstwahrscheinlich voller Franzosen", protestierte David. „Das ist Selbstmord."

„In genau zehn Minuten, von jetzt an", er sah auf das Leuchtzifferblatt seiner Uhr, „nimmt unsere Artillerie den Wald unter Beschuss. Mit schwerem Kaliber. Sammeln Sie Ihre Leute um sich Unteroffizier, ich habe keine Zeit für Diskussionen." Er verschwand in der Dunkelheit.

David hob den Kopf und schrie: „Heidner, Angermeyr!"
„Hier", schrie jemand zurück.

„Hufnagel, Aha." „Wir sind hier." Das war Ahas Stimme. Sie lagen offenbar ganz in ihrer Nähe.

„Fertig machen, wir gehen vor." Aus der Dunkelheit waren Flüche zu hören, als die Artilleriestellungen hinter ihnen zu hämmern begannen. Die Geschosse gurgelten hohl über ihre Köpfe hinweg.

Rotbraun durchzuckter Rauch war vom Waldrand zu erkennen. Da wo die Granaten einschlugen, knickten die Bäume um wie Streichhölzer. Es fauchte und zischte ohne Unterlass.

Mit Zwanzig- und Dreiundzwanzig-Zentimeter-Granaten wurde der Wald zerfetzt. Schlag auf Schlag fielen die Abschüsse. Das Trommelfeuer dauerte genau dreißig Minuten.

Die Geschütze waren kaum verstummt, als rote und grüne Leuchtkugeln in den Himmel stiegen.

Überall aus den Trichtern erhoben sich lehmverkrustete Gestalten, die über das Feld hetzten und vorstürmten, dem Waldrand entgegen.

Wenn die Franzosen wirklich im Wald gesessen hatten, war es unwahrscheinlich, dass es Überlebende gab.

Die ersten Infanteristen hatten bereits den Waldrand erreicht, als ihnen zum allgemeinen Entsetzen heftiges Maschinengewehr- und Schrapnellfeuer entgegenschlug.

Sie wurden von den Maschinengewehrgarben und den Ausbläsern der Schrapnellgeschosse – kleine, gefährliche Bleikugeln, die bösartig durch die Luft surrten – völlig überrascht.

Jetzt lagen die Angreifer auf deckungslosem Feld und wurden zu Zielscheiben, die ihren Gegner nicht einmal zu Gesicht bekamen. Wohin sollten sie ihr eigenes Feuer richten?

Es war sinnlos. Der Angriff blieb im französischen Sperrfeuer stecken.

Die Zug- und Gruppenführer mussten den Rückzug befehlen, wenn nicht die ganze Kompanie aufgerieben werden sollte.

Während einige Soldaten versuchten, in wilder Flucht ihr Leben zu retten, und von panischer Angst getrieben zurück über das Feld rannten, als wäre der leibhaftige Teufel hinter ihnen her, krochen andere flach am Boden liegend, die Unebenheiten des zerklüfteten Geländes ausnutzend, um den tödlichen Geschossen zu entkommen.

Martin geriet im allgemeinen Durcheinander ins Straucheln und stürzte in einen Granattrichter.

Ausruhen dachte er, nur einen Augenblick. Als er etwas zu Atem gekommen war, sah er sich um. Der Trichter hatte einen Durchmesser von circa fünf Metern und war etwa anderthalb Meter tief. Ein guter Platz, durchfuhr es Martin. Sollte er hier liegen bleiben und versuchen, später zurückgekommen? Er verwarf den Gedanken sofort wieder. Er musste mit den anderen zurück und den Schutz der Dunkelheit ausnutzen. So waren seine Chancen ungleich größer.

Gerade als er sich aufrichten wollte, wurde er von einem schweren Körper wieder zu Boden gerissen.

Als er sich aufgerappelt hatte, drehte er den leblosen Körper, der mit dem Gesicht nach unten im Brackwasser lag, und erschauderte. Es war David.

Dicht über dem rechten Auge sah Martin das kreisrunde Einschussloch, aus dem unaufhörlich Blut sickerte. Auf der linken Gesichtshälfte hatte das Geschoss beim Austritt das Ohr und die halbe Wange weggerissen. In dem Oberkieferknochen, der grotesk aus der fürchterlichen Wunde herausragte, saßen noch die Zähne. Martin gefror das Blut in den Adern.

„Oh mein Gott“, stöhnte er. „Oh mein Gott. Mein Gott.“

Er hielt David im Arm, damit er nicht hinabglitt in das schlammige Wasser.

„Ruh dich aus“, flüsterte Martin, als habe er Angst, den Bewusstlosen aufzuwecken, wenn er lauter sprach. „Mach dir keine Sorgen. Ich bleibe bei dir. Es wird alles gut. Wir sind hier vollkommen sicher.“ Martin redete immer weiter, als könnten seine Worte den Tod vertreiben, der nach David griff. Aber es half nichts. Als sich blutiger Schaum auf Davids Lippen bildete, wusste Martin, dass es vorbei war. David lebte nicht mehr.

Stunden noch saß Martin im Trichter, hielt David im Arm und in ihm war eine vollkommene Leere.

Er hörte nichts. Er sah nichts. Er dachte nichts. Er fühlte nur den unsäglichen Schmerz, der ihm vertraut war. Wieder verlor er den Menschen, der ihm am nächsten stand.

Als die Nacht eine Spur grauer wurde und den neuen Tag ankündigte, sagte Martin leise: „Wir müssen gehen, mein Freund." Er hob David aus dem Trichter und kletterte hinterher.

Draußen bohrten sich noch immer einzelne Geschossgarben in die aufgewühlte Erde.

Martin achtete nicht darauf.

Er nahm David auf den Arm und trug ihn, wie man ein schlafendes Kind trägt, wobei Davids Kopf an Martins Schulter ruhte.

Inzwischen war es beinahe hell und sie würden ein leichtes Ziel für die französischen Scharfschützen sein. Und wenn schon. Langsam, ohne die geringste Eile ging Martin los.

Er bewegte lautlos die Lippen: Vater unser, der du bist im Himmel,

Geheiligt werde dein Name.

Dein Reich komme.

Dein Wille geschehe ...

Martin schritt über das mit verstümmelten Leichen übersäte Feld.

Dein Wille geschehe ...

Er ging an zahllosen verwundeten Landsern vorüber, die ihm die Hände entgegenstreckten und um Hilfe winselten.

Dein Wille geschehe ...

Der Regen, sein Schweiß und Davids Blut rannen ihm im widerlichen, klebrigen Strom in den Hemdkragen.

Er fühlte einen dumpfen Schlag gegen seine Hüfte und wusste, dass es sich um ein Geschoss handeln musste, empfand aber seltsamerweise keinen Schmerz. Er empfand gar nichts.

Dein Wille geschehe ...

Alles rings um sich ignorierend, ging er weiter, den Blick starr geradeaus gerichtet.

Bis auf zwanzig Meter hatte er die eigenen Linien erreicht, als ihn das zweite Geschoss traf.

Martin taumelte noch einige Meter weiter, fühlte, wie sich der Boden unter seinen Füßen bewegte, als wenn man einen

Teppich wegziehen würde. Dann fiel er nach vorne und um ihn herum wurde es tiefe, schwarze Nacht.

Martins Bewusstlosigkeit war ein Segen. Er wäre sonst wahrscheinlich wahnsinnig geworden.

In den kurzen, wachen Momenten röchelte er krächzend seinen Schmerz heraus. Zu mehr war der wegen seiner Lungenverletzung nicht in der Lage.

Er hatte das Gefühl, unter einer Dampframme zu liegen, und ein riesiger Hammer malträtierte seinen Brustkorb, während sein Unterleib in einem Schraubstock steckte. Bei jedem Pulsschlag explodierten Hunderte von Nervenbündeln in seinem Körper.

Die Ärzte verabreichten ihm Morphium. Sehr viel Morphium. Die Menge hätte ausgereicht, einen Elefanten einzuschläfern. Sie mussten ihm einen Lungenlappen amputieren, weil der größte Teil eines Lungenflügels zerfetzt war.

Sie richteten sein zerschmettertes Hüftgelenk, so gut es ging, gipsten ihn bis zum Bauchnabel ein, nur zwei Öffnungen für die Notdurft – in die man Katheter einführte – blieben frei und man legte ihn ins Streckbett mit schweren Gewichten an den Beinen.

Mehr konnte die ärztliche Kunst nicht tun.

Eine Woche nach den Operationen traten Komplikationen ein. Seine Fieberkurve stieg dramatisch an und seine operierte Lunge entzündete sich, worauf die Ärzte ihm den Rest des Lungenflügels entfernen mussten.

Martin war mehr tot als lebendig und sein Zustand verschlimmerte sich von Tag zu Tag. Schließlich gab man ihn auf. Er wurde ins Sterbezimmer verlegt, zu den hoffnungslosen Fällen und ein Priester erteilte ihm die letzte Ölung.

Wochenlang stand Martin an der Schwelle des Todes. Aber er starb nicht. Irgendeine verborgene Macht tief in seinem Innersten hielt ihn am Leben.

Vom medizinischen Standpunkt nicht zu begreifen und schon gar nicht zu erklären, gegen alle Erkenntnisse und Erfahrungen, besserte sich sein Zustand plötzlich und stabilisierte sich.

Schließlich konnte er auf die reguläre Station verlegt werden. Martin war über dem Berg.

Die Ärzte konnten keine Erklärung finden, waren sprachlos. Die Ordensfrauen aber, die hier den Krankendienst verrichteten – es handelte sich um ein katholisches Spital –, glaubten fest daran, ein Wunder miterlebt zu haben.

Nach sechs Monaten, die Martin auf dem Rücken liegend im Streckbett verbracht hatte, entfernten sie den Gips.

Er war ein ruhiger geduldiger Patient gewesen in dieser langen Zeit, der sich niemals beklagt und niemals gejammert hatte.

Die Ärzte eröffneten ihm, dass er niemals mehr normal gehen würde können. Er war also vorbereitet, als er auf zwei Krücken gestützt ein paar Schritte durch den Krankensaal versuchte.

Nach wenigen Metern musste er aufgeben. Seine Beine, zwei spindeldürre bis auf die Knochen abgemagerte, kraftlose Stelzen, waren ungelenk und funktionsuntüchtig, als gehörten sie nicht zum Rest des Körpers.

Martin versuchte es immer und immer wieder. Vergeblich.

Schließlich legten sie ihn wieder ins Bett und ließen ihn alleine.

Er lag völlig apathisch da und starrte zum Fenster hinaus, mit leerem Blick, während sich die Regentropfen auf dem milchigen Glas sammelten.

Er war ein verkrüppeltes Individuum, dazu verdammt, für den Rest seines Lebens umherzukriechen, die Beine hinter sich schleifend, als gehörten sie nicht ihm. Er konnte lange Zeit an nichts anderes denken.

Als er es nicht mehr ertrug, schloss er die Augen und als er sie wieder öffnete, verschwand das Fenster in der Unendlichkeit seiner Erinnerung.

Bilder tauchten auf, die so lange her schienen.

Die Stuben in der Koblenzer Kaserne mit den langen Bettreihen. Hasenrahn, der unermüdliche Schinder. Der kleine Lüders, der so gar nicht zum Soldaten taugte. Das zerklüftete Gelände vor ihren Stellungen. Der Geniestreich mit dem zerstörten

Flugplatz. Zerschossene Bunker und überall Tote, Tote, Tote. Schreiende, winselnde Verwundete, deren Blut die Erde tränkte.

David tauchte auf. Sein vernarbtes Gesicht mit der entsetzlichen Wunde war überdeutlich zu sehen. Diese Erinnerung schmerzte am meisten. Martin biss sich auf die Lippen.

Plötzlich sah er wieder die Fensterscheibe mit milchigem Glas und die Regentropfen vermischten sich mit Martins Tränenschleier. Wurden eins mit den Tränen der Frauen, die um ihre Männer weinten. Wurden eins mit den Tränen der Mütter, die um ihre Söhne weinten.

Er sah die hoffnungslosen, traurigen Augen der Verstümmelten und er sah die toten Augen der Gefallenen, aus denen die Tränen rannen.

Alle diese Tränen sammelten sich auf dem milchigen Glas des Fensters, wurden eins mit den Regentropfen und färbten sich nach und nach rot, vermischten sich mit dem Blut, das Martin gesehen hatte. Die Tränen und das Blut wurden eins. Wurden zum Sturzbach, der alles mit sich fortriss. Alle Kanonen und Geschütze. Der die Schlachtfelder überflutete, die Schützengräben füllte, die Leichen hinwegschwemmte, bis nur noch ein wogendes Meer übrig blieb.

Und ... Davids unverwechselbares Narbengesicht, das auf den Wellen tanzte, einer Totenmaske gleich. Martin stöhnte von innerem Pein zerrissen: „Herr vergib uns unsere Schuld."

Und Davids Gesicht versank in einem Meer aus Blut und Tränen.

Nach drei Tagen erwachte Martin aus seiner Lethargie und seine Lebensgeister kehrten zurück.

In ihm hatte sich ein Wandel vollzogen.

Mit seinen zwanzig Jahren hatte er mehr Elend und Leid gesehen als andere in ihrem ganzen Leben.

Der Krieg hatte in ihm unauslöschliche Spuren hinterlassen, ihn zum Krüppel gemacht. Dennoch, er lebte. Musste er nicht dankbar sein? Hatte er nicht großes Glück gehabt? Er durfte weiterleben, während andere, Millionen andere im Massengrab verfaulten.

Je mehr er darüber nachdachte, desto optimistischer wurde er.

Fast schämte er sich, mit dem Schicksal gehadert zu haben.

Nicht erkannt zu haben, eine zweite Chance bekommen zu haben. Zum zweiten Mal geboren worden zu sein. Plötzlich war eine unstillbare Lebensgier in ihm.

Er würde seine ganze Kraft, seine ganze Energie auf den Kampf konzentrieren, den er nun bereit war, zu kämpfen.

Jeden Morgen ließ Martin sich mit dem Rollstuhl in den Keller des Hospitals bringen. Er bekam Massagen, Bewegungsbäder und Physiotherapie.

Ihm wurden die Beine festgeschnallt und er stemmte Gewichte, um seine erschlafften Muskeln und seine Sehnen zu kräftigen.

Was das zerschossene Gelenk nicht mehr vermochte, mussten die Muskeln übernehmen.

Mit verbissener Willenskraft und eiserner Disziplin arbeitete Martin an sich.

Schließlich stellte sich der Erfolg ein.

Seine Hartnäckigkeit sowie sein Glaube an die eigene Kraft wurden belohnt.

Nach einem Jahr unvorstellbarer Quälerei brauchte Martin keine Krücken mehr. Er hinkte nur noch minimal und war davon überzeugt, dass sich auch das noch abstellen ließe.

Die Ärzte und Schwestern, die Martin während seines Aufenthaltes im Hospital medizinisch betreut hatten, standen vor einem Rätsel, denn aus ärztlicher Sicht konnte Martins vollständige Genesung nicht erklärt werden.

Die Nonnen waren felsenfest davon überzeugt, dass der liebe Gott ein zweites Mal ein Wunder an Martin vollbracht hatte.

An seinem einundzwanzigsten Geburtstag, am 10. November 1918, konnte Martin nach neunzehnmonatigem Martyriums das Krankenhaus verlassen.

Seit Langem wusste er, wohin er gehen, was er anfangen würde.

Am 11. November 1918 endete der bis dahin furchtbarste Krieg der Menschheitsgeschichte mit der Kapitulation der Mittelmächte.

Deutschland lag am Boden. Würde es sich je wieder erheben können?

Die von den Siegermächten geforderten Reparationen waren so unhaltbar, dass selbst der französische Marschall Ferdinand Foch befürchtete: „Das werden die Deutschen nicht akzeptieren können. Dies ist kein Vertrag für einen dauerhaften Frieden. Dies ist ein Waffenstillstand für höchstens zwanzig Jahre."

Niemand konnte zu diesem Zeitpunkt ahnen, wie recht er damit haben sollte ...

3. BUCH

Deutschland stand am Abgrund. Das Volk spaltete sich in zwei Lager.

Auf der einen Seite die kaisertreuen Eliten und die Millionen einfacher Frontsoldaten, die den Krieg im Schützengraben miterlebt und gekämpft hatten.

Vor allem aber ihre militärischen Führer, jene arroganten Offiziere, die maßgeblich am Zusammenbruch beteiligt waren.

Sie sahen sich im Felde unbesiegt an.

Sie ignorierten die wirtschaftliche und militärische Überlegenheit, die geballte Macht von fünf Kontinenten, die sich dem Deutschen Reich entgegenstellten.

Sie forderten rückhaltlose Unterstützung aus der Heimat.

Nur mit diesem Zusammenhalt war ein Sieg möglich. Alles andere wäre Sabotage.

In der Heimat hingegen wurden die Zweifel immer größer, dass der Krieg wegen deutscher Interessen geführt wurde.

Die Menschen in Deutschland hatten genug gedarbt, verzichtet und gehungert.

Immer lauter wurde die Forderung nach Frieden – um jeden Preis.

Als dann Reichskanzler Prinz Max von Baden auf Forderung der SPD-Politiker Ebert und Scheidemann die Abdankung des Kaisers vom Balkon des Reichstages bekannt gab, sprach man offen von Verrat durch oppositionelle vaterlandslose Erfüllungspolitiker.

Die kaisertreuen Nationalisten Deutschlands bezeichneten dies als Dolchstoß in den Rücken der Armee.

Die Hand, die diesen Dolch hielt, wurde geführt von Kommunisten, Freimaurern und Juden.

Der Mythos der „Dolchstoßlegende“ war geboren.

Sie sollte dem Nationalsozialismus die Argumente liefern und den Aufstieg der NSDAP entscheidend begünstigen.

Als dann auch noch die ruinösen und inakzeptablen Bedingungen des Versailler Vertrages widerspruchslos hingenommen wurden und man auch nicht gegen viel zu hohe Reparationen und eine Vielzahl von demütigenden Bedingungen protestierte, schürte das den Hass und die Verzweiflung im Volk.

Deutschland würde ausbluten und sich nicht wieder erholen.

Die Volksseele kochte.

Schon brachten sich die politischen Gruppierungen in Stellung und formierten sich links und rechts.

Die Kommunisten und die Nationalisten standen sich unversöhnlich gegenüber.

Die demokratische Mitte sah die radikalen Auseinandersetzungen mit Sorge, stand den täglichen Protesten und gewaltbereiten Demonstranten aber hilflos gegenüber.

Vor diesem aufgeheiztem Hintergrund verlegten die Volksvertreter des Reichstages ihre Amtsgeschäfte vorübergehend von Berlin nach Weimar.

Kapitel 1

Ella deckte gerade den Tisch.

Die große Standuhr schlug sechsmal an diesem grauen Dezemberabend.

Sie hatte darauf bestanden, dass man wenigstens eine gemeinsame Mahlzeit am Tag einnahm, als Familie.

Wenn Jakob arbeitete, vergaß er alles um sich herum, sogar das Essen.

Draußen pfiff ein eisiger Wind und trieb Schneeflocken vor sich her.

Es würde frostig werden in dieser Nacht und es würde weiter schneien.

Man stellte sich auf einen langen, kalten Winter ein.

Im Kamin brannte ein knisterndes Feuer. Wohlige Wärme breitete sich in der großen Wohnstube aus.

Ella warf noch einmal einen prüfenden Blick über den gedeckten Tisch und vergewisserte sich, dass nichts fehlte, als die Türglocke ertönte.

Sie verdrehte missmutig die Augen.

Die Gestalt, die im Halbdunkel vor ihr stand, als sie die Tür öffnete, war wenig vertrauenserweckend.

Der Mann trug einen zerschlissenen Militärmantel und klobige Stiefel.

Sein ungepflegter Haarschnitt rahmte ein graues, unrasiertes und übernächtigtes Gesicht ein.

„Guten Abend wünsche ich."

Seine Stimme klang jünger, als es sei Erscheinungsbild vermuten ließ.

Ella wollte nicht unhöflich und auch nicht abweisend wirken, denn zu viele Menschen waren durch den Krieg unverschuldet in Not geraten. Deshalb erwiderte sie den Gruß freundlich, aber reserviert.

Was der Fremde aber als Nächstes sagte, traf Ella wie einen Keulenschlag und sie musste sich am Türrahmen festhalten.

Ihre Beine zitterten und für einen kurzen Moment drehte sich alles. Sie war einer Ohnmacht nahe.

„Mein Name ist Martin Kreidler, ich habe mit ihrem Sohn David gedient. Entschuldigen Sie den Überfall."

Ella stieß einen spitzen Schrei aus.

Sie brauchte ein paar Sekunden, bis sie sich wieder halbwegs unter Kontrolle hatte.

Jakob tauchte hinter ihr auf. Alarmiert durch Ellas Schrei.

„Er war ein Kriegskamerad von unserem David", stammelte Ella. Ihre Stimme bebte.

„Kommen Sie erst einmal herein, raus aus dem scheußlichen Wetter", sagte Jakob.

„Entschuldigen Sie", bat Ella. Ihr wurde jetzt erst bewusst, wie unhöflich es ausgesehen haben musste, den Eingang zu blockieren.

Sie trat zur Seite und Jakob öffnete die Tür ganz, damit Martin eintreten konnte.

Er klopfte sich die dünne Schneeschicht vom Mantel, bevor er eintrat. Dann zog er ihn aus, nachdem er seinen Rucksack von den Schultern genommen hatte.

Er trug noch immer Uniform.

Sie führten ihren Gast in die behagliche Wohnstube und setzten sich an den Kamin.

Martin sah sich neugierig um. Hier wohnen wohlhabende Leute, dachte er.

Das Mobiliar bestand aus heller Eiche. Dicke Teppiche schluckten jeden Schritt.

Schwere Ledersessel vor dem offenen Kamin, wo sie jetzt saßen, und mannshohe Fenster rundeten das Bild eines gemütlichen Wohnzimmers ab.

Auf der linken Seite vor der Fensterfront erblickte Martin in einer Nische einen großen gedeckten Tisch mit einem Dutzend Stühlen und ihm fiel ein, das er seit zwei Tagen nichts mehr gegessen hatte. Komischerweise empfand er aber keinen Hunger.

Der Blickfang allerdings war die Wand mit dem Kamin. Über der gesamten Länge Regale, die vom Boden bis zur Decke reichten. Vollgestopft mit Büchern. An die Tausend, schätzte Martin.

Ölgemälde großer Künstler hingen an den übrigen Wänden und die eine oder andere Statue fiel ins Auge.

„Erzählen Sie uns von sich und von unserem Sohn David“, bat Ella.

Sie hatte sich jetzt wieder völlig unter Kontrolle.

Natürlich wussten sie, dass ihr Sohn gefallen war. Die oberste Heeresleitung schickte den Hinterbliebenen Beileidsbekundungen.

Das wurde bei jedem gefallenen Soldaten üblicherweise versendet.

„Wie ist er gestorben, unser armer Junge. Musste er leiden?“

Die Ungewissheit quälte sie, das spürte Martin.

„Ich werde Ihnen erzählen, wie David gelebt hat und wofür er gelebt hat.“

Martin hätte ihnen erzählen können, wie er David über das Schlachtfeld getragen hatte, wobei er selbst schwer verwundet wurde, damit David nicht im Niemandsland liegen blieb und dort vermoderte und verrottete.

Aber er wollte nicht über sich reden.

Stattdessen sollten sie erfahren, was für ein großartiger Kerl und Soldat David gewesen war.

„Ihr Sohn war ein Held“, begann Martin und als wenn es ihm erst jetzt einfiel, kramte er umständlich ein schwarzes Etui aus seinem Rucksack und legte es vorsichtig auf den Tisch, als könne es zerbrechen.

Als er es öffnete, tat er dies so, dass Ella und Jakob gleichzeitig einen Blick auf den Inhalt werfen konnten.

„Dies ist das Eiserne Kreuz erster Klasse“, sagte Martin feierlich, „das man ihrem Sohn David für besondere Verdienste und für Tapferkeit vor dem Feind verliehen hat.

Es ist eine der höchsten Auszeichnungen überhaupt.“

Er machte eine Pause, weil er sah, wie die beiden vor Ergriffenheit zitterten.

Als Martin nach einer Weile weitersprach, tat er dies mit belegter Stimme.

„David war ein Mythos. Eine Legende. Der geborene Soldat.

Er besaß den siebten Sinn.

Seine übersinnlichen Wahrnehmungen für Gefahren waren legendär und weit über unsere Stellungen bekannt und berühmt.

David hat einmal einen ganzen Zug davor bewahrt, in feindliches Maschinengewehrfeuer zu rennen. Sie wären allesamt draufgegangen.

Mir persönlich hat er nicht nur einmal das Leben gerettet."

Martin schloss seine Erzählungen mit dem Husarenstück „Flugplatz" hinter den feindlichen Linien, wofür man David zum Unteroffizier beförderte und ihm schlussendlich das Eiserne Kreuz verlieh.

Martin schwieg etwas beklommen. In seinen Gedanken reihten sich die Bilder aneinander und er durchlief im Zeitraffer noch einmal das Erlebte. Er senkte den Blick.

Die Erinnerungen nahmen ihn sichtlich mit.

Als er aufsah, schnäuzte Jakob sich verdächtig lange die Nase und Ellas Augen schwammen in Tränen.

„Oh mein Gott." Ella sprang auf.

„Was sind wir für schlechte Gastgeber. Sie müssen doch halb verhungert sein.

Wann haben Sie das Letzte gegessen?"

„Das weiß ich gar nicht so genau", antwortete Martin ehrlich. Er wusste es wirklich nicht.

„Kommen Sie!" Jakob führte ihn zum Tisch in der Nische und Ella verschwand in der Küche und holte noch ein Gedeck.

Wie auf ein geheimes Zeichen erschien Sara, die Tochter des Hauses.

Sie reichte dem Gast höflich die Hand.

„Ich bin Martin, ein Freund deines Bruders."

„Oh ... angenehm", sagte sie etwas befangen.

Sie war ein Abbild ihrer Mutter. Die gleichen feinen Gesichtszüge. Die gleichen großen braunen Augen. Die gleichen schwarzen Haare nur anders frisiert.

Während Ella ihre Haare halblang trug und am Ansatz schon leicht ergraute, hatte Sara zwei Zöpfe geflochten.

Sie müsste jetzt elf oder zwölf Jahre sein.

Martin erinnerte sich gut an die Gespräche, die er mit David in den langen Nächten geführt hatte, wenn sie auf Wache standen.

David hatte dann immer eine Sehnsucht in der Stimme, wenn er von seiner Familie und von seinem kleinen Spatz sprach, die fast greifbar war.

Darum kannte Martin Davids Familie ziemlich gut.

Nachdem man Platz genommen hatte, sagte Jakob nicht ohne Stolz: „Was Sie hier sehen, ist eine kleine Auswahl unserer Produkte. Greifen Sie zu.“

Martin nickte: „Wir hatten einige davon im Sturmgepäck. Sie waren sehr beliebt und begehrt bei mir und meinen Kameraden, als Ein-Mann-Verpflegung.

Aber es gab nicht oft so Gutes. Überhaupt war der Nachschub eine Katastrophe.

Während die Versorgungsoffiziere und die Küchenbullen immer fetter wurden, haben wir vorne im Feld gehungert.“

„Das ist ja furchtbar“, sagte Ella und Jakob schüttelte ungläubig den Kopf.

Sie sahen mit großer Freude, dass es ihrem Gast schmeckte.

Ella legte immer aufs Neue nach, wenn Martin nichts mehr auf dem Teller hatte, mit den Worten: „Das müssen Sie unbedingt probieren. Spezialität des Hauses“, zwinkerte sie dann.

„Ich kann nicht mehr“, stöhnte Martin, „gleich werde ich platzen.

Vielen lieben Dank, das war köstlich.“

Er wischte sich den Mund mit der Serviette ab und lehnte sich zurück.

In der Tat hatte er lange nicht mehr so gut gegessen.

„Es hat mich gefreut, Ihre Bekanntschaft gemacht zu haben“, sagte Sara und stand auf.

Zu ihren Eltern gewandt: „Ich gehe auf mein Zimmer und pauke Mathe." Dabei verzog sie das Gesicht. „Die Klassenarbeit morgen", fügte sie hinzu.

„Ist gut", sagte Ella lächelnd. „Ich komme gleich noch mal zu dir."

„Ja mach das." Im Vorbeigehen drückte sie ihrem Vater einen Kuss auf die Wange.

„Nacht mein Engel, schlaf schön."

„Viel Glück für deinen Test morgen", sagte Martin.

„Dankeschön." Dann war sie draußen.

„Mein Sonnenschein." Jakob wurde etwas größer auf seinem Stuhl. Ganz der stolze Vater.

Ella holte dampfend heißen Kaffee aus der Küche und stellte ein Silbertablett mit Zucker und Sahne auf den Tisch.

Als sie eingeschenkt hatte, fragte Jakob nicht ohne Neugier: „Was haben Sie jetzt vor? Wie soll es für Sie weitergehen?"

„Ich werde Medizin studieren", sagte Martin fest. „Am liebsten hier in Berlin."

„Oh ..." Ellas Gesicht leuchtete.

Den ganzen Abend hatte sie schon darauf gewartet, jetzt war die Gelegenheit da.

„Ich werde Ihnen das Gästezimmer herrichten."

Martin sah sie fragend an.

„Sie bleiben selbstverständlich hier." Sie sagte dies mit einem Ton in der Stimme, der keinen Widerspruch duldete.

„Wir werden einen Freund unseres Sohnes nicht in die Kälte schicken."

„In gar keinem Fall", fügte Jakob hinzu.

Martin freute sich natürlich über so viel Gastfreundschaft, hatten sie sich doch erst vor ein paar Stunden kennengelernt.

„Das ist sehr freundlich von Ihnen und in der Tat weiß ich nicht, wohin ich soll."

Die Erleichterung und seine Dankbarkeit sah man ihm an.

„Ich bin erst heute Mittag angekommen und kenne niemanden in Berlin."

„Na sehen Sie." Ella stand auf und verließ den Raum.

„So Medizin also", sagte Jakob und griff das Thema wieder auf.

Martin nickte.

„Die Friedrich-Wilhelm-Universität würde sich anbieten. In Verbindung mit der Charité die erste Adresse für das Medizinstudium. Der Dekan der medizinischen Fakultät ist ein Freund von mir.

Er ist bei mir im Club. Die Charité beliefern wir schon seit Jahren mit Frischfleisch."

Jakob lächelte: „Es scheint Ihr Glückstag zu sein. Beziehungen", fügte er augenzwinkernd hinzu, „sind das halbe Leben."

„Wovon redet ihr beiden?" Ella kam herein und gesellte sich zu ihnen. Sie sah ihren Mann neugierig an.

„Wo es sich am besten Medizin studieren lässt", antwortete Jakob.

„Ich habe ihm meinen Freund, den Dekan, empfohlen."

Ella nickte und strahlte über das ganze Gesicht. Sie dachte schon einen Schritt weiter.

Vielleicht blieb dieser sympathische junge Mann, der sie so sehr an ihren Sohn erinnerte, ja auch länger. Er wäre herzlich willkommen.

Den Rest des Abends plauderten sie über alles Mögliche. Den Krieg, der so viel unermessliches Leid gebracht hatte, erwähnten sie nicht mehr.

Die Rosendahls wollten natürlich mehr über ihren Gast erfahren und vor allem Ella löcherte Martin mit immer neuen Fragen.

So schilderte Martin ihnen seine ersten Lebensjahre im Kloster und erzählte ihnen von Thomas, seinem väterlichen Freund.

Seine Adoptiveltern erwähnte er nur kurz, verschwieg ihnen aber das schwierige Verhältnis zu seinem Stiefvater nicht und dass er dafür verantwortlich war, warum Martin es zu Hause nicht mehr ausgehalten hatte und weggegangen war.

Als er endete, sah er aus den Augenwinkeln, wie Ella sich ein paar Tränen trocknete.

„Das alles ist aber sehr traurig", sagte Jakob ergriffen.

Sie schwiegen eine ganze Weile, bis Jakob schließlich aufstand und sich reckte.

„Schlafenszeit“, verkündete er und so begaben sie sich zur Ruhe.

Martin lag noch lange wach.

Er sah es als glücklichen Zufall an, sofort nach seiner Ankunft den Rosendahls einen Besuch abgestattet zu haben.

Zuerst hatte sein Plan anders ausgesehen.

Er wollte sich eine Bleibe suchen, um sich dann an der Universität immatrikulieren zu können. Nur mit festem Wohnsitz war dies möglich, so seine Informationen.

Was man als Student noch benötigte, hatte er fein säuberlich abgeheftet in seinen Unterlagen.

Diese Dokumente hatten einen Weltkrieg überstanden.

Pass, Abschluss des Gymnasiums, Maturazeugnis, Entlassungsbescheinigung seiner letzten Einheit.

Das ist meine ganze Habe und passt in einen Rucksack, dachte er nicht ohne Bitterkeit.

Bevor er einschlief, flüsterte er: „Von nun an wird alles besser. Wäre doch gelacht.“

Wie hilfreich Beziehungen sein konnten, sollte Martin am nächsten Tag erfahren.

Jakob ließ es sich nicht nehmen, ihn zu begleiten, als er sich an der medizinischen Fakultät der Friedrich-Wilhelm-Universität einschreiben wollte.

„Sie kennen sich nicht aus hier in Berlin. Nachher gehen Sie uns noch verloren.“

Dass Jakob telefonisch um einen Termin gebeten hatte, verschwieg er.

So betrat er das Sekretariat der Universität mit Martin im Schlepptau und wurde wie immer freundlich von den Vorzimmerdamen begrüßt und gleich durchgewunken zum Direktor des Instituts.

Hochgewachsen, etwas steif, mit tadellos sitzendem Maßanzug nebst Nelke im Knopfloch und Fliege, kam er seinem Besuch lächelnd entgegen.

Er überragte Jakob um Haupteslänge, war fast so groß wie Martin, nur kräftiger mit beginnendem Bauchansatz und leichtem Doppelkinn.

Nachdem er Jakob per Handschlag begrüßt hatte, reichte er auch Martin die Hand.

„Das ist also unser junger Studiosus“, sagte er noch immer lächelnd.

„Freut mich, freut mich außerordentlich.“

„Ganz meinerseits“, erwiderte Martin automatisch.

Das geht ja erfreulich glatt, das Ganze. Spätestens jetzt begriff er, dass Jakob vorgearbeitet, ihren Besuch angekündigt hatte.

Beziehungen, schoss es Martin durch den Kopf. Der alte Fuchs.

Der Dekan war nicht nur Geschäftspartner, sondern in erster Linie ein enger Freund der Rosendahls.

An der Tür hing ein Schild, auf dem stand: Prof. Dr. Ismael Silberstein.

Er besaß einen Lehrstuhl, war Doktor der Chirurgie und als dieser eine absolute Koryphäe weit über die Grenzen bekannt und geachtet.

Als man vor langer Zeit seine Fähigkeiten und sein ungeheures Potenzial erkannte, zögerte man nicht, ihm im Fachbereich Chirurgie die Professur anzubieten.

Mit neunundzwanzig Jahren war er der jüngste Professor, der jemals an der Friedrich-Wilhelm-Universität respektive der Charité gelehrt und praktiziert hatte.

Das war fast dreißig Jahre her.

Seitdem lenkte er die Geschicke der Universität und der Klinik mit Weitsicht und Fingerspitzengefühl und hatte maßgeblichen Anteil daran, dass aus dem ehemaligen Militärkrankenhaus eine angesehene Lehranstalt für Mediziner und ein Forschungszentrum der verschiedensten Fachrichtungen geworden war.

Er deutete auf zwei Stühle und bat seinen Besuch, Platz zu nehmen.

Er selber setzte sich auf die Kante des großen Schreibtisches und ließ lässig die Beine baumeln.

Nach den allgemein üblichen Begrüßungsfloskeln und der Frage nach dem Befinden nahm der Professor Martins mitgebrachte Dokumentensammlung in die Hand und blätterte sie sichtlich interessiert durch. Nickte ein paarmal anerkennend, um Wohlwollen zu signalisieren.

Er blickte auf und sah Martin an: „Warum wollen Sie Arzt werden?“ Diese Frage kam unvermittelt.

Er legte die Mappe neben sich.

Martin erzählte von seiner Kindheit im Kloster und von seinem Ziehvater. Wie er Bruder Thomas oft zu den Kranken begleitet hatte. Den Ärmsten der Armen. Dass er sehr viel Elend mit ansehen musste, weil ärztliche Versorgung oder Medikamente fehlten oder schlichtweg unerschwinglich waren.

Man starb in dieser Zeit an Schwindsucht, Unterernährung oder Scharlach.

Nicht selten an einer verschleppten Grippe, die zur Lungenentzündung wurde, oder an einem perforierten Blinddarm.

Martin hielt inne, dann sagte er abschließend: „Den Entschluss, Medizin zu studieren, habe ich schon sehr früh gefasst. Vielleicht um Leid zu lindern. Es sind doch immer die Schwachen, die am meisten leiden.“

Der Dekan hatte aufmerksam zugehört.

Es freute ihn, es freute ihn sogar außerordentlich, dass hier ein junger Mann vor ihm saß, der es ernst meinte.

Er verabscheute den hochnäsigen Nachwuchs einflussreicher Adelshäuser.

Jene untalentierten Schnösel, die sich Privilegien erschlichen aufgrund ihrer Herkunft und Abstammung.

Wirkliches Interesse am Arztberuf brachten die wenigsten mit.

Sie studierten Medizin, weil der Herr Papa oder die Frau Mama unbedingt einen Sprössling im weißen Kittel mit Doktortitel in ihrer Ahnengalerie installieren wollten.

Schließlich wertete ein Arzt in der Familie die Biografie enorm auf.

Diese Brut hochherrschaftlicher Häuser nahmen den wirklich Talentierten und Willigen den Studienplatz weg.

Es entsprach seiner tiefsten Überzeugung, als der Professor sagte: „Mit Ihrer Einstellung zum Arztberuf und mit den Zeugnissen, die ich gesehen habe, sind Sie qualifiziert.

Sie werden mit Leichtigkeit einen Studienplatz belegen können."

Er machte jedoch ein unglückliches Gesicht, weil er Martin auf das Sommersemester vertrösten musste.

„Das Wintersemester, das nächste Woche beginnt, ist bis auf den letzten Platz ausgebucht.

Seit Monaten ausgebucht."

Betretenes Schweigen.

Damit hatte Martin am allerwenigsten gerechnet.

Jakob sah ihn von der Seite an. Die Enttäuschung war fühlbar.

„Dann fängst du eben zum Sommersemester an. Was macht das für einen Unterschied? Hauptsache ist doch, du hast erst einmal einen Studienplatz.

Lasse den Kopf nicht hängen, mein Junge."

Jakob knuffte ihm sanft den Ellbogen in die Seite.

Er duzte ihn ungefragt. Wollte damit zeigen, dass er ab jetzt zur Familie gehörte.

„Es ist nur so, dass ich dann noch mehr Zeit verliere", sagte Martin angefressen.

Zum ersten Mal, seit er in Berlin angekommen war, machte sich so etwas wie Resignation breit.

„Durch den Krieg habe ich schon vier Jahre verloren", fügte er hinzu.

„Was soll ich bis dahin tun?"

Er war nicht verbittert, aber enttäuscht.

„Es sollte doch ein Neuanfang werden." Er flüsterte es fast wie zu sich selbst.

Jakob und der Dekan tauschten vielsagende Blicke. Sie dachten beide das gleiche.

Diesem jungen Menschen musste geholfen werden.

Der Direktor führte im Beisein von Jakob und Martin mehrere Telefonate und am Ende hatte Martin einen Studienplatz an der medizinischen Fakultät der Friedrich-Wilhelm-Universität zu Berlin.

Im Frühjahr 1919.

Martin hätte nicht beschreiben können, wie es ihn berührte, mit welcher Selbstverständlichkeit die Familie Rosendahl ihn aufnahm.

Seine Gegenwehr – er könne das unmöglich annehmen – fiel dann auch ziemlich kleinlaut aus, als Ella verkündete: „Du kannst so lange bleiben, wie du willst. Unser Haus steht dir offen."

Man hatte sich auf das vertraute Du geeinigt, eine zusätzliche Geste des Willkommens.

Noch einmal protestierte Martin, nur um seine Verlegenheit zu verbergen, aber Ella und Jakob ignorierten seine Einwände als unangebracht und schoben sie beiseite.

Auch Sara freute sich über ihren „neuen großen Bruder", wie sie leichthin bemerkte, und unterstrich die noble Geste ihrer Eltern mit einem Satz, der es auf den Punkt brachte:

„David hätte es so gewollt."

Dem konnte Martin nichts erwidern. Wie auch?

Sara und ihre Eltern konnten nicht ahnen, wie sehr Martin sich eine Familie gewünscht hatte in der Vergangenheit und wie es ihn jetzt aufwühlte.

Kurz nacheinander starben Ellas Eltern.

Zuerst wurde Ellas Mutter ins Krankenhaus eingeliefert, weil sie über starke Schmerzen klagte.

Ella blieb bei ihr am Krankenbett und musste mit ansehen, wie sich ihr Zustand rapide verschlimmerte.

In der Nacht starb sie. Die Ärzte konnten nicht mehr für sie tun.

Organversagen hieß es in der Diagnose zur Todesursache.

Ella musste sich kümmern, denn dazu war ihr Vater nicht im Stande.

Er trauerte um seine Frau und war nicht ansprechbar.

Nur eine Woche später starb auch er.

Die Mediziner standen vor einem Rätsel, denn er schien körperlich gesund.

Zu Lebzeiten hatten Ellas Eltern einen Gemischtwarenladen in der Innenstadt von Berlin, in hervorragender Lage und mit sehr vielen Stammkunden betrieben.

Ein Vetter Ellas bot sich an, das Geschäft zu übernehmen und weiterzuführen.

So blieb das Kaufhaus in der Familie.

Unter großer Beteiligung der jüdischen Gemeinde fand die Beisetzung der Eheleute Landau statt.

Ein Trost für Ella in ihrer Trauer, zu sehen, wie viel Wertschätzung man ihren Eltern entgegenbrachte.

Der plötzliche Tod ihres Vaters ließ Ella keine Ruhe.

Wieso war er gestorben und woran?

Nächtelang lag sie wach und zerbrach sich den Kopf.

Jakob sah das Leid seiner Frau und wusste nicht, wie er ihr helfen konnte.

„Vielleicht sprichst du einmal mit dem Rabbi darüber", schlug er schließlich vor.

Er hasste seine Hilflosigkeit, aber ihm waren die Hände gebunden.

Nach langem Zögern befolgte sie Jakobs Rat.

Sie hatte selber ja schon eine dunkle Ahnung, aber wollte eine Bestätigung dessen, was sie vermutete.

Der Rabbi kannte Ellas Eltern gut und deshalb freute es ihn, dass Ella ihn aufsuchte.

Ella fragte, ohne Umschweife nachdem der Rabbi sie herzlich begrüßt hatte:

„Kann man an einem gebrochenen Herzen sterben, Isak?"

Der Rabbiner sah Ella lange und mitfühlend an.

Er wusste, wie Ella sich quälte mit dem Gedanken, nach dem plötzlichen Tod ihrer Mutter auch noch ihren Vater verloren zu haben und nicht zu wissen, woran.

Es gab keinen offensichtlichen Grund.

Deshalb musste etwas Unnatürliches als Erklärung dienen.

Als der Rabbiner schließlich antwortete, klang seine Stimme feierlich:

„Mein liebes Kind, die liebe deines Vaters zu deiner Mutter hat ihn umgebracht.“

Und er fügte hinzu: „Oh ja Ella, bisweilen sterben die Menschen, wenn das Herz nicht aufhören will, zu bluten.“

Der Rabbiner war ein sehr weiser Mann.

Kapitel 2

Christine füllte die Badewanne nur mit heißem Wasser und zog sich nackt aus.

Der Alkohol hob ihre Stimmung und die Tabletten erzeugten ein Gefühl der Gleichgültigkeit, verdrängten Bitterkeit und Resignation.

Sie trank ihr Glas aus. Das Rasiermesser lag griffbereit.

Sie ließ ihren Körper in die Wanne gleiten und stöhnte leise. Zog die Luft durch die Zähne. Heiß, am Rande des Erträglichen. Das Blut rauschte durch ihre Adern. Der Effekt war schließlich beabsichtigt. Die Arterien, geweitet durch das heiße Wasser, ließen das Blut schneller fließen.

Einen Moment zögerte sie, biss die Zähne zusammen und fuhr mit dem Rasiermesser ihre Leiste entlang. Mit einem langen tiefen Schnitt öffnete sie ihre Hauptschlagader. Das Blut schoss heraus und färbte das Wasser rot.

Bevor sie das Bewusstsein verlor, konnte sie nur noch denken: Ich bin frei. Endlich frei.

Da Frau Kreidler von Suite 114 im Frankfurter Hof ihre Räume seit nunmehr vierundzwanzig Stunden nicht verlassen hatte und das Zimmermädchen die Tür nicht öffnen konnte, weil der Schlüssel von innen steckte, musste man sich gewaltsam Zutritt verschaffen.

Die schlimmsten Befürchtungen bewahrheiteten sich.

Man fand den Leichnam von Christine Kreidler ausgeblutet in der Badewanne.

Die Hotelleitung verständigte die Polizei.

Ein übelst gelaunter Kommissar der Mordkommission Namens Wittlich, der sich überhaupt nicht zuständig fühlte, nahm widerwillig die Ermittlungen auf.

Schon beim Betreten der Suite hatte der erfahrene Kriminalist mit nur einem Blick alles Wissenswerte registriert.

Die Tür vom Hotelpersonal von außen gewaltsam aufgebrochen und alle Fenster verschlossen.

Dass es sich um Suizid handelte, lag auf der Hand.

Missmutig nahm er den Leichnam der Frau in Augenschein.

Sie war fast abstoßend mager, aber sehr gepflegt, mit manikürten und pedikürten Nägeln. Ihre Schamhaare dunkler als das blond gefärbte Haupthaar, das jetzt blutgetränkt und klebrig ihr schönes Gesicht verdeckte.

Wittlich schob eine Haarsträhne zur Seite und stutzte. Er kannte diese Frau. Aber woher?

Ihre Haut von erhabener Blässe wie weißes Porzellan, durch den Blutverlust noch verstärkt, ließen auf eine Dame der „feinen Gesellschaft" schließen.

Die zahlreichen Hämatome, mit dem der Körper übersät war, stachen durch den Kontrast besonders ins Auge.

Für den erfahrenen Polizisten untrügliche Indizien. Diese Frau wurde regelmäßig misshandelt.

Er stellte ihre Identität fest, als er ihre Handtasche durchsuchte und ihren Pass fand.

„Ach du scheiße", entfuhr es ihm.

Christine Kreidler war keine Unbekannte.

Sie hatte sich hier in Frankfurt einen Namen als Wohltäterin in verschiedenen Bereichen des öffentlichen Lebens gemacht.

Während des Krieges hatte sie ehrenamtlich als Rote-Kreuz-Schwester gearbeitet. Werbewirksam versteht sich. Vor ihre Ehe war sie als examinierte Krankenschwester tätig gewesen.

Daher kannte Wittlich sie also.

Eine durchaus prominente Person.

Ihr Ehemann allerdings konnte als noch prominenter bezeichnet werden.

Der Oberstaatsanwalt am Oberlandgericht Frankfurt, Franz Kreidler.

Dann handelte er umsichtig und professionell.

Er ließ die ganze Hoteletage absperren und verständigte die Kollegen der Spurensicherung.

Er telefonierte mit seinem Vorgesetzten, Kriminalrat Hofer.

Der schärfte Wittlich ein, um Himmels Willen behutsam vorzugehen. Wenn möglich sollte die Presse herausgehalten werden.

Zum Schluss unterrichtete er die Pathologie. Der Leichnam sollte unauffällig abtransportiert werden.

Als Kommissar Wittlich den Bericht der Gerichtsmedizin am Nachmittag überflog, pfiff er durch die Zähne. Es erschien ihm ungeheuerlich, was er da las. Aber er hatte es schwarz auf weiß und am Morgen mit eigenen Augen gesehen.

Die zahlreichen Hämatome, mit denen der Leichnam übersät war, waren ein Bruchteil an Verletzungen, die auf regelmäßige Misshandlung schließen ließen.

Man diagnostizierte zwei Rippenbrüche neueren Datums sowie einen frischen Milzriss infolge stumpfer Gewalteinwirkung.

Die Tote wies alte und frische Wunden im Genitalbereich auf, die auf nicht einvernehmlichen Geschlechtsverkehr zurückzuführen waren.

Ihr Anus war an mehreren Stellen eingerissen durch Analverkehr oder Penetration mit Gegenständen.

Ihr Nasenbein und ihr Jochbein linksseitig wiesen Trümmerbrüche auf, wurden aber fachärztlich gerichtet und behandelt.

Zum Zeitpunkt ihres Ablebens hatte die Tote eine nicht unerhebliche Menge an Alkohol und Barbituraten in Magen, Blase und Blut.

Wittlich erinnerte sich, dass er in der Handtasche der Toten eine leere Medikamentenschachtel gefunden hatte.

Der Bericht der Gerichtsmedizin schloss mit der Anmerkung, dass die Tote über einen längeren Zeitraum regelmäßig misshandelt und missbraucht worden sein musste. Wahrscheinlich über Jahre.

Der Tod allerdings wurde eigenhändig herbeigeführt.

Die Pathologen gingen von Suizid aus.

Ein Fremdverschulden konnte nach gründlicher Untersuchung und Faktenlage ausgeschlossen werden.

Die Nachricht vom Tod seiner Frau erfuhr Kreidler von seiner Sekretärin.

Er hatte den ganzen Tag bei Gericht zugebracht und wollte sich ein paar Akten zur Durchsicht mit nach Hause nehmen, darum war er noch einmal ins Büro gefahren.

Sie brauchte kein Mitgefühl zu heucheln, denn sie kannte die Familienverhältnisse ihres Chefs zu gut. Vor längerer Zeit hatte sie eine kurze heftige Affäre mit ihm, aber es recht bald beendet, als sie erkannte, wie launig und jähzornig er sein konnte.

Jetzt saß Kreidler alleine in seinem Büro und sowohl der Polizeibericht als auch der Bericht der Gerichtsmedizin lagen vor ihm.

Er füllte einen Cognacschwenker bis zum Rand und trank.

Das Ableben seiner Frau ließ ihn völlig kalt. Sie war ihm schon lange gleichgültig. Mehr noch. Er war ihrer überdrüssig. In seiner Stellung kam aber eine Trennung nicht in Betracht.

So lebten sie unter einem Dach in häuslicher Gemeinschaft, aber abgewandt voneinander.

Ab und zu, wenn Kreidler getrunken hatte – und er trank viel –, forderte er von ihr die ehelichen Pflichten ein. Meist mit roher Gewalt. Brutal und rücksichtslos. Nur um ihr zu zeigen, wer der Herr im Hause war.

Er genoss es geradezu, wenn Christine sich wehrte, weil er sie dann züchtigen konnte wie ein ungezogenes Kind. Das stachelte ihn zusätzlich an und er konnte seine Perversitäten ausleben.

Wenn sie es aber geschehen ließ, um weniger zu leiden, sie unter ihm lag wie totes Fleisch, reizlos starr und steif mit jeder Pore und jeder Faser ihres Körpers abweisend, machte ihn das so wütend, dass er ihr am liebsten den dünnen Hals umgedreht hätte.

Er trank den Schwenker aus und schenkte nach.

Dann begann er zu lesen. Aufmerksam und sorgfältig, wie er es von Berufswegen gewohnt war.

Als er geendet hatte, warf er beide Berichte zornig in die Ablage vor ihm und stürzte den Cognac hinunter. Füllte das Glas erneut.

„Dieses Miststück“, murmelte er. Er ballte die Fäuste. Konnte seine Wut kaum noch bändigen.

Die Presse würde sich darauf stürzen wie die Hyänen.

Der Freitod seiner Frau war von ihr inszeniert, um ihm zu schaden, das stand fest.

Sie hatte das erste Haus am Platz hier in Frankfurt für ihr Ableben gewählt, um die größtmögliche Aufmerksamkeit zu erlangen. Je öffentlicher die Untersuchung, desto weniger konnte unter den Teppich gekehrt werden.

Sie kannte Kreidlers Machtstellung und seinen Einfluss in der Frankfurter Justiz und in der Unterwelt.

Jetzt, so ihr Kalkül, würde alles lückenlos dokumentiert werden und von der sensationslüsternen Presse gnadenlos ans Licht gezerrt und ausgeschlachtet werden.

Draußen wurde es allmählich dunkel. Nur noch wenig Tageslicht erhellte den Raum.

Immer noch saß Kreidler mit versteinerter Miene an seinem Schreibtisch und starrte vor sich hin.

Ab und an führte er den Cognacschwenker an die Lippen und trank.

Er schaltete die Schreibtischlampe ein und griff zum Telefonhörer.

Er führte mehrere Gespräche mit den maßgeblichen Leuten. Als er das letzte Telefonat beendete, war es drei Uhr morgens.

Anders als erwartet hielt die Presse sich mit ihrer Berichterstattung zurück.

Kleinere Artikel im Innenteil erschienen über die Geschehnisse im Frankfurter Hof.

Die großen Schlagzeilen blieben aus.

Zu mächtig und einflussreich waren die Freunde von Oberstaatsanwalt Kreidler, die alles daran setzten, das Ansehen eines der „Ihren“ zu schützen.

Auf gar keinen Fall durfte sein Ruf diskreditiert werden, der bis dato einwandfrei und ohne Makel war.

Einzig ein kleiner Zeitungsverlag am Rande der Stadt brachte unerschrocken eine Titelstory mit einem älteren Bild der

Ehefrau von Oberstaatsanwalt Franz Kreidler in Rote-Kreuz-Schwesterntracht. Die Folgen für diese Zeitung und dessen Herausgeber waren katastrophal.

Unbekannte drangen in das Verlagsgebäude ein und schlugen alles kurz und klein, zerstörten Druckmaschinen und Setzplatten.

Die Täter konnten nie gefasst werden.

So wurde aus dem von Christine heraufbeschworenen Skandal ein Skandälchen und am Ende blieb nicht einmal das übrig.

Die Beisetzung fand in aller Stille statt.

Es wurde dafür gesorgt, dass kein außenstehender Störenfried das weitläufige Gelände des Waldfriedhofes während der Beerdigung betreten konnte.

Christine Kreidler fand ihre letzte Ruhe – anders als von ihr geplant – unauffällig und still, ja fast heimlich.

Franz Kreidler entkorkte die dritte Flasche Wein an diesem Abend.

Der schwere Rotwein aus dem Ahrtal, den er von seiner letzten Urlaubsreise mitgebracht hatte, mundete ihm besonders. Sein volles Bouquet, der samtig blumige Abgang, schmeichelte den Gaumen. Ein Hochgenuss.

Er saß alleine zu Hause in seinem Wohnzimmer und spülte den Ärger und den Frust der letzten Wochen herunter.

Ihm war bewusst geworden, dass er als leitender Oberstaatsanwalt hier im konservativen Frankfurt auf kurz oder lang nicht mehr tragbar sein würde. Dafür hatte der Suizid seiner Ehefrau gesorgt.

Man tuschelte unverhohlen hinter seinem Rücken wenig Charmantes, musterte ihn feindselig.

Die Gespräche verstummten, wenn er einen Raum betrat. Man tratschte und die Moralapostel formierten sich.

Strafrechtlich würde man ihn nicht belangen können, das stand außer Frage.

Häusliche Gewalt, wie es genannt wurde, kam in den besten Familien vor.

Kreidler trank. Was hatten sie denn schon vorzubringen?

Ein paar blaue Flecken am Leichnam einer Selbstmörderin. Er verzog verächtlich das Gesicht.

Sein Eheweib warf ein Leben in Luxus, das er ihr geboten hatte, einfach weg. Das zeigte nur, wie undankbar sie war.

Je mehr er trank, desto mehr bemitleidete er sich selber. Er fühlte sich jetzt als Opfer.

Sie verdiente ein sorgenfreies Leben an seiner Seite doch gar nicht.

Ab und zu musste er dieses undankbare Weib züchtigen, sonst spurte sie nicht.

Er musste ihre Launen, Marotten und Flausen ertragen. Dieses Luder bettelte nahezu um Prügel.

Er kicherte, als er einzelne Situationen in Gedanken noch einmal Revue passieren ließ.

Wenn er sie übers Knie legte und ihr den nackten Hintern versohlte, sie sich wand, versuchte, freizukommen, und keine Chance hatte, weil er ihr körperlich haushoch überlegen war. Wenn er ihre dünnen Ärmchen verdrehte, bis sie wie am Spieß schrie, und er sie dann schließlich mit brutaler Gewalt von hinten nahm. Hart und rücksichtslos.

Diese Bilder erschienen jetzt noch einmal vor seinem geistigen Auge und er bekam eine Erektion.

Er füllte den Rest der dritten Flasche in sein Glas und dachte dabei:

Sollen sie kommen. Sollen sie nur alle kommen. Laut sagte er, wobei er mehr lallte: „Ihr könnt mir gar nichts. Gar nichts könnt ihr mir.

Höchstens am Arsch lecken könnt ihr mich. Hört ihr. Am Arsch lecken, ihr Versager, ihr Nieten.

Franz Kreidler braucht euch alle nicht.

Ich gehe meinen Weg."

Generalstaatsanwalt Doktor Hugo Füllschütt nahm den Hörer schon nach dem zweiten Klingeln von der Gabel.

„Was zum Teufel ist da bei euch in Frankfurt los?", brüllte es am anderen Ende ins Telefon.

Auch ohne Grußwort wusste Füllschütt, wer ins Telefon blaffte. Sein Chef aus der Landeshauptstadt Wiesbaden.

„Ich wünsche Ihnen auch einen schönen guten Morgen, Herr Justizminister“, sagte Füllschütt zuckersüß und ausnehmend höflich.

Er konnte seinen direkten Vorgesetzten nicht leiden, wusste aber, mit ihm umzugehen.

Der fuhr seine Stimme jetzt mehrere Oktave herunter und zügelte sein Temperament, soweit er es in dieser Situation vermochte.

Innerlich schäumte er vor Wut, weil er die prekären Vorkommnisse in Sachen Oberstaatsanwalt Kreidler so ziemlich als Letzter und auch nur durch Zufall erfahren hatte.

Ein Amtskollege konnte es sich nicht verkneifen, ihm in einer Sitzungspause die hässliche Geschichte aufs Butterbrot zu schmieren.

Er stand da wie der ausgemachte Depp.

„Haben Sie Ihre Leute da in Frankfurt nicht im Griff, Herr Doktor Füllschütt?

Das ist eine riesengroße Schweinerei, die da passiert ist.“

Er wurde wieder um einiges lauter.

„Er ist als leitender Oberstaatsanwalt völlig fehl am Platz, ist Ihnen das klar?“ Er schnaufte.

„Wir haben Dusel, dass die Presse den Ball flach hält, warum auch immer. Da hat wohl jemand“, wobei das Jemand im Raum stehen blieb, „mächtige und einflussreiche Freunde.

Sorgen Sie dafür, dass die Angelegenheit nachhaltig und endgültig geregelt wird. So schnell wie möglich, damit uns das Ganze nicht doch noch auf die Füße fällt.“

„Ich habe die ersten Schritte bereits in die Wege geleitet. Es wird ein stilles Arrangement getroffen, das für alle akzeptabel sein wird. Vertrauen Sie mir.“

„Ihr Wort in Gottes Ohr.“ Die Stimme des Ministers hatte jetzt Zimmerlautstärke.

„Ich will gar keine Einzelheiten wissen.“

Der Generalstaatsanwalt sagte mit ruhiger Stimme: „Ich erledige das auf meine Weise.“

Füllschütt hörte noch ein wohlbekanntes Schnaufen, bevor es knackte, dann war die Leitung tot.

Eine Stunde später meldete Füllschütts Sekretärin den Oberstaatsanwalt Franz Kreidler.

Dieser betrat gewohnt selbstsicher das Büro seines Vorgesetzten und nahm unaufgefordert Platz in einem Sessel der Besuchersitzgruppe unter den großen Fenstern.

Er schlug lässig die Beine übereinander und kam sofort zur Sache: „Du wolltest mich sprechen?", fragte er mit sonorer Stimme. „Wo brennt es?"

„Grüß dich Franz. Das wirst du dir denken können."

Füllschütt setzte sich seinem Besucher gegenüber.

Er fand immer schon, dass Kreidlers Auftreten eine Spur zu selbstsicher, wenn nicht sogar arrogant wirkte. Mit dieser Einschätzung stand er nicht alleine da.

„Ich kann es mir denken, Hugo."

„Wir müssen eine Lösung finden, schnell finden, die für alle akzeptabel ist", sagte Füllschütt vorsichtig.

Sein Unbehagen, dieses Gespräch führen zu müssen, sah man ihm an.

Er schwitzte und sein Hemdkragen engte ihn ein. Er hatte das Gefühl, sein Hals würde zugeschnürt.

Er lockerte seine Krawatte und stand auf.

Füllschütt ging zu seinem Schreibtisch und kehrte mit einer Weinbrandflasche und zwei Gläsern zurück. Als er eingeschenkt hatte, prosteten sie sich zu.

Während Füllschütt nippte, trank Kreidler sein Glas in einem Zug aus.

Dann fragte er unvermittelt: „Du hast eine Lösung Hugo, die für alle akzeptabel ist? Ich kenne dich. Du hast vorgearbeitet. Raus mit der Sprache." Kreidler lachte.

„Lass die Katze aus dem Sack."

„Gut", jetzt lachte Füllschütt auch.

„Ich komme gleich zur Sache. Lange Rede, kurzer Sinn.

Ein Studienkollege von mir ist Richter am Oberlandgericht München. Die haben riesige Probleme. Zu wenige fähige Juristen.

Das größte Problem aber ist im Moment, dass der zuständige Generalstaatsanwalt, der den Laden dort mehr oder weniger alleine schmeißt, schwer erkrankt ist. Um es genauer zu sagen, ist er tot krank. Die prekäre Situation ist die, sie haben keinen fähigen Nachfolger.

Die Stelle würde ausgeschrieben werden in ein paar Wochen oder in ein paar Monaten."

Füllschütt beobachtete sein Gegenüber genau, während er sprach, aber er konnte keine Regung gleich welcher Art im Gesicht Kreidlers erkennen.

Er hat sein Pokerface aufgesetzt der Schweinehund, dachte er halb verärgert, halb bewundernd.

Diese undurchdringliche Mimik war allen bestens bekannt, die mit Kreidler beruflich zu tun hatten.

Von seinen juristischen Gegnern gefürchtet und gehasst.

In Kreidler arbeitete es unterdessen. München … Generalstaatsanwalt …

Er griff zur Flasche und schenkte sich nach.

„Wann brauchst du meine Antwort?", fragte Kreidler, wobei beide wussten, dass er dieses Angebot nicht ausschlagen würde können.

„Gestern", sagte Füllschütt.

Beide lachten sie.

Man sah den beiden die Erleichterung an.

Für alle akzeptabel hatte es geheißen und das traf den Nagel auf den Kopf.

Kreidlers Versetzungsgesuch wurde an höchster Stelle mit großem Bedauern, aber auch mit Verständnis zur Kenntnis genommen.

Schließlich würde es für Oberstaatsanwalt Franz Kreidler eine weitere Sprosse auf der persönlichen Karriereleiter bedeuten, in Zukunft als Generalstaatsanwalt wirken zu können.

Man akzeptierte daher widerspruchslos sein Gesuch, wünschte ihm alles erdenklich Gute und bedankte sich für die hervorragende Zusammenarbeit.

So wurde man am Oberlandgericht Frankfurt einen äußerst schwierigen Zeitgenossen ohne großes Aufsehen quasi auf dem Dienstwege los.

Oberstaatsanwalt Franz Kreidler wurde, wie es bei untragbaren Staatsdienern schon immer gehandhabt wurde, wegbefördert.

Entgegen dem Erdanziehungsprinzip fallen Schurken immer nach oben.

Kapitel 3

Jakob saß alleine in seinem Büro und studierte die Zahlen, die sein Buchhalter Hollmann ihm vorgelegt hatte.

Er schüttelte den Kopf und seufzte. Das sah nicht gut aus. Das sah gar nicht gut aus.

Ihnen musste etwas einfallen, sonst würden sie die Hälfte der Belegschaft entlassen müssen.

Das Ende des Ersten Weltkrieges war für die Menschheit ein Segen. Keine Frage.

Das Kriegsende bedeutete aber auch, dass die Arbeitslosenzahlen in Deutschland zwangsläufig in die Höhe schnellen würden.

Für die Betriebe, die kriegswichtige Güter produziert hatten, brachen die Regierungsaufträge weg.

Massenentlassungen waren die Folge.

Da auch die Fleischfabrik Rosendahl vier Jahre für die Regierung gearbeitet hatte, erging es ihr ähnlich.

Mit dem Wegfall der Konservenproduktion für des Kaisers Armeen entstand ein riesiges Produktionsmanko, das nicht so einfach zu kompensieren war.

Im laufenden Geschäftsjahr nach Kriegsende versuchten sie, gewinnbringend zu wirtschaften, aber das gelang nicht wirklich.

Im Gegenteil. Er und sein Prokurist Hollmann versuchten alles, konnten aber nicht verhindern, dass rote Zahlen geschrieben wurden.

Gottlob war der Krieg, der so viel Leid gebracht hatte, aus wirtschaftlichen Gesichtspunkten ein Erfolg für die Firma.

Man hatte sich dadurch eine stille Reserve schaffen können.

Diese Reserve war nun aufgezehrt.

Ihm kam eine Idee.

Erst vage. Je länger er darüber nachdachte, desto genauer nahmen seine Gedanken Gestalt an.

Ihm fiel ein altes Sprichwort ein: Not macht erfinderisch.

Er blieb noch eine Zeitlang still sitzen, dann drückte er den Knopf der Sprechanlage und schaute dabei auf die große Wanduhr.

Es war kurz nach zehn Uhr.

Als Hollmann sich meldete, sagte Jakob ohne Umschweife: „Herr Hollmann, bitte kommen Sie um zehn Uhr dreißig in mein Büro. Sagen Sie den Herren Jahn und Lutter Bescheid, sie sollen dazukommen."

„Jawohl", sagte Hollmann.

Jakob lehnte sich zurück und ging in Gedanken noch einmal das durch, was er seinen engsten Mitarbeitern verkünden würde.

Jahn und Lutter waren die Produktionsleiter im Betrieb und verantwortlich für den reibungslosen Ablauf.

Während sich Lutter als Metzgermeister um die Fleischverarbeitung und Wurstproduktion kümmerte, war Jahn als Maschinenbauingenieur für den technischen Ablauf verantwortlich.

Die Fleischfabrik hatte – nach amerikanischem Vorbild – die Produktion am Band eingeführt.

Diese Arbeitsweise hatte sich bewährt und war rationell.

Jakob schätzte beide, vertraute ihnen und bezog sie grundsätzlich in alle wichtigen Firmenbelange ein.

Zusammen mit Hollmann, den Jakob schon vor längerer Zeit zum Prokuristen gemacht und ihm die kaufmännische Leitung übertragen hatte, bildeten sie ein perfekt eingespieltes Team.

Pünktlich um zehn Uhr dreißig begann die Besprechung an diesem Wintertag Anfang Dezember 1919.

Für die Fleischfabrik Jakob Rosendahl und deren Mitarbeiter sollte diese Zusammenkunft weitreichende Veränderungen mit sich bringen.

Nachdem Jakob jeden der Herren persönlich mit Handschlag begrüßt hatte – dies tat er grundsätzlich, weil es für ihn eine Form der Wertschätzung bedeutete –, nahmen sie am großen Konferenztisch in der Ecke des geräumigen Büros Platz.

Sofort erkundigte sich Jakob bei jedem seiner Gesprächspartner nach dessen Befinden, der Reihe nach.

Auch das zeichnete Jakob als Chef aus.

Er zeigte Interesse für die kleinen und die größeren Belange seiner Mitarbeiter.

Man plauderte eine Weile über Privates, dann kam Jakob zur Sache.

„Meine Herren", begann er, „ich habe mir da grundsätzlich ein paar Gedanken gemacht, wie es für die Firma und unsere Mitarbeiter weitergehen soll."

Aha … Alle dachten sie das Gleiche.

Jetzt werden die Personalien besprochen. Die unumgänglichen Entlassungen.

Es traf sie wie der Blitz, als Jakob weitersprach: „Ich habe mich entschlossen, keinen unserer Arbeiter zu entlassen. Keinen Einzigen", sagte er mit Nachdruck.

„Wie bitte soll das gehen?", stieß Hollmann hervor.

Dicke Sorgenfalten bildeten sich auf seiner Stirn.

„Herr Rosendahl, Sie kennen die Zahlen.

Bis vor einem Jahr hatten wir noch den Regierungsauftrag.

Mehr als die Hälfte unserer Produktion ging da noch an Vater Staat. Aber seitdem …"

Er beendete den Satz nicht.

Hollmanns Sorgenfalten waren noch tiefer geworden, während er gesprochen hatte.

Die anderen beiden sagten nichts, nickten aber zustimmend.

Sie dachten genauso. Als Produktionsleiter waren sie involviert.

„Ich weiß", Jakob hob die Hand.

„Wir werden die Produktion wieder hochfahren auf Kriegsniveau. Die gleiche Menge wird produziert wie im Krieg, nur dass sie jetzt anders verpackt wird für unsere neue Klientel."

Er machte eine Pause, weil er den anderen Zeit lassen wollte, nachzudenken.

Als er sah, wie gebannt sie ihn anstarrten, fuhr er fort: „Die Ein-Mann-Konserve für das Sturmgepäck von hundert Gramm für den Lanzer wird verfünffacht und verzehnfacht."

„Wer soll uns die abnehmen?“

Hollmanns Sorgenfalten wurden nicht weniger.

„Berlin ist im Begriff, eine europäische Metropole zu werden.

Nach New York und London sind wir mittlerweile die drittgrößte Stadt der Welt. Noch vor Paris.

Tendenz steigend. Das habe ich kürzlich in der Zeitung gelesen.

Hotels, Gaststätten, Ausflugslokale, aber auch normale Familien. Da haben Sie Ihre Abnehmer.

Ich bin mir sicher, dass jetzt eine neue Zeit anbricht und der kleine Mann, der so viel gelitten hat, sich wieder etwas leisten kann.

Wir sollten bereit sein.“

Die Gesichter am Tisch erhellten sich.

„Von der Produktionsmenge an Fleisch und Wurst bleibt es gleich.

Nur die Verpackungsmenge ändert sich und der Preis.“

Er sah Jahn direkt an, der ihm gegenübersaß.

„Ist das eine große Umstellung der Produktionsabläufe Herr Jahn?“

Der schüttelte den Kopf.

„Ein Klacks, die Dose wird größer, sonst nichts“, sagte er trocken.

Jakob schätzte an Jahn besonders die Gabe, mit der er die Dinge in Angriff nahm, ohne lange zu lamentieren. Ein Praktiker durch und durch.

„Kein Problem“, war sein liebster Spruch.

„In meinem Arbeitsfeld ändert sich logischerweise auch nichts“, sagte Lutter, dem die Erleichterung ins Gesicht geschrieben stand.

Er hatte noch die größten Befürchtungen, als Hollmann anrief und zur Besprechung bat.

Es würde zu Entlassungen kommen, ohne Frage, und er würde es den Leuten beibringen müssen.

An ihm blieb es hängen. So kurz vor Weihnachten. Schöne Scheiße.

Hollmanns Stimme riss ihn aus seinen Gedanken, als dieser rief: „Das ist doch einmal eine gute Nachricht." Er strahlte über das ganze Gesicht.

Er hatte sich als Erster gefasst und war sich über die Bedeutung der Maßnahmen auch als Finanzbuchhalter im Klaren, denn er kannte die Finanzen der Firma.

Jahn seufzte erleichtert und Lutter hatte Tränen in den Augen.

Keine Entlassungen.

Jakob sah in die Gesichter am Tisch und wusste, dass er sich richtig entschieden hatte.

„Wir machen da weiter, wo das Kriegsende uns ausgebremst hat", sagte er.

„Bis wir die alten Verkaufszahlen erreicht haben, wird es etwas dauern, das müssen wir in Kauf nehmen." Jakob lächelte zuversichtlich.

„Aber auch darüber habe ich mir Gedanken gemacht. Wir müssen mit der Zeit gehen und einiges verändern. Deshalb werden wir unsere Angebotspalette um einige Produkte erweitern.

Stillstand ist Rückschritt, meine Herren."

Er war sich sicher, dass er die volle Aufmerksamkeit hatte.

„Dosensuppen", sagte Jakob.

Er wartete einen Augenblick, weil er wollte, dass es auch jeder am Tisch begriff, dann fuhr er fort:

„Mir schwebt eine größere Auswahl an Suppen in Dosen vor, die nach dem Öffnen nur noch erhitzt werden muss.

Fertigsuppen als Konserve.

Rindfleischsuppe, Hühnersuppe, Ochsenschwanzsuppe, Gulaschsuppe, aber auch verschiedene Eintöpfe mit und ohne Fleischeinlage. In verschiedenen Größen. Für jeden Geldbeutel."

Er malte es Hollmann, Jahn und Lutter förmlich aus.

„Wir werden klotzen meine Herren, nicht kleckern."

Jakobs Euphorie steckte an.

„Genial", stieß Jahn hervor.

Hollmann und Lutter saßen mit offenem Mund am Tisch.

Wieder einmal hatte ihr Chef sie vollends überrascht und überzeugt.

Sie wussten alle, hatte Jakob sich etwas in den Kopf gesetzt, wurde es auch angepackt.

Nur das Wie musste jetzt noch erörtert werden.

Den Rest des Tages verbrachten die vier damit, die Einzelheiten zu besprechen.

Dabei wurden Zigarren geraucht und literweise Kaffee getrunken.

Sie kamen überein, dass eine separate Küche eingerichtet werden musste.

Jahn schlug vor, einen Raum zu nutzen, der in der Halle brachlag.

Eigentlich genau richtig, um auch von der übrigen Produktion eingebunden zu werden.

Ein gelernter Koch sollte eingestellt werden als Küchenchef.

Küchenhilfen wollte Lutter aus dem Stammpersonal rekrutieren.

Jakobs Idee nahm immer konkretere Formen an.

Es freute ihn sehr, das seine leitenden Angestellten sich so offen zeigten und die notwendigen Veränderungen mit trugen.

Wieder einmal beglückwünschte Jakob sich, so fähige Mitarbeiter zu haben.

Als er die Firma als Letzter sehr spät am Abend verließ und nach Hause fuhr, sah er eine Demonstration Richtung Kurfürstendamm marschieren.

Die meisten Menschen in Deutschland waren unzufrieden mit ihrem Leben, vor allem aber mit ihren Volksvertretern.

Er saß hinter der großen Abfüllanlage und nagte an einem riesigen Rinderknochen, der frisch aus dem Sud kam.

Jakob kannte ihn vom Sehen. Er hatte kürzlich hier die Metzgerlehre begonnen.

„Hast mächtig Hunger, ja?"

Jakobs Gesicht blieb erst. Innerlich amüsierte er sich.

Der Junge erschrak und nickte, dabei wurde er puterrot.

„Komm mit", befahl er dem Jungen.

Er führte ihn in die neu eingerichtete Küche, wo ein halbes Dutzend Männer und Frauen emsig dabei waren, in mehreren großen Kesseln die verschiedensten Speisen zuzubereiten.

„Schon etwas fertig?"

Jakob richtete die Frage an den Chefkoch: „Wir haben Hunger", fügte er hinzu.

Der Koch, ein Riese mit Pranken wie Bratpfannen, füllte zwei Teller bis zum Rand mit köstlich duftender Suppe, in der Wurst- und Fleischstücke schwammen.

„Guten Appetit wünsche ich", sagte er gemütlich.

Er stellte die Teller vor den beiden auf den Tisch.

Jakob sah den Jungen an. „Iss, bevor es kalt wird."

Der Junge hatte seine anfängliche Scheu überwunden und aß nun mit Heißhunger.

Jakob sah mit Genugtuung, wie gut es dem Kleinen schmeckte.

„Wie heißt du?", fragte Jakob, während auch er löffelte.

„Max", sagte der Junge schüchtern.

„Wie schmeckst denn Max?"

„Gut."

Der Kleine war noch immer befangen und konnte das Ganze nicht einschätzen.

Natürlich wusste er, wer vor ihm saß, und das bereitete ihm Sorgen.

Er war in einem Bereich des Betriebes erwischt worden, wo er nichts zu suchen hatte.

Ertappt vom obersten Chef.

Anstatt Schelte, die es eigentlich hätte geben müssen, wurde er mit einer Mahlzeit belohnt und überaus freundlich behandelt. Das verstand er nicht.

Er kannte Berichte von gleichaltrigen Freunden, die in anderen Betrieben arbeiteten, wo es schon für kleinste Verfehlungen drakonische Strafen gab, Dresche inklusive.

Als sie aufgegessen hatten, gab Jakob dem verwirrten Jungen die Hand.

„Also Max, hat mich gefreut. Jetzt gehst du wieder an deine Arbeit, bevor man dich vermisst und man deinetwegen eine Suchaktion startet."

Ein verlegenes Lächeln huschte über das Gesicht des Jungen. Er zögerte.

Etwas bedrückte ihn, deshalb sagte Jakob zur Beruhigung: „Von deinem Ausflug erzählen wir keinem", wobei er ihm beide Hände auf die Schulter legte.

„Das bleibt unter uns." Jakob zwinkerte.

Den Stein, der dem Kleinen vom Herzen fiel, konnte Jakob plumpsen hören.

Dann war er weg.

Jakob blieb noch in der Küche, bevor er seinen Rundgang fortsetzte, und erkundigte sich bei jedem Einzelnen nach dessen Befinden.

Er stellte befriedigt fest, dass hier ein entspanntes Betriebsklima herrschte, so wie überall in der Firma.

So soll es sein, dachte er bei sich.

Er legte größten Wert auf Harmonie unter seinen Angestellten.

Jakob wusste aus Erfahrung, dass zufriedene Mitarbeiter bessere Mitarbeiter waren und besser funktionierten.

Den Rest des Tages konnte Jakob sich nicht mehr auf seine Arbeit konzentrieren.

Der Lehrbub Max beschäftigte ihn.

Es konnte nicht sein, dass in seinem Betrieb feine, edle und ausgesuchte Spezialitäten hergestellt wurden, während die Belegschaft Kohldampf schob.

Eine Stunde früher als üblich fuhr er nach Hause.

Er musste mit jemandem darüber reden.

„Du bist aber früh", sagte Ella verwundert und wusste, dass etwas Ungewöhnliches vorgefallen sein musste.

„Es ist kaum zu ertragen, was im Moment passiert." Er setzte sich an den Küchentisch und zog die Schuhe aus, dann schlüpfte er in seine Pantoffel.

„Was passiert denn?“ Ella unterbrach ihre Vorbereitungen für das Abendessen und setzte sich ihm gegenüber.

Jakob erzählte Ella sein Erlebnis mit Max.

Als er fertig war, fragte sie ohne Umschweife: „Zu welcher Erkenntnis hat dich das gebracht?“

„Auf der Friedrichstraße schießen zurzeit die teuren Nachtlokale aus dem Boden, in denen die Dekadenz keine Grenzen kennt.

Sekt saufende wohlbeleibte Kerle in dunklen Anzügen fädeln hier ihre dubiosen Geschäfte ein.“

Jakob stand auf und goss sich ein Glas Milch ein und nahm einen kräftigen Schluck.

Dann sprach er weiter: „Man flüstert sich zu, dass hier alles gehandelt wird.

Mädchen, Rauschgift, Waffen, Devisen.

Während zwei Straßen weiter zerlumpte, ausgemergelte, verbitterte Gestalten umherschleichen, die nicht wissen, was sie ihren Kindern zu essen geben sollen.

Diese Menschen haben alles verloren. Nicht nur den Krieg. Auch ihre Zuversicht, ihre Hoffnung, ihren Glauben.

Denn wie immer muss das gemeine Volk die Fehler ausbaden, die von arroganten Offizieren und unfähigen Politikern begangen worden sind.“

Jakob hatte sich in Rage geredet. Er nahm noch einen Schluck Milch.

Ella sah ihn liebevoll an.

In ihm war ein Plan gereift. Sie kannte ihn. Konnte ihn denken hören. Sagte aber nichts.

Als Jakob fortfuhr, war es entschieden.

„Es geht uns gut. Der Krieg hat uns gutes Geld verdienen lassen. Mit dem Regierungsauftrag im Rücken waren Rücklagen möglich, die zwar im letzten Geschäftsjahr aufgezehrt wurden, es ermöglichte uns aber auch, die Umstrukturierung der Firma voranzutreiben.

Die Dosensuppen sind ein voller Erfolg und es werden täglich mehr Abnehmer für die großen Fleischkonserven generiert. Das Geschäft brummt, während die übrige Bevölkerung darbt und verzichtet.

Es wird Zeit, etwas zurückzugeben.

Wir werden eine Kantine einrichten für unsere Mitarbeiter in der Firma.

Wir haben alles da. Alles an Ort und Stelle. Wir werden unseren Angestellten die Gelegenheit geben, im Betrieb eine kostenlose Mahlzeit einzunehmen."

Ellas Gesicht strahlte. Sie stand auf und umarmte Jakob überschwänglich.

„Das ist eine wunderbare Idee, mein Lieber."

So wurde ein Speisesaal eingerichtet für die Beschäftigten der Fleischfabrik Jakob Rosendahl.

Kapitel 4

Viele Hände mussten geschüttelt werden.

Man brachte sich in Stellung, denn mit dem neuen Leiter der Staatsanwaltschaft am Oberlandgericht München wollte sich jeder gut stellen und das aus den verschiedensten Beweggründen.

Das Justizministerium hatte zu einer kleinen Feierstunde geladen, um den neuen Generalstaatsanwalt Franz Kreidler vorzustellen.

Das Büffet, zünftig, deftig, rustikal, spiegelte die bayerische Lebensart wider und sollte eine angenehme und ungezwungene Atmosphäre erzeugen.

In seiner Eröffnungsansprache brachte der bayerische Justizminister seine Freude und Zufriedenheit zum Ausdruck, einen so erfahrenen und erfolgreichen Juristen für die bayerische Hauptstadt München gewonnen zu haben.

Er formulierte es so geschickt, dass der Eindruck entstehen musste, man hätte Kreidler aus einem Pulk von Bewerbern gezielt ausgewählt.

In Wahrheit stand man mit dem Rücken zur Wand und hatte gar keine andere Wahl.

Die Bewerbungsunterlagen von Kreidler flatterten dem Justizminister an dem Tag auf den Schreibtisch, als man ihn vom Ableben des bisherigen Generalstaatsanwalts am Oberlandgericht München in Kenntnis setzte.

Kreidler wiederum versicherte artig, wie froh er war, hier ab sofort wirken und arbeiten zu dürfen, und er würde seine ganze Kraft und Energie einbringen, diesen verantwortungsvollen Posten zur Zufriedenheit aller auszufüllen.

Er betonte ausdrücklich, dass dies nur gelingen könne, wenn alle Mitarbeiter bereit wären, ihn zu einhundert Prozent zu unterstützen.

Er redete von Loyalität und Vertrauen und davon, dass in einer Behörde nur das volle Engagement, nur die volle Einsatzbereitschaft Früchte tragen könne.

Er endete mit dem vielsagenden Satz: „Packen wir es gemeinsam an."

Der Applaus war nicht überschwänglich, eher verhalten.

Es war schließlich eine Pflichtveranstaltung.

Eine junge attraktive Dame im grauen Kostüm drückte Kreidler ein Glas Sekt in die Hand und lächelte ihn gewinnend an.

Er stürzte den Sekt hinunter. Seine Kehle war ausgetrocknet.

„Danke, sehr freundlich." Kreidler musterte sie von Kopf bis Fuß. Was er sah, gefiel ihm.

„Scheußliches Zeug", fügte er hinzu und gab ihr das leere Glas zurück.

Sie lachte laut, sichtlich amüsiert.

„Ich bin die Gretel", raunte sie ihm zu, „Ihre persönliche Assistentin. Ich soll Sie einführen."

Sie wurde rot, sich jetzt erst bewusst werdend, was sie gerade gesagt hatte.

Kreidler grinste, wollte noch etwas Witziges hinzufügen, aber dazu kam er nicht.

Ein riesiger Kerl im Trachtenanzug schüttelte ihm die Hand und drückte sie derart fest, das Kreidler sich auf die Lippen biss.

„Huber, gestatten Sie Herr Staatsanwalt. Leopold Huber mein Name.

Ich bin der Polizeichef da herinnen.

Meine Freunde nennen mich Poldi."

Er strahlte über sein ganzes Bauerngesicht.

„Leitender Polizeidirektor, heißt es im Amtsdeutschen. Auf gute Zusammenarbeit."

Abermals quetschte er Kreidlers Hand und schüttelte sie überschwänglich, dann stolzierte er zum Büffet.

Eine Frohnatur dachte Kreidler und rieb sich die Hand.

Er nahm sich vor, auf das Händeschütteln mit diesem Herrn, wenn möglich, zu verzichten.

Von Anfang an ließ Kreidler keinen Zweifel daran aufkommen, wie er seine Behörde zu führen gedachte.

Gehorsam und Disziplin waren die obersten Regeln, die es einzuhalten galt. Es gab keinen Schlendrian, den er tolerierte.

Für Kreidler unabdingbare Voraussetzungen für das Funktionieren einer Bürokratie.

Vor Gericht und in der Strafverfolgung übernahm er die knallharte Gangart, die er in Frankfurt praktiziert und die sich bewährt hatte.

Generalstaatsanwalt Kreidler war in kürzester Zeit am Münchener Oberlandgericht berüchtigt, unnachgiebig und hart zu sein.

Gegenüber bestimmten Volksgruppen ging er besonders streng vor.

Eine Kneipenschlägerei von so geringem Interesse, das nicht einmal ein Polizeibericht verfasst wurde, wäre niemals vor Gericht verhandelt worden, hätte nicht Kreidler davon Wind bekommen.

Als er erfuhr, dass ein Zigeuner involviert war, nahm er sich der Sache persönlich an und machte diese Bagatelle zur Chefsache.

Von da an wurde der Vorfall von der Sensationspresse aufgebauscht und von der Bevölkerung mit Interesse verfolgt.

Drei Schausteller des Oktoberfestes gerieten mit einem nicht sesshaften Zigeuner aneinander und schlugen ihn krankenhausreif. Er musste notversorgt werden.

Bei dieser Keilerei fiel dem Zigeuner dummerweise ein Springmesser aus der Jackentasche.

Obwohl mehrere Zeugen und die drei Schläger übereinstimmend aussagten, der Zigeuner hätte das Messer nicht gezückt, um damit jemanden zu attackieren, konstruierte der Ankläger Kreidler vor Gericht eine Messerstecherei daraus.

Angriff mit einer tödlichen Waffe. Für den Zigeuner fatal.

Er wanderte für zwei Jahre ins Gefängnis.

Bei einem jüdischen Pfandleiher wurde eingebrochen, weil dort Bargeld vermutet wurde.

Die Eingangstür stellte kein großes Problem dar, sie hielt dem Brecheisen und der brachialen Gewalt nicht stand.

Schnell standen die jugendlichen Täter, zwei Brüder – dreizehn und sechzehn Jahre – alt, mitten im Verkaufsraum, der mit unzähligen Alltagsdingen, die der Pfandleiher in Zahlung genommen hatte, vollgestopft war.

Im sich anschließenden Büro türmte sich ein Koloss aus Stahl auf.

Zwei Meter breit, zwei Meter hoch, mit zwanzig Zentimeter dicken Türen.

Alles, was irgendwie einen Wert darstellte, bewahrte der Pfandleiher in diesem Tresor auf, der zusätzlich noch mit Zahlenschlössern versehen war.

Für zwei jugendliche Gelegenheitsdiebe definitiv ein paar Nummern zu groß.

Also machten sie kehrt, um unverrichteter Dinge abzuziehen, als sie in den Lauf einer Schrotflinte blickten.

Der alte Pfandleiher versperrte den Jungen den Fluchtweg.

Einer der beiden Eindringlinge, der ältere der Jungen, geriet in Panik und packte die Flinte am Lauf, wollte sie dem Alten entreißen.

Im folgenden Handgemenge löste sich ein Schuss und der Junge wurde tödlich getroffen.

Sein Bruder floh Hals über Kopf, konnte aber in der gleichen Nacht noch in der Nähe des Tatortes aufgegriffen und verhaftet werden.

Kreidler ließ es sich nicht nehmen, die Anklage des jugendlichen Einbrechers zu übernehmen.

Seit Wochen fieberte die Öffentlichkeit dem Prozess entgegen, das Interesse war riesengroß, denn es hatte einen Toten gegeben, mehr Sensation ging im beschaulichen Bayern nicht.

Da auch die Presse zahlreich erschienen war, wollte Kreidler ein Exempel statuieren und lief dann auch zur Höchstform auf und alle im Gerichtssaal sollten eine Verhandlung erleben, die sie nie mehr vergessen sollten.

Es wurde vor der Jugendstrafkammer verhandelt, da der Beschuldigte noch minderjährig war.

Staatsanwalt Kreidler zeichnete ein düsteres Bild jener unteren Gesellschaftsschicht, aus der die Täter kamen, und erklärte, dass es zwangsläufig zu Gesetzeskonflikten kommen musste.

Die Brüder – eigentlich noch Kinder – stammten aus zerrütteten Familienverhältnissen.

Der Vater hatte im Krieg beide Beine verloren, trank und war gewalttätig und konnte seine Familie nicht ernähren, weshalb die Mutter sich als Prostituierte verdingte, um die Familie mehr schlecht als recht durchzubringen.

Die Jungen waren aus mehreren Heimen ausgebrochen und als schwer erziehbar eingestuft.

Ihre kriminelle Energie war folglich ihrer Herkunft zuzuschreiben.

Niemand im Gerichtssaal hatte auch nur die blasseste Ahnung, welche Strategie der Ankläger verfolgte.

Als es immer unruhiger wurde im Gerichtssaal, ermahnte der Richter den Staatsanwalt, er möge bitte zur Sache kommen.

Das tat Kreidler dann auch, denn er nahm den Pfandleiher ins Visier.

Der ahnte nichts von dem Unheil, das sich über ihm zusammenbraute.

Er war als Zeuge geladen, denn der Tod des Jungen, so tragisch es auch sein mochte, entstand aus einer Notwehrsituation heraus. Ihm traf nicht die geringste Schuld.

So dachten alle, die den vorliegenden Fall kannten.

Zuerst zeichnete Kreidler jenes Bild der Juden auf, das jeder Zuhörer im Saal aus zahlreichen Zeitungen als zahlreiche Karikaturen bestens kannte.

Der Jude dargestellt als nimmersatter, geldgieriger, rücksichtsloser Zeitgenosse, der über Leichen geht, um seinen Vorteil, um seine Interessen zu wahren, wobei ihm jedes Mittel recht ist und sein Egoismus keine Grenzen kennt.

Kreidlers Absicht, den Pfandleiher zu diskreditieren, ging auf.

Im Gerichtssaal schlug dem alten Mann, wie von Kreidler beabsichtigt, eine Welle der Ablehnung entgegen.

Für den angeklagten Jungen empfanden die meisten der Zuschauer Bedauern und Mitgefühl.

Hatte der Unglückselige nicht schon seinen Bruder verloren?

Durch die Überreaktion des Pfandleihers.

Kreidler wollte dem Publikum im Saal die Einzelheiten nicht ersparen, wie furchtbar die Verletzungen des getöteten Jungen waren, denn das Schrot hatte die Innereien zerfetzt und er war in kürzester Zeit noch an Ort und Stelle verblutet. Unter furchtbaren Schmerzen.

Kreidler spielte seinen größten Trumpf aber erst aus, als er sicher sein konnte, dass auch der letzte im Gerichtssaal seine Sympathie für den Jungen und seine Ablehnung gegen den alten Pfandleiher empfand.

Die Schwingungen im Gerichtssaal waren fühlbar und schlugen endgültig in unverhohlenen Hass gegen den Juden um, als Kreidler dem Publikum eröffnete, das der Pfandleiher illegal gehandelt hatte, da er nicht im Besitz eines Waffenscheins war und somit sein gesamtes Verhalten als strafbar einzustufen wäre.

Mit einer illegalen Schrotflinte auf Kinder zu schießen, ist empörend, skandalös und unmenschlich.

Danach spielten sich im Gerichtssaal unbeschreibliche Szenen ab.

Der Pfandleiher wurde noch im Saal verhaftet und ihm wurde zu einem späteren Zeitpunkt der Prozess gemacht. Man warf ihm fahrlässige Tötung vor und verurteilte ihn zu vier Jahren Zuchthaus.

Den jugendlichen Einbrecher verurteilte das Gericht zu milden sechs Monaten Jugendarrest.

Kreidlers Bild stand auf fast allen Titelseiten namhafter Zeitungen in Bayern und darüber hinaus.

Sein Ruf als exzellenter Jurist, der die Waage der Gerechtigkeit fein zu justieren und auszuloten verstand, wurde am Oberlandgericht München von diesem Tage an in Stein gemeißelt.

Dieser Prozess diente zahlreichen juristischen Fakultäten im In- und Ausland als Fallstudie und wurde fest im Lehrplan eingebunden.

Man konnte Margarete Aumüller nicht mit Gold aufwiegen.

Der Assistentin des Generalstaatsanwaltes Franz Kreidler widerfuhr in der Behörde die allergrößte Wertschätzung. Ihre Fachkenntnisse im juristischen Bereich waren enorm, ohne je eine Universität besucht zu haben. Aber noch mehr schätzte man ihr Organisationstalent.

Ihr Namenskürzel Gretel, für Margarete, bedeutete in der Behörde so etwas wie ein Gütesiegel.

Frage Gretel, die erklärt es dir.

Wenn du nicht weiter weißt, frage Gretel.

Wenn etwas unklar sein sollte, kann dir die Gretel helfen.

Du brauchst einen Termin beim Chef? Das geht nur über Gretel.

Gretel hier und Gretel da.

Ihre Hauptaufgabe war tatsächlich die, den Generalstaatsanwalt abzuschirmen vor aufdringlichen Rechtsanwälten, die für ihre Mandanten faule Kompromisse aushandeln wollten.

Sie schätzte ein, lotete aus, ordnete die Angelegenheiten stellvertretend für ihren Chef.

Kreidler ließ ihr komplett freie Hand, froh darüber, dass er so fachkundig entlastet wurde.

Sie konnte priorisieren, koordinieren: Wichtiges zuerst, weniger Wichtiges danach, Unwichtiges zum Schluss oder gar nicht.

Nur die Fälle, die Gretel Aumüller absegnete, landeten auf Kreidlers Schreibtisch.

Die anderen leitete sie weiter in das Büro des Oberstaatsanwalts, der wiederum einen seiner Staatsanwälte nach seinem Gutdünken und seinem Ermessen einsetzte.

Der reibungslose Ablauf am Oberlandesgericht München konnte an Effektivität nicht übertroffen werden und im Ministerium beglückwünschte man sich gegenseitig, dass seinerzeit die Wahl auf Franz Kreidler als Leiter dieser Behörde gefallen war.

Den größten Anteil daran hatte Gretel Aumüller.

So dauerte es auch nicht lange und der Generalstaatsanwalt Kreidler beförderte Gretel zur Büroleiterin.

Eine Frau in dieser Position war höchst ungewöhnlich.

Margarete Aumüller war das, was man ein Vollweib nennen würde.

Die richtigen Proportionen an den richtigen Stellen, dazu das Herz am rechten Fleck.

Ihre pralle Weiblichkeit zeigte sie meist mit einem offenherzigen Dirndl-Kleid, wie man es in Bayern schätzt und liebt.

Sie hatte vor langer Zeit ihre Jugendliebe geheiratet und feststellen müssen, diese Entscheidung übereilt getroffen zu haben.

Ihr Mann Peter arbeitete in einer Münchener Brauerei, trank gerne einen über den Durst und war oft mit seinen Arbeitskollegen und Freunden nach Feierabend unterwegs.

Gretel und ihre Ehe litten sehr darunter.

Kreidler brauchte nicht lange, um herauszufinden, dass seine Büroleiterin unglücklich war.

Er hatte also freie Bahn.

Die Avancen, die er ihr machte, fielen auf fruchtbaren Boden.

Natürlich schmeichelte es ihr und sie blühte sichtlich auf. Legte noch mehr Wert auf ihr Äußeres und war anfällig für Kreidlers Komplimente.

Er wusste als Mann von Welt, wie man eine Frau umgarnt.

Gretel fühlte sich begehrenswert.

Das erste Mal schliefen sie auf dem harten Boden im Büro miteinander.

Von da an regelmäßig.

Auf dem Schreibtisch, auf dem Bürostuhl oder auf besagtem Fußboden.

Wenn die Zeit es erlaubte und Gretel sich frei machen konnte, in Kreidlers Wohnung.

Aus seiner Sicht war es das perfekte Arrangement, ein Liebesverhältnis mit einer verheirateten Frau zu haben, ohne dass von ihm etwas erwartet wurde.

So behielt er seine Freiheit.

Gretel schnitt irgendwann einmal das Thema Scheidung an, sie würde es zu Hause nicht mehr aushalten.

Aber Kreidler reagierte unwirsch und gab ihr zu verstehen, dass er nicht die Absicht haben würde, an der jetzigen Situation etwas zu ändern.

Zu Hause bemerkte ihr Mann Peter die Veränderung seiner Frau.

Immer öfter schob sie irgendwelche Dinge vor, nicht mit ihm schlafen zu müssen.

Ihr war nicht gut. Hatte einen harten Arbeitstag. War müde. „Verschieben wir es auf morgen."

Wenn Peter sich nicht vertrösten lassen wollte, schlief sie widerwillig mit ihm, um keinen Verdacht zu erwecken, obwohl sie mit Kreidler ein paar Stunden vorher im Büro geschlafen hatte.

Dann roch Peter den fremden Mann an seiner Frau, fühlte den fremden Mann an seiner Frau, schmeckte den fremden Mann an seiner Frau und sprach sie darauf an.

„Ich habe im Moment etwas Ausfluss", versuchte sie, ihn zu beruhigen, und er wusste, dass sie log.

Er schwieg, weil er seine Frau liebte und er sie nicht verlieren wollte.

Eines Tages sagte er: „Ich möchte ein Kind mit dir."

Das kam aus heiterem Himmel und war nicht geplant.

„Bist du sicher?", fragte sie, um Zeit zu gewinnen und um überhaupt etwas zu sagen.

„Ja ich will ein Kind mit dir. Wenn wir noch länger warten, haben wir den Zeitpunkt verpasst.

Wir sind beide dreißig Jahre und werden nicht jünger."

„Ist gut", sagte Gretel, mehr nicht.

„Vielleicht beendest du dann dein Verhältnis mit deinem Chef."

Gretel fiel aus allen Wolken, spielte aber die Unschuldige.

„Du siehst Gespenster. Wir sind nur gute Kollegen."

„Du beleidigst meine Intelligenz", sagte Peter unglücklich.

Er war tieftraurig und verletzt.

In der Folgezeit schlief Margarete mit ihrem Mann immer dann, wenn sie ihre fruchtbaren Tage hatte.

An den anderen Tagen, wenn sie wusste, sie würde nicht schwanger werden können, schlief sie mit Kreidler.

Sie hatte nicht vor, das Verhältnis mit ihm zu beenden.

Sie schlief auch weiterhin so oft mit ihm, wie er sie begehrte, denn sie schlief gerne mit ihm.

Ein halbes Jahr verging und Gretel wurde schwanger.

„Von wem ist es?“, fragte Kreidler.

„Von meinem Mann Peter“, antwortete Gretel.

Daraufhin beendete sie das Verhältnis mit der Bemerkung: „Neun Monate sind schnell vorbei, dann sehen wir weiter.“

Kapitel 5

Natürliche Dezimierung oder Selektion nannten die Dozenten der Friedrich-Wilhelm-Universität die Tatsache, dass sich die Reihen der Studenten nach den ersten Semestern lichteten, wobei die medizinische Fakultät die meisten „Abgänge“ zu verzeichnen hatte.

Zum einen lag es daran, dass so mancher Student sich eingestehen musste, das Medizinstudium decke sich nicht mit den eigenen Vorstellungen und Erwartungen.

Zum anderen waren einige Studenten schlicht und ergreifend überfordert und nicht qualifiziert oder es fehlte an Einsatzbereitschaft und Einstellung für den Beruf des Arztes.

Das wurde nach dem zweiten und dritten Semester noch einmal allzu deutlich.

In den ersten beiden Jahren in der Vorklinik – im sogenannten Physikum – waren die meisten in der Anatomie überfordert.

In der Prosektur, jenem Teil des Krankenhauses, in dem Klinische Sektionen durchgeführt wurden, stieß so mancher Student an seine Grenzen.

Leichen ohne Vorbehalte zu sezieren, den Ekel ständig zu unterdrücken und jegliche Pietät auszublenden, dazu war nicht jeder in der Lage.

Der allgegenwärtige Geruch, hervorgerufen durch das Formalin, mit dem die Leichen frisch gehalten wurden, erinnerte ständig daran, wo man sich befand.

Dass die Augen und die Schleimhäute ständig gereizt wurden, war noch das kleinere Übel.

Meistens arbeiteten vier Studenten an einer Leiche.

Sie legten Knochen frei und studierten die Funktionsweise der Gelenke, Sehnen, Muskeln und deren Beschaffenheit.

Sie sezierten die Organe, insbesondere Herz und Lunge, Darm und Magen, Niere und Blase, Leber und Milz – kurz die Innereien des menschlichen Körpers.

Sie öffneten den Schädel, um das Gehirn freizulegen und um seine einzigartige Struktur besser verstehen zu können.

Das alles natürlich unter fachmännischen Anweisungen und Anleitungen erfahrener Professoren.

Es gab Noten, die in die allgemeinen Bewertungen einflossen.

Nach dem Ersten Staatsexamen war die Ausdünnung abgeschlossen.

Saßen am Anfang in den Hörsälen der medizinischen Fakultät noch fünfzig Studenten, waren es zu Beginn des zweiten Ausbildungsabschnittes noch zwanzig.

Nun verschoben sich die Prioritäten.

Die Studenten wurden jetzt in den Klinikalltag eingebunden und die trockene Theorie durch praktische Anwendung, auch an den Patienten, ersetzt.

Die Studenten frohlockten.

Das sture Büffeln war vorbei, die erste Hürde genommen. Die verhasste Anatomie konnte abgehakt werden.

Martin war inzwischen bei den Dozenten und den Abteilungsärzten im Klinikum bestens bekannt.

Er zeichnete sich durch seine Aufmerksamkeit und durch seine Wissbegierde aus.

Sein reges Interesse fand Anklang, denn er stellte kluge Fragen, wollte genaue Erklärungen bis ins Detail. Manchmal nervig, aber immer sachlich.

Sein messerscharfer Verstand registrierte, analysierte, wertete aus und speicherte.

Martin konnte auch die komplexesten Zusammenhänge mühelos verarbeiten.

Seine Ausbilder schätzten ihn, weil sie erkannten, dass er bereit war, in dem Arztberuf aufzugehen.

Beim gesamten Krankenhauspersonal, angefangen von den Krankenschwestern bis zu den Chefärzten der einzelnen Abteilungen, war er gleichsam beliebt und geachtet.

Aber auch bei den Patienten und deren Angehörigen wurden seine Sensibilität und sein Feingefühl, sein Verständnis und sein Einfühlungsvermögen geschätzt und gelobt.

Ein Professor, der ein gewichtiges Wort im Klinikausschuss mitzureden hatte, formulierte Martins Empathie für den Arztberuf treffend: „Der Student Martin Kreidler ist zum Mediziner berufen.“

Wohltuende Stille erfüllte den Raum.

Die schalldichten Fenster ließen den Straßenlärm und die Alltagshektik abprallen.

Das Clubzimmer des Hotels Adlon war vollständig schalldicht isoliert und als Refugium für einen erlauchten Kreis der „feineren Gesellschaft“ gedacht und vom Gründer des Hotels – Lorenz Adlon – eigens dafür konzipiert und eingerichtet worden.

Sündhaft teure Stoffe aus Samt und Seide, Marmorsäulen, erlesene Teppiche und edle Hölzer waren hier verbaut und verwendet worden.

Es wurde an nichts gespart.

Vor dem Krieg gaben sich hier der deutsche Hochadel und die ranghöchsten Offiziere seiner Majestät des Kaisers die Klinke in die Hand.

Auch der Kaiser höchstselbst begleitet vom Hofstaat und seinen Ministern war ein gern gesehener Gast.

Er hatte den Tischler und Kaffeehausbesitzer aus Mainz – Lorenz Adlon – den Bau dieser pompösen Luxusherberge ermöglicht.

Zum einen wollte er dadurch in direkter Konkurrenz gegenüber den Weltstädten London und Paris in nichts nachstehen, zum anderen, so munkelte man, wurde er des Öfteren in Begleitung junger Damen inkognito beherbergt, was natürlich völlig diskret vonstattenging.

Alle Zimmer des Adlon verfügten über elektrisches Licht und hatten ein eigenes Badezimmer mit fließendem kalten und warmen Wasser.

So entstand das Hotel Adlon am Pariser Platz unter den Linden durch großzügige staatliche Kredite finanziert für die Mächtigen und Reichen.

Als Lorenz Adlon durch einen Verkehrsunfall ums Leben kam, übernahm sein Sohn Louis das Hotel.

Mit dieser Übernahme vollzog sich ein Wandel.

Es war der Zeit geschuldet.

In der jungen Republik nach dem Krieg entstand eine neue Hackordnung.

Das Clubzimmer im Adlon blieb, was es immer war.

Ein Rückzugsort, wo man unter seines Gleichen blieb und der denen vorbehalten blieb, die es sich leisten konnten.

Der Adel spielte nun keine Rolle mehr.

Jetzt gaben Vorstandsmitglieder, Unternehmer, Bankiers und Finanzmoguln den Ton an.

Das Industriezeitalter hatte begonnen.

Wer es verstand, die geschäftlichen Beziehungen und Verbindungen gewinnbringend für seine Zwecke zu nutzen, der hatte die Nase vorn.

Hier im Club wurden nicht selten hochspekulative Transaktionen abgewickelt, Beteiligungen besiegelt, Partnerschaften geschmiedet.

Hier wurde eingefädelt, ausbaldowert, verschachert, beschafft, verschoben und taxiert.

Zu den Clubmitgliedern gehörten auch zahlreiche Politiker, die mit den allerneuesten Nachrichten direkt aus dem deutschen Reichstag aufwarten konnten.

Man kannte hier im Club oft schon die Schlagzeilen des nächsten Tages, Stunden bevor sie gedruckt wurden.

Sie saßen in zwangloser Runde beisammen wie jeden Freitag.

„Es ist eine unumstößliche Tatsache meine Herren, dass wir auf eine Inflation zusteuern. Dann heißt es, rette sich, wer kann."

Er nippte an seinem Glas und war sich sicher, dass er die volle Aufmerksamkeit hatte.

Uri Liebermann war Direktor der gleichnamigen Bank, die sein Großvater Samuel Liebermann vor mehr als hundert Jahren gegründet hatte.

Sein Vater Amon baute die Bank zu einem international agierenden Geldinstitut aus mit Niederlassungen in der Schweiz, in Frankreich, England, Belgien und den Niederlanden.

Seit fast dreißig Jahren lenkte Uri nunmehr die Geschicke der Bank mit nicht weniger Erfolg.

Geldgeschäfte und alles, was damit zu tun hatte, lagen den Liebermanns im Blut.

Seit Kurzem hatte man in Übersee, in New York, eine Filiale eröffnet.

„Was rätst du uns?“ Jakob sah ihn direkt an.

Die Antwort ließ nicht lange auf sich warten.

„Sachwerte, Immobilien und ausländische Währungen.“

Er schob seine Unterlippe nach vorne, wodurch sein Kinn noch spitzer und sein ohnehin hageres Gesicht noch knorriger wirkte.

Er lächelte: „Gold und Edelsteine eignen sich als Sachwerte hervorragend.

Wobei ... hätte ich die Wahl, mein Favorit ist der Edelstein. Speziell der Diamant.

Ein Karat machen gerade einmal 0,2 Gramm aus. Leicht zu transportieren und nimmt keinen Platz weg. Nimmt man einen lupenreinen Einkaräter, erhaben geschliffen, stellt er leicht einen Wert von zehntausend Mark dar.

Ein Säckchen Einkaräter wiegt weniger als eine Geldbörse, die jedermann mit sich trägt.

Gold ist etwas für das Schließfach oder den Tresor“, ergänzte er.

Seine Zuhörer waren ausnahmslos Kunden seiner Bank, deshalb wusste Uri Liebermann genauestens Bescheid über die finanzielle Situation jeden Einzelnen.

Es erschien ihm wichtig, dass seine Freunde und Geschäftspartner hier am Tisch sich im Klaren darüber wurden, wie sehr es pressierte.

„Mit Verlaub, ich sehe das nicht so dramatisch.“

Max von Hünewitz beugte sich etwas vor und putzte seine randlose Brille.

„Wenn wir uns erst gegenüber dem Osten geöffnet haben, wird die deutsche Wirtschaft einen nie da gewesenen Aufschwung erleben."

Jeder wusste, dass von Hünewitz mit dem Kommunismus sympathisierte, ohne selber Kommunist zu sein.

Dies brachte er auch gegenüber seinen Studenten zum Ausdruck.

Er war Oberstudienrat an der Universität, Junggeselle aus Überzeugung und Freigeist.

Hünewitz hinterfragte, nahm nur wenig hin, war stets aufgeschlossen für Neues, dachte im Großen.

Er verstand die komplizierten Zusammenhänge der Weltpolitik.

Seine Lösungsvorschläge hatten bisweilen bizarre Züge, waren manchmal realitätsfern und muteten auch schon einmal gefährlich radikal an.

Deshalb oder gerade darum gingen seine Studenten für ihn durchs Feuer.

Er hatte einen Doktortitel in Philosophie und bereits zwei Bücher verfasst. Das Dritte war in Arbeit.

Sein Vater Karl Friedrich von Hünewitz, Rittmeister seiner Majestät, hinterließ seinem einzigen Sohn ein beträchtliches Vermögen an Bares, Immobilien und Ländereien sowie ein Schloss nebst Gestüt am Stadtrand.

Er lebte alleine und wohnte meist in seiner Stadtwohnung am Kurfürstendamm, da er für die Fahrt vom Schloss zur Universität mit dem Auto fast eine Stunde benötigte.

Er tauschte sich regelmäßig mit den Politikern aller Parteien aus, ohne selber einer Partei anzugehören.

Seine Einschätzungen waren gefragt und hatten Gewicht.

Er wurde an höchster Stelle gehört.

Sein Studienfreund, der Außenminister Walther Rathenau, selber Mitglied des Freitagsstammtisches, legte sehr großen Wert auf von Hünewitz' Meinung, gerade in Dingen der Weltpolitik.

Hünewitz räusperte sich.

Jeder hier am Tisch wusste, dass nun eine längere Ansprache folgen würde:

„Die Franzosen sind gegenüber uns unversöhnlich.

Der Erzfeind Deutschland ist besiegt. Nie wieder soll es möglich sein, dass von deutschem Boden ein Krieg ausgeht.

Wir Deutschen zählen immer noch zwanzig Millionen Einwohner mehr.

Trotzdem haben sie uns in die Knie gezwungen und wollen dafür sorgen, dass wir nicht wieder erstarken. Sie bluten uns aus."

Er trank sein Glas leer, dann fuhr er fort, „Die Amerikaner und die Engländer sehen Deutschland als Bollwerk gegen den Kommunismus, der aus dem Osten droht.

Immerhin hat die russische Führung darauf verzichtet, sich an der Ausplünderung Deutschlands zu beteiligen.

Sie wollen von deutscher Ingenieurkunst und vom deutschen Erfindergeist lernen und profitieren.

Uns bei Laune halten, ist das Gebot der Stunde.

Der Plan der Russen ist kein Geheimnis.

Sie wollen aus dem riesigen Agrarland eine Industriemacht formen, nach amerikanischem und europäischem Vorbild.

Sie brauchen westliche Technologie."

Von Hünewitz hielt inne und winkte dem Ober: „Artur, bringen Sie uns noch eine Lage.

Ich nehme noch einen Weißwein."

Als der Kellner sich diskret entfernt hatte, ergriff er erneut das Wort:

„In mehreren Treffen des Außenministers mit seinem russischen Amtskollegen gibt es diverse Annäherungen in Wirtschaftsfragen und bereits Lösungsvorschläge."

Er unterbrach sich.

Artur, der Ober, verteilte die Getränke und zog sich geräuschlos zurück.

„Wie sehen diese Lösungen aus?", fragte Professor Silberstein.

Ein überlegenes Grinsen spielte um von Hünewitz' Mundwinkel: „General Seeckt entwirft gerade einen Plan zur Ausbildung der Roten Armee.

Russische und deutsche Heeresdienststellen arbeiten zusammen."

Hünewitz hob sein Glas: „Meine Herren, auf das Wohl der deutschen Unternehmerschaft."

Sie tranken. Dann sprach er weiter: „Rathenau hat mit seinem russischen Amtskollegen eine Abmachung. Sie haben eine Gesellschaft zur Förderung gewerblicher Unternehmungen gegründet.

Ein Offizier des Reichswehrministeriums leitet diese.

Meine Herren, streng geheim."

Er legte den Zeigefinger theatralisch an die Lippen.

Nach einer kurzen Pause fuhr er fort: „Junkers errichtet gerade eine Fabrik für Flugzeuge in Fili bei Moskau, eine Anlage für Giftgas wird bei Samara an der Wolga geschaffen, eine andere Firma, deren Namen ich vergessen habe, baut in Kasan Panzer, in Charkow liegt ein deutscher Militärflugplatz und andere Stationen sind über das weite Land verteilt.

Deutschland verpflichtet sich, die Russen bei der Schaffung einer mächtigen Industrie mit Fachkräften und technischer Ausrüstung zu unterstützen."

Er sah triumphierend in die Runde.

Jakob schüttelte den Kopf.

„Ich sehe eine Gefahr, die nicht zu unterschätzen ist. Wir reichen ihnen den kleinen Finger ..."

„Siehst du denn nicht Jakob, seht ihr denn alle nicht, welches Potenzial in dieser Ostpolitik steckt?"

Er hatte Jakob unwirsch unterbrochen.

Jetzt lehnte er sich erschöpft zurück und verschränkte die Arme vor der Brust. Diese Geste wirkte trotzig, fast schon beleidigt.

Liebermann pflichtete Jakob bei, indem er sagte: „Das Ziel der Russen ist es, die kapitalistischen Staaten einzuholen oder gar zu überholen. Diese Gefahr liegt doch auf der Hand."

„Purer Unsinn." Von Hünewitz wischte die Einwände beiseite.

Die Diskussion wurde hitziger.

„Wie sieht der Reichstag das Ganze?"

Professor Silberstein besänftigte die Gemüter mit seiner Frage.

Von Hünewitz hatte sich nun wieder völlig unter Kontrolle und seine Stimme klang ruhig, als er sagte: „Die Nationalsozialisten kochen vor Wut. Sie beschimpfen unseren Walther als Verräter, der uns an die Russen verkauft.

Die Kommunisten begrüßen natürlich die Öffnung zum Osten hin.

Die konservative Mitte hält sich wie immer bedeckt.

Sie traut dem Braten nicht.

Die haben die gleichen Bedenken wie ihr hier“, fügte er hinzu und trank sein Glas in einem Zug aus.

Er konnte seine Enttäuschung nur schwer verbergen.

Eben wollte Uri Liebermann seinen Standpunkt untermauern, als sich vor dem Eingang zum Clubzimmer tumultartige Szenen abspielten.

Mehrere Mitglieder stürmten in den Raum und schrien durcheinander.

„Walther Rathenau ist tot.

Erschossen auf offener Straße.

Ein Attentat.“

Uri Liebermanns Kinnlade fiel nach unten und Jakobs Gesicht war aschfahl geworden.

Der Professor wirkte wie gelähmt und von Hünewitz hatte das Gefühl, sich übergeben zu müssen.

Dann stotterte er: „Rechtsradikale Terroristen. Diese ... diese Schweine. Diese dreckigen Schweine.“

„Was für eine sinnlose abscheuliche Tat“, murmelte Jakob.

„In was für einer Welt leben wir?“

Dann saßen sie stumm beieinander.

Fassungslos. Hilflos.

Jeder versuchte auf seine Art, das feige Attentat auf den deutschen Außenminister, der in so kurzer Zeit so viel bewirkt hatte, zu verarbeiten.

Walther Rathenau war ihr Freund gewesen.

Man schrieb den 24. Juni 1922.

Kapitel 6

Kreidler schlenderte ziellos durch die abendliche Innenstadt.

Nur noch wenige Fußgänger waren unterwegs.

Zufällig kam er am Münchener Hofbräuhaus vorbei.

Er sah, wie sich Menschentrauben auf den Eingang zu bewegten, und wurde neugierig.

Einem inneren Zwang folgend, betrat auch er den großen Saal.

Es war kurz nach acht Uhr. Die Veranstaltung hatte bereits begonnen.

Im Saal und in den Gängen drängten sich die Zuhörer.

Kreidler schätzte sie auf gut zweitausend.

Ein Doktor Dingfelder sprach und was er verkündete, empfand Kreidler als kalten Kaffee.

Als Nächstes betrat ein unscheinbarer Bursche das Podium.

Nach den ersten Worten schon kam Begeisterung auf.

Die Luft füllte sich mit Spannung und die Massen waren wie elektrisiert.

Nicht nur das, was dieser Mann ins Mikrofon schrie, sondern auch wie er es schrie, war den meisten aus der Seele gesprochen.

Sofortige Einstellung aller Reparationsleistungen, Rückgabe der Kolonien, Selbstbestimmung für alle Deutschen, Nationalisierung der Konzerne, Bodenreformen, denn Gemeinnutz steht über Eigennutz.

Deutsche Staatsbürgerschaft nur für Deutsche – wobei die Juden ausgeschlossen werden sollten.

Kontrolle der Presse, Zentralisierung der Gewalt im Reich und ein neues Heer.

Dieser Mann auf dem Podium mit der Haarsträhne, die in die Stirn fiel, und dem kleinen Oberlippenbärtchen verfügte über eine Sprach- und Überzeugungskraft, die mitriss und ganz und gar überzeugte.

Als er endete, brandete frenetischer Jubel aus. Die Menge tobte.

Adolf Hitler stand erschöpft am Rednerpult mit nach vorne gestrecktem Arm.

Aufgewühlt verließ Kreidler die Veranstaltung.

Er hatte als kaisertreuer Nationalist den jähen Zusammenbruch miterlebt und hasste seitdem die Politiker, die zuließen, dass sein geliebtes Vaterland ausgeplündert wurde.

In erster Linie vom Erzfeind Frankreich.

Die Reparationszahlungen alleine überstiegen die Möglichkeiten bei Weitem.

Unter diesen Forderungen würde die junge Republik, noch bevor sie auf die Beine kam, zusammenbrechen.

Das Schanddiktat des Versailler Vertrages war demütigend und in Gänze abzulehnen.

Deutschland brauchte einen starken Mann an der Spitze mit Führungsqualitäten.

Hatte Kreidler diesen starken Mann, diesen Führer heute Abend erlebt?

Dieser Hitler hatte Thesen vorgetragen, die sich mit Kreidlers Ansichten und Auffassungen vollständig deckten.

Wer war dieser Mann?

Woher kam er?

Seine Ziele jedenfalls, die er verfolgte, wurden unmissverständlich formuliert.

Hatte die neugegründete NSDAP, die Hitler in seiner Rede immer wieder geschickt nannte, das Potenzial für eine Regierungspartei?

Kreidlers kriminalistischer Instinkt warnte ihn davor, allzu euphorisch zu sein.

Auf kurz oder lang würde er es mit der NSDAP und Adolf Hitler beruflich zu tun bekommen, da war er sich ganz sicher.

Sein Interesse wurde durch die Faszination, die dieser Mann bei ihm hinterlassen hatte, noch um ein Vielfaches verstärkt.

Er steuerte die nächste Schankwirtschaft an.

Er musste etwas trinken.

In den Wochen und Monaten nach diesem Erlebnis im Hofbräuhaus trug Kreidler alle Berichte und Zeitungsmeldungen über Adolf Hitler und die Führungsriege der NSDAP zusammen.

Das war relativ einfach, denn es verging fast kein Tag, an dem die Zeitungen nicht über die politische Entwicklung in der jungen Republik berichteten und somit auch über Randgruppen und Außenseiter.

Kreidler legte eine Akte an und verfasste eigenhändig ein Dossier, aus dem der Werdegang und die Beweggründe Hitlers ersichtlich wurden.

Er achtete peinlichst genau darauf, nicht parteiig und voreingenommen zu erscheinen.

Was gar nicht so einfach war, denn Adolf Hitler und seine NSDAP hatten längst Kreidlers uneingeschränkte Sympathie.

Er ließ sein handschriftliches Skript von Gretel Aumüller abtippen, weil er sich sicher sein konnte, dass die Geheimhaltung gewahrt blieb.

In dem Dossier war zu lesen:

In der wirren Zeit nach Kriegsende stellt sich für den Gefreiten Adolf Hitler aus Österreich die Frage: Was nun? Wie soll es weitergehen?

Er hat aus Überzeugung als Kriegsfreiwilliger an der Front gekämpft, gedarbt und gelitten.

Alle Entbehrungen ertragen.

Im Schützengraben das Grauen erlebt.

Wie Millionen andere Lanzer auch fühlt er sich verraten und verkauft von jenen Politikern in der Heimat, die sich dem Schanddiktat der Siegermächte widerspruchlos fügen.

Für ihn ist die „Dolchstoßlegende“ nicht nur Theorie, sondern Fakt.

Der Angriff aus der Heimat in den Rücken der kämpfenden Truppe ist sinnbildlich für die Niederträchtigkeit bestimmter Gruppen, deren Verrat gesühnt werden muss.

Die Novemberverbrecher, wie er die Politiker in Berlin ab jetzt nur noch nennen wird, die Kriegsgewinnler und die jüdische Hochfinanz sind für ihn der Inbegriff von Feigheit und Unmoral.

Aus diesen Aspekten beschließt Adolf Hitler, Politiker zu werden.

Sein Talent, die Massen zu begeistern, gepaart mit seinem grenzenlosen Fanatismus, lässt ihn zu Trommler jener entwurzelten Lanzknechte werden, denen er militärischen Glanz und Ehre verspricht.

Er verspricht den Geschäftsleuten Steuersenkungen, den Beamten sichere Pensionen und den Arbeitern Brot und Arbeit.

Er spricht sie alle an und sie glauben jedes Wort.

In ausweglosen, trostlosen Zeiten ist die Hoffnung das Letzte, was bleibt.

Schließlich haben die meisten alles verloren und viele von ihnen kämpfen tagtäglich ums Überleben.

Sie lassen sich leicht verführen.

Er vereint sie im Hass auf das Bestehende und malt ihnen eine Zukunft in einem wiedererstarkten Deutschland aus, das führend in Europa, ja führend in der Welt sein wird.

Er nennt es „Das Dritte Reich."

In einer zerrissenen Zeit sind Visionen gefragt.

Franz Kreidlers Frühstück bestand aus zwei rohen Eiern, die er mit einem Löffel Traubenzucker in einem großen Glas verrührte, um es dann mit Weinbrand aufzufüllen.

In gierigen Zügen leerte er das Glas.

Wie die meisten Alkoholiker gestand er sich seine Sucht nicht ein.

Der Alkohol löste Verkrampfungen, beflügelte und enthemmte.

Er war mit Alkohol ruhiger, ausgeglichener und souveräner.

Er merkte, wie der Alkohol seine Wirkung tat.

Als er seine Wohnung an diesem Morgen verließ, um ins Amt zu fahren, fasste er den Entschluss, in Sachen Adolf Hitler tätig zu werden.

Sein Plan sah vor, einen zuverlässigen Beamten einzuschleusen, um mehr über die NSDAP und deren Hintermänner zu erfahren.

Er wollte vorbereitet sein, denn es brodelte gewaltig in den politischen Lagern.

Auf kurz oder lang würde es zum Eklat kommen, dessen war Kreidler sich sicher.

Besser man würde dann nicht auf dem falschen Fuß erwischt werden.

Im Büro telefonierte er mit Leopold Huber, dem Polizeichef.

Huber hatte sich als umgänglicher und unkomplizierter Zeitgenosse entpuppt, mit dem man effektiv zusammenarbeiten konnte.

Als Huber sich am anderen Ende der Leitung meldete, bat Kreidler um eine Unterredung außerhalb des Büros.

„Ich habe da eine heikle Angelegenheit." Mehr verriet er nicht.

Sie verabredeten sich zum Mittagessen.

Kreidler betrat die Gaststätte, die Huber vorgeschlagen hatte, kurz nach zwölf Uhr.

Eine typisch bayerische Lokalität.

Grob gezimmerte Holzbänke und Tische und ein Ausschank mit langer Theke.

Das Bierfass stand einfachheitshalber auf dem Tresen. Wie überall in Bayern üblich, lief das Bier in Strömen, denn es wurde als Grundnahrungsmittel gesehen.

Der Schankraum war jetzt zur Mittagszeit gut besucht.

Die Bedienungen, ausnahmslos junge Damen im obligatorischen Dirndl, schleppten die vollen Bierkrüge an den Henkeln fast im Laufschritt.

Nicht selten zehn auf einmal.

Sie ließen sich ihre Schwerstarbeit aber nicht anmerken.

Der Polizeichef saß schon am Tisch in einer Ecke.

Kreidler setzte sich zu ihm und gab ihm einen freundschaftlichen Klaps auf den Oberarm.

„Poldi, Grüß Gott", sagte Kreidler dabei, weil es Huber schmeichelte, so genannt zu werden.

Sie einigten sich zu Anfang ihrer Zusammenarbeit auf das kollegiale „Du."

Ein Vorschlag Kreidlers, denn er wollte damit eine Basis des Vertrauens schaffen, da seine Behörde auf die enge Zusammenarbeit angewiesen war.

Etiketten, die gewahrt werden mussten, konnten nur als störend und hinderlich empfunden werden.

„Servus Franz!" Wie immer strahlte er über das ganze Gesicht und seine roten Wangen leuchteten.

„Gehts gut? Was möchtest du trinken?", fügte er hinzu.

Huber hätte unter anderen Umständen, ohne zu fragen, zwei Maß bestellt, aber er wusste, dass Kreidler Bier hasste.

„Ich nehme einen Rotwein und einen Obstler. Besser noch einen doppelten.

Mein Magen macht mir zu schaffen in letzter Zeit."

Kreidler verzog gespielt das Gesicht.

Er brauchte etwas Hochprozentiges, das war alles.

Huber winkte der Bedienung zu und gab die Bestellung auf, als die Kellnerin an den Tisch trat.

Eine Maß, einen Rotwein und einen doppelten Obstler."

„Gerne", sagte sie lächelnd. „Trocken oder lieblich?" Die Frage bezog sich auf den Wein.

„Trocken", sagte Kreidler. Sie verschwand.

„Wartest du schon lange?"

Huber schüttelte den Kopf. „Bin auch gerade erst gekommen."

Als sie heute Morgen telefonierten und Kreidler von einer heiklen Angelegenheit sprach, war Huber natürlich neugierig geworden. Jetzt fragte er geradeheraus.

„Was ist los, Franz? Wo brennt es? Wie kann ich dir behilflich sein?"

Die Bedienung brachte die Getränke.

„Prost erst einmal."

Während Kreidler seinen Schnaps kippte, nahm Huber einen tiefen Zug aus seiner Maß.

„Oh", er wischte sich den Schaum aus dem Schnurrbart. „Hatte ich einen Durst."

Er beobachtete amüsiert, wie Kreidler an seinem Rotwein nippte, den Schluck ganz Kenner für einen Augenblick im Mund behielt, ihn wälzte, darauf kaute, um seinem Gaumen und seiner Zunge Gelegenheit zu geben, zu analysieren, bevor er schluckte.

„Ist er gut?“, fragte Huber schmunzelnd.

Er hatte noch nie verstanden, warum ein Weintrinker ein solches Trara veranstalten musste.

„Zu warm. Ansonsten nicht schlecht.“

In der Tat überraschte es Kreidler, in so einer einfachen Gastwirtschaft einen so guten Wein kredenzt zu bekommen.

Er lächelte. „Ich erzähle dir erst einmal, worum es geht.“ Kreidler kam zur Sache.

„Sagt dir der Name Adolf Hitler etwas?“

„Natürlich, dieser Herr ist polizeibekannt.“ Huber verzog das Gesicht. Missbilligend.

„Und NSDAP?“

„Ziemlich rechts außen, dieser Verein.“ Huber stöhnte.

Kreidler nickte: „Genau. Bloß ... ich würde ihn nicht Verein nennen, denn er ist viel mehr.“

Es entstand eine kleine Pause. Dann sagte Kreidler: „Ich möchte mehr über diese Leute erfahren.

Bevor wir mit diesen Leuten beruflich zu tun bekommen, sollten wir wissen, woher der Wind bläst.“

„Aha“, der Polizeichef begriff.

Kreidler nahm noch einen Zug aus seinem Glas, ließ den Wein sich im Mund wieder entfalten, bevor er ihn hinunterschluckte.

„Du willst, dass ich einen Beamten abstelle für die Staatsanwaltschaft, der den Verein ausspioniert?

Habe ich das so weit richtig verstanden?“, fragte Huber stolz auf seinen kriminalistischen Scharfsinn.

Kreidler grinste: „Gut erkannt.“

Als er weitersprach, war sein Grinsen verschwunden.

„Enorm wichtig ist die absolute Geheimhaltung. Darum wollte ich auch nicht, dass wir uns im Büro besprechen. Bisweilen haben die Wände Ohren.“

Wieder nahm er einen Schluck. Wieder spielten Gaumen und Zunge mit dem Wein.

Es entstand eine längere Pause.

Als Huber dann sprach, war er sich sicher, dass er den richtigen Beamten für diese Aufgabe auserkoren hatte.

„Inspektor Emil Neunziger ist unser Mann."

Kreidler sah sein Gegenüber erwartungsvoll an.

Huber trank sein Bier aus.

„Erzähl mir mehr", drängte Kreidler.

„Nun", der Polizeichef strich sich den Schnurrbart glatt und zwirbelte die Enden.

„Ein unverbrauchter, strebsamer, gelehriger Ermittler.

Unpolitisch und deshalb neutral. Ein wortkarger Einzelgänger. Er quatscht nicht, er handelt.

Soviel ich weiß, wohnt er noch zu Hause bei Muttern."

Als Huber geendet hatte, sah er erwartungsvoll in Kreidlers Gesicht, um eine Regung zu erkennen.

Doch dessen Miene blieb undurchsichtig.

Stattdessen winkte Kreidler der Kellnerin und bestellte noch einmal das Gleiche.

Als die vollen Gläser vor ihnen standen, sagte Kreidler erneut mit Nachdruck:

„Außer uns beiden und deinem Inspektor darf niemand davon erfahren. Wir müssen uns auf ihn verlassen können."

Er wählte bewusst das „Wir", damit Huber sich einbezogen fühlte.

Der Polizist nickte: „Versteht sich von selber."

Sie prosteten sich zu und tranken.

Dann bestellten sie ihr Mittagessen.

Kapitel 7

Die Ergebnisse der Examensarbeiten wurden in der Universität am schwarzen Brett bekannt gegeben und Martins Name stand als Erster ganz oben mit dem Vermerk „Jahrgangsbester“ und mit „Auszeichnung“ bestanden.

Professor Doktor Ismael Silberstein beglückwünschte Martin als einer der ersten und klopfte ihm auf die Schulter. Das zweite Staatsexamen in Medizin wurde allgemein als schwierigstes bezeichnet.

„Von Ihnen habe ich nichts anderes erwartet, mein lieber Kreidler.“

Die Anerkennung des Professors bedeutete Martin besonders viel.

Er nutzte die Gunst der Stunde und fragte: „Herr Professor, ich brauche zum Abschluss meines Studiums und für meine Doktorarbeit einen Doktorvater. Würden Sie mir die Ehre erweisen?“

Der Professor sah Martin sichtlich gerührt an und zögerte keine Sekunde, indem er sagte:

„Mir ist es eine Ehre, mein Junge. Mir ist es eine Ehre.“

So durfte er im letzten Jahr als Medizinstudent bereits mit seiner Doktorarbeit beginnen.

Im Hause Rosendahl knallten die Sektkorken.

Nicht nur Martins ausgezeichnetes Examen konnte gefeiert werden.

Auch Sara hatte mit der Mittleren Reife ihre Schule abgeschlossen.

Eher beiläufig fragte Jakob später am Abend: „Wie geht es weiter für dich, Sara?“

Mit einem treuherzigen Hundeblick sagte sie, ohne zu zögern: „Kaufmännische Lehre bei dir in der Firma und Übernahme des gesamten Ladens, so in vier bis fünf Jahren."

Alle blickten sie entgeistert an.

Dann brach sie in schallendes Gelächter aus.

Sie hatte einen kleinen Schwips.

„Ihr müsstet euere Gesichter sehen."

Sie prustete, verschluckte sich vor Lachen und bekam einen Hustenanfall.

Beide, Ella und Jakob, wollten es ihrer Tochter überlassen, ob sie Interesse an dem Familienunternehmen entwickelte.

Sie drängten Sara nichts auf. Während ihrer gesamten Schulzeit wurde das Thema Berufswunsch nicht angesprochen.

Insgeheim hofften Ella und Jakob natürlich, ihr Lebenswerk würde in der Familie bleiben.

Aber das wollten sie Sara selber überlassen.

Diese Entscheidung sollte sie frei und ohne Zwang treffen.

Als sie dann tatsächlich die Kaufmannslehre in der Fleischfabrik begann, waren Ella und Jakob überglücklich.

Bald schon stellte sich heraus, dass es eine gute Entscheidung gewesen war.

Sara entwickelte kaufmännisches Geschick, hatte ein Händchen für Zahlen und konstruktive Vorschläge für Ablauf und Produktion am Band. Sie dachte mit.

Sara war in allen Belangen ein Gewinn für die Firma.

Sie kam mit den Arbeitskollegen hervorragend aus, denn sie strahlte eine positive Energie aus, die mitriss.

Ihre Fröhlichkeit, ihre unkomplizierte Art und ihr Lachen steckten an.

Wenn sie den Raum betrat, hatten alle das Gefühl, es würde heller werden.

Das Betriebsklima in der Fleischfabrik, sowieso schon immer gut, war nicht mehr zu übertreffen.

Großen Anteil daran hatte nicht zuletzt die Juniorchefin Sara Rosendahl.

Martin betrat das Badezimmer wie jeden Morgen schlaftrunken und blieb wie angewurzelt stehen.

Vor ihm stand Sara splitterfasernackt und betrachtete sich im großen Spiegel.

Schon wollte er umkehren und murmelte eine Entschuldigung, aber etwas hinderte ihn daran, denn Sara sah ihn herausfordernd an, ganz ohne Scheu, ganz ohne Scham, ganz ohne Verlegenheit.

Martin stand da wie gelähmt und sein Blick hing wie gefesselt an ihr.

Für ihre sechzehn Jahre waren ihre Brüste üppig mit rosigen Brustwarzen, die jetzt etwas hart wurden und sich aufrichteten.

Ihr flacher Bauch und ihre schlanke Taille mit den fraulich ausladenden Hüften hatten die richtigen Proportionen.

Das schwarze Dreieck zwischen ihren schlanken, wohlgeformten Beinen mit der leichten Wölbung ihres Venushügels bildeten den Mittelpunkt eines perfekten Körpers.

Obwohl Martin an den Anblick nackter Menschen gewohnt war – im Operationssaal, in der Pathologie und in den Untersuchungsräumen –, musste er sich eingestehen, noch nie so etwas Vollkommenes gesehen zu haben.

Sie war atemberaubend schön.

Hier hat der liebe Gott sein Meisterwerk vollbracht, schoss es Martin durch den Kopf.

„Gefällt dir das, was du siehst?“ Sara zeigte immer noch keine Scheu. Im Gegenteil.

Sie hielt nichts von Schamhaftigkeit, Prüderie oder verklemmter Moral.

Das zeigte sie deutlich.

„Das wird einmal alles dir gehören.“ Sie drehte sich und stand jetzt vis-à-vis ihm gegenüber.

„Du wirst mich nämlich heiraten, Martin Kreidler.

Heute hast du schon einmal einen Vorgeschmack bekommen.“

Sie lächelte und ihre Augen leuchteten.

Es amüsierte sie, wie unbeholfen und überfordert Martin dastand.

Ihm war bewusst, dass er ein jämmerliches Bild abgeben musste.

Wie ein Idiot stehe ich hier, konnte Martin nur denken und er versuchte, gleichzeitig sich so zu stellen, dass die Beule in seiner Schlafanzughose nicht allzu sehr auffiel.

Von diesem Tage an sah Martin Sara mit anderen Augen.

Ihm wurde bewusst, dass sein Verhältnis zu ihr ein anderes werden würde.

Schlagartig sah er sie als Frau, die Begehrlichkeiten weckte.

Gestern noch war Sara seine kleine Schwester und er ihr großer Bruder.

Niemals, bis zu diesem Zeitpunkt, hätte er etwas anderes für möglich gehalten.

Martin fragte sich, wieso ihm Saras Verwandlung entgangen sein konnte.

Vom Kind zur atemberaubenden, reifen Schönheit.

Einer Metamorphose gleich bis zur makellosen Vollkommenheit.

Sie lagen im Gras. Die Schäfchenwolken am Himmel kündigten einen Wetterumschwung an.

Der schwüle Sommertag würde sich in einem Gewitter abkühlen.

Die Stelle, wo sie lagen, konnte von keiner Seite aus eingesehen werden. Völlig verdeckt von mannshohem Gras.

Sie kamen oft hierher in ihr Versteck, wie sie es nannten, um hier zu baden oder faul in der Sonne zu liegen.

Hier hatte Martin Sara seine Liebe gestanden.

„Das wurde aber auch Zeit", hatte Sara gescherzt und ihm zwischen zwei Küssen erklärt, dass sie ihn schon liebte, seit sie dreizehn war.

Sara lag auf dem Rücken und Martin massierte sanft ihre Schläfe, weil sie über Kopfschmerzen klagte.

Zärtlich fuhr er nach einer Weile mit zwei Fingern über ihren Nasenrücken und dann über ihre Lippen, ihr Kinn und ihren Hals und dann zu ihren Brüsten, liebkoste ihre Brustwarzen, die sich jetzt durch den dünnen Stoff ihres Badeanzugs aufrichteten und hart wurden.

Seine Finger glitten weiter hinab über ihren Bauch und noch weiter hinab, um dann urplötzlich einen Bogen um Saras Weiblichkeit zu beschreiben.

Sara wusste, dass es nicht zum Äußersten kommen würde, obwohl sie dazu bereit gewesen wäre, denn sie fand es natürlich und an der Zeit, sich ihm ganz hinzugeben.

Schließlich liebten sie sich und würden heiraten.

Sie hatte Martin darauf angesprochen, wie es ihre Art war, Dinge beim Namen zu nennen.

Martins Erklärung verblüffte sie.

„Für Gotteskinder gehört sich das nicht. Eine Frau sollte unberührt in die Ehe gehen.

Da bin ich erzkonservativ.

Mit unserer Heirat wird es noch etwas dauern. Erst schließe ich meine Ausbildung ab.

Was, wenn mir etwas passiert und ich dich nicht heiraten kann?

Außerdem käme ich mir gegenüber deinen Eltern schäbig vor.

Ich würde ihr Vertrauen missbrauchen.

Sie haben mich aufgenommen, mir eine Familie gegeben.

Zum Dank verführe ich die Tochter des Hauses?

Nur ein Schwein tut so etwas."

Dem konnte Sara nichts entgegenhalten.

Martin zeigte durch sein Verhalten nur, was für ein besonderer, was für ein feiner Mensch er war.

Die Veränderung zwischen ihrer Tochter Sara und Martin entging weder Ella noch Jakob.

Sie waren beide in der Küche und Jakob schnitt das Thema gegenüber Ella an:

„Ich will nicht altmodisch erscheinen, aber mir ist aufgefallen das, sich zwischen unserer Tochter und Martin mehr als Kameradschaft entwickelt hat.

Ich bin mir nicht sicher, was ich davon halten soll.

Wenn es nur eine vorübergehende Schwärmerei unserer Tochter ist, denn Martin ist ein gestandenes Mannsbild, würde ich sagen, das geht vorbei."

Jakob zündete sich eine Zigarre an, dann fuhr er fort: „Ich hoffe nur, Martin nutzt das nicht aus.

Schließlich ist er auch nur ein Mann und unsere Tochter ist zu einer Schönheit gereift.

Sie erinnert mich, je älter sie wird, immer mehr an dich."

Ella sah in Jakobs Gesicht Sorgen und Verunsicherung.

Sie stand am Waschbecken und wusch den Salat für den Abend.

Die Kinder waren mit den Fahrrädern unterwegs, wollten aber zum Abendessen zurück sein.

Sie drehte sich um und trocknete ihre nassen Hände an der Schürze ab.

„Ich halte Martin für einen besonderen Menschen. Er wird in keinem Fall irgendetwas tun, was Sara schaden oder verletzen könnte, da bin ich mir sicher.

Du hast Martin doch auch ins Herz geschlossen. Er wird auch unser Vertrauen nicht missbrauchen."

Ella zögerte, dann sagte sie: „Die beiden haben sich ineinander verliebt, soll vorkommen.

Unsere Tochter ist auch etwas Besonderes, das weißt du.

Wenn sich also zwei besondere Menschen begegnen und sich ineinander verlieben, dann ist das Schicksal. Du kannst es auch Gottes Fügung nennen.

Glaube mir, mein Lieber, die beiden sind füreinander bestimmt."

Ella hielt inne und holte tief Luft, denn was sie jetzt sagte, fiel ihr unendlich schwer:

„Weil unser Sohn David von uns gegangen ist, hat der liebe Gott Martin geschickt.

So will ich es glauben und so kann ich die schicksalhafte Fügung begreifen."

Bei den letzten Worten kullerten Ella dicke Tränen über die Wangen.

Jakob stand auf und nahm sie wortlos in die Arme. Auch er war den Tränen nahe.

Ella und Jakob vereinbarten Stillschweigen.

Sie wollten den Kindern die Gelegenheit geben, sich selber zu offenbaren.

Tiefgreifende wirtschaftliche und politische Ereignisse zwangen Jakob zum Handeln.

Bisher hatte er gehofft, die Wirtschaft würde sich stabilisieren, aber seit Monaten eskalierte die Situation und lief völlig aus dem Ruder.

Die Franzosen marschierten ins Ruhrgebiet ein, weil Deutschland seine Reparationszahlungen nicht vollzählig nachkommen konnte, und eine gewalttätige Auseinandersetzung drohte, die hartumkämpften Friedensbemühungen zunichtezumachen.

Die Inflation, vor der Uri Liebermann am Tage des Attentats auf Walther Rathenau eindringlich gewarnt hatte, nahm immer mehr Fahrt auf.

Jakob musste reagieren, wollte er nicht alles verlieren, wofür er sein Leben lang gearbeitet hatte.

Er griff zum Telefonhörer und wählte die Nummer seines Finanzberaters und Freundes Uri Liebermann. Das Telefonat war kurz und knapp.

„Hallo Uri, ich grüße dich. Wir müssen reden“, sagte Jakob.

„Hallo Jakob, ich bereite etwas vor. Gib mir zwei Tage.“ Jakob legte auf.

Uri Liebermanns Sekretärin meldete Jakob Rosendahl.

Als Jakob das Büro betrat, saß Liebermann hinter seinem mächtigen Schreibtisch und wirkte etwas verloren.

Dicker Zigarrenrauch hüllte ihn ein.

Über ihm an der Wand das Porträt seines Großvaters, des Gründers der Bank, Samuel Liebermann in Öl gemalt und lebensgroß.

„Jakob, setzt dich“, begrüßte er ihn.

Zu seiner Sekretärin gewandt: „Frau Berger, machen Sie uns bitte Kaffee.“

„Gern.“ Sie verließ den Raum.

Liebermann öffnete eine Akte.

„Beträchtlich wäre der Ausdruck, der mir einfällt zu den Zahlen.“

Er unterbrach sich. Frau Berger brachte den Kaffee und entfernte sich leise.

Er fuhr fort: „Ich habe der Einfachheit halber alles addiert. Natürlich nur das Bare.

Das ... gilt es, in Sicherheit zu bringen. Das bewegliche Vermögen.

Die Fabrik mit Inventar und Nebengebäuden plus Büros sowie die Villa und deren Einrichtung sind Sachwerte und stehen nicht zur Disposition. Ich denke, das weiß du.“

Er reichte Jakob die Akte und beobachtete, wie dieser die Tabelle überflog und mehrmals nickte.

Liebermann meinte, bei seinem Freund und Geschäftspartner einen zufriedenen Gesichtsausdruck ausmachen zu können.

Als Jakob sprach, war er sich sicher, das Richtige zu tun.

„Du weißt Uri, dass ich dir immer in allen finanziellen Angelegenheiten vertraut habe, weil ich mir sicher sein konnte, du willst nur mein Bestes. So wie jetzt auch.“

Jakob trank aus seiner Kaffeetasse.

Liebermann hatte den allergrößten Respekt vor Jakob Rosendahl.

Nur mit Fleiß, Weitsicht und einer Menge Courage hatte er ein Unternehmen mit exzellentem Ruf erschaffen.

Er wusste, wie hart Jakob dafür gearbeitet hatte.

Schließlich kannten sie sich dreißig Jahre.

Liebermann hatte viele Geschäftsfreunde, die wie er selber auch mit dem goldenen Löffel im Mund geboren worden waren.

Aber sein Freund Jakob hatte mit nichts angefangen. Das hatte ihm schon immer imponiert.

„Was schlägst du konkret vor, Uri?“, hörte er ihn jetzt sagen.

Liebermann legte den Zigarrenstummel auf den großen Kristallaschenbecher vor sich und nahm die Akte wieder an sich.

„Wir reden über drei Millionen Reichsmark. Folgendes habe ich ausgearbeitet:

Ein Drittel in Diamanten als Einkaräter, leicht zu transportieren und wieder zu veräußern.

Ein Drittel in ausländischen Währungen. Amerikanische Dollar, englische Pfund, Schweizer Franken. Auf einem Nummernkonto in unserer Filiale in Genf."

Er trank an seinem Kaffee und verzog das Gesicht.

„Kein Zucker", sagte er angewidert. Er warf zwei Stück Zucker in seine Tasse und rührte bedächtig.

„Das letzte Drittel in Immobilien. Die Preise fallen gerade rasant. Das müssen wir ausnützen."

Er trank seinen Kaffee aus.

„Ich habe erst heute Morgen mehrmals telefoniert und mir ein paar Objekte anbieten lassen."

Er sah Jakob über seinen Kneifer an, der locker auf seiner großen Nase saß.

„Wo muss ich unterschreiben?" Jakob beugte sich vor und nahm wieder die Akte zur Hand.

„Masseltov", seufzte er dabei und wünschte sich selber Glück und Erfolg.

Ein zufriedenes Lächeln huschte über Uri Liebermanns Gesicht.

Er stand auf, umrundete den Schreibtisch und tippte mit dem Finger auf mehrere Formulare und Vollmachten, die er am Morgen hatte vorbereiten lassen.

„Du tust das Richtige, mein Freund", sagte er dabei.

So rettete Jakob Rosendahl sein beträchtliches Vermögen vor der drohenden Inflation.

Kapitel 8

Emil Neunziger lag nur mit kurzen Hosen bekleidet auf seinem Bett.

Es war schwül warm und er konnte nicht schlafen.

Seine Gedanken gingen zurück bis zu seinem zwölften Lebensjahr.

Damals nahm sein Vater ihn zum ersten Mal mit in den Boxclub.

Sein um fünf Jahre älterer Bruder Karl war da schon eine Berühmtheit auf Vereins- und Landesebene.

Juniormeister im Halbschwergewicht und Vaters ganzer Stolz.

In den ersten Trainingseinheiten ging es um Kondition und Koordination.

Seilspringen, Dauerlauf, Punchingball und Sandsack, Gewichtheben und Hanteltraining zwecks Muskelaufbau.

Emil biss die Zähne zusammen und fluchte.

Voller Ungeduld fragte er seinen Vater, wann er denn endlich in den Boxring dürfe.

Sein Vater, der hier als ehrenamtlicher Boxtrainer arbeitete, vertröstete ihn auf später.

Emil verlor schon fast die Lust an diesem Sport, merkte aber gleichzeitig, wie sein Körper sich veränderte. Er wurde muskulöser und straffer, seine Schläge am Sandsack kräftiger und seine Beine schneller.

Nach monatelanger Quälerei sagte sein Vater zu Beginn des Trainings, als Emil wieder den Sandsack bearbeiten wollte: „In den Ring mit dir. Mal sehen, was du drauf hast.“

Dort wartete schon ein gleichaltriger Junge, der bereits gekämpft, also schon Ringerfahrung hatte.

Die beiden punchten ihre Boxhandschuhe gegeneinander, wie es Brauch war, und gingen dann ungestüm aufeinander los.

Der Kampf dauerte nicht lange.

Jeder der beiden teilte aus und steckte ein, ohne nennenswerte Wirkungstreffer zu landen, bis Emils Gegner zu einem fürchterlichen Schlag ausholte, der aber sein Ziel verfehlte.

Emil duckte sich rechtzeitig und aus der Drehung heraus hämmerte er seinem Kontrahenten seine Faust unters Kinn.

Der taumelte, drehte sich einmal um die eigene Achse, fiel um und blieb bewusstlos liegen.

Die ganze Boxhalle wurde Zeuge und Emil galt von da an als Naturtalent.

Er bestritt viele Trainingskämpfe auch gegen ältere Gegner.

Er lernte, einzustecken, und bekam öfter Prügel, als ihm lieb war.

Emil verstand jetzt, was sein Vater unter unumstößlichen Grundregeln für diesen Sport verstand.

„Je besser der Körper trainiert ist, desto besser schützt er dich vor schweren Verletzungen.

Das eine ist das Austeilen, das andere ist das Einstecken. Nur so erreichst du die nächste Runde und den Schlussgong."

Er entwickelte einen unbändigen Siegeswillen, der für diesen Sport von höchster Bedeutung ist.

Emil trainierte wie besessen, nicht nur im Ring, sondern auch am Sandsack, Punchingball, mit den Hanteln und den Gewichten.

Er stählte seinen Körper zwei Jahre lang.

„Es tut weniger weh", sagte sein Bruder Karl, „je mehr Muskelmasse du aufbaust."

Kurz vor seinem vierzehnten Geburtstag kam sein Vater in die Umkleidekabine und sagte beiläufig: „Am Freitag hast du Geburtstag, dann wirst du vierzehn Jahre alt. Ich habe schon jetzt ein Geburtstagsgeschenk für dich. In drei Wochen sind die Landesmeisterschaften in deiner Altersklasse. Du wirst antreten und unseren Boxstall vertreten."

Emil jubelte. Er trainierte noch besessener, denn er wollte es allen zeigen, vor allem seinem Vater und seinem großen

Bruder, der für ihn immer ein Vorbild gewesen war, solange er denken konnte.

Eine Woche vor den Wettkämpfen brach der Erste Weltkrieg aus.

Es wurde Mobilmachung befohlen.

Sein Bruder Karl meldete sich freiwillig.

Es war aller Ehren wert, für Kaiser und Vaterland zu kämpfen, wenn nötig zu sterben.

Mit dem ersten Zug, der Richtung Front rollte, verließ er seine Heimatstadt München.

Sein Vater, Vizefeldwebel der Reserve, wurde eingezogen.

„Dieser Krieg wird nicht lange dauern", sagte Emils Vater am Bahnhof.

Er drückte seine Frau innig. Sie weinte.

Wahrscheinlich begriff sie als einzige den Ernst der Lage.

Er reichte seinem Sohn die Hand.

„Du bist jetzt der Mann im Haus. Ich verlasse mich auf dich. Dein Bruder und ich, wir müssen dem Franzmann in den Arsch treten."

Er drehte sich um und bestieg den Sonderzug festen Schrittes.

Keiner sollte sehen, dass er Tränen in den Augen hatte.

Das war das letzte Mal, das Emil seinen Vater sah.

Er fiel als einer der ersten noch in Belgien auf dem Vormarsch.

Seinen Bruder Karl sah er noch zweimal, als er auf Heimaturlaub nach Hause kam.

Dann fiel auch er und Emil war mit seiner Mutter alleine.

Sie fing wieder als Volksschullehrerin an zu arbeiten und mit dem Lehrergehalt und der winzig kleinen Kriegswitwenrente kamen sie über die Runden.

Emil schloss die höhere Schule mit dem Abitur ab.

Er war jetzt achtzehn Jahre alt.

Der Krieg tobte weiter und kein Ende war in Sicht.

Beim Abendessen sagte Emil zu seiner Mutter: „Ich werde mich freiwillig melden, Mutter."

Ihr fiel die Gabel aus der Hand.

Die sonst so besonnene Frau schrie ihren Sohn an: „Nur über meine Leiche. Hat dieser Krieg uns nicht schon genug Leid zugefügt?“

Dann wurde sie von Weinkrämpfen geschüttelt und Emil konnte sie erst beruhigen, als er ihr schwor, bei allem, was heilig war, diese Schnapsidee zu vergessen.

Viel später am Abend, als sie sich gefasst hatte, sagte sie tonlos: „Wenn du unbedingt Uniform tragen willst, geh zur Polizei. Fang etwas Sinnvolles mit deinem Leben an.“

Dieser Vorschlag keimte in ihm und ließ ihn nicht mehr los.

Er erkundigte sich umfassend und stellte fest, dass sich ihm aufgrund seiner höheren Schulbildung glänzende Aufstiegschancen boten.

Er absolvierte die Grundausbildung der Polizei, ging als Schutzpolizist zwei Jahre auf Streife, bevor er als Hilfsinspektor mehrere Abteilungen der Kriminalpolizei durchlief, um im Hier und Jetzt als frisch gebackener Inspektor der Abteilung Gewaltverbrechen Dienst zu verrichten.

Er wischte sich über die Augen.

Die Vergangenheit schmerzte immer noch.

Er dachte an heute Morgen.

Der Dicke, wie der Polizeichef heimlich von allen genannt wurde, hatte ihn zu sich ins Büro zitiert.

„Melden Sie sich morgen, Punkt acht Uhr bei mir“, war die Weisung.

Keine Erklärung, kein Kommentar. „Keine Uniform“, hieß es noch.

Was wollte der Dicke? Was bedeutete die Heimlichtuerei?

Draußen wurde es schon hell und Emil hatte noch immer nicht geschlafen.

Pünktlich um acht Uhr am nächsten Morgen klopfte Inspektor Neunziger an die Tür seines Chefs und trat ein.

Er trug ein kurzärmeliges weißes Hemd und eine dünne Sommerhose.

Keine Uniform war befohlen worden.

„Kommen Sie herein“, sagte Polizeichef Huber freundlich.

„Hinsetzen lohnt nicht, wir müssen gleich los.“

Er zog sein Jackett an. „Ich hoffe, Sie gehen gerne spazieren. Wir nehmen uns einfach einmal heraus, die Amtsgeschäfte nach draußen zu verlegen, bei dem schönen Wetter." Er lachte.

„Unser Ziel ist der Englische Garten", fügte er hinzu, weil er in das fragende Gesicht des Inspektors blickte.

Sie fuhren drei Haltestellen mit der Straßenbahn.

Auf dem Weg dorthin instruierte Huber seinen Inspektor in groben Zügen was genau auf ihn zu kam und warum man sich außerhalb des Präsidiums traf.

„Alles Weitere wird Ihnen Generalstaatsanwalt Kreidler erklären."

Kreidler wartete schon am Eingang und nahm sie in Empfang.

Er lächelte den beiden Polizisten freundlich zu. „Einen schönen guten Morgen, wünsche ich", begrüßte Kreidler die beiden gut gelaunt.

„Ist das ein Wetter, zum Helden zeugen.

Sie müssen Inspektor Neunziger sein." Er reichte ihm die Hand.

„Freut mich, Sie kennenzulernen." Kreidler sah einen durchtrainierten jungen Burschen mit blonden Locken und blauen Augen.

Vorzeige-Arier – schoss es Kreidler durch den Kopf.

Der junge Polizist überragte seinen Chef und ihn um Haupteslänge.

„Ganz meinerseits", erwiderte er. Seine Miene blieb ernst.

„Hallo Poldi", sagte Kreidler zu Huber gewandt. Der hob zur Begrüßung die Hand.

„Servus Franz. Gehen wir ein paar Schritte", schlug er vor.

Die Männer schlenderten über sorgsam gepflegte Wege.

Das weitläufige Areal war um diese frühe Stunde fast menschenleer.

Hier und da sah man städtische Arbeiter in grünen Gärtnerhosen, die sich um Blumenbeete und Rasenflächen kümmerten.

Jetzt um neun Uhr schien die Sonne noch nicht so heiß.

Der Generalstaatsanwalt hatte einen älteren Beamten erwartet.

Das sagte er dann auch. Neunziger zuckte mit den Achseln, erwiderte aber nichts.

Wortkarg, erinnerte Kreidler sich an Hubers Worte, als er den Inspektor beschrieben hatte.

Sie steuerten eine Parkbank an und setzten sich in den Schatten.

Kreidler erklärte in allen Einzelheiten, worin genau die Aufgabe bestand, für die sie einen zuverlässigen Beamten benötigten, und mit welchen Leuten man es zwangsläufig zu tun bekam.

Einiges, was hier zur Sprache kam, hatte Huber schon erwähnt, darum nickte Neunziger jedes Mal, wenn Kreidler eine Pause einlegte, sagte aber nichts.

Es gefiel Kreidler zwar, mit welcher Ruhe der junge Polizist zuhörte, aber ein klein wenig nervte die stoische Art Neunzigers dann doch, darum sagte er: „Sie dürfen Fragen stellen."

Als der Inspektor sprach, klang seine Stimme gelassen.

„Im Moment habe ich nur zwei Fragen:

Erstens mache ich mich in irgendeiner Weise strafbar?

Zweitens, trage ich alleine die Konsequenzen, wenn da etwas schiefläuft?"

Kreidlers und Hubers Blicke trafen sich.

Der junge Polizist hatte die Brisanz erkannt und verstanden, auf welch dünnes Eis er sich zwangsläufig begeben musste, wollte er erfolgreich sein.

Es war Huber, der die Bedenken Neunzigers mit einer Handbewegung wegwischte, als er sagte:

„Natürlich verlangt keiner von Ihnen irgendwelche krummen Dinger. Ehrenwort darauf", log er.

„Die Staatsanwaltschaft und das Polizeipräsidium sichern Sie ab, darauf können Sie sich verlassen", fügte er hinzu. Die zweite Lüge.

Kreidler beeilte sich, Hubers Worte zu bekräftigen, indem er sagte: „Das heutige Treffen außerhalb des Büros dient Ihrer Sicherheit. Nur wir drei wissen von Ihrem Auftrag und so soll es bleiben, damit Sie nicht vorzeitig enttarnt werden."

Es entstand eine Pause, bevor Kreidler wieder das Wort ergriff:

„Wir können Sie nur um Ihre Mitarbeit bitten. Sie können aufstehen und gehen, wenn Ihnen das Ganze zu heikel erscheint. Keiner würde es Ihnen verübeln. Wenn Sie den Auftrag übernehmen, dann freiwillig."

Nicht ohne Emotionen und voller Überzeugung sagte der Polizeichef: „Wir kriegen den Beutel Maden nur von innen auf."

Jetzt entstand eine längere Pause.

Wenn der junge Inspektor bis hierhin noch gezögert hatte, waren die letzten Worte seines Chefs ausschlaggebend.

„Ich mache es", sagte Neunziger mit fester Stimme.

„Gut, sehr gut." Kreidlers Erleichterung sah man ihm an und Huber klopfte sich überschwänglich auf die Schenkel.

„Großartig", rief er aus.

Ihm fiel ein Stein vom Herzen, dass seine Wahl mit Inspektor Neunziger die richtige gewesen war.

Sie besprachen noch einige Details und Kreidler schärfte noch einmal ein:

„Strengste Geheimhaltung. Einmal wöchentlich einen Bericht. Wir müssen wissen, was vor sich geht und was geplant wird. Wir müssen auf dem Laufenden bleiben.

Am besten gehen die Berichte über den Schreibtisch des Polizeichefs, das ist am unverfänglichsten. Er kann sie dann an mich weiterleiten.

So brauchen Sie die Staatsanwaltschaft nicht zu kontaktieren.

Wenn doch, aber bitte nur im Notfall, meine Karte mit meiner Durchwahl."

Kreidler reichte sie ihm und stand auf.

„Ich bin mir sicher, dass wir den Richtigen ausgewählt haben, jetzt wo ich Sie kennengelernt habe.

Ihr Chef hatte das richtige Näschen. Sie werden uns nicht enttäuschen.

Denken Sie immer daran, Ihre Dienststelle und die Staatsanwaltschaft halten Ihnen den Rücken frei.

Wir lassen Sie nicht hängen."

Neunziger stand auf. Das Gespräch schien zu Ende zu sein.

Sie reichten sich die Hand.

„Nicht vergessen", sagte Kreidler dabei. „Berichte wöchentlich."

Neunziger nickte, sagte aber nichts.

„Mach's gut Poldi, wir telefonieren." Er hob die Hand und schlenderte ohne Eile dem Ausgang zu, wobei er sich sein Jackett auszog und es sich lässig über die Schulter warf.

Er war hochzufrieden über den Ausgang der Unterredung.

Die Sonne schien jetzt aus strahlend blauem Himmel. Allmählich füllte sich der Park mit Besuchern. Es würde ein heißer Sommertag werden.

Kreidlers Laune wurde noch besser, als er auf der anderen Straßenseite ein Gartenlokal entdeckte.

Er brauchte etwas Alkoholisches.

Als der Generalstaatsanwalt außer Sicht- und Hörweite war, stand Huber auf: „Das ist ein Lotteriegewinn mein Junge. Wenn alles glatt läuft und dieser Auftrag zur Zufriedenheit abgeschlossen wird, können Sie sich aussuchen, in welcher Abteilung Sie in Zukunft arbeiten wollen."

Das Gesicht des Polizeichefs war schweißnass und krebsrot, als er hinzufügte, wobei er sich die Stirn mit einem großen Taschentuch abwischte: „Vielleicht gründen wir auch eine Sonderkommission für besondere Fälle mit Ihnen als Leiter."

Hubers gute Laune sah man ihm an.

Dem übergewichtigen Polizeichef konnte an diesem Morgen auch nicht die Sonne die Laune vermiesen, die jetzt erbarmungslos brannte.

„Sie haben eine glänzende Zukunft vor sich."

Mit hochrotem Kopf sah der „Dicke" Neunziger erwartungsvoll an und als er von seinem Inspektor immer noch keine Reaktion sah, fügte er hinzu: „Wahrscheinlich ist für Sie auch eine Beförderung drin, für die ich mich stark machen würde. Wie klingt das?"

Neunziger nickte und konnte sich ein knappes „gut" abringen, wobei ihm zum ersten Mal an diesem Morgen ein Lächeln übers Gesicht huschte.

Kapitel 9

Es überraschte Ella und Jakob angenehm, als sie vor dem imposant wirkenden Komplex der Wittenberger Heilstätten standen, in den man ihre Tochter Rowena seit Neuestem verlegt hatte.

Die dörfliche Abgeschiedenheit war gewollt.

Unsichtbarmachung der Irren vor der Öffentlichkeit, so hieß es in der Amtssprache.

Aber trotzdem zentral.

Ella und Jakob hatten eine halbe Stunde mit dem Auto gebraucht.

Die Einladung der Klinik kam schriftlich vor ein paar Tagen.

Die Rosendahls sollten umfassend informiert werden, wie und wo ihre Tochter nun untergebracht und behandelt wurde.

Die Klinikleitung wollte den Angehörigen zeigen, wie fürsorglich hier jeder Patient gepflegt wurde.

Ella und Jakob sahen es als selbstverständlich an, dass ihre Tochter nur die beste Pflege erhielt.

Ella besuchte Rowena einmal im Monat und daran würde sich auch jetzt nichts ändern.

Wann immer der Terminkalender es zuließ, begleitete Jakob seine Frau, weil er wusste, dass ihr das sehr viel bedeutete.

Rowena war das ziemlich egal.

Je nach Befindlichkeit reagierte sie auf den Besuch ihrer Eltern unterschiedlich.

Ging es ihr gut, dann grunzte sie etwas lauter und freundlicher zur Begrüßung.

Dafür war Ella schon dankbar.

Für gewöhnlich aber saß sie apathisch in ihrem Krankenstuhl und nahm von keinem und nichts Notiz.

Die Rosendahls wurden am Eingang von einer jungen Dame empfangen und in ein Besucherzimmer geführt.

„Nehmen Sie bitte Platz", sagte die junge Frau höflich und geschäftsmäßig.

„Ihre Tochter bringt man Ihnen." Damit verließ sie leise den Raum.

Es war ein helles, freundliches Zimmer.

Als Mobiliar hatte man gemütliche Sessel um einen niedrigen Tisch platziert.

Eine Tageszeitung und einige Journale lagen aus.

An den Wänden hingen Bilder abstrakter Künstler als Druck.

Als Bodenbelag hatte man pflegeleichtes beiges Linoleum gewählt.

Zwei hohe Fenster sorgten für ausreichend Tageslicht.

Alles machte einen sauberen, außergewöhnlich gepflegten Eindruck.

Es dauerte dann auch nicht mehr lange und eine ziemlich beleibte Schwester in gestärktem weißen Kittel schob Rowena mit dem Krankenstuhl herein.

Sie saß aufrecht, weil man sie mit starken Lederriemen fixiert hatte.

Rowena trug frische, saubere Sachen, das fiel Ella sofort auf.

Man hatte sie sorgfältig frisiert und auch sonst war Rowena adrett anzusehen.

Ella strich ihrer Tochter liebevoll eine Haarsträhne aus der Stirn.

Sofort quittierte Rowena diese Berührung als unangenehm und grunzte.

„Sie ist heute gar nicht gut drauf", sagte die Schwester entschuldigend.

„Ich bin übrigens Schwester Gertrud und maßgeblich für Ihre Tochter verantwortlich."

Sie strahlte. Hier musste Eindruck geschunden werden. Die Rosendahls waren reiche und einflussreiche Leute.

„Wie macht sie sich denn in der neuen Umgebung?", wollte Ella wissen.

Im feisten Gesicht der dicken Gertrud arbeitete es. Sie lächelte ihr geschäftsmäßiges Lächeln, als sie sagte: „Sie ist sooo lieb. Wenn alle unsere Schützlinge so lieb wären ..." Sie vollendete den Satz nicht. Noch immer lächelte sie.

Man tauschte noch die eine oder andere Freundlichkeit aus, dann verabschiedeten Ella und Jakob sich von Rowena, die noch nicht einmal ein Grunzen übrighatte.

Jakob drückte der dicken Schwester Gertrud einen größeren Geldschein in die Hand.

Sie spielte die Überraschte. Insgeheim hatte sie damit gerechnet.

Geht doch, dachte sie.

„Passen Sie auf unsere Tochter auf", bat Jakob mit gedämpfter Stimme.

„Gern Herr Rosendahl." Sie machte einen Knicks.

„Machen Sie sich keine Sorgen. Ihre Tochter ist bei mir in den besten Händen."

Sie schob den ungelenken Krankenstuhl in dem Moment zur Tür hinaus, als der Arzt erschien.

Im Vorbeigehen tätschelte er Rowenas Wange.

Sofort war das vertraute Grunzen zu hören. Der Arzt lächelte säuerlich.

„Bitte setzen Sie sich." Mit einer Geste deutete er auf die Sitzgruppe, nachdem die Schwester die Tür hinter sich geschlossen hatte.

„Mein Name ist Schneider. Doktor Schneider. Ich bin der medizinische Leiter dieser Einrichtung.

Wollen mal sehen."

Er schlug eine mitgebrachte Krankenakte auf und machte sich wichtig.

„Die Diagnose meiner geschätzten Kollegen bezüglich des Gesundheitszustandes Ihrer Tochter", er warf einen Blick in die Akte, „Ihrer Tochter Rowena teile ich voll und ganz.

Sie wird über den Zustand eines Kleinkindes nicht hinaus kommen.

Ihre geistigen und dadurch auch körperlichen Einschränkungen sind gravierend.

Die körperliche Motorik durch die Hirnschädigung verkümmert beziehungsweise gar nicht vorhanden."

Er machte eine Pause, um seine Ausführungen wirken zu lassen.

Dann fuhr er fort: „Das alles, denke ich, wissen Sie."

Ella und Jakob nickten.

„In einem Punkt teile ich die Befunde meiner Kollegen nicht."

Er nahm einen Tabaksbeutel aus der Jackentasche und stopfte sich mit geschickten Fingern eine Pfeife. Als er sie in Brand gesetzt hatte, sprach er weiter.

„Nach zahlreichen Tests und Untersuchungen meiner werten Kollegen bescheinigen sie der Patientin", wieder der Blick in die Akte, „Rowena Rosendahl eine sehr begrenzte Lebenserwartung von höchstens dreizehn oder vierzehn Jahren.

Hier haben die behandelnden Ärzte sich gründlich geirrt.

Wie alt ist Ihre Tochter mittlerweile?"

Er wusste es, es stand in der Akte, aber er wollte es hören.

„Neunzehn Jahre ist unsere Tochter alt", sagte Ella leise.

Ein süffisantes Lächeln erschien zwischen zwei Tabakwölkchen.

„Nach meinen intensiven Untersuchungen ist Ihre Rowena organisch völlig gesund.

Da ihr Kopf und ihr Körper nicht beansprucht werden, also keinerlei Verschleißmomente haben, spricht aus medizinischer Sicht nichts dagegen, dass Ihre Tochter uralt wird."

Der Arzt saß Ella und Jakob gegenüber und beobachtete die beiden genau.

Während Ella sich zu freuen schien, sah er bei Jakob Betroffenheit.

Der Arzt dachte: Der Mann hat begriffen. Über die Tragweite seiner ärztlichen Aussage schien die Frau sich nicht im Klaren, darum fügte er hinzu:

„Aber warum soll es für ein so bedauerliches Wesen strebsam sein, alt zu werden."

Wieder legte er eine Pause ein und paffte. Es sollte wirken und verstanden werden.

Seine nächsten Worte wägte er genau ab.

„Menschenwürdig ist das Leben Ihrer Tochter nicht." Es war seine Überzeugung.

„Jeder Mensch verdient ein Leben in Würde."

Ellas Stimme klang scharf und zurechtweisend. Sie konnte ihre Empörung über die Aussage des Arztes kaum zügeln und zeigte dies auch.

Dann fügte sie hinzu: „Für einen Humanmediziner haben Sie eine sonderbare Einstellung."

Das hatte gesessen.

Doktor Schneider machte ein unglückliches Gesicht und zog nervös an seiner Pfeife, die erkaltet war.

Jakob sagte nichts. Insgeheim dachte er ähnlich wie der Arzt.

Diese Einstellung hatte es für sich von Anfang an getroffen, als feststand, dass Rowena hochgradig geisteskrank war.

Er hütete sich aber davor, diese Erkenntnis preiszugeben. Vor allem vor Ella.

Natürlich, sie war sein Fleisch und Blut und er litt nicht weniger als Ella über die ausweglose Situation seiner Tochter, aber er war auch Realist und dachte logisch.

Rowena wusste gar nicht, dass sie lebte.

Hätte sie es gewusst, wäre es für sie eine einzige Qual, dessen war Jakob sich sicher.

Aber die zentrale Frage, die sich nach den neuesten Erkenntnissen stellte: Was passiert mit Rowena, wenn er und Ella nicht mehr lebten?

Der Arzt unterbrach Jakobs Gedanken:

„Wir haben einen Eid geleistet, deshalb lassen wird unsere Schutzbefohlenen nicht im Stich."

Eine Wendung um hundertachtzig Grad, dachte Ella. Was für ein Arschloch.

Der Arzt dachte, als er dies sagte, auf die beiden muss ich aufpassen, die sind gefährlich, besonders die Frau.

Er stand auf. Die Unterredung war beendet.

Er verabschiedete sich sehr höflich von Ella und Jakob.

„Eins noch", sagte er, als sie gemeinsam hinausgingen Richtung Ausgang.

„Bitte kündigen Sie Ihren Besuch in Zukunft telefonisch an.“ Als er Ellas fragenden Blick sah, fügte er hinzu: „Es soll keine unnötigen Wartezeiten geben.“

Das leuchtete ein. Dann war er weg.

In Wirklichkeit steckte etwas ganz anderes dahinter.

Die Patienten mussten für die Besucher „hergerichtet“ werden.

Der Alltag in dieser Anstalt war für die Insassen, anders als es die piekfeine Fassade vorgaukeln sollte, die reinste Hölle.

Die Patienten wurden gezüchtigt, geschlagen, erniedrigt und gedemütigt.

Wer keine Angehörigen mehr hatte und deshalb keinen Besuch bekam, der verwahrloste, weil man sich nicht kümmerte.

Die bettlägerigen Behinderten, Alten und Kranken ließ man tagelang in ihrem Schmutz und ihren Exkrementen liegen.

Ihnen wurde absichtlich die Versorgung entzogen.

Man verweigerte ihnen Nahrung und Medikamente.

Tötung durch Unterlassung. Tötung durch Vernachlässigung.

Die Sterberate in dieser Pflegeeinrichtung war enorm.

Aber das interessierte niemandem.

Dieser Teil der Anstalt wurde vor der Öffentlichkeit sorgsam abgeriegelt.

Diese bedauernswerten Menschen bekam kein Außenstehender je zu Gesicht.

Wer Besuch bekam und noch Angehörige hatte, der war besser dran.

Man wurde nicht regelmäßig verprügelt und körperlich gezüchtigt.

Aufgeplatzte Lippen, ausgeschlagene Zähne und Hämatome wären aufgefallen.

Das musste natürlich verhindert werden.

Das war die erschütternde Wahrheit über die Wittenberger Heilstätte, die im Verborgenen blieb.

Auf der Heimfahrt sprachen sie lange Zeit nichts.

Als Jakob Ella von der Seite ansah, bemerkte er ihre Sorgenfalten.

„Was grämt dich?“, fragte er deshalb.

„Der Arzt gefällt mir nicht“, antwortete Ella ohne Umschweife.

Jakob dachte das gleiche, sagte aber nichts.

Er musste stark bremsen, weil ein Fußgänger über die Straße lief.

„Idiot“, kommentierte Jakob.

Als sie zu Hause die kurze Auffahrt hinauffuhren, wurde es bereits dunkel.

Rowena drehte den Kopf zur Seite.

Das war jetzt das dritte Mal, dass der Löffel mit dem Brei auf ihrem Nachthemd landete.

Gleichzeitig grunzte sie.

Darüber war die dicke Gertrud derart wütend, dass sie Rowena ihre Faust mit voller Wucht in die Magengrube rammte. „Du blöde Kuh“, zischte sie dabei.

„Schau dir an, was du angerichtet hast. Wie du aussiehst.“

Der Schlag war so brutal, dass Rowena sich übergeben musste.

Alles landete auf ihre Brust und aufs Bettlaken.

„Kriegst du eben kein Abendessen, du dumme Gans.“

Grob und rücksichtslos säuberte Schwester Gertrud Nachthemd und Bettzeug von Speiseresten und Erbrochenem. Dabei fluchte sie laut und einfältig.

Sie konnte ihre Wut kaum zügeln. Ohne Ansatz gab sie der Wehrlosen zwei schallende Ohrfeigen.

„Weil du mir immer mehr Arbeit machst als nötig.“

Böse und mitleidlos schaute sie auf Rowena herunter.

Während der ganzen Zeit hörte man von ihr keinen Mucks. Keinen Ton.

Instinktiv verhielt sie sich ruhig, das hatte sie gelernt, damit die Bestrafung nicht noch schlimmer ausfiel.

Wie ein Hund kuscht, der verprügelt wird.

„Schlaf jetzt du Irre“, zischte Schwester Gertrud voller Verachtung und löschte das Licht.

Rowena lag noch lange wach und starrte in die Dunkelheit.

Sie begriff nicht, warum man sie immer wieder bestrafte, dafür reichte ihr Verstand nicht.

Aber ihre Instinkte funktionierten und im Inneren ihrer geschundenen Seele erstickte die Ausweglosigkeit ihres Daseins jeglichen Funken an Hoffnung oder Zuversicht.

Keiner ahnte, wie grenzenlos unglücklich dieser von Gott und der Welt verlassene Mensch war.

Heinrich Krause war die Liebenswürdigkeit in Person.

In kürzester Zeit nahm er alle für sich ein, die mit ihm zu tun hatten.

Er war geduldig und kompetent gegenüber den Patienten und geachtet und beliebt bei seinen Kollegen und dem Ärzteteam.

Er fuhr Sonderschichten, übernahm Vertretungen, sprang ein, wenn Engpässe entstanden.

Ein Bilderbucharbeitnehmer.

Heinrich hatte aber noch einen Vorzug, den man noch höher bewerten musste.

Er war ein handwerkliches Genie.

In so einer großen Anstalt klemmte es immer irgendwo.

„Sag unserem Heinrich Bescheid", war der geflügelte Spruch, wenn irgendetwas nicht mehr funktionierte, kaputt ging oder streikte.

Heinrich montierte, reparierte, wechselte aus, baute auseinander und wieder zusammen.

Es gab nichts, was er nicht hinbekam.

Von der Taschenuhr bis zum Lastwagen repariert Heinrich alles, sagten die Mitarbeiter der Wittenberger Heilstätten ehrfurchtsvoll über ihren Kollegen Heinrich Krause.

Sie drückten damit ihre Hochachtung aus.

Natürlich hatte er bei der Anstaltsleitung erst recht einen Stein im Brett.

Bevor wir wieder teure Handwerker bestellen, die sich dann als inkompetent herausstellen, lassen wird erst einmal Heinrich ran.

Er besaß einen Generalschlüssel, um in alle Abteilungen, in alle Räume vom Keller bis zum Dachboden zu gelangen, wenn es pressierte.

Er hatte das größte Ansehen aller Klinikmitarbeiter.

Heinrich war unentbehrlich, brachte sich ein, die gute Seele der Anstalt.

Als der Direktor ihm anbot, die Hausmeisterwohnung zu übernehmen, willigte er sofort ein.

Er war Junggeselle, wohnte noch bei seiner Mutter, mit der er sich aber nicht besonders verstand.

Sie behandelte ihn immer noch wie einen Schuljungen.

Bevormundete ihn, kontrollierte, kommandierte, drangsalierte und meckerte.

Nichts konnte er ihr recht machen. Sie war ein ausgemachter Hausdrache.

Dass sein Vater sie früh verlassen hatte, wunderte ihn nicht.

Das Angebot des Direktors war für ihn ein Glücksfall und so zögerte er keinen Moment.

Unter Gezeter und Verwünschungen seitens seiner Mutter zog er in die Klinik.

Heinrich Krause war zweiundvierzig Jahre alt.

Dass er noch nie eine Freundin gehabt hatte, lag in erster Linie an seinem äußeren Erscheinungsbild.

Seine große Hakennase beherrschte ein flaches, nichtssagendes Gesicht mit eng stehenden Augen, schmalen Lippen und einem fliehenden Kinn.

Sein Gesicht hatte etwas Vogelähnliches. Unwillkürlich drängte sich das Bild eines Geiers auf.

Er verlor schon früh seine Haare. Jetzt zierte nur noch ein rötlicher Haarkranz sein Haupt.

Wenn er lachte, entblößte er schiefe, vom Nikotin gefärbte, gelbe Zähne.

Sein Leben lang standen ihm sein Aussehen und seine Befangenheit den Frauen gegenüber im Weg. Er war extrem schüchtern und voll von Minderwertigkeitskomplexen.

Durch seine fachliche Kompetenz und seine Handwerkskunst brachten ihm die Kollegen ihre Hochachtung entgegen, das war Balsam für seine Seele.

In der Tat waren seine Komplexe in der letzten Zeit weniger geworden, aber noch immer stark ausgeprägt. Es war sein Dilemma.

Seine Komplexe standen ihm schon immer im Weg. Sie würden ihn begleiten, wie sie ihn von frühester Jugend an begleitet hatten dank seiner dominanten Mutter, die ihn von klein auf demütigte und seine Persönlichkeit beeinflusste, indem sie ihn unterdrückte und kein Selbstwertgefühl aufkommen ließ, bis er sich selber hasste und verachtete.

Diese Selbstverachtung war Heinrichs großes Geheimnis.

Das war aber noch lange nicht das einzige Geheimnis, das es zu bewahren galt.

Oft fragten sich die Kollegen, warum Heinrich bereitwillig die Spätschicht übernahm.

Alle Mitarbeiter hassten diese Schicht.

In den Wittenberger Heilstätten wurde in zwei Schichten gearbeitet: früh und spät, im Zwölf-Stunden-Takt.

Die Frühschicht war begehrt, weil man zwar um sechs Uhr in der Früh den Dienst antrat, aber wenn alles glatt lief, um achtzehn Uhr Feierabend hatte, um mit dem Tag noch etwas anfangen zu können.

Natürlich war diese Schicht arbeitsintensiver, aber dann verging auch die Zeit schneller.

Während der Spätschicht musste die Nachtruhe überwacht werden.

Die Frühschicht hatte die Patienten versorgt und der Klinikbetrieb lief auf Sparflamme, weshalb pro Station nur eine Pflegekraft oder eine Schwester Dienst tat.

Wenn sich nichts Besonderes ereignete – und das tat es meistens nicht –, dann konnte die Nacht unerträglich lang werden. Die Zeit verging nicht.

Für Heinrich und seine abartige Neigung genau richtig.

Er hatte die ganze Station für sich. Narrenfreiheit.

Er steuerte das Siechenzimmer an.

Es wurde so genannt, weil hier die Schwerstbehinderten lagen, die dahinsiechten.

Als er die Tür öffnete, lauschte er einen Moment und verharrte einige Sekunden. Nichts rührte sich.

Lautlos betrat er den dunklen Raum. Die Zimmer hatten Dreierbelegung.

Von den Patienten war nichts zu hören, sie schliefen tief und fest.

Er blieb vor Rowenas Bett stehen und lächelte milde und vor freudiger Erwartung.

Als er ihre Bettdecke zur Seite schob, erwachte sie und grunzte.

Er schaltete die Taschenlampe an und setzte sich zu ihr auf die Bettkante.

Er legte die Lampe auf den Nachttisch, damit der Lichtkegel das Bett erfasste.

Sekunden später steckte die Nadel in Rowenas Vene. Er drückte den Kolben der Spritze herunter.

„Schlaf mein Liebling", flüsterte er heiser.

Augenblicke später fühlte er, wie sich Rowenas Körper entspannte, sie den Kopf zur Seite drehte und schlief.

Ihr zentrales Nervensystem wurde durch das Morphium in einen Dämmerzustand versetzt.

Zehn Milligramm hatte er ihr gespritzt.

Ihm blieben dreißig Minuten, in denen er mit ihr machen konnte, was er wollte.

Leise zog er sich aus und legte sich zu ihr.

Die Taschenlampe ließ er an. Er wollte sich ergötzen an ihrem Anblick.

Er schob ihr das Nachthemd bis zum Hals hoch und zog ihr den Schlüpfer aus.

Die Windel ließ er ihr an. Die konnte beiseitegeschoben werden. Das musste er sie nachher nicht neu wickeln.

Rowenas Arme und Beine waren mangels Beanspruchung verkümmert, ohne jegliche Muskulatur.

Sie hätten einem fünfjährigen Kind gehören können.

Ihr übriger Körper aber war drall und üppig, ausgereift wie bei einer erwachsenen Frau.

Ihre Brüste fest, mit harten Brustwarzen und prallen Pobacken.

Er tauchte Zeige- und Mittelfinger in die Dose Vaseline, die er mitgebracht hatte, dann schob er die Windel so weit auseinander, dass er genügend Spielraum hatte, und begann, ihre Scheide zu massieren.

Ihre schwarzen Schamhaare glänzten im Schein der Taschenlampe.

Als er es kaum noch aushalten konnte, wälzte er sich auf ihren Körper, öffnete ihre Schenkel und drang in sie ein. Verging sich an ihr.

Er entjungferte sie hart und ungeduldig. Er zitterte vor Erregung und schwitzte vor Anstrengung.

Das Bett quietschte im Takt.

Nach wenigen Stößen schon ergoss er sich in ihr und blieb keuchend auf ihr liegen.

Rowena war immer noch sediert und würde es auch noch eine Weile bleiben.

Sie rührte sich nicht.

Das Ganze hatte keine fünf Minuten gedauert.

Heinrich lag entspannt neben ihr und liebkoste mit den Fingerspitzen ihre Brustwarzen.

Ab und zu massierte er ihre festen Brüste mit der ganzen Hand und streichelte ihren Bauch.

Ein überlegenes, triumphales Gefühl machte sich in ihm breit.

Er fühlte sich klug und gewitzt.

Heinrich gönnte sich noch ein paar Minuten, dann stand er auf und zog sich an.

Sorgfältig säuberte er Rowenas Scham mit einem feuchten Tuch und zog ihren Schlüpfer über die Windel. Zum Schluss richtete er ihr Nachthemd und deckte sie liebevoll zu.

Er schlich auf Zehenspitzen aus dem Zimmer. Er fühlte sich großartig.

Von dieser Nacht an missbrauchte Heinrich Krause Rowena regelmäßig.

Er verging sich an ihr, wann immer seine Triebhaftigkeit sich meldete und ihn seine Gier überkam.

Sie überkam ihn oft, denn da hatte sich bei ihm einiges aufgestaut.

Er konnte sich mit der Zeit besser kontrollieren, weswegen er sein perfides Tun immer mehr ausdehnte, was zur Folge hatte, dass er die Morphiumdosis erhöhen musste, um Rowena länger sedieren zu können.

Er genoss es, mit diesem reifen, fraulichen Körper anstellen zu können, was immer er wollte.

Die regelmäßigen Morphiumgaben lösten bei Rowena gravierende Wesensveränderungen hervor.

Wenn sie aus ihrem Dämmerschlaf erwachte, war sie noch eine Zeitlang benommen und ruhig gestellt.

Wenn aber die Wirkung des Morphiums nachließ, begannen wie bei jeder Droge die Entzugserscheinungen.

Rowena durchlebte die Hölle.

Sie schwitzte wie im Fieberwahn, schrie schrille Laute, ganz anders als ihr bekanntes Grunzen, warf sich in ihrem Bett hin und her, weswegen man sie fixieren musste.

Sie verweigerte die Nahrung und konnte nur durch starke Medikamente, die man ihr spritzte, einigermaßen kontrolliert werden.

Die Ärzte standen vor einem Rätsel.

Einzig, Heinrich Krause wusste, warum sie sich so verhielt.

Aber der schwieg.

Rowena war hochgradig morphiumsüchtig.

Kapitel 10

Als Vater und Bruder nicht aus dem Krieg heimkehrten, hängte Emil seine Boxhandschuhe an den Nagel.

Ihm fehlte jegliche Motivation und in der Boxhalle erinnerte ihn alles an seinen Bruder und an seinen Vater.

Wettkämpfe fanden wegen des Krieges sowieso nicht statt und nur Konditions- und Krafttraining befriedigten ihn auf Dauer nicht.

Das änderte sich nach bestandener Aufnahmeprüfung bei der Polizei.

Hier stand körperliche Ertüchtigung an erster Stelle.

Sehr schnell erkannten die Ausbilder Emils Potenzial.

Neben dem Boxen stand noch eine Sportart auf dem Stundenplan: das neuartige, fernöstliche Judo. Eine Kampfsportart aus Japan.

Ziel dieses Kampfsportes war es, den Angreifer außer Gefecht zu setzen, ohne ihn zu verletzen.

Wegen seiner Vergangenheit im Boxring und seiner körperlichen Präsenz, er war groß und durchtrainiert, bot man Emil nach der Grundausbildung an, als Trainer zu arbeiten.

Dieses Angebot schmeichelte Emil zwar, aber er lehnte ab, denn es hingen emotional noch zu viele Erinnerungen daran.

Es kostete ihn stets große Überwindung, eine Sporthalle zu betreten.

Er entwickelte eine regelrechte Phobie, die es galt, in den Griff zu bekommen.

Dabei, das wusste Emil, konnte ihm keiner helfen.

Er musste sich zwingen, nach vorne zu schauen und die Vergangenheit ruhen zu lassen.

So trat er die Flucht nach vorne an und begann nur für sich alleine nach seiner Ausbildung wieder mit dem Boxtraining im hiesigen Polizeisportverein.

Seinen alten Boxstall gab es nicht mehr.

Allerdings weigerte er sich, an Wettkämpfen teilzunehmen.

Als sein Chef und der Generalstaatsanwalt ihm den Vorschlag unterbreiteten, diese NSDAP und deren führende Köpfe zu infiltrieren, sah Emil dies als einmalige Chance, innerhalb der Polizeihierarchie aufzusteigen.

Hatte Huber, der Dicke, nicht von einem Lotteriegewinn gesprochen?

Genau das war es. Jetzt lag es an ihm, es geschickt anzustellen.

Er wusste auch schon wie.

Emil packte seine Sporttasche. Heute, am Sonntag, rechnete er mit regem Betrieb.

Es machte ihm nichts mehr aus, eine Sporthalle unvoreingenommen zu betreten.

Er hatte seine Phobie im Griff.

Er zog sich um und begann mit Lockerungsübungen.

Die Halle war zu dieser frühen Stunde noch relativ leer.

Nach etwa einer halben Stunde gesellte sich ein Rotschopf zu ihm, der freundlich grüßte, wie man einen alten Bekannten begrüßt.

Emil kannte ihn flüchtig.

Der Rotschopf fing sofort eine Unterhaltung an, wobei er sich zwei Hanteln schnappte, um seine Bizeps zu trainieren.

Genau diesen Burschen wollte Emil treffen.

Vor etwa zwei Monaten hatte dieser Kerl ihn angesprochen, ob er nicht Lust hätte, der neu gegründeten Wehrsportgruppe Ludwig beizutreten.

Wehrsportgruppen schossen in diesen Tagen wie Pilze aus der Erde.

Emil hatte dankend abgelehnt, aber versprochen, es sich zu überlegen, damit die Nervensäge Ruhe gab.

Damals dachte er nicht im Traum daran, das auch nur in Erwägung zu ziehen.

Emil wusste, dass die Wehrsportgruppen in den SA-Verbänden aufgingen und nicht selten als Saalschutz für bestimmte Gruppierungen verpflichtet wurden.

Diese gewaltbereiten Braunhemden, wie sie von der Bevölkerung genannt wurden, waren polizeibekannt und brandgefährlich.

Man ließ sie aber gewähren.

So prahlte der Rotschopf dann auch: „Voriges Wochenende haben wir fünf Juden vermöbelt, die partout nicht die Straßenseite wechseln wollten, als wir mit unserer Marschformation Richtung Feldherrnhalle marschierten.

Dieses Pack lernt das nie."

Er lachte laut und gehässig. „Die liegen jetzt alle im Krankenhaus."

In der Tat war der Antisemitismus in der Republik direkt nach Kriegsende weit verbreitet.

Im Süden, speziell in Bayern, war es am schlimmsten.

Täglich kam es zu Gewalttaten gegen Juden und jüdische Einrichtungen.

Wenn diese Straftaten zur Anzeige gebracht wurden, verliefen die Ermittlungen grundsätzlich im Sand. Man fasste die Täter nie.

Das war Polizeialltag und Emil wusste es aus Erfahrung.

Die jüdische Bevölkerung wurde wie Menschen zweiter Klasse behandelt.

Für die Gerechten erwies es sich als fast unmöglich, sich dem allgemein gängigen Unrecht zu entziehen.

Man schwamm mit dem Strom oder musste mit Repressalien rechnen.

„Scheint ja immer etwas los zu sein bei euch." Emil heuchelte Interesse.

„Also gut, ich kann es mir ja mal anschauen."

„Wunderbar!" Der Rotschopf kam auf Emil zu und für einen kurzen Augenblick sah es so aus, als wolle er ihn umarmen, gab ihm dann aber doch nur die Hand.

„Ich heiße Hans. Du bist der Emil, weiß ich doch", entgegnete er, als er sah, wie Emil sich vorstellen wollte.

„Inspektor Emil Neunziger. Da staunst du, was? Du bist eine Berühmtheit hier. Ich weiß alles", verriet der Rotschopf.

Emils Erstaunen war echt.

„Du hast den Ausbildern einen Korb gegeben, als sie dich als Trainer haben wollten. Respekt."

Er holte kaum Luft. Eine buchstäbliche Quasselstrippe.

„Mein Name ist Loibel, mein Dienstgrad ist Wachtmeister. Ja richtig", feixte er, „ich bin auch bei dem Verein. Aber in einer anderen Behörde, darum sind wir uns dienstlich noch nicht begegnet."

Er redete und redete ...

Dann sagte er ohne Vorwarnung: „Dienstagabend neunzehn Uhr haben wir Versammlung im Krug, das ist eine Kneipe in Schwabing, auf der Luisenstraße. Sei pünktlich, dann stelle ich dich den anderen vor.

Ich muss los. Es gibt Schweinebraten mit Knödel, das lasse ich mir nicht entgehen.

Meine Frau macht den besten Schweinebraten der Welt."

Er gab Emil abermals die Hand und lachte.

„Schön, dass du dabei bist. Einen wie dich können wir gebrauchen."

Pfeifend und mit sich zufrieden verschwand er in den Umkleidekabinen.

Seiner Mutter gefiel es nicht, dass ihr Sohn sich politisch engagierte und dann auch noch bei den Braunhemden.

„Ich gehe mit der Zeit, Mutter", sagte Emil. Mehr nicht.

Er sah ihr unglückliches Gesicht und schluckte.

Wie gerne hätte er erklärt, dass er diese Leute dienstlich überwachte und mit ihnen keinesfalls sympathisierte.

Aber seine Tarnung durfte nicht auffliegen.

Anfänglich misstrauisch beobachtet, wurde er inzwischen in der Wehrsportgruppe Ludwig als einer der ihren akzeptiert.

Auch der Gruppenführer fasste Vertrauen, als man ihm von Emils Boxqualitäten vorschwärmte.

Mehrere Mitglieder kannten ihn von der Polizeischule und vom Polizeisport.

„Mit dem legst du dich besser nicht an“, war der allgemeine Tenor.

Ein kräftiger Bursche mit großer Klappe – Lkw-Fahrer von Beruf – gab nichts auf Gerüchte.

„Ich muss sehen, was er drauf hat. Vom Hörensagen kann ich mir nichts kaufen“, spottete er großspurig, ließ es aber dabei bewenden.

Am ersten und zweiten September fand in Nürnberg der „Deutsche Tag“ statt.

Ein Großereignis.

Die Wehrsportgruppe Ludwig nahm teil und fungierte als Saalschutz.

Sie sicherten den Eingang, beobachteten, wie die Masse sich in die Halle schob.

Plötzlich stand Ernst Röhm neben Emil.

Er beäugte kritisch und misstrauisch das Gedränge.

Adolf Hitler erschien an der Tür und sie nahmen ihn in die Mitte und geleiteten ihn zur Bühne.

Als sie das Podium erreichten, nahm Hitler die wenigen Stufen hinauf mit federndem Gang bis zum Rednerpult.

Eine Gruppe von fünf Männern näherte sich und Emil sah sofort ihre Gewaltbereitschaft.

Ihre Körpersprache war eindeutig, denn sie schubsten und pöbelten.

Als Röhm ihnen furchtlos entgegentrat, schob sich Emil dazwischen.

Was dann geschah, lief so schnell ab, dass die meisten der Umstehenden die Geschehnisse erst begriffen, als alles bereits vorbei war.

Der Rädelsführer, ein Kerl mit massigem Oberkörper und Stiernacken, wollte sich auf Röhm stürzen, aber Emil trat einen Schritt auf ihn zu und rammte ihm die Faust in die Magengrube. Während der Dicke einknickte, traf Emils Faust sein Kinn.

Er fiel um wie ein nasser Sack.

Den zweiten Angreifer stoppte er mit einer klassischen Geraden und brach ihm die Nase.

Den Schlag des Dritten fing er ab und drehte ihm den Arm so brutal nach hinten, dass er aus dem Schultergelenk auskugelte.

Die anderen beiden der Gruppe hoben die Hände und signalisierten kampflose Aufgabe.

Die Verprügelten ließen sich widerstandslos hinausbegleiten und es kehrte Ruhe ein.

„Das habe ich ja noch nie gesehen!“ Röhm war tief beeindruckt.

„Sie bleiben an meiner Seite“, befahl er.

An diesem Abend feiert die Wehrsportgruppe Ludwig ausgelassen in der Nürnberger Altstadt und das Bier floss in Strömen.

Sie saßen in einer urigen Kneipe und Hans, der Rotschopf, erzählte zum x-ten Mal, wie sein Freund Emil Neunziger drei Krawallbrüder auf einmal erledigt hatte.

Er sparte nicht mit Details und malte die Szenerie genüsslich aus.

Vom Eingang schrie jemand: „Achtung alles auf!“ Sie sprangen von den Stühlen und nahmen Haltung an.

„Weitermachen meine Herren“, rief Erich Röhm lächelnd, der die Kneipe betrat.

Er ging auf Emil zu und gab ihm die Hand.

„Reife Leistung, vorhin. Darf ich mich einen Augenblick zu euch setzen?“

Irgendjemand bot ihm einen Stuhl an und Röhm setzte sich neben Emil.

Er winkte dem Kellner. „Bringen Sie uns eine Runde Bier, guter Mann, es gibt etwas zu feiern.“

Er lachte, war scheinbar bester Laune.

Er sah Emil tief in die Augen.

„Darf ich Ihren Namen erfahren?“

„Emil, ich heiße Emil Neunziger.“

Er war verlegen und wurde etwas rot.

Als jeder ein volles Bierglas vor sich stehen hatte, rief Röhm: „Wohl bekommts, meine Herren." Dann tat er einen kräftigen Zug.

„Der erste Angreifer heute Nachmittag war fast doppelt so schwer wie Sie ..." Er beendete den Satz nicht.

„Nur Fett, kein Hirn", antwortete Emil leicht hin.

„Sie sind mir einer", Röhm schüttelte sich vor Lachen, wollte gar nicht mehr aufhören.

Dann orderte er noch eine Runde.

An diesem Abend war der Hauptmann und Generalstabsoffizier Ernst Röhm einer von ihnen.

Sie plauderten und tranken.

„Die Weiber sind bestimmt wie wild hinter Ihnen her", bemerkte Röhm.

Emils innere Stimme meldete sich – Achtung Gefahr.

Aber der Alkohol zeigte seine Wirkung und so antwortete er keck: „Mit Weibern kann ich nichts anfangen."

Röhm legte wie zufällig eine Hand auf Emils Schenkel, ermutigt durch dessen Aussage.

Jeder wusste um Röhms sexuelle Ausrichtung und dass er sich regelmäßig Lustknaben ins Bett holte.

Von Röhms Homosexualität wusste auch Emil.

Unter anderen Umständen hätte er Röhms Annäherungsversuch deutlich und mit Nachdruck zurückgewiesen.

Aber er durfte ihn auf keinen Fall verärgern.

Röhms Zuneigung konnte nur von Nutzen sein und er durfte nicht in Ungnade fallen.

So spielte er mit, schob Röhms Hand lächelnd beiseite und trank sein Glas aus.

Dieses Lächeln konnte alles bedeuten oder auch nichts.

Für den Augenblick entschärfte sich die Situation, denn Röhm stand auf, leicht wankend und klopfte Emil freundschaftlich auf die Schulter.

Mit einem kernigen „Schönen Abend Männer, weiter machen" verabschiedete sich Röhm und verließ, um Haltung bemüht, die Kneipe.

Von diesem Tage an wurde die Wehrsportgruppe Ludwig so etwas wie die Leibgarde der SA-Spitze um Erich Röhm und Adolf Hitler.

Natürlich standen die Ereignisse in Emils Berichten, die er wöchentlich einreichte, damit der Polizeichef und der Generalstaatsanwalt nachvollziehen konnten, inwieweit die NSDAP, die immer mehr Zulauf und Unterstützung erhielt, eine Gefahr darstellte, denn darauf lief es nach Emils Meinung doch hinaus.

In Hof marschierten viertausend SA-Männer an der Tribüne hochrangiger NSDAP-Mitglieder vorbei, vom Ausland mit Sorge und Argwohn beobachtet.

Jeder Bericht wurde von Generalstaatsanwalt Kreidler mit Genugtuung und Sorgfalt gelesen und abgeheftet.

Nach Kreidlers Gefühl und Einschätzung würde es nicht mehr allzu lange dauern, bis der Knoten platzen musste.

Die Inflation galoppierte in Deutschland und die Menschen sahen sich um ihrer Arbeit Lohn gebracht. Die Unzufriedenheit in der Bevölkerung wuchs immer mehr. Man machte die Regierung der Weimarer Republik verantwortlich und so mancher wünschte sich das Kaiserreich zurück.

Die Reparationszahlungen wurden mit der Druckerpresse beglichen.

Immer mehr neues Geld wurde gedruckt, verlor aber immer rasanter an Wert.

Die Masse zweifelte an Staat, Recht, Ordnung und Sicherheit und war für politische Abenteuer empfänglich.

Kapitel 11

Das Ausbleiben der Periode von Rowena Rosendahl war noch nichts Ungewöhnliches.

Dass sie bereits drei Monate keine Blutung mehr gehabt hatte, auch nicht.

Da aber diese Tatsache einherging mit der krassen Wesensveränderung der Patientin, beschloss Schwester Gertrud, zu handeln, denn zusätzlich fiel ihr das runder werdende Bäuchlein auf, das sich deutlich unter dem Nachthemd abzeichnete. Obwohl Rowena oft die Nahrungsaufnahme verweigerte, nahm sie zu. Das passte nun wirklich nicht zusammen.

Sie musste behutsam vorgehen, wollte keine Pferde scheu machen.

So teilte sie nur dem Leiter der Klinik Doktor Schneider ihre Beobachtungen mit.

Wider Erwarten reagierte der erstaunlich gelassen.

„Ich kümmere mich darum", kommentierte er Schwester Gertruds Beobachtungen.

Insgeheim dachte er, die sieht Gespenster.

Aber er wollte dem nachgehen.

Er wartete bis zum Abend.

Als er das Siechenzimmer ansteuerte, war dieser Teil der Station wie ausgestorben.

Vorsichtig und leise näherte er sich dem Bett der Patientin Rosendahl. Alle schliefen tief und fest.

Er setzte sich auf die Bettkante und schob die Decke zur Seite.

Mit dem Stethoskop kontrollierte er ihr Herz, das gleichmäßig und stark schlug.

In diesem Rhythmus mischte sich noch ein zweiter Herzschlag. Nicht so stark, aber genauso gleichmäßig. Rowena erwachte kurz, als Doktor Schneider sie wieder zudeckte, grunzte kurz und schlief dann wieder ein.

Das Ergebnis der Untersuchung erschlug den Leiter der Anstalt.

Es bestand kein Zweifel, Rowena war guter Hoffnung.

Wie aber konnte das sein?

Ihm kam ein Verdacht.

Je länger er darüber nachdachte, desto klarer, desto einleuchtender stellte sich das Ganze dar.

Eigentlich kam dafür nur einer in Betracht.

Dieser jemand hatte die Gelegenheit, dieser jemand hatte es nötig, wenn Doktor Schneider die Gesamtsituation dieser Person in Betracht zog, lag es auf der Hand, dass nur dieser jemand verantwortlich gemacht werden konnte.

Wie dem auch sei, es musste schnell gehandelt werden.

Am Tag darauf bestellte Doktor Schneider Heinrich Krause in sein Büro.

Der saß mit Unschuldsmiene vor ihm und spielte den Ahnungslosen.

„Unschöne Dinge geschehen auf Ihrer Station, mein lieber Krause."

Schneider lächelte jovial.

„Ich …", begann Krause, aber Schneider hob die Hand.

„Ihre amourösen Abenteuer sind nicht ohne Folgen geblieben. Ich habe die Patientin Rosendahl untersucht. Sie ist schwanger. Ich schätze so vierter Monat. Genauere Untersuchungen würden genauere Ergebnisse ergeben.

Er sah Krause mit ernster Miene an und stopfte sich eine Pfeife dabei.

Krause wünschte sich, der Erdboden möge sich öffnen und ihn verschlingen.

Mit hochrotem Kopf saß er vor Schneiders Schreibtisch und wollte sterben.

Gleich, da war er sich sicher, würde ein Donnerwetter ohnegleichen losbrausen. Er würde achtkantig hinausgeworfen werden. Angezeigt. Verhaftet. Verurteilt. Weggesperrt.

Allemal verdient hast du es, blöder Hund. Innerlich aufs Schlimmste gefasst, saß er da wie ein Häuflein Elend. Du kannst deinen Schwanz nicht in der Hose lassen. Arschloch. Jetzt bekommst du die Quittung. Von Selbstvorwürfen gepeinigt, wartete er auf sein – Todesurteil.

Was der Doktor dann sagte, nachdem er seine Pfeife angezündet hatte, verschlug ihm die Sprache.

„Wir beide wollen keine genauere Untersuchung.

Ich denke, dass wir das unter Männern regeln sollten.

So oder so, da müssen wir jetzt das Beste daraus machen."

Er zog heftig an seiner Pfeife und inhalierte tief.

„Das Kind ist in den Brunnen gefallen, da müssen wir jetzt durch."

Ganz allmählich dämmerte es Krause. Der Doktor war auf seiner Seite.

Er hörte Schneider wie durch Watte sagen: „Morgen ist Freitag, der erste und wie jeden ersten Freitag im Monat bekommt die Patientin Besuch von ihren Eltern.

Sie dürfen sie auf keinen Fall so sehen."

Krause hatte sich gefangen. „Was schlagen Sie vor?"

Zwischen zwei Zügen seiner Pfeife sagte Schneider: „Wir werden Rowena Rosendahl in ein Quarantänezimmer verlegen. Verdacht auf Tuberkulose.

So gewinnen wir Zeit und können uns dann etwas überlegen."

Krause nickte dankbar. Genial, dachte er.

„Veranlassen Sie das Notwendige, ich verlasse mich auf Sie, Krause."

Das Gespräch war beendet.

Draußen auf dem Flur atmete Krause tief durch.

Der Alte gab ihm volle Rückendeckung.

Schwein gehabt, konnte er nur denken. Schwein gehabt.

Er zitterte am ganzen Körper und stakste mit weichen Knien Richtung Station.

Anders als üblich, wurden Ella und Jakob nicht von der freundlichen Vorzimmerdame empfangen, sondern direkt von Doktor Schneider, dem Direktor der Anstalt.

Mit sorgenvoller Miene stand er in der Empfangshalle und begrüßte die Rosendahls persönlich, denn er wollte die schlechte Nachricht sofort und ohne Umschweife überbringen.

Nachdem sie sich die Hände geschüttelt hatten, kam er gleich zur Sache.

„Leider habe ich keine guten Nachrichten", sagte Doktor Schneider.

„Ihre Tochter hat sich mit Tuberkulose infiziert. Eine sehr aggressive Form der Schwindsucht."

Er sah in die entsetzten Gesichter der beiden.

„Wie ist das möglich?", fragte Jakob.

Ella kämpfte mit den Tränen.

„Nun", der Doktor erklärte: „Die Bakterien der Tuberkulose werden durch Husten, Niesen oder Sprechen freigesetzt und als Aerosole – das sind feinste luftgetragene Flüssigkeitspartikel und Tröpfchenkerne – weitergegeben.

Quasi mit der Atemluft.

Jeder kann jeden anstecken. Jeder kann angesteckt werden."

Schneider ließ eine Pause folgen. Dann fuhr er fort: „Im Moment ist nur Ihre Tochter erkrankt."

Er wies mit der Hand die Richtung und sie betraten einen Teil der Klinik, den Ella und Jakob noch nicht kannten.

„Wir mussten Ihre Tochter isolieren. Sie befindet sich in unserer Quarantäneabteilung."

Er blieb vor einer Tür stehen und sagte: „Bitte folgen Sie mir."

Sie betraten einen schmalen Gang mit großen Fenstern an den Seiten, durch die man in vier separat voneinander getrennte Krankenzimmer blicken konnte.

Je zwei auf der linken und zwei auf der rechten Seite.

Nur in einem Krankenzimmer stand ein Bett. Die anderen drei Zimmer waren leer.

In dem Bett lag Rowena und schlief.

Man hatte sie mit Lederriemen festgebunden und zusätzlich Gitter angebracht.

Ella schluchzte: „Muss das denn wirklich sein?" Sie spielte auf die Fixierung an.

„Leider ja." Schneider zog bedauernd die Schulter hoch.

„Es ist zu ihrer eigenen Sicherheit. Sie ist sehr unruhig gewesen letzte Nacht."

„Sie sagten, unsere Tochter hat eine besonders aggressive Form der Tuberkulose. Womit müssen wir im schlimmsten Fall rechnen?"

Jakob hielt nichts davon, um den heißen Brei zu reden. Er wollte Klarheit.

„Leider", begann Schneider, „sind an Tuberkulose mehr Menschen gestorben als an jeder anderen Infektionskrankheit.

Mehr als an Malaria, an Cholera, an Pocken und an der Pest zusammen."

Er sah in die entsetzten Gesichter der besorgten Eltern und hatte genau das erreicht, was er beabsichtigte.

Er wollte ihnen jegliche Hoffnung nehmen.

Ella schnäuzte sich in ihr Taschentuch und Jakob ließ resigniert den Kopf hängen.

Wenn sie ihrer Tochter doch nur helfen könnten. Wie oft hatten sie das in den letzten zwanzig Jahren gedacht?

Aber das hier jetzt war anders.

Eine reale Bedrohung, keine abstrakte.

Zurück in der Empfangshalle verabschiedete Doktor Schneider Ella und Jakob mit geheucheltem Mitgefühl, gespielter Empathie und er beendete das von ihm inszenierte Schmierentheater mit dem alles vernichtenden Satz: „Machen Sie sich bitte keine allzu großen Hoffnungen."

Wie üblich schob Krause die Spätschicht und wie immer hatte er sein Reich für sich.

Was er tun musste, widerstrebte ihm sehr, aber es musste sein.

Es war mit dem Leiter der Anstalt, Doktor Schneider, abgesprochen.

Er handelte also auf Weisung.

Im Arztzimmer schloss er den Medizinschrank auf und entnahm drei Ampullen Pentobarbital.

Mit flinken Fingern zog er die Spritze auf und verstaute sie in seiner Kitteltasche.

Er schlich wie gewohnt lautlos über den Flur.

Die große Wanduhr zeigte kurz nach eins.

Sein Ziel war diesmal nicht das Siechenzimmer, sondern die Quarantänestation.

Er öffnete leise die Tür und schloss sie genauso leise hinter sich.

Er blieb stehen und lauschte.

Nichts rührte sich.

Ein voller Mond lugte ins Zimmer. Die Lichtverhältnisse würden ausreichen.

Das gleichmäßige Atmen der Patientin beruhigte ihn.

Sein perfider Plan würde ungestört vonstattengehen können.

Er setzte sich auf Rowenas Bettkante und ließ seinen Blick über ihren Körper gleiten.

Wegen der Hitze lag sie ohne Decke und ihr Busen zeichnete sich unter dem Nachthemd ab.

Als sein Blick im Halbdunkeln weiter nach unten glitt und ihren leicht gewölbten Bauch erfasste, erinnerte er sich wieder, was getan werden musste.

Als er die Spritze setzte, tat er es mit Wehmut.

Er zögerte kurz, dann drückte er den Kolben langsam, fast zärtlich herunter.

Die Menge war überdosiert. Aber besser, er ging auf Nummer sicher.

„Schlaf mein Liebling“, flüsterte er.

Während er Rowena beobachtete, wurde ihm bewusst, dass er schnellstmöglich einen Ersatz benötigte.

Beim letzten Transport wurde eine fünfzehnjährige Schwerstbehinderte eingeliefert, die Krauses Vorstellungen entsprach.

Die muss ich mir erst einmal zurechtspritzen. Er kicherte in sich hinein, über seinen doppeldeutigen Wortwitz.

Sofort erschienen Bilder vor seinem geistigen Auge, die seinem kranken, perversen Hirn entsprangen.

Er vernahm vom Bett her ein vertrautes Grunzen.

„Na, na, na, wer wird denn eifersüchtig sein? Du bleibst für immer meine Nummer eins, mein absoluter Liebling. Versprochen“, flüsterte er und grinste.

Er tastete nach Rowenas Halsschlagader. Ihr Puls raste und das Herz hämmerte gegen ihre Rippen.

Jetzt konnte es nicht mehr lange dauern, dann würde ihr Kreislauf kollabieren.

„Gute Reise, meine Kleine“, raunte Krause, als er hörte, wie Rowena ihren letzten Atemzug tat.

Lautlos verließ er das Quarantänezimmer.

„Erledigt, Doktor Schneider“, presste er zwischen den Zähnen hervor.

Der Brief der Wittenberger Heilstätte lag zwischen der anderen Post.

Ella hielt ihn lange in den Händen. Sie war alleine zu Hause.

Eine dunkle Vorahnung ließ sie zögern, den Brief zu öffnen.

Als sie das Kuvert schließlich aufriss, zitterten ihre Finger.

Dann begann sie zu lesen.

Die üblichen, höflichen Anreden, sehr geehrte ...

Dann der eigentliche Text, der sie erschaudern ließ.

„Müssen wir Ihnen mitteilen, dass Ihre Tochter Rowena verstorben ist.

Wegen der hohen Ansteckungsgefahr mussten wir den Leichnam umgehend einäschern.

Die Urne mit der Asche Ihrer Tochter kann jederzeit abgeholt werden.

Ihnen und Ihrer Familie sprechen wir unser tief empfundenes Mitgefühl aus.“

Unterschrieben hatte der Leiter der Anstalt Doktor Schneider.

Ella ließ den Brief sinken.

Der Schmerz wollte sie fast zerreißen.

Kapitel 12

Unermüdlich reiste Adolf Hitler durchs Land und proklamierte auf den Kundgebungen seine Vorstellung von Staatsführung.

Die Politiker der Weimarer Republik wurden nur noch Novemberverbrecher genannt.

Seine militaristischen Unterstützer und Weggefährten, an der Spitze der Reichswehrhauptmann Ernst Röhm und die Kampfflieger des Ersten Weltkrieges Hermann Göring und Rudolf Heß, hielten ihm den Rücken frei.

Sie organisierten den Saalschutz und banden die Wehrsportgruppe Ludwig fest mit ein.

Aus der SA-Organisation wurde schon bald ein Heer von Braunhemden mit vielen Tausend Mitgliedern.

Sie verbreiteten Angst und Schrecken und waren in der Wahl ihrer Mittel alles andere als zimperlich.

Sie terrorisierten ihre Umgebung. Schüchterten Andersdenkende ein.

Nötigten die politischen Gegner.

Der hochdekorierte Weltkriegsgeneral Erich Ludendorff nahm mit Adolf Hitler Kontakt auf.

Der Kreis wurde immer größer und prominenter.

In Deutschland „brannte" es in diesen Septembertagen des Jahres 1923 an allen Ecken.

Im Ruhrgebiet wurde der Widerstand gegen die viel zu hohen Reparationszahlungen eingestellt.

Die Franzosen gingen als Sieger aus dem Konflikt hervor.

Die hungernden Ruhrkumpels ergaben sich in ihrem Schicksal.

Die Inflation hatte das ganze Land fest umklammert.

Ein Ausweg nicht in Sicht.

Aus dieser aufgeladenen Atmosphäre würde sich der Putsch entwickeln. Die Erhebung Bayerns gegen Berlin.

Dies schrieb Emil Neunziger in seinem letzten Bericht.

Die Regierung Kahr veranstaltete eine Kundgebung im Bürgerbräukeller auf dem Rosenheimer Berg.

Generalstaatskommissar Gustav von Kahr stand am Rednerpult.

In der ersten Reihe die Regierungsmitglieder.

Der Saal war bis auf den letzten Platz gefüllt. Man lauschte gespannt seinen Worten.

Vom Eingang her wurde es hektisch und laut.

Ein Dutzend bewaffneter Männer stürmte herein und besetzte im Handstreich den Saal.

Der „Führer", wie er von seinen Anhängern respektvoll genannt wurde, stieg auf einen Stuhl und verschaffte sich Gehör, indem er theatralisch mit einer schweren Militärpistole herumfuchtelte und dann einen Schuss in die Decke feuerte.

Die nationale Revolution war ausgebrochen.

Adolf Hitler gab eine Erklärung ab.

Die Regierung des Reichs und Bayerns sei abgesetzt.

Es würde eine provisorische Nationalregierung gebildet, mit ihm, Adolf Hitler, als Reichskanzler und General Erich Ludendorff als Führer der neuen Nationalarmee.

Hitler, sich seiner Sache sicher, brüllte in das Mikrofon und versetzte die Massen in Raserei.

Die Minister der Kahr-Regierung derart überrumpelt, gaben ihr Ehrenwort, mit den Verschwörern zu marschieren.

Tatsächlich dachten sie nicht im Traum daran.

Dieses Zugeständnis, so würden sie später aussagen, war mit vorgehaltener Waffe erpresst.

Draußen auf den nächtlichen Straßen Münchens wurde der Zug der Männer, die zu allem bereit waren, immer länger.

Aber es gab auch eine Gegenbewegung.

Von allen Seiten formierte sich die Landpolizei, die auch aus den umliegenden Orten herbei telefoniert wurde und keinesfalls nationalsozialistisch gesinnt war.

Unterdessen formierte sich ein Demonstrationszug aus SA-Verbänden vor dem Bürgerbräu.

Fahnen und Banner wurden entrollt.

Allen voran die Hakenkreuzfahne.

In der ersten Reihe marschierten sie nebeneinander.

Der Weltkriegsgeneral in der Uniform der Infanterie, Erich Ludendorff und der Gefreite aus Braunau am Inn, Adolf Hitler, umgeben von seinen Getreuen.

Der Marsch ging auf die Residenz zu.

Bei der Feldherrenhalle wurde eine Absperrung sichtbar.

Die Polizei mit Karabinern im Anschlag zu allen entschlossen, stoppte den Zug.

Kommandos und Befehle wurden geschrien.

Ein junger Polizeioffizier verlor die Nerven und ließ eine Salve in den Zug der Demonstranten feuern.

Die Gruppe der Verschwörer stob auseinander.

Es lagen Tote und Verletzte auf dem Asphalt.

Hitler, Röhm und Göring konnten fliehen.

Ludendorff, der Weltkriegsgeneral ging todesmutig weiter.

Wollte er sterben?

Aber vor seiner Uniform und seinen Rangabzeichen senkten sich die Gewehre aus Ehrfurcht und Respekt.

Es fiel kein Schuss mehr.

Hans, der Rotschopf, kroch zu Emil herüber.

Eine Kugel hatte ihn am Oberschenkel verletzt.

Emil lag auf dem Rücken und rührte sich nicht.

Überall Blut. Das Pflaster war getränkt mit Blut. Überall lagen Tote und Verletzte.

Der Rotschopf hörte die Schreie der Verletzten und verbiss sich den eigenen Schmerz.

Er kroch über den rotgefärbten Asphalt, kroch über einen toten Kameraden hinweg zu Emil, der sich nicht bewegte.

Dann sah er das kreisrunde Loch in Emils Stirn und drehte ihn auf die Seite, in der Hoffnung, er könne noch etwas für ihn tun, und sah das Austrittsloch, da wo die Gewehrkugel Emils Hinterkopf fast vollständig weggerissen hatte.

Er hielt den Toten im Arm und realisierte jetzt so allmählich, was geschehen war.

Dann fing er zu schreien an: „Ihr Wahnsinnigen, was habt ihr getan? Was habt ihr Wahnsinnigen getan? Ihr habt auf eure Kollegen, auf eure Brüder geschossen. Was habt ihr bloß getan?

Wir sind auch Polizisten wie ihr. Ihr habt Polizisten erschossen, ihr Mörder, ihr verdammten Mörder." Er konnte sich nicht beruhigen.

Insgesamt waren sieben Tote zu beklagen. Einer davon war Inspektor Emil Neunziger.

Adolf Hitler wurde einen Tag später am Staffelsee verhaftet.

Die NSDAP wurde noch am gleichen Tag verboten.

Der Putsch war im Keim erstickt worden.

Alle kamen sie zur Beisetzung eines der ihren.

Die Wehrsportgruppe Ludwig war vollzählig erschienen.

Ernst Röhm hatte eine Abordnung der zwischenzeitlich verbotenen SA entsandt.

Polizeichef Huber und das gesamte Polizeipräsidium nahmen teil.

Als Huber, noch am offenen Grab, Emils Mutter kondolierte, um sein aufrichtiges Beileid auszudrücken, fragte sie mit monotoner Stimme: „Warum?"

Ihr Arzt hatte ihr ein starkes Beruhigungsmittel verabreicht, sonst wäre sie wahrscheinlich nicht im Stande gewesen, das alles zu ertragen.

„Ich habe meinen Mann und meinen ältesten Sohn durch den Krieg verloren.

Gibt es noch etwas Sinnloseres, Menschen zu verlieren, die man liebt, als durch Krieg?

Meinen jüngsten Sohn verliere ich nun auf noch sinnlosere Weise.

Er wird von der Polizei erschossen, obwohl er selber Polizist war.

Warum?", fragte sie wieder.

„Sie waren sein Chef. Was ist da schiefgelaufen? Erklären Sie mir das.

Wer trägt die Verantwortung?

Ich will das alles verstehen.“

Sie knickte ein und wurde gerade noch von den Umstehenden aufgefangen.

Ich trage die volle Verantwortung und Generalstaatsanwalt Franz Kreidler, der es noch nicht einmal für nötig befindet, heute hier zu sein, um Ihren Sohn die letzte Ehre zu erweisen.

Dieser feige Hund.

Wir tragen die Verantwortung und es tut mir so unendlich leid, dass ich das zugelassen habe.

Ihr Sohn Emil handelte im Auftrag der Staatsanwaltschaft, abgesegnet von mir, seinem Vorgesetzten.

Das alles hätte er am liebsten gesagt. Er hätte es herausschreien mögen, dass es jeder hört und jeder erfährt …

Aber er sagte, wobei er mit dem Kloß kämpfte, der in seinem Hals steckte:

„Ihr Sohn Emil, Frau Neunziger, hat sich mit den falschen Leuten eingelassen.“

Dann drehte er sich um und seine Beine zitterten, als er versuchte, möglichst schnell den Ausgang des Friedhofs zu erreichen.

Kapitel 13

Mit dem Jahreswechsel 1923/24 gelang die Bändigung der Inflation.

Der Abgeordnete Helfferich und der Reichswährungskommissar und Reichsbankpräsident Doktor Hjalmar Schacht führten die neue Rentenmark ein.

Es war die lang ersehnte Rückkehr zu einer festen Finanzgrundlage der Wirtschaft.

Ausländische Investoren, angelockt von hohen Zinsen, waren bereit, zu investieren.

Allen voran amerikanische Spekulanten, denn sie hatten begriffen, dass Europa nur blühen konnte, wenn Deutschland wieder erstarkte.

Im Büro der Fleischfabrik arbeiteten der Prokurist Hollmann und Sara praktisch eine Woche lang Tag und Nacht, um die Preise der Waren anzupassen und die Löhne der Arbeiter und Angestellten neu zu kalkulieren.

Sara hatte ihre Ausbildung inzwischen mit der Note Gut abgeschlossen und fungierte in der Firma als Assistentin der Geschäftsleitung.

Sie beließ es aber nicht dabei, stur im Büro zu sitzen, sondern war des Öfteren im Betrieb zu finden, an der Basis, wie sie es nannte, was sie spannend und abwechslungsreich fand.

Ab und zu machte sie Vorschläge, die Arbeitserleichterungen brachten. Immer zum Wohl der Mitarbeiter. Deshalb schätzte man sie.

„Guten Morgen Papa, hast du ein paar Minuten?"

Sara stand an der Tür zu Jakobs Büro.

„Morgen Sonnenschein, komm herein. Was kann ich für dich tun?“

Jakob winkte seiner Tochter. Sie blieb vor Jakobs Schreibtisch stehen.

Die beiden fuhren normalerweise mit dem Auto gemeinsam ins Büro, aber heute musste Jakob auswärtige Geschäftstermine wahrnehmen und so hatte Sara heute Morgen die Straßenbahn genommen.

„Als ich heute Morgen in der Bahn saß, ist mir aufgefallen, wie viele Lastenfahrräder in Berlin unterwegs sind.

Alle Kleingewerke, vom Anstreicher bis zum Bäcker, vom Klempner bis zum Metzger, sind mit dem Lastenfahrrad unterwegs.

Sie transportieren ihr Material, ihr Werkzeug, ihre Ersatzteile und ihre Produkte.“

„Was willst du mir damit sagen?“ Jakob schaute verständnislos.

Sara lächelte ihr Gewinnerlächeln. „Mir schwebt eine mobile Essensausgabe vor. Wir bringen den Leuten das Essen mit dem Lastenfahrrad.“

Sara wartete auf eine Reaktion ihres Vaters.

Der sagte nichts. Eine ganze Zeit nichts.

Dann grinste er. „Meine Tochter“, stieß er hervor.

„Das ist großartig. Das ist ganz und gar großartig.“

Er drückte den Knopf der Sprechanlage. „Herr Hollmann, kommen Sie bitte zu mir. Bringen Sie Herrn Jahn mit.“

Es war entschieden.

An diesem Morgen planten sie eine mobile Essensausgabe, so wie Sara es vorgeschlagen hatte.

Man schaffte erst einmal nur zwei dreirädrige Fahrräder an.

Sie dienten als Versuch.

Es sollte ausprobiert werden, ob die mobile Essensausgabe ankam und es von den Berlinern angenommen wurde.

Der Produktionsleiter Jahn machte sich höchstselbst ans Werk.

Er liebte solche Herausforderungen.

Die Fahrräder mussten für ihre Zwecke umgestaltet werden.

Zuerst baute er einen Kasten aus leichtem Holz mit Deckel zum Aufklappen.

Einen halben Meter lang, einen halben Meter tief und einen halben Meter breit.

Isolierte diesen Kasten von innen mit Schafwolle, um die Speisen warmzuhalten.

Dieser Kasten war von den Abmaßen her genau dem Emaillekessel angepasst, der für die Speisen diente und eingesetzt wurde, konnte aber zum Spülen und Befüllen herausgenommen werden, für die Essensausgabe aber an Ort und Stelle bleiben.

Außerdem hielt die Emaille zusätzlich warm.

Man klappte nur den Deckel auf, den Jahn mit starken Scharnieren am Kasten befestigt hatte, und schon entstand eine Verkaufstheke.

Zum Schluss wurde der Kasten auf ein Rohrgestell vor dem Lenker über den beiden Rädern fest mit dem Vehikel verschraubt.

Denkbar einfach, aber durchdacht.

Obwohl der Kessel mit 50 Litern befüllt war, fuhr sich das Fahrrad leicht und bequem.

Eine Mahlzeit sollte zwei Groschen kosten.

Der Versuch konnte gestartet werden.

Schon nach einer Woche wusste jeder Berliner, dass es gutes Essen für kleines Geld gab, und die mobile Essensausgabe wurde zum Verkaufsschlager.

So wurden weitere Lastenfahrräder angeschafft und umgerüstet, die sich zur Mittagszeit in ganz Berlin verteilten, und am Ende des Jahres verfügte die Fleischfabrik über zwanzig mobile Verkaufsstände.

Da Sara sehr gut zeichnen konnte, entwarf sie ein Plakat mit dem Schriftzug „Fleischfabrik Jakob Rosendahl“ mit dem Brandenburger Tor im Hintergrund als Wahrzeichen.

Ihre Stadt, die sie so sehr liebte. Ihr Berlin.

Dieses Plakat wurde in einer Druckerei als wetterfeste Flyer vervielfältigt, in der Größe der Kisten der Lastenfahrräder.

Jetzt war jedes der Fahrräder beklebt mit den Flyern werbewirksam in der ganzen Stadt präsent.

Martin bestand darauf, Teil dieser Fahrradflotte zu werden, die jeden Mittag ausschwärmte.

Er sah darin eine Möglichkeit, den Rosendahls etwas zurückzugeben, weil sie ihn aufgenommen hatten und ihn behandelten wie ein Familienmitglied.

Seine Vorlesungen fanden früh morgens statt und seinen Dienst im Krankenhaus konnte er variieren.

Er hatte sich auch schon früher in der Fabrik eingebracht, wenn Not am Mann war und sein Studium es zuließ. Für ihn selbstverständlich.

Martin hatte die beiden Mädchen noch nicht bemerkt, die unweit der Stelle standen, die er für seine Essensausgabe wählte.

Sobald er sich mit seiner „Theke“ und dem heißen Suppentopf in Position brachte, wurde er umringt von hungrigen, ungeduldigen und wenig zimperlichen Zeitgenossen.

Die wirtschaftliche Situation hatte sich seit der Währungsreform zwar verbessert, aber die Armen blieben arm.

Sie wurden durch ihre prekäre Lage zu rücksichtslosen Menschen.

Die körperlich Schwachen, die Alten und die Kinder hatten oft das Nachsehen.

Martin füllte in Rekordzeit die Blechteller, Kochgeschirre, Töpfe und Kannen, die man ihm entgegenstreckte, bis sich das Menschenknäuel lichtete.

Dann sah er sie.

Die beiden, die ihn unverwandt beobachtet hatten, sahen in ihren schmutzigen Kitteln erbärmlich aus.

Dem Kleineren der Mädchen lief unaufhörlich die Nase.

Ihre Lippen waren über und über mit Schorf bedeckt, den das gelbliche Nasensekret verursachte.

Sie hielten sich an den Händen. Standen da, unsicher, schüchtern.

Obwohl der Topf eigentlich leer war, schaffte es Martin gerade noch, zwei Becher mit Suppe zu füllen, indem er ihn extrem schräg hielt und ihn förmlich auskratzte.

Er ging zu den beiden und gab jedem der Mädchen ein Becher Suppe.

„Trinkt", sagte er lächelnd, „aber aufpassen, heiß." Dabei pustete er mit dicken Backen.

Die Kleine zeigte sich belustigt.

Die Große zögerte und blieb ernst.

„Wir haben kein Geld. Wir können nicht bezahlen."

„Geschenkt", sagte Martin knapp.

Nun schlürften beide gierig die Suppe aus dem Becher.

Während sie kauten, fragte Martin: „Seid ihr alleine hier?"

Beide nickten sie.

„Wie alt seid ihr denn?"

Die Große erwiderte: „Ich bin sieben Jahre alt."

„Und ich bin so." Die Kleine streckte Martin fünf abgespreizte Finger ihrer kleinen, schmutzigen Hand entgegen.

„Ooooh", sagte Martin und spielte den Überraschten.

„Dann seid ihr ja schon junge Damen, ich bin baff."

Jetzt schien auch die Größere aufzutauen, denn sie sagte: „Mutter ist krank. Sie kommt sonst hierher, um Essen zu holen. Schafft es aber nicht, aufzustehen."

Im Gesicht des Mädchens bildeten sich Sorgenfalten.

„Sie kann auch nicht arbeiten und verdient kein Geld."

„Was hat die Mama denn?", wollte Martin wissen.

„Einen dicken Knöchel. Sie hat sich den Fuß umgeschlagen. Er ist grün und blau.

Der Doktor kommt nicht, da war ich schon. Vielleicht morgen, hat er gesagt.

Wenn Papa noch leben würde, wäre alles nicht so ...", sie suchte nach Worten, „nicht so schlimm."

Es klang unendlich traurig. „Der doofe Krieg", fügte sie kaum hörbar hinzu.

„Papa ist jetzt da, bei den Engeln", sagte die Kleinere altklug, zeigte nach oben in den grauen Himmel und zog die Nase hoch.

Martin fasste einen Entschluss.

„Wo wohnt ihr?“, fragte er.

Die Große zeigte die Straße hinunter, Richtung Hallesches Tor.

Mit ein paar Handgriffen montierte Martin die mobile Essensausgabe ab.

Er folgte den beiden Mädchen, indem er sein Fahrrad schob.

Nach ein paar Hundert Metern sagte die Große: „Hier ist es.“

Sie standen vor einer Mietskaserne.

Jene Gebäude, die nun überall entstanden, um der Wohnungsnot Herr zu werden.

Vier bis sechs Stockwerke hoch, quadratisch mit Hinterhof, erinnerten sie tatsächlich an Soldatenunterkünften.

Als sie das Treppenhaus betraten, kam ihnen der Gestank von angebranntem Essen, billigem Fusel, Schweiß und feuchten Wänden entgegen.

So roch Armut.

Sie mussten drei Treppen hoch, durch dunkle Flure, Unrat und Latrinengestank.

Auf jedem Treppenabsatz ein Plumpsklosett, das von dreißig bis vierzig Personen benutzt wurde.

Überall standen Mülltonnen mit faulendem Abfall.

Ab und zu huschte eine Ratte vorbei.

In der winzigen Wohnstube, ein einzelner Raum, der als Küche, Schlaf und Wohnstube diente, standen ein einzelnes Bett, ein Tisch mit vier Stühlen und ein Ofen.

In der hintersten Ecke ein Waschbecken und ein Schrank.

Der Raum war noch dunkler als das Treppenhaus.

Kein Fenster. Nur ein Lichtschacht mit kleinem Oberlicht und verdreckten Scheiben, durch das unzureichende Tageslicht drang.

„Wer sind Sie? Was wollen Sie hier?“

Eine matte, entkräftete Stimme kam vom Bett herüber. Aus dem Halbdunkeln.

„Ich arbeite im Krankenhaus“, sagte Martin, dessen Augen sich erst an die spärlichen Lichtverhältnisse gewöhnen mussten.

Um die Situation zu entschärfen, fügte er beschwichtigend hinzu, wobei er vorsichtig näher kam:

„Ich wollte mir einmal Ihre Verletzung ansehen.“

Seine gepflegte Erscheinung und seine Kleidung ließen den Argwohn der Frau schwinden.

„Ich dachte schon, der Vermieter hätte Sie geschickt", sagte sie erleichtert.

„Wir sind mit der Miete im Rückstand."

Vorsichtig schob Martin die Bettdecke zur Seite, nur so weit, dass er einen Blick auf ihre Füße werfen konnte.

Was er sah, beunruhigte ihn.

Der verletzte Fuß war dick geschwollen und schillerte in allen Farben.

Er setzte sich zu ihr aufs Bett und tastete den Knöchel ab.

Die Frau stöhnte und verbiss sich den Schmerz.

„Wie ist das passiert?", wollte Martin wissen, um sie abzulenken.

„Ich bin Wäscherin und an den Trögen ist es immer glitschig wegen der Seife, wissen Sie, da rutscht man schnell aus."

Als Martin den Fuß leicht drehte, schrie sie auf.

„Tut mir leid", sagte Martin. „Nichts gebrochen", diagnostiziert er dann erleichtert.

„Sie haben Glück", wobei sich das Wort Glück angesichts der Gesamtsituation grotesk anhörte, dessen war Martin sich bewusst.

„Der Knöchel ist verstaucht und die Bänder stark gedehnt. Außerdem hat sich eine Entzündung gebildet. Wenn die Schwellung zurückgegangen ist, können Sie wieder auftreten.

Vorher dürfen Sie den Fuß nicht belasten."

„Ich muss arbeiten", protestierte die Frau.

„Nicht mit der Verletzung", sagte Martin entschieden.

„Ich muss aufstehen, gleich kommt unser Schlafbursche von der Schicht, er braucht das Bett."

Die Frau war den Tränen nahe.

Schlafburschen oder sogenannte Bettgeher waren jene Untermieter, die sich mit ein paar Mark an der Miete beteiligten, weil sie nur eine Schlafstätte benötigten, bis ihre nächste Arbeitsschicht begann, und sie sich keine eigene Wohnung leisten konnten.

So half man sich gegenseitig.

Die Familie stellte dem Schlafburschen ihr Bett für ein paar Stunden zur Verfügung, dafür schoss er einen Geldbetrag zur Miete bei.

Diese Bettgeher waren Saison- oder Schichtarbeiter, neu angekommene Handwerksburschen oder Tagelöhner.

Bezahlbarer Wohnraum wurde immer knapper, denn die Landbevölkerung strömte unaufhaltsam in die Städte.

Dort, wo sich die Hochtechnologie angesiedelt hatte, erhofften sie sich Arbeit und Brot, ein Auskommen und ein erträgliches Leben.

„Ich setze mich auf den Stuhl und wickele mir die Decke um die Füße.

Warmhalten, pflegte meine Oma immer zu sagen. Das beste Hausmittel. Warmhalten", wiederholte sie.

„Um Himmels willen." Martin verzog das Gesicht. „Kühlen und noch mal kühlen. Wärme ist bei Entzündungen Gift."

Er sah die Bestürzung der Frau.

Dann erklärte er: „Bei Entzündungen immer kühlen. Gottlob haben wir Winter. Die Mädchen sollen Schnee und Eis von draußen holen. Eimerweise.

Dann stellen Sie den Fuß in das Eiswasser, solange Sie es aushalten können. Mehrmals täglich.

Je intensiver Sie kühlen, desto schneller sind Sie wieder auf den Beinen."

Martin wollte der Frau Mut machen, indem er sagte: „Morgen, vielleicht übermorgen sollte die Schwellung zurückgegangen sein."

Die Patientin sagte nichts. Sie nickte nur und machte Anstalten, aufzustehen.

Sie schrie laut auf, als sie versuchte, aufzutreten, und knickte ein.

Martin fing sie auf und bugsierte sie vorsichtig auf einen Stuhl.

Wie ein Häuflein Elend saß sie da.

Hilflos und überfordert mit schmerzverzerrtem Gesicht.

Ihr verhärmter, ausgemergelter Körper sank in sich zusammen.

„Ich komme morgen wieder, dann bringe ich etwas zu essen mit“, sagte Martin.

Zu den Mädchen gewandt: „Passt auf eure Mama auf.“

Die beiden nickten unsicher und versuchten ein Lächeln.

Es wollte nicht recht gelingen.

Auf dem Heimweg im Gewirr schmaler und feuchter Gassen des Scheunenviertels – die verrufenste Gegend Berlins –, da wo die Mietskasernen skrupelloser Spekulanten die kleinen Gewerke der Tischler, Schlosser und Schmiede verdrängt hatten, wurde Martin wieder einmal bewusst, wie ungerecht, wie gnadenlos das Leben sein konnte.

Er ließ das Arbeiterviertel hinter sich und kam jetzt durch eine freundlichere Gegend mit schmucken Häusern und einladenden Geschäften.

Von Weitem sah er das Brandenburger Tor, jenes monumentale Bauwerk, das als Wahrzeichen Berlins den Pariser Platz schmückte und das Sara als Zeichenvorlage ihrer Werbekampagne gedient hatte.

Am Eingang des Hotels Adlon, jener ersten Adresse Berlins, entstieg gerade ein nicht mehr so junges elegantes Pärchen einer Mercedeslimousine, vom livriertem Portier begrüßt und beflissentlich zur Tür begleitet.

Er fuhr an den Geschäftshäusern der Disconto-Gesellschaft und an der preußischen Centralboden AG sowie an dem Prachtbau der Gustav-Heine-Gesellschaft vorbei.

Jener Gustav Heine, der in Rekordzeit eine Mietskaserne nach der nächsten aus dem Boden stampfte und kleine Handwerksbetriebe reihenweise in den Ruin trieb, indem er ihre Preise so lange unterbot, bis sie nicht mehr konkurrieren konnten. Dann kaufte er ihre Gewerke für den Bruchteil ihres Wertes.

Er überquerte die Friedrichstraße, jenes Sündenbabel, wo die Bars, Kneipen und Nachtclubs alles anboten, was es für Geld zu kaufen gab, und erreichte dann kurz vor einsetzender Dunkelheit den Schlachthof.

Kapitel 14

Das bayerische Justizministerium erteilte dem Generalstaatsanwalt Franz Kreidler und seiner Dienststelle alle Vollmachten, um einen reibungslosen Ablauf der Verhandlung um den Hitlerputsch vom 8. und 9. November zu gewährleisten.

Sein Einwand, hier würde eine klare Rechtsbeugung vorliegen, weil das Reichsgericht in Leipzig zuständig wäre – da es sich laut Klageschrift um Hochverrat handele –, zerstreute man seitens des Ministeriums aus Gründen der Solidarität, man hatte Spezis in der Schusslinie, denn Teile der bayerischen Landesregierung waren involviert.

Auf Kreidlers Vorschlag wurde Doktor Georg Neithardt als vorsitzender Richter eingesetzt, ein bekennender Rechtsnationaler.

Das Interesse der Öffentlichkeit an dem Prozess war enorm und so verlegte Kreidler aus Sicherheitsgründen die Verhandlung in die Infanterie-Kriegsschule Blutenburgstraße.

Entgegen allen Erwartungen vertrat Generalstaatsanwalt Kreidler nicht die Anklage, sondern delegierte einen seiner Staatsanwälte und blieb selber im Hintergrund.

So konnte er im hochbrisanten und emotional geladenen Prozess die Fäden ziehen, ohne an vorderster Front ins gefährliche Fahrwasser innenpolitischer Auseinandersetzungen zu geraten.

Es schien ihm zu riskant, so gern er auch die große Bühne genutzt hätte, die sich ihm bot, denn die Inlands- und Auslandspresse sowie Hunderte Zuschauer wollten den Prozess verfolgen, sodass Platzreservierungen und Eintrittskarten verteilt werden mussten.

Die Befürchtung Kreidlers, das Pendel könnte ungünstig ausschlagen, war möglich.

Wer wusste das schon?

Für die Angeklagten stand viel auf dem Spiel.

Auf Hochverrat stand im ungünstigen Fall die Todesstrafe.

Hitler sollte, darüber war man sich einig, wenn nur eine Haftstrafe erlassen würde, ausgewiesen werden, denn er war österreichischer Staatsbürger.

Aber die österreichische Regierung lehnte dies schon vor Prozessbeginn kategorisch ab, weil Hitler als Kriegsfreiwilliger auf deutscher Seite gekämpft hatte.

Sie betrachteten die ganze Sache als rein deutsches Problem.

Sie wollten Hitler nicht.

Auf diplomatischer Ebene ein Lapsus, aber vertretbar.

Am 26. Februar 1924 wurde unter strengsten Sicherheitsvorkehrungen vor dem Volksgericht München der Hochverratsprozess gegen Adolf Hitler, Weltkriegsgeneral Erich Ludendorff und andere Mittäter am Hitlerputsch vom 8./9. November 1923 verhandelt.

Schnell wurde klar, Adolf Hitler würde vor diesen Gerichtsschranken seine Beweggründe und die seiner Kameraden für ihr Handeln darlegen und war sich keiner Schuld bewusst.

Hier hatte er das Publikum als dankbare Zuhörer und das Podium für seine Propaganda.

Er würde diese Gelegenheit nützen.

Seine ausgezeichnete Rhetorik und seine Fähigkeit, Emotionen für andere spürbar und fassbar zu machen, halfen ihm dabei.

Das Triumvirat um Gustav von Kahr, dem Generalstaatskommissar, wurde von Hitler besonders hart angegangen.

Hatten sie nicht geschworen, mitzumarschieren und sich dem Putschisten anzuschließen?

„Diese Herren sind ohne Ehre, sie besitzen keine Vaterlandsliebe, keine Moral und kein Gewissen.

Es wird der Tag kommen, da werden andere Mächte über sie richten sowie diese Mächte dieses Gericht schuldig sprechen wird als die wahren Verräter am Vaterland und am deutschen Volk.“

Hitlers gesamtes Auftreten an den fünfundzwanzig Prozesstagen und sein Schlussplädoyer hatten weitreichende Folgen.

Zum einen wirkten sich die Ausführungen Hitlers für alle Angeklagten strafmildernd aus, denn große Teile des Publikums bezeugten unverhohlene Sympathie für die Verschwörer.

Zum anderen war der Ruf der bayerischen Landesregierung derart diskreditiert, dass die anstehenden Landtagswahlen beeinflusst wurden.

Das Urteil konnte als Sensation betrachtet werden.

Adolf Hitler und seine engsten Vertrauten wurden zu milden fünf Jahren Mindeststrafe für Hochverrat verurteilt, mit Bewährungszugeständnis nach sechs Monaten.

Die Staatsanwaltschaft hatte acht Jahre gefordert.

General Erich Ludendorff wurde freigesprochen.

Noch im Gericht kam es zum Eklat.

Ludendorff bestand darauf, mit den Kameraden verurteilt zu werden.

So etwas hatte es in der deutschen Rechtsprechung noch nie gegeben.

Das Gericht lehnte ab und schloss eine Berufung aus.

Die Richter stellten die Verdienste des Weltkriegsgenerals über bewiesene Schuld.

Die Begründung der Richter konnte nur als Farce bezeichnet werden.

Sie begründeten den Freispruch damit, General Ludendorff hätte nichts von den wahren Absichten der Verschwörer gewusst.

Eine faustdicke Lüge.

So schwach war die junge Demokratie und so schwach ihre Gerichtsbarkeit.

Der Direktor der Festung, in der Adolf Hitler und Teile seiner Gefolgschaft einsaßen, begrüßte Franz Kreidler freundlich und beflissentlich.

Otto Leybold, der Leiter der Strafanstalt Landsberg wusste, dass der Generalstaatsanwalt des Oberlandgerichtes München sich einen Eindruck über die Haftbedingungen der Verschwörer vom November 1923, speziell über Hitler, verschaffen wollte.

Das brachte er klar zum Ausdruck, als sie vor ein paar Tagen miteinander telefonierten.

Er führte seinen Gast auf die Terrasse seines Dienstzimmers.

Der angrenzende Garten stand jetzt, Ende April, in voller Blüte.

Ginster leuchtete in sattem Gelb, Rhododendron im Weiß und Rot und am Ende ein mächtiger Kirschbaum mit zartrosa Knospen.

Liebevoll angelegte Blumenbeete mit Frühblühern links und rechts rahmten einen gepflegten Rasen ein.

Es roch nach frisch geschnittenem Gras. Es roch nach Frühling.

In den letzten Tagen war die Natur regelrecht explodiert. Erwacht aus ihrem Winterschlaf.

Sie setzten sich an einen runden Tisch und der Direktor schenkte Kaffee ein.

„Schön haben Sie es hier", bemerkte Kreidler. „Halten Sie das selber in Schuss?"

Er machte eine allumfassende Handbewegung.

Leybold grinste verschmitzt.

„Ab und an werden ein paar Häftlinge eingesetzt zur Gartenarbeit.

Natürlich auf rein freiwilliger Basis.

Diese Arbeit ist begehrt bei den Inhaftierten, weil sie aus ihrem Gefängnisalltag herauskommen."

Er nahm einen Schluck Kaffee.

„Gezwungen wird hier keiner, zu nichts."

„Verstehe", auch Kreidler nippte an seiner Tasse.

„Wir versuchen hier, die straffällig Gewordenen zu resozialisierten, so gut es geht.

Darum bekommen sie sehr viele Freiheiten im Rahmen der Möglichkeiten, die wir haben."

„Dann sind wir ja jetzt schon voll im Thema. Wie macht sich Adolf Hitler?", fragte Kreidler.

Natürlich hatte Leybold diese Frage erwartet. Trotzdem ließ er sich Zeit mit seiner Antwort.

Als er dann sprach, beugte er sich etwas vor und verlieh seiner Stimme Eindringlichkeit.

„Hitler ist ein Vorzeigehäftling.

Er ist nicht dumm. Seine gute Führung bringt ihm Vergünstigungen und Hafterleichterungen.

Er hat hier bei uns angefangen, ein Buch zu verfassen.

Ich durfte einige Passagen lesen.

Glauben Sie mir, er wird sich nicht beirren lassen und er wird sich von seinen Zielen nicht abbringen lassen. Von nichts und von niemandem."

Leybold nahm noch einen Schluck aus seiner Tasse.

„Hitler ist ein politischer Idealist.

Seine Sicht der Dinge und seine Lösungsvorschläge sind glasklar formuliert. Bisweilen genial.

Seine Standpunkte und Positionen unerschütterlich."

Leybold hielt kurz inne, dann sagte er wie beiläufig: „Die Juden kommen in diesem Werk übrigens gar nicht gut weg.

Hitler hasst dieses Volk und damit steht er beileibe nicht alleine da.

Ging es nach ihm, gäbe es keine Rassenvermischung, sondern nur den reinrassigen Arier im Deutschen Reich."

Wieder entstand eine gedankliche Pause.

Kreidler nickte mehrmals und ermutigte sein Gegenüber, mit seinen Ausführungen fortzufahren.

Leybold hüstelte, dann sagte er: „Hitlers politische Gegner werden dieses Buch als menschenverachtendes Machwerk geißeln, da bin ich mir sicher.

Aber es wäre fahrlässig, ihn zu unterschätzen.

Für seine Feinde wird er gefährlich und unberechenbar sein. Davon bin ich überzeugt.

Aber das ist ja nur meine Meinung."

Leybold hielt inne, aber als er sah, das Kreidler wohlwollend lächelte, fügte er gespielt entschuldigend hinzu: „Die Ansicht eines kleinen Staatsdieners."

Nach einer kleinen Weile fragte Kreidler: „Sie sprachen von Vergünstigungen, Herr Direktor.

Wie sehen diese aus?"

„Nun, er erhält und verschickt Post, die wir nicht zensieren. Ich will ihm eine gewisse Privatsphäre gewähren.

Er empfängt viel Besuch und regelmäßig werden Geschenke geschickt oder gebracht."

„Der Besuch, was sind das für Leute?"

„Eine Liste aller Besucher vom ersten Tag an liegt aus. Die können Sie gerne einsehen."

Kreidler stand auf. Er lächelte und nickte Leybold gönnerhaft zu.

„Dann bringen Sie mich jetzt zu Hitlers Räumlichkeiten."

Auf dem Weg dorthin unterhielten sie sich über dies und das und Kreidler fragte, also ob es ihm jetzt erst eingefallen wäre: „Würden Sie eine vorzeitige Entlassung Hitlers befürworten, Herr Direktor?"

„In jedem Fall", sagte Leybold aus tiefster Überzeugung.

Das erste Zusammentreffen der beiden Alphatiere konnte als problematisch gewertet werden.

Hitlers Körpersprache verriet Argwohn, Misstrauen und Ablehnung.

Mehr noch, er erstarrte förmlich vor Feindseligkeit und zeigte sich unzugänglich, unnahbar und stur.

Seine negativen Erfahrungen mit der deutschen Justiz hatten ihn gebrandmarkt.

Hier würden Kreidlers ganze psychologischen Fähigkeiten, die er sich in fünfundzwanzig Jahren als Vernehmungsbeamter erworben hatte, zur Anwendung kommen müssen.

Äußerst behutsam ging er deshalb vor und erkundigte sich nach Hitlers Befinden und ob er gut behandelt würde.

Eine ganze Reihe belangloser Fragen folgte, die einzig und alleine dazu dienten, Vertrauen aufzubauen.

Ganz allmählich schmolz das Eis und Hitler taute auf.

Geschickt ließ Kreidler einfließen, das er ihn, Hitler, auf einer Kundgebung hatte reden hören und dass er die Thesen, die zur Sprache gekommen waren, voll und ganz teile.

Von da an war der Bann gebrochen.

Volle drei Stunden diskutierten die beiden und kamen sich näher.

Entdeckten immer mehr Gemeinsamkeiten.

Waren überrascht und erfreut, wie deckungsgleich ihre politischen Meinungen waren und dass sich vieles in Deutschland ändern müsse, damit man wieder zum alten Glanz und zur alten Größe aufsteigen konnte.

Völlige Übereinstimmung erlangten sie in ihrem Hass auf die Juden und auf alles Jüdische.

Zum Schluss kamen die beiden Männer, deren Charaktere sich so sehr ähnelten, überein, sich nicht aus den Augen zu verlieren.

Kreidler versprach, er würde Einfluss auf die vom Gericht in Erwägung gezogene Haftverkürzung nehmen.

Sie verabschiedeten sich herzlich voneinander.

Draußen in der Wachstube unterhielt Kreidler sich noch kurz mit den Vollzugsbeamten, die hier ihren Dienst versahen.

Alle, ohne Ausnahme, brachten sie den Verschwörern ihre Hochachtung entgegen.

Man ging respektvoll miteinander um.

Er ließ sich noch die Besucherliste aushändigen und studierte sie eingehend.

Drei wohlbekannte Namen tauchten immer wieder und regelmäßig auf.

Julius Streicher, Gründer und Herausgeber des Hetzblattes der Stürmer.

Alfred Rosenberg, rechter Politiker und Chef-Ideologe, sowie Hauptmann und Stabsoffizier Ernst Röhm, Führer der SA.

Auf der Rückfahrt nach München ließ Kreidler diesen ereignisreichen Tag nochmals Revue passieren.

Zu seiner Freude und Genugtuung stellte er fest, dass Adolf Hitler, dieser begnadete Demagoge, eine neue Zeit einläuten würde, da war er sich ganz sicher und er, Franz Kreidler, wollte teilhaben an der Erschaffung einer neuen Ära, die alles Bisherige in den Schatten stellen würde.

Kreidler grinste bei dem Gedanken, dass Hitler mithilfe seiner Getreuen aus dem Gefängnis heraus den Ausbau seines rechten Netzwerkes organisierte und weiter vorantrieb.

Kreidler glaubte fest daran, dass Hitler, würde er wieder frei sein, endgültig zum Führer der völkischen Bewegung aufsteigen.

Dreimal noch fuhr Kreidler nach Landsberg und besuchte Hitler.

Immer aufs Neue fasziniert von diesem Mann und sich immer bewusster werdend, dass Deutschland diesen Mann dringend brauche. So setzte er seinen Einfluss daran, ihn vorzeitig freizubekommen.

Auf Kreidlers Intervention hin wurden mehrere Haftprüfungsverfahren eingeleitet und Adolf Hitler wurde schließlich am 20. Dezember 1924, nur acht Monate nach seiner Verurteilung, vorzeitig aus der Haft entlassen.

Die Dokumentensammlung über Adolf Hitler, seine Hintermänner und die rechte politische Partei, die NSDAP, ließ Kreidler verschwinden, mit samt den Berichten des Inspektors Emil Neunzigers.

Kapitel 15

Das Fahrradfahren strengte Martin ziemlich an.

Seine Hüfte schmerzte, wenn er wie jetzt eine Steigung befuhr und stärker in die Pedale treten musste, und seine Bronchien pfiffen wegen des fehlenden Lungenflügels, den sie ihm im Lazarett amputieren mussten, aber das behielt er für sich.

Er erreichte seinen Stammplatz kurz vor zwölf Uhr und wurde schon ungeduldig erwartet und sofort umringt.

Für viele würde das die einzige Mahlzeit sein an diesem Tag, die sie unbedingt ergattern mussten.

Im Handumdrehen hatte Martin seinen Stand aufgebaut und die Essensausgabe konnte beginnen.

Die Gulaschsuppe, die er heute verteilte, fand besonderen Anklang bei seinen Stammessern, das freute ihn.

Er brauchte keine fünfzehn Minuten und der Topf war leer.

Die Mittagsgäste verliefen sich schnell und er konnte nach den Mädchen Ausschau halten, sah sie aber nirgendwo.

Er machte sich keine großen Gedanken, denn er wusste ja, wo sie wohnten.

Martin hatte am Morgen vorgesorgt. In einem großen Henkelmann befand sich eine extra große Portion Suppe für die ganze Familie.

Außerdem hatte er Stullen mit allerlei frischer Wurst belegt. Eine Menge Stullen.

Als er die Theke einklappte, zupfte ihn jemand am Mantel.

Erschrocken und überrascht drehte Martin sich um und da standen die Mädchen und lachten schallend.

„Du bist erschreckt", sagte die Größere.

„Erschrocken. Es heißt erschrocken", sagte Martin lachend.

„Egal. Habt ihr Hunger?"

Beide nickten sie. „Könnt ihr bis zu Hause warten?"

Wieder nickten sie.

„Dann können wir alle zusammen essen."

„Jaaaa." Die Kleine klatschte in die Hände.

„Als wie, wenn Papa noch da wäre."

Als wenn, dachte Martin und schluckte.

Als sie nebeneinander gingen, fragte er: „Wie heißt ihr beiden?"

Die Größere antwortete: „Meine kleine Schwester ist das Mariechen und ich heiße Liselotte, aber alle nennen mich Lotte."

„Darf ich auch Lotte sagen?", fragte Martin.

„Du sowieso. Wie heißt du denn?", wollte Lotte wissen.

„Ich bin Martin."

Sie hatten die Mietskaserne erreicht und Martin nahm eine große Tasche aus dem Fahrradkorb.

Als sie durch das Treppenhaus gingen, kam ihnen der gleiche Gestank wie gestern entgegen und aus den Mülltonnen quoll derselbe Unrat und Martin kämpfte wie am Vortag gegen den Brechreiz an.

Die Mädchen liefen voraus.

„Mama, Mama, Martin hat Essen mitgebracht, wie er es versprochen hat."

Die Frau saß auf der Bettkante und versuchte ein Lächeln.

Ihr graues Hungergesicht, so kam es Martin vor, wirkte noch verhärmter.

Wie viele Nächte mochte sie wachgelegen haben, weil sie vor Hunger den Schlaf nicht finden konnte, und aus Sorge vor dem ungewissen Morgen.

Wie oft hatte sie auf Essen verzichtet, damit wenigstens ihre Kinder halbwegs satt wurden.

Sie lebten in einer erbarmungslosen, schrecklichen Zeit.

„Wie geht es Ihrem Fuß?" Martin kam näher.

„Besser, morgen werde ich wieder arbeiten gehen", sagte sie bestimmt.

In der Tat war die Schwellung zurückgegangen, das sah Martin mit einem Blick.

„Kinder", rief sie vom Bett aus, „deckt den Tisch."

Sie sah Martin an: „Ich bin Ihnen unendlich dankbar, aber warum helfen Sie uns?"

Martin wich der Frage aus, indem er sagte: „Kommen Sie, ich stütze Sie."

Sie humpelte mit Martins Hilfe bis zum Tisch.

Als sie Platz genommen hatten, packte er den Proviant aus und verteilte Suppe und Stullen.

Die Mädchen bekamen leuchtende Augen angesichts der dick belegten Brote und der herrlich duftenden Suppe.

Ihre Mutter hatte Tränen in den Augen.

„Guten Appetit", sagte Martin und sah mit Freuden, wie es allen schmeckte.

„Sind Sie Arzt?" Diese Frage kam unvermittelt. Die Frau kaute langsam und aß mit Genuss.

„Nein, ich studiere noch."

Martin schob seinen Teller zur Seite. Er war fertig.

„Warum helfen Sie uns?" Sie wiederholte ihre Frage von vorhin.

Er zuckte mit den Schultern.

Wenn Menschen in Not sind, hilft man als Christ. Diese Einstellung war in ihm tief verwurzelt, seit er es von den Mönchen im Kloster vorgelebt bekommen hatte.

Nächstenliebe ist die selbstloseste Liebe.

Er war dabei, Humanmediziner zu werden.

Er erinnerte sich an seinen Lateinunterricht auf dem Gymnasium.

Human bedeutet menschlich.

Zu oft fehlte den Menschen das Mitgefühl für den Nächsten.

Die Nächstenliebe, die Menschlichkeit, die selbstlose Hilfsbereitschaft.

Das alles ging Martin durch den Kopf, aber er ließ die Frage unbeantwortet.

Er wollte nicht als Samariter da stehen. Das widerstrebte ihm. Das war nicht seine Art.

Stattdessen fragte er: „Wie heißen Sie? Mein Name ist Martin Kreidler."

„Sie haben Recht", ihre Bestürzung war echt. „Wie unhöflich von mir. Ich heiße Katarina Kowalski. Mein Mann kam aus Polen nach Berlin, um ein neues, besseres Leben zu finden. Darum der polnische Name.

Sie sehen ja, was daraus geworden ist."

Sie machte eine Handbewegung und bezog ihr erbärmliches Zuhause mit ein.

„Der Krieg hat ihn mir genommen. Der Krieg hat viele Träume zerstört. Der Krieg hat meinen Kindern den Vater genommen und mir den Mann."

Ihre Bitterkeit war greifbar, fühlbar.

Martin lenkte das Gespräch in eine andere Richtung, indem er sagte: „Ich möchte mir Ihre Verletzung noch einmal genauer ansehen." Er wollte nicht, dass es noch deprimierender wurde, als es schon war.

Er stand auf und stellte seinen Stuhl so, dass Katarina ihren Fuß darauf ablegen konnte.

Martin holte aus seiner Manteltasche ein Töpfchen Salbe und Verbandszeug.

Diese Utensilien hatte er heute Morgen aus der Krankenhausapotheke besorgt.

Er schmierte den Knöchel dick mit Salbe ein, dann wickelte er den Verband recht stramm, denn er sollte gleichzeitig stützen.

Die Mädchen beobachteten Martins tun mit Neugier, als es an der Tür klopfte.

Der Mann, der die Wohnstube betrat, nahm seinen Hut ab und fuhr sich durchs graue Haar.

„Aha, ein Kollege." Er stellte seinen Arztkoffer auf den Tisch und ließ sich auf den einzigen noch freien Stuhl fallen.

Er atmete schwer. Es war mehr ein Pfeifen, wie bei einer alten Dampflok.

Im Mundwinkel steckte ein erkalteter Zigarrenstummel.

Martin schätzte ihn auf über siebzig, vielleicht sogar schon an die achtzig.

Als er sich etwas erholt hatte, sagte er, wobei er den Zigarrenrest zu dem Butterbrotpapier auf den Tisch warf: „Ich sollte weniger rauchen. Ich bin Felix Seifert, Doktor der Medizin.

Ich komme zum Einsatz, wenn bei den Patienten nichts zu holen ist.

Man nennt mich den Armenarzt“, fügte er sarkastisch hinzu.

„Übrigens erstklassige Facharbeit“, kommentierte er Martins Verband mit Blick auf Katarinas Knöchel.

„Mein Name ist Martin Kreidler, ich fahre mittags Suppe aus mit dem Lastenfahrrad.“

„Aha“, der Alte zwinkerte. „Vom Suppefahren lernt man diese Wickeltechnik aber nicht.“ Er deutete auf den frisch verbundenen Fuß.

„Ich studiere Medizin.“

„Wievieltes Semester?“

„Ich werde Ende des Jahres fertig sein.“

Der Alte lächelte freundlich.

„Sie sind an der Charité, richtig?“ Martin nickte.

„Erste Adresse. Hervorragender Laden.“

Nach einer Weile sagte Doktor Seifert: „Haben Sie sich schon Gedanken gemacht, was Sie anstellen wollen nach Ihrem Abschluss?“

„Erst einmal als Assistenzarzt im Krankenhaus bleiben, so wie es aussieht. Erfahrung sammeln.“

Martin gab bereitwillig Auskunft, denn er fand diesen alten Mann sympathisch und Geheimnisse hatte er nicht.

Es war der normale Weg eines jungen Arztes, eine Stelle als Assistenzarzt anzutreten, meistens in dem Krankenhaus, das ihn ausgebildet hatte.

Nach einer kleinen Weile sagte Doktor Seifert: „Erfahrung sammeln, so so.

Ich suche einen Assistenten. Händeringend.

Ich werde nächsten Monat siebenundsiebzig Jahre. Sie werden verstehen, dass mir das alles zu viel wird. Ich schaffe das nicht mehr. Ich bin krank, alt und verbraucht.

Wie sieht es aus, Interesse? „

Er ließ Martin nicht aus den Augen und als er sah, dass dieser ernsthaft über dieses Angebot nachdachte, ließ er wie beiläufig noch einfließen: „Meine Arztpraxis sucht auch einen Nachfolger.“

Martin schob die Unterlippe nach vorne. Das wollte überlegt sein.

Er wägte das Für und Wider ab.

Die Erfahrungen, die er auf diese Weise sammeln konnte, waren unbezahlbar.

Aber es würde auch zeitintensiv sein.

„Wie genau stellen Sie sich das vor? Bedenken Sie, noch habe ich Vorlesungen zu besuchen. Ich muss Schichten im Krankenhaus übernehmen. Ich arbeite in der Fleischfabrik und ich schreibe an meiner Doktorarbeit, meiner Dissertation."

Der alte Seifert horchte auf: „Was haben Sie sich für ein Thema ausgesucht?"

„Das Herz und die Lunge," antwortete Martin.

„Weites Feld", kommentierte Seifert, dann lachte er über das ganze Gesicht. Dieser junge Mann gefiel ihm. Er gefiel ihm sogar sehr.

Er hat den Köder geschluckt, dachte der hoch erfreut.

Dann sagte er schnell: „Alles eine Frage der Organisation. Natürlich arrangieren wir es so, dass Ihr Studium nicht darunter leidet. Ehrenwort. Schließlich sollen Sie mein Nachfolger werden.

Sie begleiten mich in Ihrer Freizeit. Sie bestimmen, wann und wie oft. Das verspreche ich Ihnen hoch und heilig."

Martin kam zu dem Schluss, dass er diesem alten Mann trauen konnte. Er würde sich daran halten, was auch immer zwischen ihnen vereinbart war.

„Versuchen wir es miteinander", sagte Martin und hoffte, es nicht bereuen zu müssen.

Eigentlich würde er nur gewinnen können.

Von da an hatte der Tag für Martin zu wenig Stunden.

Morgens Vorlesungen an der Uni. Nachmittags Hausbesuche mit Doktor Seifert. Dazwischen Mittagessen ausfahren mit dem Lastenfahrrad.

Abends Praktikum im Krankenhaus bis spät in die Nacht.

Sieben Tage in der Woche.

Sara sah ihn nur noch selten.

Martin schuftete und lernte.

Er lernte durch die Hausbesuche mit Doktor Seifert die volle Wucht der Armut kennen.

Ob die Armenviertel im Norden oder Osten Berlins lagen.

Ob sie Wedding, Luisenstadt, Neukölln oder Friedrichshain hießen, sie unterschieden sich nicht voneinander.

Das Elend war hier überall zu Hause.

Der Armenarzt behandelte Dirnen, die von ihren Zuhältern halb tot geprügelt wurden.

In diesem Milieu waren Stich- und Schussverletzungen an der Tagesordnung.

Jeder dritte Erwachsene litt unter irgendeiner Geschlechtskrankheit wie Syphilis, Tripper, Genitalherpes oder einer Chlamydien-Infektion.

Überhaupt stellten die ansteckenden Krankheiten wie Tuberkulose, Keuchhusten, Diphtherie, Hepatitis oder Typhus ein besonderes Problem dar.

In den Armenvierteln, speziell den Mietskasernen, lebte man auf engstem Raum unter katastrophalen, hygienischen Verhältnissen.

Vierzig, manchmal fünfzig Bewohner benutzten eine Toilette, einen Waschraum und eine Waschküche.

Diese Menschen hatten Krätze, Läuse und Wanzen.

Die Kleinkinder starben im Sommer an Diarrhoe, weil sie verdorbene Milch zu trinken bekamen.

Am allerschlimmsten ging es den sogenannten Trockenwohnern.

Sie wohnten für wenig Geld in feuchten Neubauten und trockneten mit ihrer Atemluft und ihrer Körperwärme die frisch verputzten Wände, bis man die Wohnung zahlungskräftigeren Mietern anbieten konnte.

Diese Trockenwohner zogen dann in die nächste feuchte Wohnung.

Die Folge, diese Menschen waren dauerkrank.

Ganze Familien waren durchseucht mit Schnupfen, Grippe oder Lungenentzündung.

Einmal in der Woche veröffentlichte die Verwaltung Berlins eine Liste mit den Namen der Menschen, die sich das Leben nahmen. Es fiel schwer, dieses Dasein zu akzeptieren.

Ende des Jahres musste Martin seine Aktivitäten drastisch einschränken, weil er sich auf sein drittes Staatsexamen vorbereiten musste, seinen Abschluss.

Außerdem wollte er zeitgleich seine Doktorarbeit einreichen, an der er im Krankenhaus während seiner Nachtdienste geschrieben hatte.

Er gab die Essensausgabe auf und begleitete den alten Seifert nur noch sporadisch, wofür der volles Verständnis zeigte.

Mit dem Erreichen der vollen Punktzahl in allen Prüfungsteilen schloss Martin sein Studium ab.

Wieder stand sein Name als Erster auf der Liste am schwarzen Brett der Universität. Mit dem Zusatz: optimus finis, zu Deutsch, der beste Abschluss.

Seine Doktorarbeit war so außergewöhnlich, dass Auszüge davon im Ärztejournal veröffentlicht wurden, das hatte sein Doktorvater Ismael Silberstein, der Dekan, veranlasst.

„Ehre, wem Ehre gebührt. Wir sind alle stolz auf Sie. Das gesamte Lehrerkollegium."

Er fügte hinzu: „Es gibt keinen Professor dieser ehrwürdigen Universität und keinen Arzt der Charité, den sie nicht beeindruckt hätten. Sie haben eine glänzende Zukunft vor sich und ich brauche Ihnen nicht zu sagen, wie gerne wir Sie an der Charité als Arzt sehen würden."

Ein eindeutiges Bekenntnis.

Zu Hause erwartete Martin eine Überraschung.

Zur Feier des Tages war ein Büfett aufgebaut mit Köstlichkeiten und Spezialitäten der Fleischfabrik.

Sara hatte den alten Seifert eingeladen und Professor Silberstein, Martins Doktorvater.

Martin liebte solche Spontaneitäten überhaupt nicht, schon gar nicht, wenn es sich um seine Person drehte. Das brachte er auch vor.

„Deine Bescheidenheit in allen Ehren mein Junge, aber heute ist ein guter Tag“, sagte Jakob.

„Dein Fleiß, deine Bemühungen, deine Anstrengungen und dein Verzicht haben sich gelohnt.

Wir sind alle stolz auf dich.“ Alle nickten sie und tranken auf den frisch gebackenen Doktor med. Martin Kreidler.

Nach einer Weile erhob Martin sich, weil es von ihm erwartet wurde, dass er etwas sagte:

„Ich danke euch allen für alles. Ohne euch hätte ich das nicht geschafft.“

Er hielt inne und befeuchtete sich die Lippen mit der Zunge. Sein Mund war trocken und er schluckte.

Seine Gedanken rotierten und seine Gefühle schlugen Purzelbäume, wobei sein Herz wie wild schlug. „Liebe Ella, lieber Jakob, ich möchte euch um die Hand eurer Tochter bitten“ und zu Sara gewandt, „Willst du meine Frau werden?“

Irgendwie zauberte er einen Ring hervor, den er ihr an den Finger steckte.

„Ja ich will, oh ja ich will.“

Sara küsste Martin lange und innig.

4. BUCH

Kapitel 1

Sie saßen am Frühstückstisch und für Ella gab es nichts Schöneres, als ihre Lieben um sich zu haben, wie sie sich des Öfteren schon geäußert hatte.

Es war zur selbstverständlichen Gewohnheit geworden, sonntags im Hause der Rosendahls ein gemeinsames Frühstück einzunehmen, sofern Martin keinen Dienst im Krankenhaus versah.

In dieser entspannten Atmosphäre unterhielt man sich über die politische Lage, die wirtschaftliche Situation – speziell in der Fleischfabrik – und die neuesten kulturellen Angebote der Stadt.

Natürlich auch über die bevorstehende Heirat und Martins berufliche Zukunft.

„Du wirst eine Entscheidung treffen müssen."

Alle sahen Martin erwartungsvoll an.

„Sie wollen wissen, wie es weitergeht", fügte Sara hinzu.

Martins Blick verklärte sich. Er schien weit weg zu sein.

Jakob murmelte kauend Unverständliches, aber Ella und Sara wussten, wie er zu dieser Frage stand.

„Lass dir Zeit mein Junge", hatte er noch vor Kurzem erklärt. Es ist schwierig, das Richtige zu tun.

„Deine Entscheidung will wohl überlegt sein, denn sie betrifft dein weiteres Leben. Euer weiteres Leben", fügte er hinzu.

Er dachte als Vater natürlich auch an seine Tochter, die Martins Entschluss mittragen würde müssen.

„Warum kann ich nicht beides? Diese Möglichkeit könnte doch in Betracht gezogen werden."

„Wie genau hast du dir das vorgestellt? Du wirst dir eine Menge Arbeit aufladen, das steht fest."

Sara nippte an ihrer Kaffeetasse und beendete ihr Frühstück.

Martin fasste über den Tisch und tätschelte ihre Hand.

„Noch arbeitsintensiver als letztes Jahr wird es nicht werden."

Seine Lippen verzogen sich zu seinem entwaffnenden Lächeln.

„Ich möchte keinen enttäuschen."

Alle wussten, wen und was er meinte.

Auf Anraten seines Doktorvaters Professor Silberstein nahm Martin die Assistenzarztstelle der internistischen Abteilung der Charité an und war nun, ein Jahr später, nach einer weiteren Dissertation ausgebildeter Internist und Lungenfacharzt.

Der Professor wollte Martin unbedingt als Dozent für die Friedrich-Wilhelm-Universität gewinnen, denn nicht nur er hatte das Potenzial dieses jungen Mediziners erkannt.

Martins Niederschriften fanden in den Fachkreisen im In- und Ausland höchste Anerkennung.

Sie wurden als bahnbrechend und brillant gepriesen.

Der alte Doktor Seifert hatte Verständnis für Martins Entscheidung gezeigt, erst einmal an der Charité zu bleiben, während er an seiner Facharbeit schrieb, um wertvolle Erfahrung auf dem Gebiet der Inneren Medizin zu sammeln.

Konnten diese Erfahrungen und Erkenntnisse im Klinikalltag gesammelt, doch in seine Doktorarbeit einfließen.

Es tat Martin weh, zu sehen, wie der alte Armenarzt sich quälte, seinen Aufgaben gerecht zu werden, denn er war krank und verbraucht.

Deshalb unterstützte Martin ihn in seiner Freizeit, so gut es ging, denn er stand, wie er fand, bei Doktor Seifert im Wort.

Dieser selbstlose Mediziner ließ Martin in die Abgründe sozialer Hoffnungslosigkeit blicken und vieles erinnerte ihn an Thomas, seinen Ziehvater.

Martin erlebte noch einmal, was ausweglose Armut und medizinische Unterversorgung anrichten konnten.

Schon damals brannten sich diese Erlebnisse in Martins Gedächtnis und beeinflussten ihn schlussendlich entscheidend, Medizin zu studieren und Arzt zu werden.

„Nun ja“, begann Martin, „Professor Silberstein hat mir gegenüber durchblicken lassen, er würde mich gerne an der Uni als Dozent sehen.“

Martins Gesicht blieb ernst. Stille am Tisch. Alle sahen ihn an. Teils überrascht, teils ungläubig.

Schließlich klatschte Ella in die Hände. „Das ist ja großartig“, rief sie.

„Professor. Du bist dann Professor.“ Sie strahlte über das ganze Gesicht.

„Professor Doktor Martin Kreidler.“ Sie war in ihrer Euphorie kaum zu bremsen und bekam vor Ergriffenheit feuchte Augen.

„Halt, halt, halt“, lachte Martin. „Eins nach dem anderen. Erst einmal würde ich Privatdozent werden. Das ist die Vorstufe. Dann gibt es noch die Habilitation.“

Als Martin in die verständnislosen Gesichter blickte, brach er ab.

Sara platze heraus: „Diese Habi …“, sie kämpfte mit dem Fachausdruck.

„Habilitation“, kam Martin ihr zur Hilfe. „Das ist das Genehmigungsverfahren zur Professur, mit anschließender Prüfung.“

„Ganz schön bürokratisch“, entfuhr es Jakob.

„Dieses Genehmigungsverfahren mit anschließender Prüfung führt wer durch?“, fragte Sara.

„Die Universität, an der man als Dozent tätig ist.“

Martin trank seinen Kaffee aus.

„Alles klar“, nickte Sara und lehnte sich entspannt zurück.

In ihrem Gesicht spiegelte sich Genugtuung. Sie wusste, welchen Ruf ihr Verlobter an der Charité und an der Universität genoss.

„Das sind ja sensationelle Neuigkeiten.“ Die Tatsache, dass sein alter Freund Professor Silberstein so große Stücke auf seinen Schwiegersohn in spe hielt, erfüllte Jakob mit unbändigem Stolz.

Dann fiel ihm etwas ein. „Wie willst du dich mit Doktor Seifert arrangieren?“

„Ja“, entfuhr es Ella. „Genau, der Arme zählt auf dich.“

„Ich sagte schon, warum nicht beides?“

Martin schenkte sich noch eine Tasse Kaffee ein. „Sonst noch wer?“

Als niemand reagierte, setzte er die Kanne ab und ließ ein Stück Zucker in seinen Kaffee gleiten. Er rührte bedächtig. Natürlich hatte er sich Gedanken gemacht über das Wie ... Dann hob er zu einer Erklärung an: „Es gibt mehrere Möglichkeiten. Ich teile meine Arbeitswoche so, dass ich an drei Tagen an der Uni bin und an drei Tagen in der Praxis. Oder je nach Stundenplan, früh morgens zu den Vorlesungen an der Uni und die übrige Zeit in der Praxis. Die Ideallösung wird sich mit der Zeit finden.“ Martin nahm noch einen Schluck Kaffee.

„Es ist nicht mehr Arbeit als jetzt und der Nachtdienst im Krankenhaus fällt weg.“

Er beobachtete seine Zuhörer am Tisch und stellte mit Genugtuung fest, dass seine Argumentation verstanden wurde.

Er hatte befürchtet, Sara könnte die Doppelbelastung als undurchführbar empfinden, sah aber jetzt mit Erleichterung, dass er Sara überzeugt hatte.

Arbeitsintensiver als das zurückliegende Jahr konnte es kaum werden.

Den Rest des Morgens diskutierten sie, wie man Universität und Praxis unter einen Hut bringen konnte.

Es war früher Nachmittag, als Sara und Martin aufbrachen.

Sie wollten das schöne Wetter für einen Stadtbummel nutzen.

Nach dreißigminütigem Spaziergang durch das Villenviertel Grunewalds und intensiver Diskussion über ihre Zukunft erreichten sie schließlich den Kurfürstendamm.

In den Straßencafés herrschte Hochbetrieb.

Die Menschen in Deutschland leisteten sich wieder etwas, genossen das Leben in vollen Zügen, hatten sie doch lange genug gedarbt und verzichtet.

Die Arbeitslosenzahlen waren rückläufig. Die Wirtschaft erlebte durch ausländische Investoren einen Aufschwung und man stand der Weimarer Republik optimistischer gegenüber.

Vor allem die jungen Erwachsenen waren durch den Krieg mit anschließender Inflation um ihre besten Jahre gebracht worden.

Nun herrschte Nachholbedarf und in den Tanzlokalen, Kneipen und Bars pulsierte das hemmungslose, zügellose Treiben, jener betrogenen Generation, die vergnügungssüchtig nach einem sorgenfreien Leben schmachteten.

Schwarze Musiker aus Amerika hatten den Jazz mitgebracht und man tanzte Charleston.

Die ältere Generation zeigte sich wenig begeistert und die ewig Gestrigen bezeichneten diesen Swing als Negermusik.

Der Kurfürstendamm, der von den Berlinern kurz Ku'damm genannt wurde, war zu einer Flaniermeile geworden mit Bars, Tanzlokalen, Lichtspielhäusern, Cafés und Geschäften, die sich lückenlos aneinanderreihten.

Ein Boulevard der Extraklasse.

Die Auslagen in den Schaufenstern der zahlreichen Geschäfte sollten Begehrlichkeiten wecken. Für die meisten blieben sie allerdings unerschwinglich.

Oft blieb Sara stehen und bestaunte die teuren Ausstellungsstücke, bis Martin sie wegzog.

Sie ergatterten in einem Café mit Glück noch zwei Plätze und bestellten Apfelkuchen mit Schlagsahne.

So saßen sie auf dem Kurfürstendamm und schmiedeten Zukunftspläne.

Jung und verliebt.

Man würde diese Zeit später die Goldenen Zwanziger nennen.

Gemessen an dem, was hinter den Menschen in Deutschland lag, und an dem, was noch auf sie zukommen sollte, tatsächlich eine goldene Zeit.

Sie heirateten auf dem Standesamt des Schöneberger Rathauses.

Eine Trauung in einer katholischen Kirche kam für Sara nicht infrage, das hatte sie Martin mit der Begründung zu verstehen gegeben, sie wolle die Toleranz ihrer Eltern nicht überstrapazieren.

Zwar stand im Hause der Rosendahls der jüdische Glaube nicht im Vordergrund. Ella und Jakob waren keine fanatischen Juden und schon gar nicht orthodox.

Ehrfurcht und Demut vor dem Leben, Anstand, Respekt und Toleranz gegenüber den Mitmenschen waren Werte, die für Ella und Jakob an erster Stelle standen und alles andere überwog. So lebten sie und so hatten sie ihre Kinder erzogen.

Seit Sara denken konnte, hielten ihre Eltern sich in Glaubensfragen bedeckt.

Sie besuchten ab und zu die Synagoge, spendeten regelmäßig Geld für die Gemeinde – alleine schon aus geschäftlichen Gründen – und bewahrten den Schein.

Die jüdischen Feste, Riten und Bräuche empfanden Jakob und Ella als altmodisch und überholt. Aus der Zeit gefallen, wie Jakob sich einmal äußerte.

Doch meinte Sara zu wissen, dass ihre Eltern gläubig waren.

Ihre Mutter auf ihre Weise und ihr Vater auf seine Weise.

Eine christliche Trauung empfand Sara für nicht angebracht. Vielleicht sogar als Verrat ihren Eltern gegenüber.

Martin akzeptierte Saras Entscheidung, obwohl er sie anfangs überreden wollte, zum Christentum zu konvertieren, denn er war tiefgläubiger Katholik.

Aber das war nicht der Hauptgrund.

Er sah mit Sorge den um sich greifenden Antisemitismus in Deutschland.

Die Fanatiker der braunen Horden schreckten auch in der Öffentlichkeit nicht vor Gewalttaten gegenüber den Juden zurück und der unverhohlene Hass gegen alles Jüdische war allgegenwärtig.

Fast täglich kam es zu Ausschreitungen und Übergriffen.

Aber als Sara ihn mit den Worten entwaffnete „Das ist eine vorübergehende Erscheinung", beließ er es dabei.

Der Standesbeamte lächelte gewinnend und nickte dem Brautpaar wohlwollend zu und bedeutete ihnen, näher zu treten.

Die Trauzeugen flankierten das Brautpaar.

Zwischen Professor Silberstein im tadellosen Nadelstreifenzwirn nebst Fliege und Nelke im Knopfloch und Doktor Seifert im abgewetzten hellen Sommeranzug, der schon bessere Tage gesehen hatte, lagen Welten.

Der Armenarzt legte nicht viel Wert auf Äußerlichkeiten.

Wenigstens ist er gekämmt und rasiert, dachte Ella sarkastisch.

Sie und Jakob wohnten der Zeremonie ein paar Meter dahinter bei.

Gegen Martins hünenhafte Gestalt im adretten blauen Anzug wirkte Sara zierlich und zerbrechlich.

Sie trug ein schlichtes weißes Kleid, bestickt mit großen bunten Sommerblumen, sehr tailliert geschnitten und ihre schlanke Figur wurde dadurch perfekt betont.

Ella hatte ihr die Haare am Morgen geflochten und zu einem Dutt hochgesteckt, weil ihr Gesicht so am besten zur Geltung kam.

In dieses Gesicht schaute Martin jetzt und die Stimme des Standesbeamten drang wie aus weiter Ferne an sein Ohr.

Martin war wieder einmal verzaubert von Saras großen braunen Augen, die alles funkelnd überstrahlten. Die kecke freche spitze Nase, die vollen geschwungenen Lippen, die unaufhörlich lächelten, das graziös geschwungene Kinn, die zierlichen Ohren und der schmale Hals, der so zerbrechlich wirkte.

Martin konnte wie so oft schon nur denken, ein Geschenk Gottes, und war glücklich, dieses Geschöpf lieben zu dürfen.

„Die Ringe“, raunte Doktor Seifert und knuffte Martin den Ellbogen in die Rippen und Martin war wieder im Hier und Jetzt.

Sie tauschten die Ringe und der Standesbeamte schloss feierlich: „So erkläre ich euch zu Mann und Frau.“

Er zwinkerte Martin zu: „Sie dürfen die Braut küssen.“

Alle waren sich einig, dass es eine schöne Zeremonie war, und draußen vor dem Rathaus lud das Brautpaar seine Gäste zu einem Umtrunk ins Hotel Adlon mit anschließendem Mittagessen.

Die medizinische Fakultät der Friedrich-Wilhelm-Universität und das Klinikum der Charité, mit den Abteilungen der wissenschaftlichen Forschungen, entwickelten sich immer mehr zu einem führenden Standort der modernen Medizin in Deutschland und Europa.

Nachdem Martin seine Habilitation eingereicht hatte, erfolgte die Einladung der Berufungskammer sehr zeitnah.

Professor Silberstein fungierte als Beisitzer des Auditoriums.

Die anderen Professoren kannte Martin nicht, denn sie stammten von anderen Universitäten, um unvoreingenommen urteilen zu können.

Dieses Verfahren war gebräuchlich und schloss Vorteilsnahme oder Beeinflussung aus.

In Martins Fall war seine Ernennung zum Professor eine Formsache, denn sein Ruf als ausgezeichneter Mediziner und Wissenschaftler eilte ihm voraus und bei seinen Studenten war Martin beliebt und geachtet.

Er besaß die gottgegebene Gabe, auch die kompliziertesten Zusammenhänge einfach und einleuchtend zu erklären, sodass es jeder verstand.

Er verzichtete, wenn möglich, auf lateinische Fachbegriffe oder setzte die deutsche Bezeichnung dahinter, damit es sich leichter einprägte.

Seine Vorlesungen waren spannend, lehrreich und immer ausgebucht.

Da Martin besonders ausschweifend über Herz und Lunge referierte, nannten seine Studenten ihn bald nur noch Professor Luftpumpe.

Dies war keinesfalls abwertend gemeint, im Gegenteil.

Martin lachte schallend, als er davon hörte, und empfand dies als Auszeichnung.

Als „Ritterschlag“, wie er sich ausdrückte.

„Darauf muss man erst einmal kommen“, kommentierte er. „Da hat der wissenschaftliche Nachwuchs“, wie er seine Studenten gerne bezeichnete, „aber mal Fantasie bewiesen.“

Die Vorlesungen an der Universität spannten ihn derart ein, dass er zwar noch für seine Patienten in der Hausarztpraxis Zeit fand, für die Hausbesuche als Armenarzt aber nur noch die Wochenenden oder die Abendstunden nach Feierabend blieben.

Martin ging in seiner Tätigkeit voll auf, beklagte sich nie und fand, dass er ein spannendes, abwechslungsreiches Berufsleben führte.

Martin und Sara mieteten die geräumige Wohnung über der Praxis von Doktor Seifert an.

Ella half Sara bei der Renovierung und Martin ließ sie machen.

Die Maler rückten an und es wurde verputzt, tapeziert und angestrichen.

Da die Fachleute einmal im Haus waren, nahmen sie sich auch die Praxisräume vor.

Alles sah frisch, hell und freundlich aus.

Für die Behandlungsräume und das Wartezimmer hatte Sara helles Mobiliar gewählt. Pflegeleicht und abwaschbar. Hier überwog die Zweckmäßigkeit.

In der Privatwohnung dominierten schwere Eichenmöbel und dicke Ledersessel.

Alles war gemütlich und ausgewogen.

Die Summe, die Doktor Seifert als Ablöse für die Praxis haben wollte, war lächerlich klein. „Ich brauche nicht viel. Meine Schwester betreibt ein kleines Hotel im Spreewald. Ich helfe ihr ein bisschen, dafür kann ich umsonst wohnen. Schmeiß du hier den Laden und alles ist gut", hatte er zum Abschied gesagt.

Sara arbeitete nur noch morgens in der Fleischfabrik und unterstützte Martin nachmittags in der Praxis.

Abrechnungen, Korrespondenzen, Krankenberichte, Überweisungen und Rechnungen blieben liegen, denn Martin taugte als Geschäftsmann wenig.

Sara musste erst einmal die Buchführung auf Vordermann bringen. Nach Monaten intensiver Kleinarbeit hatte sie die Papierstapel geordnet, abgeheftet, ausgewertet und dokumentiert.

Martin und Sara arbeiteten beide am Limit und das Privatleben kam oft zu kurz.

Die Zeit verging im Flug. Sara versuchte jetzt schon seit Längerem, schwanger zu werden. Vergeblich. Martin schob es auf den Stress. Wir sind beide beruflich zu eingespannt, pflegte er zu sagen. Das wird schon.

Nichts geschah.

Auf Drängen Saras schnitt Martin dieses sensible Thema in einem Gespräch mit einem ihm bekannten Gynäkologen an.

Der verschrieb ihm für Sara ein neues Hormonpräparat, von dem man sich in der Fachwelt Wunder versprach.

Als Sara nach einem halben Jahr immer noch nicht schwanger war, ließ Martin Sara zuliebe sein Sperma labortechnisch untersuchen.

Das Ergebnis überraschte ihn nicht. Er war hundertprozentig zeugungsfähig.

„Die Natur ist gegen uns", konstatierte Martin frustriert.

Sie mussten sich damit abfinden, kinderlos zu bleiben.

An einem Sonntagmorgen, Martin machte Hausbesuche, hatte aber versprochen, mittags zu Hause zu sein, wurde es Sara derart übel, dass sie es gerade noch ins Bad schaffte, wo sie sich röchelnd übergeben musste.

Sofort dachte sie an den Hering, den sie am Abend heißhungrig gegessen hatte.

Verdammt, Lebensmittelvergiftung schoss es ihr durch den Kopf, als sich ihr Magen erneut zusammenkrampfte und sich vollständig entleerte.

Sie würgte und würgte, aber nun kam nur noch bittere Magensäure.

Sie rappelte sich auf und setzte sich im Wohnzimmer in den Ohrensessel. Atmete tief durch.

Nach einer Weile fühlte sie sich besser. Als sich ihr Magen knurrend meldete, aß sie einen Apfel.

Sie hörte, wie Martin den Schlüssel ins Türschloss steckte und aufsperrte.

Er küsste Sara flüchtig auf den Mund und sie ging in die Küche und bereitete das Mittagessen.

Sara aß mit großem Appetit und Martin erzählte von seinen Hausbesuchen, als Sara merkte, dass ihr das Essen nicht bekam.

Sie sprang auf und rannte ins Bad.

Wieder übergab sie sich und blieb in der Hocke, als Martin hinter ihr auftauchte.

„Was ist mit dir?“, fragte er besorgt und hielt ihre Stirn.

„Wenn ich das wüsste“, stöhnte Sara. Er half ihr auf die Beine und sie sah ihn an.

Hilflos, fragend, als wenn Martin eine Diagnose herbeizaubern könnte.

Er führte sie zum Sessel, wo sie sich erschöpft fallen ließ.

„Das ist das zweite Mal heute. Ich dachte schon die Heringe gestern.“

Martin horchte auf.

Dann sagte er ruhig: „Es gibt da zwei Möglichkeiten. Magen verdorben oder schwanger.“

Sein Gesicht verzog sich zu einem breiten Grinsen.

„Ja, oh ja, oh ja, ich bin zwei Wochen drüber. Oh ja, mein Gott, ja“, schrie Sara.

Sie meinte ihre Menstruation.

Dann lagen sie sich in den Armen. Beide hatten Tränen in den Augen.

Die frohe Botschaft über Saras Schwangerschaft wurde von Ella und Jakob überschwänglich aufgenommen.

„Werden wir doch noch Großeltern“, jubelte Ella und Jakob konnte sich ein freudiges „Na endlich“ nicht verkneifen.

Ganz der besorgte Vater und angehende Großvater schlug er Sara vor, in der Schwangerschaft kürzer zu treten und nur noch in der Arztpraxis zu arbeiten.

Für diesen Vorschlag war Sara ihrem Vater dankbar, denn ihr ging es gesundheitlich nicht gut.

Oft war ihr übel bis zum Erbrechen. Dann hatte sie plötzlich Heißhunger und wenn sie gierig aß, konnte sie nach wenigen Bissen nichts mehr herunterbekommen.

Tagsüber todmüde, konnte sie am Abend nicht einschlafen. Wenn sich der Schlaf nach Stunden, in denen sie wach gelegen und gegrübelt hatte, endlich einstellte, war es kein erholsamer Schlaf und sie fühlte sich morgens wie gerädert.

Sie war jetzt im sechsten Monat und entschloss sich, mit ihrem Gynäkologen darüber zu sprechen.

Martin sagte sie davon nichts, er sollte sich keine Sorgen machen.

Der Frauenarzt, der Sara auch schon das Hormonpräparat verordnet hatte und ihre Schwangerschaft begleitete, untersuchte sie sehr gründlich, konnte aber keine Auffälligkeiten gleich welcher Art feststellen.

Nach der Untersuchung saß Sara dem Arzt gegenüber.

Der lächelte freundlich.

„Zunächst einmal muss ich Entwarnung geben", sagte er noch immer lächelnd.

„Die Untersuchung hat kein abnormales Ergebnis ergeben.

Es ist eine Schwangerschaft, die nichts Außergewöhnliches vermuten lässt. Vollkommen normal."

„Aber die Symptome: Heißhunger, darauf Brechreiz. Ständig müde, aber schlaflos.

Abgespannt, dabei nervös?"

Saras Gesicht legte sich in Falten und ihre Hände waren ständig in Bewegung, als sie sprach.

Feine Schweißperlen bildeten sich auf ihrer Stirn.

Der Arzt sah, dass es seiner Patientin nicht gut ging, aber helfen konnte er ihr nicht.

Schließlich nahm er seinen Rezeptblock und schrieb ihr ein Medikament auf.

„Keine Angst, Frau Kreidler", sagte er, während er schrieb.

„Medikamente lassen sich mit einer Schwangerschaft schlecht kombinieren. Aber dies hier sind Tropfen rein pflanzlicher Natur. Sie können gerne mit Martin darüber reden, er wird die Arznei kennen. Vollkommen harmlos. Es nimmt die nervöse Spannung und hilft beim Einschlafen. Das ist alles."

Sara nahm das Rezept in Empfang und stand auf.

„Ich danke ihnen Herr Doktor."

„Gerne, dafür bin ich da. Zwei Drittel haben sie geschafft. Kopf hoch. Noch drei Monate. Bestellen Sie Martin einen lieben Gruß von mir."

Sie schüttelten sich die Hände und Sara schloss leise die Tür hinter sich.

Martin beendete die Vorlesung mit dem Hinweis, sich bestimmte Passagen im Lehrbuch genauer anzuschauen, da in den folgenden Wochen die Klausuren für das laufende Semester anstanden.

Er suchte seine Unterrichtsunterlagen zusammen und wurde wie immer von mehreren Studenten umringt, die zum heutigen Thema noch Fragen hatten.

„Professor Kreidler", der junge Assistenzarzt schob mehrere Studenten zur Seite, um sich Gehör zu verschaffen.

„Kommen Sie bitte in die Notaufnahme. Ihre Frau..." Weiter kam er nicht, denn Martin war mit einem Satz zur Tür hinaus und lief über den endlosen Flur bis zur Notaufnahme.

Eine Schwester nahm den sonst so besonnenen Professor in Empfang. Er war kreideweiß und völlig außer Atem.

„Was ist passiert? Wo ist meine Frau? Wie geht es ihr? Was ist mit unserem Kind?

Oh mein Gott ..." Er brach ab. Er bekam keine Luft. Musste sich am Türrahmen festhalten.

Die erfahrene Geburtshelferin und der Chefarzt der Gynäkologie schmunzelten und tauschten vielsagende Blicke.

Hunderte Male hatten sie das schon erlebt, wenn die werdenden Väter mit der Situation vollkommen überfordert und der nervlichen Belastung nicht gewachsen waren.

„Kommen Sie Herr Kollege, Sie können zu Ihrer Frau." Der Gynäkologe öffnete eine Tür zu einem Einzelzimmer der Notaufnahme und lächelte milde.

„Es ist alles gut", sagte er, als er Martins fragenden Blick auffing.

„Ihre Söhne sind im Inkubator. Eine reine Vorsichtsmaßnahme. Sie sind drei Wochen zu früh. Hatten es wohl eilig."

„Verstehe, danke Herr Kollege." Martin schien sich wieder unter Kontrolle zu haben.

Jetzt erst, auf der Türschwelle, fiel ihm auf, dass der Gynäkologe in der Mehrzahl gesprochen hatte.

„Söhne?" wiederholte Martin ungläubig.

„Zwillinge. Es sind zwei stramme Knaben." Die Geburtshelferin lachte.

Sara saß im Bett. Sie wirkte entspannt. Man sah ihr die Strapazen der letzten Stunden nicht an.

Martin setzte sich zu ihr auf die Bettkante und umarmte sie.

„Oh mein Gott", stammelte er. „Hast mir einen schönen Schrecken eingejagt."

Er küsste sie zärtlich.

„Frau Stern, unsere Nachbarin, hat den Krankenwagen angerufen. Es wurde höchste Zeit. Der Muttermund war schon drei Zentimeter geöffnet. Sie wollten nicht mehr warten, unsere Jungs." Sara lächelte. Martin bedeckte ihr Gesicht mit Küssen.

„Hast du sie schon gesehen, deine Söhne?", fragte Sara.

„Doktor Frei, der Chefarzt, hat Brutkästen angeordnet. Bei Neugeborenen, die zu früh sind, wird das automatisch gemacht. Eine reine Vorsichtsmaßnahme. Die Infektionsgefahr ist nicht ungefährlich, bis das Immunsystem gekräftigt ist. Außerdem können sich die Organe besser ausbilden, wenn sie noch ein paar Wochen künstlich gewärmt werden. So ein Inkubator ist für Neugeborene die ideale Umgebung, weil die Körpertemperatur konstant gehalten wird."

Martin redete ohne Punkt und Komma. Er war jetzt ganz Arzt und Wissenschaftler vor allem, weil ihm mehrere Steine vom Herzen gefallen waren.

„Es kann auch, wenn nötig, zusätzlich Sauerstoff zugeführt werden, bis sich die kleinen Lungen stabilisiert haben. Natürlich nur, wenn akute Hypoxie vorliegt.

Sauerstoffmangel", ergänzte er.

Sara küsste ihn auf den Mund und hinderte ihn so, weiter zu reden.

„Ist ja gut Herr Professor." Sie lachten.

„Aber sag mal, Zwillinge?", fragte Martin nach einer Weile. „Einfach geht bei dir nicht?" Sie knuffte ihm die Faust in die Rippen.

„Wir wollten doch zwei Kinder. Ich war einmal dabei ..., ein Aufwasch." Sie grinste.

Martin umarmte sie erneut, als Ella und Jakob hereinstürmten.

Martin stand auf und gab das Bett frei. Beide drückten ihre Tochter.

„Zwillinge, du bist einmalig", stammelte Jakob. Er war so weiß wie die Bettdecke.

„Setzt euch", sagte Martin und schob zwei Stühle ans Bett.

„Wie fühlst du dich mein Kind?" Ella tätschelte Saras Wange.

„Großartig. Aber ich habe einen Bärenhunger." Sie lachte.

„Ich fass es nicht. Wir sind krank vor Sorge und sie hat Hunger." Jakob war fassungslos. Er blinzelte und versuchte erst gar nicht, seine Gefühle zu verbergen.

Nachdem Martin für Sara etwas zu essen organisiert hatte und sie mit Heißhunger die belegten Brote verschlang, fragte Ella: „Habt ihr schon Namen?"

Martin schüttelte den Kopf, während Sara kauend nickte.

„Wie?", fragte Martin überrascht.

„Komm her", sagte Sara. Er beugte sich zu ihr herunter und sie flüsterte ihm etwas ins Ohr.

Für einen Augenblick wurde Martin stocksteif und erstarrte, dann übermannten ihn seine Gefühle und er rannte aus dem Zimmer.

Ella und Jakob blickten überrascht und verständnislos.

„Unsere Söhne werden Thomas und David heißen", sagte Sara mit einem Ton in der Stimme, der keinen Widerspruch duldete.

Der Aufenthalt im Krankenhaus wurde von der Stationsleitung aus medizinischen Gründen stillschweigend verlängert, sodass Sara Tag und Nacht bei ihren Zwillingen sein konnte.

Für eine Mutter-Kind-Beziehung, so die Säuglingsschwester, wären die ersten Wochen nach der Geburt die wichtigsten.

Mit regem Körperkontakt ließe sich am ehesten eine emotionale Bindung erzeugen.

Unter strenger Hygiene – überall standen Desinfektionsmittel, um keine Keime einzuschleppen – durften die Säuglinge gestreichelt und liebkost werden.

Nach zwei Wochen durften die Eltern erstmals die Zwillinge auf den Arm nehmen.

Immer nur für ein paar Minuten, aber immerhin, denn die Säuglinge hatten sich gut entwickelt.

Nach drei Wochen endlich durften sie nach Hause.

Es waren überaus brave Babys, wie sich herausstellte.

Sie lächelten den ganzen Tag und strahlten Liebreiz und Freundlichkeit aus. Zwei Wonneproppen, darüber waren sich alle einig.

Wenn man sie aus ihren Wiegen nahm, quiekten sie selig und vergnügt.

Alle Versuche, sie auseinanderzuhalten, scheiterten kläglich.

Das gelang nur Sara und Martin, denn sie hatten inzwischen Routine. Eltern, so sagt man, fühlen den Unterschied.

„Sie gleichen einander wie ein Ei dem anderen", kommentierte Ella.

Als ihre blonden Haare voller wurden – lockig wie bei Martin –, zeigte sich ein optisches Unterscheidungsmerkmal.

Vorne an der Stirn am Haaransatz kräuselten sich die Löckchen bei Thomas etwas stärker. Es war so minimal, dass man darauf aufmerksam gemacht werden musste.

Wer aber einmal Thomas Haarwirbel kannte, für den war es einfach, die Zwillinge auseinanderzuhalten.

Ein paar Monate später entdeckte Sara beim Baden der Zwillinge einen Leberfleck in Davids linker Ohrmuschel.

Ganz blass, klein und kaum wahrnehmbar. Aber er war da und Thomas hatte diesen Leberfleck nicht. Weder im linken noch im rechten Ohr.

Jetzt ging man natürlich der Sache auf den Grund und es wurde Ahnenforschung betrieben. Sara und Martin untersuchten intensiv ihre Ohren. Fehlanzeige.

Fündig wurden sie bei Opa Jakob.

Mit Stolz verkündete dieser, dass dieses „Gütesiegel" schon immer in seiner Familie dafür sorgte, unverkennbar und einzigartig zu sein.

Als er die ungläubigen Gesichter sah, konnte er sich nicht mehr halten und lachte schallend. Er hatte sie zum Narren gehalten.

Von diesem Leberfleck wusste weder Ella noch er selber etwas.

Martin musste für die Praxis eine Hilfe einstellen, denn die Zwillinge beanspruchten Sara voll und ganz.

Seine Wahl fiel auf eine ehemalige Krankenschwester, die mit über fünfundzwanzigjähriger Berufserfahrung aufwarten konnte und die auf allen Stationen in verschiedenen Krankenhäusern gearbeitet hatte.

Sie war Mitte vierzig, kinderlos und Kriegerwitwe.

Elisabeth Trütschler, so ihr Name, erwies sich als Glücksgriff.

Ihr ruhiges, sachliches Wesen, gepaart mit ihrer freundlichen Ausstrahlung kam bei den Patienten bestens an und von ihrer fachlichen Kompetenz konnte sich Martin tagtäglich überzeugen.

Wenn es in der Praxis einmal Leerlauf gab, bot sie sich an, in den privaten Räumen im ersten Stock zu helfen.

„Rumsitzen ist nicht meins“, sagte Elisabeth und so war sie alsbald auch im Haushalt der Kreidlers tätig. Sie unterstützte Sara, wo sie konnte.

Kaufte ein, wusch die Wäsche, bügelte, kochte, versorgte die Zwillinge, wenn Sara sich um die Buchführung der Praxis kümmern musste.

Elisabeth fehlte nie, blieb länger, wenn das Wartezimmer voll saß, schmiss den Haushalt, wenn notwendig, und wurde so zur unentbehrlichen Mitarbeiterin und zur Freundin der Familie Kreidler.

Als der Hauseigentümer Martin das Haus, in dem sich die Praxis befand, weit unter Preis zum Kauf anbot, weil es sich um einen Notverkauf handelte, griffen Martin und Sara zu.

Neben den Praxisräumen befand sich noch eine Zweizimmerwohnung im Haus mit separatem Eingang und Verbindungstür zur Praxis.

Martin ließ die Wohnung renovieren und an einem Samstag nach Feierabend führten Sara und Martin Elisabeth durch die Verbindungstür in diese Anliegerwohnung.

Elisabeth war beeindruckt, wie schön alles gestaltet und hergerichtet worden war, wusste aber nicht, was Sara und Martin im Schilde führten.

„Gefällt es dir?“, fragte Sara.

„Natürlich, alles so frisch, so sauber. Eine tolle Wohnung, das habt ihr wunderschön machen lassen. Ich bin begeistert.

„Die Wohnung muss dir auch gefallen.“ Martin grinste, „Es ist nämlich deine Wohnung.“

„Wie jetzt?“, stammelte Elisabeth. „Du wohnst ab jetzt hier.“ Sara lachte. „Mietfrei“, fügte Sara hinzu.

„Das habe ich nicht verdient.“ Sie weinte vor Glück und ihre Dankbarkeit war echt und rührend.

„Wenn es einer verdient hat, dann du“, sagte Martin und nahm sie in den Arm.

Elisabeth Trütschler konnte nicht glauben, was im Moment mit ihr geschah, und sie konnte nicht glauben, dass es in diesen Zeiten solche Menschen gab.

Sie weinte hemmungslos.

Kapitel 2

Es sollte perfekt werden, deshalb beauftragte Ella eine Firma, die sich darauf verstand, den riesigen Garten der Villa für die Festivitäten herzurichten.

Jakob fragte nicht. Er konnte sich denken, dass Ella etwas für ihn plante.

Eine Woche lang hatte der Trupp Arbeiter alle Hände voll zu tun, es Ella recht zu machen.

Sie beschnitten die Hecken, die das Grundstück umzäunten. Stutzten die Sträucher, die Stauden und die Obstbäume. Blumenbeete wurden neu bepflanzt und Rasenflächen getrimmt.

Um keine bösen Überraschungen hinsichtlich des Wetters zu erleben, stellte man Pavillons auf – für alle Fälle.

Unzählige bunte Girlanden, Lampions und Lichterketten fassten die Gartenwege ein.

Lange Tische mit weißen Decken und Sitzgelegenheiten sorgten für ein gemütliches Ambiente.

Unter der Terrassenüberdachung befand sich das Büfett, natürlich mit den feinsten Delikatessen der Firma Rosendahl.

Drei Kellner im weißen Livree standen bereit, um die Gäste zu bewirten.

Eine Gruppe junger Musiker sollte für die musikalische Untermalung sorgen und die modernen Rhythmen dieser Zeit darbieten.

Dann war es endlich so weit.

Ein Tusch der Kapelle und Sara führte den Hausherrn – dem sie vorher die Augen verbunden hatte – in die Mitte des Gartens, wo sie ihren Vater die Augenbinde abnahm.

Er blinzelte und schüttelte ungläubig den Kopf. Sprachlos und um Fassung bemüht.

Im nächsten Moment stürmten hundert geladene Gäste auf Jakob ein.

Umringten und gratulierten ihrem Freund, ihrem Chef, ihrem Nachbar zum sechzigsten Geburtstag und zum fünfunddreißigjährigen Firmenjubiläum.

Alle erwiesen sie Jakob Rosendahl die Ehre.

Aus einem Pavillon heraus betrat Ella den Rasen.

Sie trug ein hellblaues Seidenkostüm mit breiten Revers und weißer Bluse. Wie immer dezent geschminkt.

Die Gäste bildeten einen Halbkreis. Ella ließ es sich nehmen, die Laudatio für den Jubilar selber zu halten.

Als sie das Mikrofon zum Mund führte, fielen die Nervosität und die Anspannung der letzten Tage von ihr ab und sie fühlte sich selbstbewusst und sicher.

Die Gäste hörten andächtig zu, mit welchen emotionalen Worten Ella ihren Jakob bedachte und sie die familiären Höhen und Tiefen mit der Firmengeschichte verknüpfte.

Als sie unter tosendem Beifall endete, umarmte Jakob seine Frau voller Inbrunst, voller Liebe, voller Dankbarkeit.

Jakob und Ella hielten mit allen Gästen eine kurze Konversation. Achteten darauf, keinen zu benachteiligen.

Bei hundert Gästen nicht so einfach. Irgendwie schafften sie es.

Zwischendurch blieb sogar Zeit für ein gemeinsames Tänzchen oder ein Gläschen Sekt und am Ende des Abends waren sie geschafft, aber vollauf zufrieden über den Verlauf des Festes.

Als die Musiker ihre Instrumente einpackten, war es zwei Uhr morgens.

Die Gesellschaft hatte sich nach und nach bis auf wenige Unverwüstliche aufgelöst.

„Eine gelungene Party mein Bester." Mara Liebermann kniff Jakob in die Wange.

Sie war leicht beschwipst und strahlte über ihr ganzes Gesicht.

Ihre roten Bäckchen leuchteten im Widerschein der Lichterkette, unter der sie stand.

Ihre Frisur – auf die sie sonst immer penibel achtete – hatte etwas gelitten, wirkte etwas zerzaust.

„Du hast nichts mehr zu trinken." Jakob winkte einem Kellner und der füllte beflissentlich Maras Sektglas.

„Wo ist dein Göttergatte abgeblieben?", fragte Jakob lächelnd.

„In einer wichtigen Konferenz, wie immer", kicherte sie.

Jakob sah sich um, dann entdeckte er seinen Freund Uri zusammen mit Sara und Martin, Hollmann, seinem Prokuristen, und den beiden Werksleitern Lutter und Jahn an einem Tisch sitzen. Sie diskutierten lebhaft.

„Darf ich bitten".

Jakob bot Mara Liebermann seinen Arm, ganz Kavalier, und so harkte sie sich unter und sie steuerten den Tisch an, wo angeregt debattiert wurde.

Professor Silberstein und von Hünewitz ließen sich von Ella unterdessen große Schüsseln vom Büfett abfüllen, zum Mitnehmen. Ella bestand darauf.

Sie meinte, gegenüber Professor Silberstein, der Witwer war, und gegenüber dem Junggesellen von Hünewitz Verantwortung übernehmen zu müssen, was ihr leibliches Wohl betraf.

Die Menge, die sie einpackte, reichte locker für den Rest des Monats.

Mit der Bemerkung: „Das wird doch sonst alles weggeworfen."

„Es ist eine Blase entstanden, die nun droht zu platzen." Uri Liebermann sah bekümmert von einem zum anderen.

„Verbreitest du wieder Untergangsstimmung, mein Lieber?" Jakob und Mara setzten sich zu ihnen.

„Wir haben gerade versucht, Ihrem Freund zu erklären, dass wir uns im Betrieb vor lauter Arbeit nicht retten können und unsere Produktion am oberen Limit ist. Die allgemeine Wirtschaftslage in Deutschland ist rosig und das wird auch so bleiben, davon bin ich überzeugt und das sieht jeder so."

Hollmann hob sein Glas. „Darauf trinke ich."

Der sonst so steife Prokurist war bedingt durch den Alkohol ungewöhnlich locker und redselig.

„Für uns wird es Zeit, Herr Hollmann“, sagte Jahn. „Wir nehmen Sie mit.“

„Das ist schön, sehr schön.“ Hollmann schwankte, als er sich erhob, und Lutter stützte ihn ein wenig.

„Wir ordern an der Ecke ein Taxi“, sagte Jahn, als er den fragenden Blick Jakobs auffing.

„Wir bedanken uns für den schönen Abend.“ Lutter stützte Hollmann noch immer, als Ella an den Tisch herantrat. „Kommt gut nach Hause und passt gut auf unseren Herrn Hollmann auf.“ Ella lächelte.

„Geht klar.“ Sie nahmen Hollmann in die Mitte und Jakob begleitete sie bis zum Gartentor.

„Vielen Dank für euren Besuch“, sagte er.

„War äußerst nett“, lallte Hollmann.

Jakob sah ihnen grinsend nach, bis die Dunkelheit sie verschluckte, dann kehrte er zum Tisch zurück. Inzwischen hatten sich Professor Silberstein und von Hünewitz dazugesellt. Professor Silberstein fragte: „Hat unser guter Uri deine Arbeiter verschreckt?“

Jakob setzte sich zu ihnen und schüttelte lachend den Kopf. „Unser Herr Hollmann verträgt keinen Alkohol. Er hatte genug. Meine Werksleiter sorgen dafür, dass er nach Hause findet. Sie haben fast den gleichen Weg.“

Von Hünewitz nippte an seinem Cognac. „Läuft es so gut bei dir in der Firma, wie man hört?“

Die Zuversicht, die Hollmann verbreitete, war den übrigen Gästen nicht verborgen geblieben.

„Besser denn je“, antwortete Jakob. „Und unser Uri tritt wieder auf die Bremse.“ Von Hünewitz schüttelte den Kopf. „Der geborene Pessimist.“

Mara Liebermann mischte sich ein: „Erzähl ihnen, was Raphael dir berichtet hat“, forderte sie ihren Mann auf.

Raphael war der älteste Sohn der Liebermanns und leitete die Filiale in New York.

Seit Neuestem war es möglich, kabellos mit Übersee zu telefonieren, mit vierundzwanzigstündlicher Voranmeldung.

Einmal wöchentlich hielt Raphael seitdem seinen Vater telefonisch auf dem Laufenden.

„Nun", Uri Liebermann presste die Fingerspitzen beider Hände gegeneinander, schob dann die Unterlippe nach vorne, sein typischer Reflex, wobei sich sein hageres Gesicht straffte: „Die drehen drüben am Rad. Immer neue Wirtschaftszweige werden erschlossen und immer neue Firmen werden gegründet.

Die Fließbänder stehen nicht still. Immer schneller, immer mehr wird produziert. Man zahlt den Arbeitern nie gekannte Spitzenlöhne."

„Das ist doch etwas Gutes", warf Silberstein ein.

„Auf den ersten Blick ja." Uri Liebermann nickte.

„Was produziert wird, muss aber auch verkauft werden", sagte Jakob. Er glaubte, zu wissen, worauf Liebermann hinauswollte.

„Eine uralte Kaufmannsweisheit besagt, Nachfrage regelt den Preis. Wenn der Markt gesättigt ist, sinkt die Nachfrage und zwangsläufig auch der Preis. Das wird Überproduktion genannt." Jakob ließ die Cognac-Flasche kreisen. Die Kellner hatten sich verabschiedet und der Stammtisch versorgte sich selber.

„Normalerweise müssten alle Alarmglocken da drüben bei denen schrillen."

Liebermann nahm einen kräftigen Schluck. „Aber das Gegenteil ist der Fall.

Mittlerweile nehmen schon einfache Arbeiter Kredite auf, um von Firmen Aktien zu kaufen, die gerade gegründet wurden. Alle Warnungen werden in den Wind geschrieben. Sie haben Blut geleckt und wollen von dem großen Kuchen auch ein Stück."

Am Tisch entstand eine Pause. „Das ist nicht gesund, das ist ganz und gar nicht gesund", sagte Ella. Als gelernte Kauffrau wusste sie, wovon hier geredet wurde.

„Gier frisst Hirn", fügte Uri Liebermann verdrossen hinzu. „Da hast du wohl recht", pflichtete Mara Liebermann ihrem Mann bei.

„Das Ende vom Lied", seufzte Uri, „immer neue Aktien werden aufgelegt und das Ganze bläht sich auf und wird zur Spekulationsblase. Die neu aufgelegten Aktien sind ohne vorhandenen Gegenwert."

Betretenes Schweigen. Ella schenkte Mara, Sara und sich noch einen Sekt ein.

Von Hünewitz putzte nachdenklich seine Brille, wie immer, wenn ihn etwas beschäftigte. In dieses Schweigen hinein räusperte Professor Silberstein sich schließlich: „Kommt Freunde, was haben wir mit den Amis am Hut?“

Als er sah, dass alle am Tisch verständnislos den Kopf schüttelten, wusste er, dass er etwas sehr Dummes gesagt hatte.

Ziemlich genau einen Monat nach dem Fest bei den Rosendahls platzte die Blase an der New Yorker Börse, wie Uri Liebermann es vorausgesagt und befürchtet hatte. Es war Donnerstag, der 24. Oktober 1929. Einen Tag später wurden die europäischen Börsen überrollt und die Aktienkurse fielen wie im Dominoeffekt. Die Wirtschaftssysteme aller Länder verbuchten immense Verluste, weil die New Yorker Börse den Takt angab im Welthandel.

Es traf Deutschland am härtesten. Durch den verlorenen Weltkrieg und die damit verbundenen hohen Reparationszahlungen konnte Deutschland sich nur durch ausländische Kredite finanzieren, vornehmlich aus den USA.

Diese amerikanischen Geldgeber und Spekulanten zogen nun ihre Investitionen und Einlagen zurück und die äußerst fragile und anfällige deutsche Wirtschaft brach vollständig zusammen.

Die Arbeitslosigkeit stieg rasant auf über dreißig Prozent. Das Bruttoinlandsprodukt fiel um ein Viertel.

Der Regierung blieb nichts anderes übrig, als harte Sparmaßnahmen einzuführen.

Die Beamtengehälter wurden empfindlich gekürzt und die Einkommensteuer drastisch erhöht.

Das Vertrauen in diese Politik war auf einem neuen Tiefstand.

So erzielten radikale Parteien, vor allem die rechts ausgerichtete NSDAP, große Wahlerfolge.

Die Vorschriften für die Mitgliedschaft des Herrenclubs im Hotel Adlon waren streng, altbewährt und unumstößlich.

Nur wer erstklassige Referenzen vorweisen konnte, einen einwandfreien Leumund besaß, frei von Skandalen und Eskapaden war, ein hohes Ansehen und einen ohne jeden Zweifel erhabenen Ruf vorweisen konnte und sich unbescholten nennen durfte, hatte die Möglichkeit, dem ältesten und exklusivsten Herrenclub Berlins beizutreten.

Außerdem brauchte der Antragsteller, der schriftlich um Aufnahme bat, die Fürsprache zweier „Altmitglieder" des Clubs, die für ihn die Bürgschaft übernahmen.

Diese Bürgschaften wurden zusammen mit dem Antragsformular in einem extra dafür vorgesehenen Safe aufbewahrt und unter Verschluss gehalten.

Dieses Prozedere erwies sich als unumgänglich, da in der Vergangenheit immer wieder versucht worden war, sich die Mitgliedschaft zu erschleichen oder zu erkaufen.

Man versprach sich Reputation und Image, vor allem im geschäftlichen Bereich.

Schließlich verkehrten hier die Hochfinanz, die Schwerindustrie, der einflussreiche Adel und die Politiker des Reichstags.

Martin begleitete seinen Schwiegervater des Öfteren als Gast, ohne auch nur im Entferntesten den Wunsch geäußert zu haben, dem Club beizutreten.

Diese Idee kam jetzt von Uri Liebermann.

Sie saßen wie jeden Freitag beisammen am Stammtisch und der Club war wie immer gut besucht.

„Hier müsste einmal frisches Blut hinein. Es wimmelt hier nur so von alten Knackern. Die sind in ihren Clubsesseln festgewachsen und werden einmal in der Woche beim groß Reinemachen mit abgestaubt."

Liebermann nippte an seinem Cognacschwenker und machte ein bekümmertes Gesicht. Gelächter am Tisch.

„Wie sieht es aus mein Junge, Interesse?" Es sah Martin direkt an und schmunzelte.

„Gute Idee", nahm Max von Hünewitz den Gedanken auf, noch bevor Martin etwas erwidern konnte. „Man sollte das Feuer weitertragen, nicht die Asche bewahren."

Alle kannten die poetische Ader von Hünewitz. Er sah sich ab und an genötigt, als studierter Philosoph etwas Hochtrabendes von sich zu geben.

„Nun ja", es schmeichelte Martin natürlich, in so einen erlauchten Kreis aufgenommen zu werden, „es wäre mir eine Ehre, keine Frage." Ein wenig überrumpelt fühlte er sich schon.

Er sah in die Gesichter am Tisch und meinte Zuspruch und Wohlwollen zu erkennen.

„Ich hoffe nur, ich blamiere meinen Schwiegervater nicht", witzelte Martin, um seine Verlegenheit zu überspielen. Dann sagte er: „Ich versuche, mich würdig zu erweisen."

„Dann ist es abgemacht?", fragte Professor Silberstein und winkte den Ober an den Tisch.

„Mein guter Artur, bringen Sie uns bitte noch eine Runde und die Aufnahmeformulare, unser junger Freund will Nägel mit Köpfen machen", fügte er enthusiastisch hinzu.

„Sehr wohl Herr Professor." Der Ober entfernte sich geräuschlos.

„Du bist so ruhig Jakob", fragte von Hünewitz. „Ist etwas nicht in Ordnung?"

„Ich bin etwas gerührt, muss ich euch gestehen, und ich danke euch für eure Wertschätzung." Jakobs Mund war trocken und er schluckte.

Artur brachte die Getränke und legte die Formulare auf einen Beistelltisch.

Sie prosteten sich zu.

„Ab jetzt sind wir per Du, denn was jetzt noch zu tun bleibt, ist reine Formsache." Von Hünewitz lächelte: „Willkommen im Club."

Alle am Tisch wiederholten sie den Satz: „Willkommen im Club."

Es überwältigte Martin geradezu, mit welcher Selbstverständlichkeit diese vornehmen und noblen Herren ihn in ihrer Mitte aufnahmen.

„Natürlich gehen die Getränke heute Abend alle auf mich", sagte Martin überschwänglich, als die Tür aufflog und eine Sturmabteilung der SA mit Schlagstöcken hereinstürzte.

„Sind hier Juden anwesend?"

Der Anführer der Horde, groß, blond, mit Bürstenhaarschnitt und breiten Schultern baute sich auf, brachte sich in Stellung. Es herrschte Totenstille.

„Also noch einmal", brüllte er. „Sind scheiß Juden hier?"

An einem der hinteren Tische erhob sich ein grauhaariger älterer Herr und ging gemächlichen Schrittes auf den Sturmführer des SA-Trupps zu.

Er trug die Uniform eines Generalleutnants der Kavallerie.

Dicht vor dem Sturmführer blieb er stehen. So dicht, dass er die Bierfahne seines Gegenübers riechen konnte. Er musterte ihn missbilligend und verächtlich.

Man hätte eine Stecknadel fallen hören können.

„Sie erbärmliches Würstchen, machen Sie Meldung, augenblicklich, wird's bald", zischte er. Der Sturmführer salutierte mit hochrotem Kopf und meldete acht Sturmmänner.

„Was haben Sie sich dabei gedacht, harmlose Zivilisten in Angst und Schrecken zu versetzen? Ihr Vorgehen ist unakzeptabel. Das hat ein Nachspiel und Sie sind betrunken, Mann. Ihr Benehmen ist eines Offiziers unwürdig, Herr Leutnant."

Er benutzte absichtlich die Wehrmachtsbezeichnung, um zu zeigen, dass er von der SA wenig hielt, sie nicht für voll nahm.

Er winkte nach hinten. Ein weiterer Offizier tauchte auf. Wahrscheinlich die Ordonanz des Generals. Er schrieb den Sturmführer in sein Notizbuch. Der wäre am liebsten im Erdboden versunken.

„Wir tragen die Uniform, um zu beschützen. Jenen beizustehen, die sich nicht selber wehren können, das ist unsere heilige Pflicht."

Der General wendete sich an die Sturmmänner, die wie begossene Pudel dastanden.

Seine Stimme wurde um einiges schärfer: „Heute habt ihr keine Ehre bewiesen, im Gegenteil."

Er machte eine Handbewegung Richtung Ausgang. „Kehrt marsch ihr Pfeifen."

Sie trotteten davon.

Alle Clubmitglieder erhoben sich spontan, bildeten ein Spalier und unter Applaus und Bravorufen kehrten die beiden Offiziere zu ihren Plätzen zurück.

„Noblesse obliege – Adel verpflichtet“, raunte von Hünewitz.

Er meinte damit, dass der Status, den der General innehatte, ihn verpflichtete, soziale Kompetenz zu übernehmen.

Er konnte also gar nicht anders handeln, wollte er sein Gesicht nicht verlieren.

Stille kehrte ein und an den Tischen wurde getuschelt – über Jakob Rosendahl, Uri Liebermann und Ismael Silberstein, denn sie waren die einzigen Juden des Herrenclubs im Hotel Adlon. Das wussten alle.

Sie besaßen das Privileg, hier verkehren zu dürfen, wurden die Juden doch immer stärker und immer öfter ausgegrenzt. In allen Lebensbereichen.

„Wer die Zeichen der Zeit nicht zu deuten weiß, dem Gnade Gott. Sie werden uns nicht in Frieden lassen. Das ist erst der Anfang.“ Uri Liebermann trank seinen Cognac aus. In seinem Gesicht spiegelte sich Enttäuschung und Wut. Das Glas splitterte in seiner Hand. Blut tropfte auf die weiße Damasttischdecke aus einer klaffenden Wunde, ohne dass Uris Gesichtsausdruck sich veränderte.

Artur brachte einen Verbandskasten und die Tischdecke wurde von einem Kellner gewechselt. Das Ganze lief ruhig und unauffällig ab.

An den Nebentischen hob man kurz die Köpfe, dann kehrte wieder beschauliche Gelassenheit ein.

Martin kümmerte sich um die lädierte Hand, indem er mit blutstillender Watte die Blutung stoppte und dann einen Verband anlegte. Nichts Wildes also.

„Was war das jetzt für eine Aktion?“ Professor Silberstein schüttelte den Kopf.

„Denkst du, wenn du dich selber verstümmelst, ändert sich etwas, alter Freund?“

„Ich bin so wütend“, sagte Liebermann. „Wir Juden, immer wir Juden.“

„Du hast gesehen“, warf Jakob ein, „sie sind nicht alle so.“

„Auf der einen Seite der pöbelnde, raufende, saufende, asoziale Mob, angeführt von einem Schreihals übelster Sorte, der gar keine Berechtigung hat, hier zu sein, denn seine Einbürgerung ist abgelehnt worden.“ Von Hünewitz feixte.

„Mithin kann er auch nicht für ein öffentliches Amt kandidieren.“

Er lehnte sich genüsslich grinsend in seinen Sessel zurück.

„Dieser Ansichtskartenmaler aus Österreich bleibt uns erspart? Das weiß du genau?“ Jakob war verblüfft.

„So sicher wie das Amen in der Kirche. Wir haben doch heute Abend erlebt, wie man mit dem Geschmeiß umgehen muss. Es reicht ein Offizier der alten Schule und die Pappsoldaten kuschen.“ Von Hünewitz war wie immer Optimist und der Einzige am Tisch, der von den Geschehnissen unbeeindruckt geblieben schien.

„Als Nichtjude hast du leicht reden, mein lieber Maximilian“, sagte Silberstein.

„Ich verstehe das nicht.“ Martin schüttelte den Kopf. „Woher kommt dieser grenzenlose Hass?“ Er war sichtlich betroffen.

„Dieser Hass ist so alt wie die Menschheit und wird von den Christen konserviert, damit wir Juden auch weiterhin als Jesusmörder dargestellt werden können.“

Professor Silberstein hielt inne. „Aber das kann dir dein Schwiegervater, der Belesene, besser erklären. Er ist unser Historiker.“

Silberstein spielte auf Jakobs Privatbibliothek an, die jeder hier am Tisch kannte. Es war hinlänglich bekannt, dass Jakob über ein fundiertes geschichtliches Wissen verfügte, das seines Gleichen suchte.

„Dann müssen wir das Buch der Bücher bemühen, die Bibel. Genauer das Lukas-Evangelium“, sagte Jakob und beugte sich etwas nach vorne.

„Zurück zu Pontius Pilatus dem römischen Statthalter in der Provinz Judäa, ich will euch aber nicht mit Bibelpassagen langweilen, dass würde abendfüllend werden, nur so viel: Auf Verlangen der jüdischen Hohepriester und des gemeinen jüdischen Volks befahl Pilatus der Pontius die Ermordung Jesus Christus. Denn Pilatus stellte dem Mob die Frage, wer ans Kreuz gehen sollte.

Barabbas, ein stadtbekannter Dieb, Aufrührer und Mörder oder eben Jesus, der umherzog, predigte und mit den Menschen betete und Gutes tat.

Und der Mob schrie und zeigte auf Jesus: Kreuzige ihn, kreuzige den Nazarener und gib uns Barabbas frei. Also ging Jesus ans Kreuz für die Sünden der Welt.

Es ist ein Sinnbild." Jakob nippte an seinem Weinglas. Dann fuhr er fort: „Seitdem sind die Juden in der Menschheitsgeschichte verantwortlich für Katastrophen, Unheil, Seuchen ... sucht euch etwas aus. Der Jude als Sündenbock.

Im Laufe der Zeit wurden zahlreiche Gesetze gegen Juden erlassen. Im Mittelalter zum Beispiel konnte nur ein Handwerk ausüben, wer Mitglied in einer Zunft war.

Juden hatten keinen Zugang, denn diese Zünfte waren christliche Bruderschaften.

Es blieben den Juden die Berufe, die von den Christen geächtet wurden.

Jetzt kommst du ins Spiel, mein lieber Uri."

Jakob klopfte seinem Freund auf die Schulter. Der nickte, wusste wahrscheinlich, was kam. „Trödelhandel, Pfandleihe, Kreditvergabe." Uri Liebermann strahlte.

Jakob leerte sein Glas und winkte Artur dem Ober, deutete ihm mit einer Geste an, noch eine Runde zu bringen. Dann fuhr er fort: „Im Folgenden wurden die Juden als Bankiers sehr erfolgreich, was wiederum die Missgunst der christlichen Zeitgenossen mit sich brachte."

Artur trat an den Tisch und verteilte die Getränke.

Jakob legte eine kurze Pause ein und man prostete sich zu.

„Man kennt die Bilder des raffsüchtigen, nimmersatten, geldgierigen Juden, der seine Mitmenschen aussaugt bis aufs Blut", fuhr er dann fort.

Uri Liebermanns Gesicht legte sich in Falten.

„So bist du nicht Uri", tröstete Jakob ihn.

„Wem sagen denn ‚Die Protokolle der Weisen von Zion' etwas?"

Allgemeines Kopfschütteln.

Jakob erklärte: „Es ist eine Mitschrift eines Zionismus-Kongresses aus dem Jahre 1897 von Basel in der Schweiz. Es wurde diskutiert, wie die jüdische Weltherrschaft herbeigeführt werden könnte. Um es vorwegzunehmen, es ist eine Fälschung", sagte Jakob beschwichtigend, weil sich die Gemüter am Tisch erhitzten.

Er nahm noch einen Schluck aus seinem Glas und sah in die Runde. „Aber", fuhr er fort, „es dient gewissenlosen Fanatikern dazu, ihren mörderischen Antisemitismus zu rechtfertigen und zu frönen.

Hitler geht in seinem Buch ‚Mein Kampf' näher auf diese Protokolle ein und die Nazis verkaufen es als Wahrheit."

Jakob lehnte sich zurück und trank sein Glas in einem Zug aus.

Scheinbar war die „Geschichtsstunde" zu Ende.

Lange blieb es still am Tisch. Was Jakob vorgetragen hatte, musste erst einmal verarbeitet werden.

„Das SA-Gesocks, was wir heute Abend erleben mussten, ist ein Produkt unserer Zeit." Von Hünewitz zündete sich eine Zigarette an und inhalierte tief.

„Was willst du denn damit sagen, dass schlechtes Benehmen und Judenhass dasselbe sind?", protestierte Liebermann. „Und dass man diese Begleiterscheinungen zu akzeptieren hat, als Bürger in Deutschland?"

„Nein, natürlich nicht." Von Hünewitz versuchte, zu beschwichtigen. „Aber die enttäuschten Massen sehnen sich nach Normalität. Nach Sicherheit. Nach erträglichen Lebensbedingungen. Der Krieg hat Millionen vereinnahmt. Sie wurden von ihrem Vaterland ausgenutzt und missbraucht. Aus ihren bürgerlichen Existenzen gerissen. Als der Krieg verloren war, wurden sie ausgespuckt, zurückgelassen wie wertloser Unrat, ohne Zukunftsperspektiven. Mehr noch: Sie sollen jetzt die Zeche zahlen, was unfähige Politiker und arrogante Militärs verbockt haben.

Die kleinen Leute sind auf der Suche nach den tatsächlichen Verursachern."

Von Hünewitz zog an seiner Zigarette und blies den Qualm stoßweise aus.

„Jakob hat es doch erklärt. Der Jude ist für alles Negative verantwortlich. Der Jude ist seit Jahrhunderten der Sündenbock. Es ist bequem und einfach, denn der Jude ist anders." Von Hünewitz drückte seine Zigarette aus, nahm einen Schluck und hob entschuldigend die Hand: „Nicht böse sein, Freunde, aber der Jude kleidet sich anders, glaubt anders, handelt anders, isst anders, denkt anders, weil der Jude eine andere Rasse ist."

„Ich muss Maximilian recht geben." Professor Silbersteins Gesichtsausdruck veränderte sich. Die sonst so gelassenen Züge des Professors verhärteten sich, als er makaber anmerkte: „Unser verehrter Herr Hitler schreibt es in seinem Buch. Es ist eine Hassanleitung gegen alle Juden. Jeder kann es lesen. Jeder kann es glauben, was er an Lügen über Juden niedergeschrieben hat, und seine Schlüsse ziehen.

Der Dolchstoß in den Rücken der Armee kam von den Juden aus der Heimat, das ist die letzte und dreisteste Lüge und für uns Juden vielleicht die verhängnisvollste aller Lügen."

Es schien alles gesagt, als man sich kurz vor Mitternacht voneinander verabschiedete.

Nach dem Auftritt der SA-Horde im Adlon, den Martin hautnah miterleben musste, drängte er darauf, dass die Zwillinge getauft wurden und dass Sara zum Christentum konvertierte.

In diesen Zeiten, das sah Sara ein, war dieser Schritt zum Schutz vor Repressalien nie nötiger.

Kapitel 3

Jakob und Hollmann, der Prokurist, standen am Fenster und beobachteten die vier SA-Männer in ihren braunen Uniformen mit der Hakenkreuzbinde am Oberarm, wie sie den Eingang zur Fleischfabrik direkt am großen Eisentor versperrten.

„Was sollen wir tun, Herr Rosendahl?", fragte Hollmann. Er war noch blasser als sonst.

„Ich rede mit ihnen." Noch bevor Hollmann etwas erwidern konnte, war Jakob auf der Treppe zum Hof.

Zwischen den SA-Männern, die auf und ab patrouillierten, und ihm war das geschlossene Tor. Durch die Eisenstäbe konnte man sich sehen, ohne das Tor zu öffnen.

„Kann ich helfen?", fragte Jakob so ruhig und so freundlich wie möglich. Trotzdem lag in seiner Stimme eine gewisse Schärfe.

„Die Firma bleibt geschlossen", sagte einer der Uniformierten. „Inventur", fügte ein anderer grinsend hinzu.

„Hat wer angeordnet?", fragte Jakob. „Na der Chef", erwiderte der Erste.

„Aber ich bin der Chef dieser Firma", sagte Jakob gespielt erstaunt, „und von einer Inventur weiß ich nichts."

„Unser Chef hat das angeordnet." Die Uniformierten wurden noch breiter und fühlten sich überlegen. „Hier läuft jedenfalls nichts." Er zog seinen Gummiknüppel aus dem Gürtel. Diese Drohgebärde war eindeutig.

Im Augenwinkel sah Jakob circa ein Dutzend seiner Arbeiter, wie sie aus der Wurstküche stürmten. Jeder von ihnen schwang einen Räucherstock. Diese Knüppel aus Buchenholz waren circa einen Meter lang und dicker als ein Besenstiel. Sehr stabil. Sie waren den herkömmlichen Schlagstöcken weit überlegen, weil sie länger und wuchtiger waren.

Jakob hob die Hand, er wollte eine Eskalation vermeiden.

Der Produktionsleiter Lutter baute sich neben Jakob auf und fragte laut: „Gibts Probleme Chef?“ Er fuchtelte wie wild mit dem Räucherknüppel.

„Das weiß ich noch nicht, das werden die Herren jenseits des Tores entscheiden“, sagte Jakob. Er rieb sich das Kinn, als wenn er angestrengt überlegen würde.

„Wollen mal sehen. Die Herren von der SA wollen nicht, dass hier produziert wird, sie boykottieren unsere Firma und verschrecken die Kundschaft.“ Jakob hielt einen Moment inne: „Aber … wenn hier nicht produziert wird, muss ich meine Arbeiter entlassen.“ Die letzten Worte presste er hervor und sah die beabsichtigte Reaktion diesseits des Tores, denn in den Reihen seiner Belegschaft rumorte es.

Jakob hatte danach Mühe, seine Arbeiter zu besänftigen. Sie hätten am liebsten sofort losgeschlagen. Die Stimmung war auf dem Siedepunkt und konnte jeden Augenblick kippen.

Jenseits des Eisentores erkannten die SA-Schläger wohl, wie aussichtslos eine Konfrontation für sie ausgehen würde, denn sie zogen die Schwänze ein.

„Wir kommen wieder, verlasst euch drauf“, schrie einer von ihnen, bevor sie abzogen.

„Macht das“, rief einer der Arbeiter, „wir warten auf euch.“

„Es ist vorbei, Männer“, sagte Jakob erleichtert. „Geht wieder an eure Arbeit.“

Nur langsam und zögerlich löste sich der Trupp Arbeiter auf.

„Was jetzt Chef?“, fragte Lutter besorgt. „Die kommen wieder.“

„Ich muss telefonieren.“

Im Büro saß Hollmann mit gefalteten Händen und leerem Blick. Man sah ihm an, dass ihn das Ganze überforderte.

Jakob wählte in seinem Büro eine Nummer, die er auswendig kannte.

„Reichswehrbeschaffungsamt“, meldete sich das Fräulein am Ende der Leitung.

Seit die Nationalsozialisten der deutschen Arbeiterpartei NSDAP die stärkste Reichstagsfraktion bildeten und Adolf Hitler von Reichspräsidenten Hindenburg zum Reichskanzler ernannt worden war, hatte sich so vieles geändert in Deutschland, sogar die Amtsbezeichnungen, dachte Jakob bitter.

„Guten Morgen", sagte Jakob, „mein Name ist Rosendahl, verbinden Sie mich bitte mit Ministerialrat Koch."

Es knackte in der Leitung, dann meldete sich der Leiter der Abteilung Wehrbereichsverwaltung. „Guten Morgen Jakob", „Guten Morgen Reinhard". Jakob versuchte, seine Stimme so gelassen wie möglich klingen zu lassen, was aber nur ungenügend gelang. Die Geschehnisse hatten ihn aufgewühlt.

Er kannte Koch schon zwanzig Jahre. Seit dieser damals kurz vor Kriegsbeginn die ersten Fleischkonserven für des Kaisers Armeen geordert hatte, verband sie etwas, was über das Geschäftliche hinausging.

Koch war auch Mitglied im Herrenclub des Adlon und alleine schon deshalb lief man sich immer wieder über den Weg und verlor sich nicht aus den Augen.

Jakob wusste, dass Koch über Beziehungen bis in die höchsten Kreise verfügte.

Jakob schilderte ihm die Vorkommnisse und Koch hörte aufmerksam zu. Jakob endete mit der Bemerkung: „Heute ist es noch einmal gut gegangen."

Eine Pause entstand. Dann hörte Jakob ein Räuspern.

„Das tut mir sehr leid, Jakob, aber ich sehe nicht, wie ich dir helfen kann."

Wieder eine Pause. Als Koch weitersprach, meinte Jakob herauszuhören, dass er am Telefon keine Hilfe erwarten konnte. „Du musst das verstehen", hörte er Koch sagen, „es ist alles neu strukturiert worden, meine Befugnisse sind beschnitten worden." Mehr konnte, mehr wollte er scheinbar nicht sagen.

„Verstehe", seufzte Jakob.

Nachdem man noch etwas über Unverfängliches geplaudert hatte, beendeten sie das Telefonat.

Noch lange blieb Jakob reglos sitzen und starrte das Telefon an. In seinem Kopf arbeitete es.

Am frühen Nachmittag des gleichen Tages fuhr eine schwarze Limousine durch das Werkstor der Fleischfabrik.

Ministerialrat Reinhard Koch wurde von Hollmann in Empfang genommen und in Jakobs Büro geführt. Nachdem sie sich begrüßt hatten, nahm Koch vor dem großen Schreibtisch Platz, der in der Ecke unter den Fenstern stand.

„Ich weiß es wirklich zu schätzen, mein lieber Reinhard", sagte Jakob dankbar, „dass du so prompt reagierst."

„Na das ist doch Ehrensache."

Koch griff in seine Jackentasche und holte ein silbernes Zigarettenetui hervor und hielt es Jakob hin. „Da sag ich nicht nein." Jakob bedankte sich, gab seinem Gast Feuer und zündete dann seine eigene Zigarette an.

„Käffchen?", fragte Jakob und stand auf.

„Gerne." Jakob füllte zwei Tassen und kam dann zum Schreibtisch zurück.

Nachdem Koch einen Schluck genommen hatte, sagte er etwas zerknirscht:

„Unsere Behörde wird seit Kurzem von einem Obergruppenführer geleitet. In meinem Büro sitzt ein Sturmbannführer. Offiziell als mein Sekretär. Aber ich denke als mein Aufpasser. Wir sind von Himmlers SS übernommen worden."

Koch zog noch einmal an seiner Zigarette und drückte sie dann aus.

„Überall Uniformen. Angst geht um in der Behörde. Die Angst, etwas Falsches zu sagen, etwas Falsches zu tun. Immer mehr Kollegen verschwinden und werden nicht mehr gesehen."

„Wie?", fragte Jakob ungläubig.

„Konzentrationslager", stieß Koch hervor. „Umerziehung, heißt das Zauberwort.

Es ist gefährlich in diesen Tagen, nicht linientreu zu sein. Geschweige denn regimekritisch oder gar oppositionell." Kochs Gesicht drückte Resignation aus.

Nach kurzer Pause fuhr er fort: „Darum konnte ich am Telefon auch nichts sagen, was mich in die Bredouille gebracht hätte." „So schlimm?" Jakob war geschockt.

„Schlimmer", seufzte Koch. „Natürlich funktioniert die eine oder andere Beziehung immer noch, aber man muss vorsichtig sein. Abwägen. Austarieren. Wer ist Freund, wer ist Feind? Man hat es vor allem auf euch Juden abgesehen." In Kochs ganzer Haltung, in seinem ganzen Gebaren steckte hilfloses Bedauern.

„Ich weiß", stöhnte Jakob. „Wir erleben es täglich."

„Hast du nicht auch schon einmal in Erwägung gezogen, das Land zu verlassen?"

„Nein", Jakob presste die Lippen aufeinander. Als er dann weitersprach, hörte Koch seine ganze Entschlossenheit heraus. „Ich habe gegenüber meiner Belegschaft eine gewisse Verantwortung. Außerdem." Er suchte nach den passenden Worten, „gegenüber dem Gesocks einknicken? Klein beigeben? Im Leben nicht." Den letzten Satz zischte er.

„Dachte ich mir." Koch stand auf. „Ich bin vorbeigekommen, um dich eindringlich zu warnen. Mit diesen Fanatikern ist nicht gut Kirschen essen. Sie sind brandgefährlich und sie schrecken vor nichts zurück. Wenn ich dir helfen kann, werde ich das tun. Du hast mein Wort. Nur bitte", er sah Jakob durchdringend an: „Nicht mehr am Telefon, kann sein, dass die Wände im Amt Ohren haben."

Jakob nickte bekümmert und gab Koch die Hand.

„Ich weiß zu schätzen, was ich an dir habe."

Er begleitete seinen Besuch bis zum Wagen und wartete, bis der Ministerialrat das Gelände verlassen hatte, dann ging er zurück an seinen Schreibtisch.

Wenn Koch eine Möglichkeit sah, ihn vor unliebsamen Besuchen wie heute Morgen zu schützen, würde er nicht zögern, dies zu tun.

Da war Jakob sich sicher.

Aber seit die Nazis Deutschland regierten, hatte sich so vieles verändert. Zum Negativen verändert.

Maximilian von Hünewitz stand etwas abseits und beobachtete das Treiben auf dem Opernplatz und in ihm machten sich Verzweiflung, Wut und Fassungslosigkeit breit.

Er sah, mit welcher Euphorie immer neue Bücher herangekarrt wurden und man sie dann dem Feuer übergab.

Im lodernden Schein der Flammen glaubte er, den einen oder anderen seiner Studenten wiederzuerkennen, die mit den uniformierten Pimpfen der Hitlerjugend wetteiferten.

Die „Aktion wider den undeutschen Geist“ wurde vom Nationalsozialistischen Deutschen Studentenbund organisiert und zeitgleich in achtzehn weiteren deutschen Universitätsstädten durchgeführt.

Seit Wochen von der Presse angekündigt und öffentlichkeitswirksam inszeniert.

Jene jüdische, marxistische und oppositionelle Literatur, die von der NSDAP auf eine schwarze Liste gesetzt und als undeutsch bezeichnet wurde, übergab man den Flammen.

„Hier findet die Dummheit ihren vorläufigen Höhepunkt“, dachte von Hünewitz.

Es ist vier Monate her, dass sie diesen österreichischen Kretin zum Kanzler „krönten“.

Entgegen seiner Prophezeiung war Adolf Hitler zum Reichskanzler ernannt worden, nachdem er kurz vorher die deutsche Staatsbürgerschaft erhalten hatte.

Die Erinnerung schmerzte ihn immer noch, wenn er vor seinem geistigen Auge den Fackelzug sah, mit dem 15 000 SA- und SS-Männer durch das Brandenburger Tor marschierten, um die Ernennung ihres „Führers“ zum Reichskanzler gebührend zu feiern.

Danach war es Schlag auf Schlag gegangen. Von Hünewitz ließ diese letzten vier ereignisreichen Monate Revue passieren.

Die neue Regierung verbot per Notgesetz alle Demonstrationen der SPD.

Ihr erklärter Feind Nummer eins.

Die Versammlungs- und Pressefreiheit wurden eingeschränkt.

Göring – inzwischen Innenminister – ließ Hilfspolizisten aus SA- und SS-Verbänden ausbilden, mit dem klaren Befehl, von der Schusswaffe fleißig Gebrauch zu machen.

Ende Februar stand der Reichstag in Flammen.

Das Feuer wütete und zerstörte den gesamten Mittelteil und den Plenarsaal.

Noch in der gleichen Nacht präsentierte Göring den Täter. Der Holländer Marius von der Lubbe, der nach hartem Verhör zugab, im Auftrag der KPD gehandelt zu haben.

Eine beispiellose Hatz auf KPD-Mitglieder begann.

Von Hünewitz konnte das Märchen vom Einzeltäter, der im Auftrag der KPD gehandelt hatte, nur schwerlich glauben.

Vielmehr vermutete er eine Inszenierung der NSDAP höchstselbst, um gegen die verhasste KPD massiv und mit aller Härte vorgehen zu können.

Man schreckte auch vor Mord nicht zurück.

Mitte März wurden per Ermächtigungsgesetz die oppositionellen Parteien de facto ausgeschaltet.

Von Anfang an war das Ziel der NSDAP, das Mehrparteiensystem in Deutschland abzuschaffen. Von nun an regierten Gewalt und Terror.

SA und SS gingen brutal und rücksichtslos gegen die Funktionäre anderer Parteien vor.

Besonders die Politiker der SPD und der KPD wurden terrorisiert und Repressalien ausgesetzt. Es wurden auch deren Familienangehörige drangsaliert und bedroht.

Es herrschte die nackte Angst.

Offiziell hieß es Behebung der Not von Volk und Reich.

Die gesetzliche Gewalt ging vollständig an Hitler über, denn das Ermächtigungsgesetz ermöglichte es der NSDAP, ohne Rücksicht auf die Verfassung Gesetze zu erlassen. Die Demokratie wurde so ausgeschaltet.

Für von Hünewitz schwer zu ertragen, denn er war Demokrat vom Scheitel bis zur Sohle. Sein Rechtsempfinden und seine Werte wurden mit Füßen getreten.

Anfang April postierten sich SA-Schläger vor jüdischen Geschäften und verhinderten, dass bei Juden gekauft wurde.

Als per Gesetz ein Berufsverbot für jüdische Beamte erlassen wurde und viele Freunde und Kollegen an der Universität und im Staatsdienst nicht mehr arbeiten durften, war das Maß für von Hünewitz voll.

Deutschland war eine Diktatur, ein Unrechtsstaat geworden und Hitler würde sein Vaterland, davon war von Hünewitz überzeugt, in den Abgrund stürzen.

Seine Augen tränten, nicht nur vom Rauch des Feuers. Angewidert wendete er sich ab und verließ mit schleppenden Schritten den Ort der Barbarei.

Er fasste einen folgenschweren Entschluss.

Seine Vorlesungen an der Friedrich-Wilhelm-Universität erfreuten sich besonderer Beliebtheit.

Jetzt, so musste er feststellen, blieben etliche Plätze leer in Hörsaal. Die Mitglieder des Nationalsozialistischen Deutschen Studentenbunds verhinderten schon seit Wochen, dass jüdische Studenten an den Vorlesungen teilnehmen konnten.

Von Hünewitz stand vor halb vollem Saal und in seinem Kopf stieben die Bilder des gestrigen Abends wie die Funken der Glut des großen Feuers auf dem Opernplatz, immer wenn neue Bücher unter dem Gejohle der Zuschauer den Flammen übergeben wurden.

Er wartete, bis sich das Gemurmel seiner Zuhörer gelegt hatte, dann begann er mit sonorer Stimme im Plauderton: „Gestern Abend wurde ich Zeuge eines Frevels schändlichster Art, das mir das Blut in den Adern gefrieren ließ, obwohl es heiß herging." Er machte eine Pause, denn es rumorte im Saal.

Seine Stimme wurde lauter, als er weitersprach und begann, auf und ab zu gehen.

„Wenn Gedanken in Worte gefasst und dann zu Papier gebracht werden, kann man zwar das Papier vernichten, aber nicht die Gedanken, die sie ersannen.

Das Gedicht mag in Flammen aufgehen, nicht aber die Gefühle, die es im Stande war, zu entfachen."

Zwischenrufe wurden laut.

Von Hünewitz fuhr unbeirrt fort: „Literatur und Dichtkunst sind immer dann geistreich, wenn sie sich einprägen in den

Köpfen, bisweilen in den Herzen und manchmal in der Lage sind, sich einen Weg zu bahnen bis in die Seelen der Menschen."

Wütende Studenten verließen den Saal.

Von Hünewitz unterbrach seine Wanderung vor seinen Zuhörern.

Er stand jetzt still und seine Stimme wurde eindringlich: „Haben sie einmal dort einen Platz gefunden, vermögen weder Flamme noch Schwert sie von dort zu verbannen." Die letzten Worte schrie er voller Leidenschaft.

Tumultartige Szenen spielten sich ab. Es dauerte ziemlich lange, bis wieder Ruhe einkehrte und von Hünewitz weitersprach, jetzt wieder in normaler Lautstärke.

„Das Volk der Denker und Dichter wird weder gutheißen noch jemals vergessen, was zeitgleich an achtzehn Universitätsstandorten Deutschlands, wohl organisiert und vorbereitet, am 10. Mai 1933 stattgefunden hat. Dies wird als Barbarei ohne gleichen in die Geschichte eingehen."

Er legte wieder eine Pause ein. Als er dann weitersprach, brach fast seine Stimme, so nahm es ihn mit: „Wie schon Heinrich Heine schrieb, 1823 in der Tragödie Almansor: Dort wo man Bücher verbrennt, verbrennt man auch am Ende Menschen." Und Maximilian von Hünewitz fügte mit aller Leidenschaft hinzu:

„Lieb Vaterland gib acht."

Der neue Direktor der Universität war von Hünewitz völlig unbekannt.

Das Parteiabzeichen am Revers seines Jacketts stach ins Auge. Das Hakenkreuz-Emblem erfüllte somit genau seinen Zweck.

Man wollte keine Fragen offenlassen, welche Weltanschauung und welches Gedankengut an dieser Universität ab jetzt vorherrschen würden.

Für jeden Besucher unübersehbar das Namensschild in Großbuchstaben auf dem Schreibtisch.

PROFESSOR DOKTOR ALOIS STEINMEIER,
OBERSTLEUTNANT A. D.

Sie verlieren keine Zeit, dachte von Hünewitz, als er sich dem neuen Leiter der Friedrich-Wilhelm-Universität gegenübersetzte, nachdem der ihn aufgefordert hatte, Platz zu nehmen. Er gab ihm nicht die Hand.

„Unerfreulich, Ihr Auftritt vor der Studentenschaft dieser Universität. Ich bin davon in Kenntnis gesetzt worden. Also voll im Bilde. Es hat Beschwerden gehagelt", fügte er etwas säuerlich hinzu.

„Gerade für so junge Menschen, die noch in der Findungsphase ihrer Emotionen sind und die teilweise noch pubertieren, ist eine vorbildliche, unerschütterliche und gefestigte Einstellung zu Staat und Führer seitens der Dozenten unbedingt notwendig und erforderlich.

Der Lehrkörper muss vorangehen. Muss Vorbild sein." Es entstand eine Pause.

„Sagen Sie Herr Doktor, waren Sie Soldat im Großen Krieg?"

Steinmeier sah sein Gegenüber herausfordernd an.

„Ich hatte das Vergnügen, als Kavallerist in Frankreich zu dienen", sagte von Hünewitz und es klang eine Spur zu sarkastisch.

Er konnte sich nicht vorstellen, dass der neue Direktor das nicht wusste.

Über jeden Mitarbeiter existierte eine Akte.

Die Frage, ob er Soldat war, diente dazu, auszuloten, wie es um von Hünewitz' Vaterlandsliebe bestellt war und ob seine Staatstreue durch den verlorenen Krieg gelitten hatte. Deshalb konnte die knappe Auskunft nur unbefriedigend sein.

„Ich selber habe den ganzen Krieg an vorderster Front gekämpft." Steinmeier straffte seinen Oberkörper. „Es hat mich gestählt und geformt und zu der Persönlichkeit werden lassen, die ich heute bin. Ich wurde mehrfach ausgezeichnet.

Man verlieh mir unter anderem das Ehrenkreuz des Frontkämpfers."

Es entstand eine Pause. Es sollte wirken. Als von Hünewitz völlig unbeeindruckt blieb, räusperte Steinmeier sich.

„Nun, da jetzt die subversiven Elemente entfernt wurden von dieser Universität, hoffe ich, dass wieder deutscher Geist und deutsches Gedankengut einziehen werden.“ Wieder ließ er eine Pause folgen. Als er weitersprach, wurde seine Stimme um einiges aggressiver: „Viel zu lange haben wir zugelassen, dass die germanische Rasse unterwandert, dass ihr Blut verunreinigt wurde. Die Eliten an den Hochschulen müssen wieder stärker gefördert und als Anführer für die kommenden Generationen ausgebildet und geschult werden. Nur so können wir eine neue Herrenrasse kreieren und formen.

Nun frage ich Sie, Herr Doktor von Hünewitz, sind Sie bereit, an dieser großen Aufgabe mitzuwirken?“

Die ganze Zeit hatte von Hünewitz schweigend zugehört und gedacht: Diesen Schwachsinn glaubt dieser Spinner tatsächlich. Er war zutiefst erschrocken.

Immerhin saß ihm ein Akademiker gegenüber.

Wenn ein österreichischer Gefreiter Namens Adolf Hitler sich in seinen Rassenwahn-Ideologien verrennt ..., na ja, aber ein Hochschulprofessor?

Von Hünewitz sträubte sich innerlich, das Ganze zu Ende zu denken.

Die Stimme Steinmeiers drang in sein Bewusstsein: „Wie standen Sie denn persönlich zu der jüdischen Mischpoke hier an der Universität?“

Er benutzte das jüdische Schimpfwort. Es sollte beleidigend und herablassend verstanden werden.

In Sekundenschnelle wägte von Hünewitz das Für und Wider ab, denn seine Antwort, darüber war er sich durchaus im Klaren, würde über seine Zukunft hier an dieser Universität entscheiden, vielleicht sogar über sein weiteres Leben, trotzdem oder vielleicht gerade deshalb sagte er mit ruhiger Stimme: „Dass Sie hier sitzen, auf diesem Platz, ist ein Politikum. Sie wissen es, ich weiß es. Alle Welt weiß es.

Vor ein paar Wochen saß dort noch ein guter Freund von mir. Er war Jude, deshalb wurde er entfernt. Musste gehen, wie viele meiner Freunde und Kollegen.

Wie gesagt ein Politikum.

Dass Sie mir, obwohl Sie wissen, dass diesen Dozenten, Wissenschaftlern und Angestellten dieser Universität furchtbares Unrecht widerfährt, anbieten, an dieser Niederträchtigkeit mitzuwirken, ist widerwärtig, beschämend, entwürdigend und erbärmlich. Sie sind erbärmlich." Von Hünewitz hatte sich in Rage geredet und war zum Schluss immer lauter geworden.

Steinmeier um Fassung bemüht, hob die Hand.

„Seien Sie still Mann", presste er hervor. „Sie reden sich um Kopf und Kragen. Ist Ihnen das klar?" „Glas klar", stieß von Hünewitz hervor.

„Ihr stürzt unser Vaterland ins Unglück. Und Ihr wisst es."

Beide waren sie aufgesprungen, standen sich gegenüber wie zwei Kampfhähne, bereit, dem anderen an die Gurgel zu springen.

„Sie sind bis auf Weiteres freigestellt", zischte Steinmeier.

„Aber ja doch."

Von Hünewitz drehte sich um und ging zur Tür. Er hatte sich wieder völlig unter Kontrolle. Über die Schulter rief er: „Lesen Sie Goethe. Lesen Sie das Götz-Zitat.

Dann wissen Sie, was Sie mich können." Er warf die Tür hinter sich ins Schloss.

Steinmeier griff zum Telefon. „Wir kriegen dich schon klein", murmelte er wütend, während er wählte.

Er stand auf der anderen Straßenseite gegenüber der Buchhandlung und beobachtete die Passanten, die vorüberhasteten.

In seiner Manteltasche befand sich ein Brief, der sein künftiges Fernbleiben erklärte und warum er seinen Kontakt zur Widerstandsgruppe abbrechen musste.

Von Hünewitz erwähnte in groben Zügen seine Suspendierung und dass von einem Hochschuldozenten, der in Ungnade gefallen war – so endete der Brief –, eine nicht zu unterschätzende Gefahr ausging.

Er würde in Zukunft unter ständiger Beobachtung stehen und für die Gruppe ein unkalkulierbares Risiko darstellen.

Leichter Nieselregen fiel unaufhörlich aus dichten, dunklen Wolken und es war für Mitte Mai empfindlich kalt.

Von Hünewitz schlug seinen Mantelkragen hoch und zog sich den Hut tiefer in die Stirn. Er fror aber trotzdem.

Die Autos, die vorbeifuhren, glänzten regennass in der einsetzenden Abenddämmerung.

Er überquerte die Straße, als sich im Verkehrsfluss eine größere Lücke bot.

Wie immer deckte Professor Silberstein den Tisch in der kleinen Küche für zwei Personen. Ein Ritual, das er in all den Jahren beibehalten hatte.

„Es gibt Spaghetti mit Tomatensoße und Parmesan. Dazu habe ich uns einen leichten Roten entkorkt. Du siehst also, es wird wieder einmal ein italienischer Abend, so wie du es am liebsten hast."

Wenn er für zwei gedeckt hatte, fiel es ihm leichter, sich mit ihr zu unterhalten, und er aß dann mit größerem Appetit.

Er zündete die Kerzen an, die in der Mitte standen, und stellte die Schüssel mit den Spaghetti auf den Tisch. Er vergewisserte sich, dass nichts fehlte, und nahm Platz.

Mit den Jahren hatte er gelernt, völlig auszublenden, dass er alleine am Tisch saß.

„Fast dreißig Jahre ist es jetzt her Liebes, dass du gehen musstest. Wie die Zeit vergeht", sagte er kauend und nahm einen Schluck von dem Wein.

Seine Gedanken wanderten in die Vergangenheit.

Er sah dieses liebreizende Wesen in der ersten Reihe der Schwesternausbildung und wunderte sich, dass sie ihm in seinen Kursen noch nie aufgefallen war.

Im Büro der Charité erfuhr er, dass ihre Familie aus beruflichen Gründen des Vaters von Görlitz in Sachsen nach Berlin wechseln musste.

Er war Ingenieur in der Elektrobranche und sollte eine leitende Position in den AEG Werken übernehmen.

Libi Lowinsky, so ihr Name, war 21 Jahre alt, hatte die Ausbildung zur Krankenschwester im allgemeinen Krankenhaus in Görlitz begonnen und stand kurz vor ihrem Abschluss, weswegen sie an der Charité vorstellig wurde, ihre Ausbildung hier abschließen zu dürfen.

Da fähige Krankenschwestern immer gesucht wurden und sie sehr gute Zeugnisse und Empfehlungen vorweisen konnte, entsprach man ihrer Bitte und erklärte sich bereit, sie im laufenden Betrieb aufzunehmen und einzugliedern, um ihr den Abschluss zu ermöglichen.

Vom ersten Augenblick an war der junge Professor Ismael Silberstein fasziniert von Libi Lowinsky und sie von ihm.

Sie war schön, begabt und lebenslustig.

Ein halbes Jahr später schloss sie ihre Ausbildung zur examinierten Krankenschwester ab und ein weiteres halbes Jahr später heirateten sie.

Beide empfanden füreinander eine tiefe Liebe. Sie verloren keine Zeit.

Als Ismael gefragt wurde, warum so überstürzt, antwortete er: „Warum warten. Wir wissen, was wir wollen. Beide. Wir sind füreinander bestimmt."

Davon waren beide felsenfest überzeugt.

Er seufzte und beendete seine Mahlzeit. Noch einen Augenblick blieb er sitzen, dann räumte er den Tisch ab, blies die Kerzen aus und wusch das Geschirr ab.

Er nahm sein Glas mit ins Wohnzimmer und setzte sich in den Sessel am Fenster.

Wieder schweiften seine Gedanken zurück in jene Zeit, die für ihn die glücklichste in seinem Leben gewesen war.

Bruchstückhaft und geordnet aneinandergereiht, tauchten Bilder von ihrer Hochzeitsreise auf.

Sie gondelten in Venedig den Canale Grande herunter, vorbei an den Palästen des 15. Jahrhunderts und aßen auf dem Markusplatz die erste Pizza ihres Lebens.

In Florenz besuchten sie die Galleria dell'Accademia und waren schwer beeindruckt von Michelangelos David.

Sie gingen in die Oper und genossen La Traviata von Verdi.

Aber für beide war der Abschluss ihrer Reise sicherlich der Höhepunkt. Rom, die ewige Stadt. Sie konnten sich nicht sattsehen an der Deckenmalerei in der Sixtinischen Kapelle. Bestaunten das Kolosseum. Aßen im jüdischen Ghetto koscher und Libi warf nach altem Brauch am Trevibrunnen eine Münze über die Schulter.

„Du musst dir etwas wünschen“, rief Ismael.

„Habe ich doch“, lachte Libi.

„Verrätst du mir, was du dir gewünscht hast?“, wollte er wissen.

„Dann geht es nicht in Erfüllung. Es muss ein stiller, geheimer Wunsch bleiben. Aber du kommst darin vor“, sagte sie bedeutungsvoll und kicherte.

Er trank sein Glas aus und seufzte. Die Erinnerungen übermannten ihn.

Damals kam es ihm vor wie ein Traum und er hatte Angst, aufzuwachen. Er goss sich den Rest der Flasche ein.

Wie immer, wenn er an diese Zeit zurückdachte, schlichen sich auch jene verhängnisvollen Wochen Mitte Juli, Anfang August in sein Gedächtnis, die alles verändern sollten.

Die Oma in Görlitz erkrankte schwer und musste betreut werden.

Also fuhr Libi mit dem Zug von Berlin-Potsdam bis Görlitz, um sich zu kümmern.

Drei Wochen blieb sie und pflegte ihre Großmutter gesund.

Am Montag, dem 7. August 1905, fuhr sie mit dem Zug nach Hause.

Zwischen Görlitz und Cottbus war die Strecke eingleisig.

Durch einen fatalen Fehler des unter Alkoholeinfluss stehenden Fahrdienstleiters des Bahnhofs Spremberg, der freie Fahrt für beide Richtungen signalisierte, kam es zum folgenschweren Frontalzusammenstoß der beiden Schnellzüge.

Der freiwilligen Feuerwehr aus Spremberg, die als erstes an der Unfallstelle eintraf, bot sich ein Bild der Verwüstung und des Grauens.

Die beiden Lokomotiven hatten sich so ineinander verkeilt, dass sie auseinandergeschweißt werden mussten.

Die Personenwagen hatten sich durch die Wucht des Aufpralls übereinandergestapelt. Die Schienen waren auf 200 Meter Länge verbogen und deformiert.

Überall schreiende Menschen. Überall Trümmer.

40 Schwerverletzte wurden in die Krankenhäuser von Spremberg, Cottbus und Weißwasser gebracht.

Für 19 Menschen kam jede Hilfe zu spät. Libi Silberstein war auch unter den Toten.

Völlige Dunkelheit umgab ihn, trotzdem blieb er sitzen und rührte sich lange nicht.

Er schloss die Augen.

„Das muss ich dir noch erzählen. Sie haben die Jagd auf uns Juden eröffnet. Der kleine Gefreite aus Österreich ist am Ziel und verstreut seinen Hass über das ganze Land. Sie haben per Gesetz ein Berufsverbot für jüdische und regimekritische Beamte erwirkt.

Ich glaube, das ist erst der Anfang. Indem sie uns verbieten, zu arbeiten, zerstören sie unsere Existenzen. Was kommt als Nächstes? Sie nehmen uns die Bürgerrechte und jagen uns vom Hof oder schlimmer noch, sie bringen uns um."

Er öffnete die Augen und schaltete die Stehlampe neben dem Sessel ein, wo er saß.

„Du kannst dir vorstellen, Liebes, dass ich darauf nicht warten werde."

Er stand auf und öffnete das Geheimfach seines Sekretärs und entnahm der Schublade die Spritze mit der Phiole Thiopental. Das Narkosemittel in Überdosis injiziert, würde verlässlich seinen Dienst tun.

Als er die Spritze aufzog und seinen Hemdsärmel hinaufschob, tat er es fast erleichtert.

Das Thiopental in derart hoher Dosis würde unweigerlich den Kreislauf zusammenbrechen lassen und die Atmung lähmen. Aber das würde er nicht spüren, denn da hätte er das Bewusstsein längst verloren.

Als er sich die Nadel setzte und den Kolben der Spritze herunterdrückte, flüsterte er: „Libi, ich komme."

Jakob nahm den Telefonhörer ab. Er erkannte die wohlklingende Stimme sofort, die ohne Umschweife sagte: „Unser Freund Ismael lebt nicht mehr. Er hat sich das Leben genommen. Konnte wohl die Ungerechtigkeit in diesem Land nicht länger ertragen."

Stille. Nur ein leises Rauschen in der Leitung war zu hören.

Nach einer Weile sagte Jakob: „Wir treffen uns bei mir zu Hause. Ich rufe die anderen an." „Ist gut." Maximilian von Hünewitz legte den Hörer auf die Gabel.

„Sie haben ihn umgebracht."

Das Feuer im Kamin knisterte. Uri Liebermanns eingefallenes, knochiges Gesicht wirkte durch den Schein der Flammen wie durchsichtig.

Ella, Mara und Sara kamen aus der Küche und stellten Teller mit belegten Broten auf den Tisch. Man sah, dass sie geweint hatten.

Jakob füllte die Kaffeetassen und sprach aus, was alle dachten.

„Nie haben wir einen aufrichtigeren Menschen kennenlernen dürfen."

Darüber waren sich alle einig.

„Wir werden dieses Land verlassen", sagte Uri Liebermann. Die anderen sahen ihn bestürzt an.

Von Hünewitz fasste sich als Erster wieder und fragte: „Wohin wollt ihr denn gehen?" Er zündete seine Zigarette an, die schon längere Zeit in seinem Mundwinkel hing. Er inhalierte tief und warf sein goldenes Feuerzeug auf den Tisch.

Liebermann ignorierte die Frage und erklärte stattdessen: „Meine Mädchen werden in der Schule von ihren Mitschülern angefeindet, weil wir Juden sind.

Die Lehrer haben ihre Noten in allen Fächern herabgestuft."

Es war bekannt, dass die regimetreuen Pädagogen das nationalsozialistische Gedankengut uneingeschränkt weitergaben an jene Generation, die das 1000-jährige Reich im Sinne ihrer germanischen Vordenker beerben und weiterführen sollten.

„Unsere Kinder sind unsere Zukunft." Wessen Kinder bestimmten die Nazis.

Liebermann fuhr fort: „Vor meiner Bank lümmeln immer öfter SA-Schläger umher.

Um die Kunden einzuschüchtern. Der Umsatz ist um zwei Drittel eingebrochen. Meine Angestellten haben Angst, zur Arbeit zu kommen."

Sein gequälter Gesichtsausdruck blieb unverändert: „Ich habe das mit Mara besprochen." Sie nickte. „Wir werden uns bemühen, eine Passage nach Amerika zu ergattern." „Unser Vorteil ist", fiel Mara ihm ins Wort, „dass unser Sohn drüben ist. Das macht den Papierkram einfacher."

Betretenes Schweigen.

Uri Liebermann tauschte schnelle Blicke mit seiner Frau, dann sagte er: „Übrigens kann unser Sohn sich auch für euch verwenden."

„Wir dürfen den Nazis nicht einfach das Feld überlassen", sagte von Hünewitz schließlich kampfeslustig. „Flucht ist keine Lösung. Gerade jetzt müssen wir gegen dieses Unrechtsregime Flagge zeigen." Er zerdrückte seinen Zigarettenstummel.

„Du hast leicht reden", stieß Liebermann hervor. Er spielte wohl auf von Hünewitz gesellschaftliche Stellung an und darauf, dass er kein Jude war.

„Ich bin suspendiert, schon vergessen?" Von Hünewitz grinste.

Seine Beurlaubung hatte im Freundeskreis und in der Studentenschaft, vor allem aber im politischen Umfeld Wellen geschlagen. Er war bekannt, hatte einflussreiche Freunde. Die Nazis taten gut daran, sich zu überlegen, gegen ihn zu intervenieren.

Eine Pause entstand, dann sagte Ella: „Vor unserer Fabrik sind die SA-Schläger auch schon aufgetaucht."

„Beunruhigt euch das nicht?", fragte Mara. „Jakob hat unseren alten Freund Reinhard Koch im Ministerium angerufen, dann war Ruhe." Die Genugtuung war Ella anzusehen.

„Wohl dem, der mächtige Freunde hat", seufzte Mara.

„Für uns ist Reichsflucht, wie es so schön heißt, kein Thema." Jakob fasste Ellas Hand. „Alte Bäume verpflanzt man nicht. Außerdem ist der Spuk schneller vorbei, als er begonnen hat. Das ist unsere Überzeugung."

Jakob küsste Ellas Hand und lächelte zum ersten Mal an diesem Abend.

„Wir sitzen das aus“, sagte Ella mit fester Stimme und fügte trotzig hinzu: „Von wegen 1000-jähriges Reich. Der spinnt doch, dieser kleine widerliche Schnäuzerträger.“

Sara und Martin waren anderer Meinung. Sie schätzten die Lage richtig ein.

Brandgefährlich für Andersdenkende, vor allem aber für Juden.

Darum meldete sich Martin jetzt zu Wort: „Der neue Direktor der Uni ist ein scharfer Hund. Maximilian hat es zu spüren bekommen.“ Von Hünewitz nickte.

„Seit Woche wird aussortiert.

Eignung und Herkunft stehen auf dem Prüfstand.

Regimegegner, Kommunisten, Sozialdemokraten und Juden fallen durchs Raster.

Sie werden mich auch zum Teufel jagen. Ich bin mit einer Jüdin verheiratet und meine Kinder sind Halbjuden.“

„Aber Sara ist doch konvertiert und eure Jungs sind getauft“, sagte Ella fassungslos. Ihr war die Bestürzung anzusehen.

„Das ist denen egal“, antwortete von Hünewitz für Martin.

„Martins arisches Blut ist verunreinigt, darum geht es ihnen.“ Martin und Sara nickten zur Bestätigung. Nach einer längeren Pause sagte Sara: „Was soll's. Wir würden auch so zurechtkommen. Die Praxis läuft gut und Martin hätte endlich mehr Zeit für die Zwillinge.“

„Was ist denn mit dir Maximilian?“, fragte Martin und sah von Hünewitz direkt an.

Jeder hier wusste, dass von Hünewitz ein aktiver Gegner des NS-Regimes war, aber niemand wusste über seine Aktivitäten Genaueres. Sie wollten es auch nicht wissen.

Seine Antwort überraschte dann auch nicht wirklich. „Meine Vergangenheit wird meiner Zukunft gnadenlos im Wege stehen, so wie es gegenwärtig aussieht, mein junger Freund.“

Er zündete sich eine neue Zigarette an, dann lächelte er vielsagend: „Ein Maximilian von Hünewitz scheidet nicht einfach aus, sein Abgang wird nachhallen.“

Er formte Kringel mit dem Zigarettenrauch.

Alle weiteren Fragen erübrigten sich.

Eine Woche später trugen sie ihren Freund Ismael Silberstein zu Grabe.

Er fand seine letzte Ruhe auf dem jüdischen Friedhof Berlin-Weißensee im Familiengrab der Silbersteins, wo seine geliebte Libi schon begraben lag.

Kapitel 4

Der neue politische Polizeikommandeur Bayerns, Heinrich Himmler, trug die schwarze Uniform der Waffen-SS.

Sie saßen sich gegenüber. Seinen kleinen flinken Augen entging nichts hinter den dicken Brillengläsern.

„Unser Führer Adolf Hitler hält große Stücke auf Sie und Ihr Ruf als exzellenter Jurist eilt ihnen voraus. Betrachten Sie mein Erscheinen nicht nur als Antrittsbesuch, sondern auch als Gelegenheit, Sie persönlich kennenzulernen.

Ich habe gerne Klarheit und mache mir stets ein eigenes Bild, damit nachher keine Missverständnisse oder Irritationen entstehen. Ich wünsche mir eine enge Zusammenarbeit unserer Dienststellen." Himmler lächelte jovial.

„An mir soll es nicht liegen." Franz Kreidlers Gesichtsausdruck entspannte sich.

Der kollegiale Ton und die schmeichelnden Worte versetzten den Generalstaatsanwalt in Hochstimmung.

„Wie geht es unserem Führer?", fragte er dann.

„Gut, aber er ist etwas in Sorge. Die politische Lage gerade hier im Süden des Reichs gibt Anlass dazu. Bestimmte subversive Elemente, denen der Führer blind vertraute, stellen sich gegen ihn." Er legte eine Pause ein und schlug die Beine übereinander. Einerseits wollte er das Gesagte wirken lassen, anderseits eine Reaktion abwarten.

Es wäre geradezu fahrlässig, dachte Kreidler, den Unwissenden, Ahnungslosen zu spielen, das würde Himmler durchschauen.

Deshalb sagte er und legte einen Unterton des Bedauerns in seine Stimme: „Ja, man hört so einiges." Damit gab Kreidler zu, über den Stand der Dinge informiert zu sein. Also konnten die beiden mit offenen Karten spielen.

Himmlers Stimme klang um einiges schärfer, als er sagte: „Ich werde mit eisernem Besen kehren, ohne Rücksicht auf ehemalige Seilschaften oder Scheinfreundschaften zu nehmen. Es ist im Sinne des Führers, rigoros vorzugehen. Er wünscht ein reinigendes Gewitter. Es muss juristisch wasserdicht sein. Hier kommen Sie ins Spiel."

Himmler ließ sein Gegenüber nicht aus den Augen, während er sprach, und stellte mit Genugtuung fest, dass der Generalstaatsanwalt begriff, worum es ging und welche Personen speziell in Ungnade gefallen waren und gegen wen sich die geplante Säuberungsaktion richten sollte, ohne dass ein einziger Name fiel oder eine Gruppierung benannt wurde.

Der Zeitpunkt wurde nicht abgesteckt, aber beiden war klar, dass nicht überstürzt gehandelt werden durfte.

Erst wenn genug Belastendes gesammelt worden war, konnte losgeschlagen werden.

Die als Braunhemden gefürchteten paramilitärischen Einheiten der SA waren in der Bevölkerung verhasst, deshalb ließe sich genügend Material sammeln, um sie zu diskreditieren und dann gegen sie vorzugehen.

Als Himmler das Büro lange nach Dienstschluss verlassen hatte, holte Kreidler die Flasche Cognac aus dem Versteck, goss den Schwenker randvoll und trank gierig.

Die Maschinerie ist angelaufen, dachte er grinsend. Es wäre fatal, jetzt auf der falschen Seite zu stehen. Dieser Himmler würde aufräumen, davon war Kreidler überzeugt.

Er trank aus und schenkte nach. Himmler sprach von einem Gewitter, von oberster Stelle befohlen und angeordnet.

Nur gut, dass man ein kleines Rädchen im großen Getriebe ist, dachte Kreidler und trank. Aber ein gut funktionierendes Rädchen. Der Alkohol löste und die Bedenken wurden winzig.

Während Adolf Hitler nach der Machtergreifung das Regime konsolidiert und die Festigung der NSDAP als alleinige Regierungspartei als vollzogen sah, wollte Ernst Röhm als Chef der SA weitere Eskalationen, weil nach seiner Meinung die Revolution noch nicht abgeschlossen war.

Röhm forderte vom ehemaligen Kampfgenossen Adolf Hitler Unerfüllbares.

Die SA sollte unter seiner Führung die Wehrmacht ersetzen und Röhm sah sich langfristig als Kriegsminister.

Seine Forderungen muteten unverschämt, dreist und absurd an.

Seine ständigen negativen Äußerungen über NS-Funktionäre führten dazu, dass Unruhe entstand.

Röhm sah sich als zweiten Mann im Staat hinter Adolf Hitler. Dies rief Göring, Goebbels und Himmler auf den Plan. Intrigen und Verleumdungen waren an der Tagesordnung. Jeder beneidete jeden. Die Hackordnung musste neu geregelt werden.

Nach einer Veranstaltung im Kreise von SA-Führern äußerte sich Röhm abfällig über Hitler, nannte ihn einen kleinen, lächerlichen Gefreiten und es wäre für die SA nicht bindend, was er erklärte. Dies wurde Hitler zugetragen. Röhm fiel immer mehr in Ungnade. Jetzt spielte auch Röhms Homosexualität eine gewichtige Rolle, um den SA-Stabschef zu diffamieren. Aber auch die internen ideologischen Differenzen und machtpolitischen Spannungen innerhalb des Parteigefüges führten zu Irritationen.

Schließlich streute man das Gerücht, ein Putsch stünde unmittelbar bevor.

In der Nacht vom 30. Juni zum 1. Juli 1934 wurde Ernst Röhm und Führer der SA am Tegernsee zusammengerufen und festgenommen, wo sie zum Teil von SS-Angehörigen an Ort und Stelle erschossen wurden.

In dieser „Nacht der langen Messer“, wie sie in die Geschichte eingehen sollte, ermordeten Kommandos der SS, der Gestapo und des Sicherheitsdienstes landesweit führende SA-Funktionäre, aber auch Personen, die von der Nazi-Führung als feindlich eingestuft worden waren.

Der von Hitler und Göring lange vorbereiteten Säuberungswelle fielen in den darauffolgenden Tagen circa 200 Personen zum Opfer.

SA-Führer, Regimekritiker, aber auch deren Angehörige. Auf Anordnung Hitlers reichte man Röhm eine Pistole für einen ehrenvollen Tod.

Als er sich weigerte, abzudrücken, erschossen ihn zwei SS-Offiziere.

„Die zur Niederschlagung hoch- und landesverräterischer Angriffe vollzogenen Maßnahmen waren als Staatsnotwehr rechtens."

Diese juristische Formulierung sollte dem Regime als Legitimation für die vielfachen Morde an unschuldigen Menschen dienen.

Den an diesen Mordaktionen beteiligten Angehörigen der SS, der Gestapo und des Sicherheitsdienstes legte man einen ehrenwörtlichen Eid auf und drohte ihnen bei Zuwiderhandlung, selber erschossen zu werden.

Sondergerichte verhängten in der Folgezeit in großem Umfang Disziplinarstrafen über etwa 1900 SA-Offiziere.

Undisziplinierte Unterführer wurden aus der SA entlassen, meist unehrenhaft.

Chefankläger war Generalstaatsanwalt Franz Kreidler. In seiner Dienststelle liefen die Fäden zusammen.

Nach den Säuberungsaktionen verlor die SA ihre politische Bedeutung.

Die SS mit Heinrich Himmler an der Spitze wurde selbstständig und nahm von nun an eine wichtige Rolle ein. Der Reichsführer SS war Adolf Hitler direkt unterstellt und nur dem Führer verpflichtet.

Er bekam die Alleinzuständigkeit aller Konzentrationslager übertragen. Himmlers Einflussbereich wuchs immer mehr.

Aus der Waffen-SS rekrutierte er die Lagerleitungen und das Wachpersonal, die im Konzentrationslager Dachau ausgebildet wurden. Es entstanden die SS-Totenkopf-Verbände. Das Emblem eines Totenkopfes wurde gut sichtbar auf dem rechten Kragenspiegel der Uniform getragen und sollte den Tod des Feindes symbolisieren.

Durch die Lagerordnung, die im Konzentrationslager Dachau ihren Ursprung fand und die von anderen Konzentrationslagern übernommen wurde, schuf man einen rechtsfreien Raum.

Die Lagerordnung, auch Strafkatalog genannt, enthielt eine Reihe von Vorschriften für die Häftlinge der Konzentrationslager.

Die Bestrafung erfolgte ohne Überprüfung beziehungsweise ohne Möglichkeit zur Rechtfertigung seitens der Häftlinge.

In allen Konzentrationslagern wurde diese Lagerordnung von den Totenkopfverbänden, die als Lagerleitung und Wachpersonal fungierten, mit äußerster Brutalität und Rücksichtslosigkeit erbarmungslos und menschenverachtend durchgesetzt.

Wer in den Konzentrationslagern Dienst verrichtete, dem wurde befohlen, unnachgiebige Härte zu zeigen. „Nachsicht ist Schwäche."

Wer sich an diese Vorgaben nicht hielt, dem drohten schwere persönliche Repressalien.

Als man dem Reichsführer SS Heinrich Himmler auch noch die Leitung der gesamtdeutschen Polizei übertrug, hatte dieser als Inspekteur der preußischen Gestapo längst begonnen, den Einflussbereich der politischen Polizei auf das gesamte Reichsgebiet auszudehnen.

Es war ein totalitäres Überwachungs- und Terrornetz entstanden.

Um die Arbeit aller ihm anvertrauten Dienststellen wirkungsvoll zu verknüpfen und deren Effektivität zu gewährleisten, benötigte Himmler einen Koordinator.

Die kleine Feierstunde im bayerischen Justizministerium fiel eher schlicht aus.

Franz Kreidlers bisheriger Stellvertreter im Amt wurde erwartungsgemäß zu seinem Nachfolger ernannt, während der bisherige Generalstaatsanwalt des Oberlandgerichts München gleichzeitig in den wohlverdienten Ruhestand verabschiedet wurde.

Nicht wenige frohlockten.

Einerseits standen seine Fähigkeiten als brillanter Jurist außer Frage.

Im Gerichtssaal als Ankläger ohne Gnade gefürchtet, unnachgiebig und streng zu sein, eilte ihm jener Ruf voraus, der nötig war, so der allgemeine Tenor, um sich als Generalstaatsanwalt den Respekt zu verschaffen, den es brauchte.

Andererseits ließ seine Trunksucht ihn immer öfter zum unkontrollierten Choleriker werden, der als Vernehmungsbeamter und in der Dienststelle seinen Mitarbeitern gegenüber untragbar wurde.

Franz Kreidler aber war durch seine Kooperation mit dem Büro des Reichsführers SS und der NSDAP unantastbar und über jeden Zweifel erhaben.

Als Himmler ihm jenen Posten anbot, der die Arbeit der SS, der Gestapo und des Sicherheitsdienstes koordinieren sollte, fühlte Kreidler sich geehrt, als glühender Patriot und überzeugter Nationalsozialist aber auch verpflichtet.

So brannte er förmlich nahezu auf diese neue Aufgabe.

Nach seinem Umzug von München nach Berlin wies man ihm ein Büro in der Prinz-Albrecht-Straße zu.

Er saß jetzt im Hauptquartier der Reichsführung und der Gestapo, in unmittelbarer Nachbarschaft zur Wilhelmstraße, der Zentrale des SD und des Regierungsviertels.

Kreidler bekleidete den Dienstgrad eines Ministerialdirigenten und blieb in Zivil.

Der Leiter des Sicherheitsdienstes Reinhard Heydrich und der Chef der Geheimen Staatspolizei Heinrich Müller begrüßten ausdrücklich die Zusammenarbeit mit dem Generalstaatsanwalt a. D. Franz Kreidler.

Dieser beschränkte sich von Anfang an nicht nur auf seine administrativen Aufgaben, sondern nahm sehr oft an den Vernehmungen teil.

Er hatte direkten Zugang zu den Gewölbekellern, wo die Verhöre „intensiviert“ wurden, und stellte sehr schnell fest, dass die fein austarierte Psychologie bei den Vernehmungen fehlte, für die er stand.

Jene Fähigkeit des Vernehmungsbeamten, die Persönlichkeit des Häftlings auszuloten, um Standfähigkeit und Willenskraft einzuschätzen, um dann die erforderlichen Maßnahmen zu ergreifen.

Als anklagender Staatsanwalt hatte Kreidler Hunderte Verhöre durchgeführt und war zu einem Vernehmungsexperten gereift.

Seine Erfahrungen konnten als enorm bezeichnet werden.

In kürzester Zeit krempelte Kreidler die Verhörmethoden in der Zentrale der Prinz-Albrecht-Straße Nummer 5 um und führte Struktur und System ein.

Jetzt wurde differenziert, welche Maßnahmen am schnellsten zum Erfolg führen würden, sodass nicht grundsätzlich physischer Zwang, also körperliche Gewalt zur Anwendung kam.

Natürlich gab es auch die schwierigen Fälle, bei denen Gewalt vonnöten war und brutal angewendet wurde.

Diese Häftlinge wurden verprügelt und gefoltert.

Sie mussten sich bäuchlings auf den sogenannten Prügelbock – ein Gestell aus Holz – legen und sie bekamen 20 bis 30 Stock- oder Peitschenhiebe auf das nackte Hinterteil und den Rücken. Man brach ihnen die Finger oder renkte sie aus.

Folterte sie mit Elektroschocks oder verbrannte ihnen die Haut an empfindlichen Stellen, zerquetschte ihnen die Hoden.

Die Liste der Qualen für die Opfer war schier endlos.

In allen Fällen mussten die Peiniger nicht befürchten, dass ihre Schandtaten öffentlich wurden, da das Todesurteil über die so Gequälten schon feststand.

Die gemarterten Körper wurden verbrannt oder im Wald verscharrt.

Diejenigen, denen es „vergönnt war", die Gestapofolter zu überleben, verschwanden im Konzentrationslager, wo sie weiter gepeinigt wurden, bis man sie schließlich ermordete.

Im Gestapokeller wurden Gesetze gebrochen und Recht gebeugt. Jeden Tag.

Sehr schnell genoss Ex-Staatsanwalt Franz Kreidler die Macht über Leben und Tod.

Es entsprach seinem Naturell, menschenverachtende Gewalt ohne Skrupel anwenden zu können. Sein morbider und krankhaft perverser Charakter schützte ihn davor, Schuldbewusstsein zu empfinden.

Die Verrohung des Franz Kreidler nahm immer mehr zu.

Schließlich überbot er die schlimmsten Vernehmungsbeamten in deren Brutalität und in deren Exzessen.

Sie brachen auf in eine neue Welt, in ein neues Leben, mit der Aussicht der freien Gestaltungsmöglichkeit für die Zukunft.

Uri Liebermann meinte es, seinen heranwachsenden Töchtern schuldig zu sein, obwohl es für ihn mit finanziellen Einbußen einherging.

Die Nazis zwangen ihn, sein Bankhaus, das in dritter Generation seitens seiner Familie betrieben wurde und seit 1818 in Berlin ansässig war, zu verkaufen.

Natürlich weit unter Wert.

Die Plünderung der Nazis gegenüber den Juden ging aber noch weiter. Das gesamte Vermögen der Auswanderungswilligen wurde beschlagnahmt.

Man billigte ihnen lediglich ein Kopfgeld von 10 Reichsmark pro Person zu.

Natürlich kannte Liebermann als erfahrener Bankier die Praktiken der Nazis und wusste, wie das zu umgehen war.

Er hatte schon seit Monaten begonnen, sein Geld durch gut getarnte Transaktionen und durch undurchsichtige Kanäle und nicht nachzuverfolgende Umwege und über Scheinkonten ins sichere Ausland zu transferieren.

Unter den Augen des Oberfinanzpräsidiums schleuste er hohe Summen an den Behörden vorbei, ohne dass es Argwohn erweckte.

Es bereitete ihm ein diebisches Vergnügen und gab ihm ein überlegenes, wohltuendes Gefühl, das verhasste Regime zu täuschen und auszutricksen.

Als die Nürnberger Gesetze Juden endgültig und hochoffiziell zu Menschen zweiter Klasse degradierten und das jüdische Leben immer mehr eingeschränkt wurde, die Antipathie gegen die Juden immer mehr in Feindseligkeit, teilweise sogar in unverhohlenen Hass umschlug, ging Uri Liebermann mit seiner Familie an Bord jenes Schiffes, das ihn und seine Familie in Sicherheit brachte.

Der Zeitpunkt, Deutschland den Rücken zu kehren, hätte nicht besser gewählt werden können.

Denn tatsächlich wurde das Leben im NS-Staat für sogenannte Randgruppen immer unerträglicher. Das Regime fand mit den Konzentrationslagern eine Möglichkeit, vor aller Augen unerwünschte Personen zu kasernieren.

Offiziell hieß es „Umerziehung".

Tatsächlich waren hier Mord, Totschlag und Folter an der Tagesordnung.

Immer mehr Menschen verschwanden in diesen Konzentrationslagern, weil sie Kommunisten, Christen, Homosexuelle oder Zeugen Jehovas war. Gegen Juden ging man besonders rücksichtslos vor.

Der Rassenwahn der Nazis legitimierte die gesellschaftliche Ausgrenzung und die finanzielle Schädigung der Juden durch immer neue Gesetze ganz besonders.

Sie waren mehr oder weniger Freiwild.

Alle Bemühungen der Familie Liebermann, ihre Freunde Ella und Jakob zur Emigration zu überreden, waren gescheitert.

Als sie sich am Bahnhof voneinander verabschiedeten, hatte Ella trotzig gesagt:

„Wir bleiben hier und halten die Stellung." Ihr Gesichtsausdruck war hart geworden.

„Wir sind in Deutschland als Deutsche geboren und wir werden in Deutschland als Deutsche sterben. Unser Lebensmittelpunkt ist hier. Hier bei Sara, Martin und den Jungs. Was können sie uns antun, was wir nicht in der Lage wären, auszuhalten."

Jakob hatte hinzugefügt: „Die Politik der Nazis läuft auf Konfrontation hinaus.

Hitler bricht permanent den Versailler Vertrag. Irgendwann ist das Maß voll. Es ist abzusehen, dass sich der demokratische Rest Europas erheben wird, um der Hitler-Diktatur ein Ende zu setzen. Dann kehrt ihr Heim."

Die alten Freunde hatten sich umarmt, lange und innig.

Keiner von ihnen konnte ahnen, dass sie sich nie mehr wiedersehen würden.

In Deutschland wurden Eheschließungen zwischen Deutschblütigen und Juden per Gesetz verboten und man stellte außereheliche Beziehungen zwischen Ariern und Juden unter Strafe.

Dieses Blutschutzgesetz – Schutz des deutschen Blutes und der deutschen Ehre – ging den einflussreichen Parteianhängern nicht weit genug, denn sie verlangten auch die Annullierung der bestehenden Mischehen durch Zwangsscheidungen.

Die jüdischen Ehefrauen und deren Kinder von Deutschblütigen genossen gesetzlichen Schutz. Noch.

Diese Tatsache und die Privilegien, die damit einhergingen, standen im krassen Gegensatz zu der ideologischen Weltanschauung jener NSDAP-Mitglieder, für die „Blutschande" eine eindeutige Interpretation bedeutete.

Hier wurde arisches Blut verunreinigt und somit gab es für sie keinerlei Spielraum in dieser Frage.

Diese Hardliner konnten sich zunächst nicht durchsetzen, was für Sara und die Zwillinge einen Aufschub aller Repressalien bedeutete, denen sie zu einem späteren Zeitpunkt noch ausgesetzt werden sollten.

Auf Vorladung des Innenministeriums saß Martin einem jungen Sachbearbeiter der Verwaltung gegenüber, der meinte, sich über Martins Familienverhältnisse pikieren zu dürfen.

Er hatte sich als Inspektor Röber vorgestellt. Ab und zu fielen die Worte Juden und jüdische Ehefrau, Mischehe und Rassenschande. Er ließ nichts aus, ohne persönlich zu beleidigen. Der arrogante Schnösel gab Martin zu verstehen, dass eine Scheidung als Voraussetzung zum Verbleib an der Universität unumgänglich war.

Zusätzlich wollte er Martin unter Druck setzen, indem er ihm eine Frist von einer Woche setzte. Man wollte Planungssicherheit an den Hochschulen, so Röber.

Martin stand auf und sagte völlig ruhig: „Dafür brauche ich keine Woche, nicht einmal fünf Sekunden. Sie können meine

Antwort gleich haben. Eine Scheidung von meiner lieben Frau kommt für mich in hundert Jahren und unter keinen Umständen infrage. Alle Konsequenzen, die aus dieser, meiner Entscheidung resultieren, bin ich bereit zu akzeptieren. Wenn Sie mich festsetzen wollen, tun Sie es jetzt."

Martin sah, wie unsicher der Inspektor war, und so schlenderte er unbehelligt aus dem Büro und der Sachbearbeiter Röber blieb mit hochrotem Kopf und offenem Mund zurück.

Die Räume im Ministerium waren untereinander so verkabelt, dass jedes Gespräch und jedes Verhör vom Nebenraum mitverfolgt werden konnte.

Als unsichtbarer Zeuge wohnte Franz Kreidler der Unterredung bei.

Als Martin gegangen war, öffnete der Sachbearbeiter die Schiebetür und fragte ohne Umschweife: „Was nun?" Er wütete.

Franz Kreidler räusperte sich: „Wir lassen vorerst alles, wie es ist. Rein gesetzlich haben wir keine Handhabe. Zwangsscheidungen sind, wie Sie wissen, erst einmal vom Tisch. „Aber ...", Röber unterbrach sich. Dem Sachbearbeiter gefiel die Antwort überhaupt nicht, er hütete sich aber, gegen einen hohen Beamten des SD mit Verbindung zur Gestapo aufzubegehren. Nach einer bedenklich langen Pause fragte er stattdessen: „Darf ich wissen, wie Ihr Verhältnis zueinander ist? Gleicher Familienname ... Zufall?"

„Er ist mein Stiefsohn, zudem ich seit Langem keinen Kontakt mehr habe."

Diese Erklärung, so befand Kreidler, musste ausreichen.

Röber begriff. Diese Tatsache gab dem Ganzen eine völlig neue Wendung.

Kreidler beendete die Unterredung, indem er sagte: „Halten Sie mich auf dem Laufenden in dieser Angelegenheit."

„Wird gemacht Herr Kreidler", sagte Röber beflissentlich.

In diesen Tagen konnte es überlebenswichtig sein, einflussreiche Vorgesetzte zu haben.

Kurz nach seiner Ankunft hier in Berlin hatte Kreidler eines Morgens die Zeitung aufgeschlagen und wollte seinen Augen nicht trauen. Ein Zeitungsartikel im Innenteil befasste sich mit Professor Doktor Martin Kreidler, dem renommierten Arzt der Charité und Dozent der Friedrich-Wilhelm-Universität.

Das Bild dazu räumte die letzten Zweifel aus. Es handelte sich tatsächlich um seinen Stiefsohn.

Von da an sammelte Franz Kreidler alles Wissenswerte über Martin, seinen Freundeskreis, seine Familie, sein Umfeld. Er legte eine Akte an, studierte seine Gewohnheiten und Lebensumstände, blieb aber im Hintergrund.

Wann und ob er sich zu erkennen gab, dass ließ er offen. Er glaubte sich im Vorteil, wenn er unerkannt und im Verborgenen blieb. Einer Spinne gleich, die ein Netz webt und geduldig abwartet.

Er hatte mit Martin noch eine Rechnung zu begleichen.

Ein Franz Kreidler vergaß nie.

Kapitel 5

Die Ziele, die Hitler und das NS-Regime verfolgten, waren klar und eindeutig.

Ihre Pläne zur Durchführung unmissverständlich.

Seit Langem rüstete Deutschland massiv auf. Seit der Machtergreifung durch die Nazis waren die Truppen des Heeres verfünffacht, die Wehrdienstzeit von einem auf zwei Jahre verdoppelt worden.

Als die Wehrmacht in das entmilitarisierte Rheinland einmarschierte, um mit dem Bau von Befestigungsanlagen an der Westgrenze zu beginnen, hoffte die übrige Welt, die Westmächte würden reagieren. Dies war eine Gelegenheit, um Hitler in die Schranken zu weisen. Vielleicht die letzte. Aber eine Gegenmaßnahme blieb aus.

Immer deutlicher zeichnete sich ab, dass Hitler den „Schandfrieden", den man dem deutschen Volk aufgezwungen hatte, rächen würde, um Deutschland wieder zu Ruhm und Ehre zu verhelfen.

Wie der französische Marschall Ferdinand Foch am Rande der Friedensverhandlungen 1918 befürchtete, als er sagte: „Das werden die Deutschen nicht akzeptieren. Dies ist kein Vertrag für einen dauerhaften Frieden. Das ist ein Waffenstillstand für höchstens 20 Jahre."

Er spielte auf jene ruinösen Bedingungen, die Deutschland ausbluten sollten, und auf eine Vielzahl von Diktaten an, mit denen das deutsche Volk gedemütigt werden sollte.

Der Zeitpunkt der Abrechnung rückte unaufhaltsam näher.

Für eine kurze Zeitspanne durften die Juden in Deutschland durchatmen.

Das Weltinteresse richtete sein Augenmerk auf Deutschland, das die Olympischen Spiele ausrichtete.

Die Nazis waren peinlichst darauf bedacht, ihren Antisemitismus nicht nach außen zu tragen. Dem allgegenwärtigen Hass, der den Juden entgegenschlug, wollte man verbergen.

Aufdrucke oder Schilder „Juden unerwünscht, „Für Juden verboten“ oder „Juden werden hier nicht bedient“ verschwanden für kurze Zeit aus den Geschäften, den Restaurants, aus der Öffentlichkeit.

Fast 4000 Sportler aus 40 Nationen nahmen an den Spielen teil und waren zu Gast in Deutschland. Es war ein Fest der Superlative, von dem man noch lange reden würde.

Neben der Berichterstattung über sportliche Höchstleitungen im fairen Wettkampf vor Hunderttausend begeisterten Zuschauern im neu errichteten Berliner Olympiastadion sollte die internationale Presse, der Rundfunk und das Fernsehen – das erstmalig so ein Großereignis übertrug – der Weltbevölkerung gleichzeitig ein intaktes, aufstrebendes Deutschland präsentieren.

Ein Deutschland, das im Begriff war, zur alten Größe und zum alten Glanz zurückzukehren.

Am Ende der Spiele gingen die Sportler des Deutschen Reiches als klare Sieger hervor.

Aber mit dem Gewinn von vier Goldmedaillen übertraf der US-Amerikaner Jesse Owens alle anderen.

Der Rassist Adolf Hitler verließ vor dessen Siegerehrung das Stadion, um dem farbigen Sportler nicht gratulieren zu müssen.

„Ich schüttele einem Neger nicht die Hand,“ sagte er zu seinem Propagandaminister Goebbels.

Hitler legte seine Annexionspläne für Österreich und die Tschechoslowakei fest, als die Kriegsvorbereitungen auf Hochtouren liefen.

Als dann die Wehrmacht in Österreich einmarschierte und im selben Jahr noch das Sudetengebiet im Osten besetzte, war das der Anfang einer Expansion, die von Hitler und den Nazis immer propagiert worden war und die eine friedliche Lösung von vorneherein ausschloss.

Hitlers Konfrontationspolitik würde eine kriegerische Auseinandersetzung nach sich ziehen.

Krieg war gewollt und eingeplant.

Die Ausgrenzung jüdischer Mitmenschen in Deutschland wurde unterdessen immer einschneidender und ihre Rechte wurden weiter beschnitten.

Die diskriminierenden Aufschriften in den Geschäften, Restaurants, Bars und Kneipen tauchten wieder auf: „Juden unerwünscht."

Juden durften keine Kraftfahrzeuge mehr fahren und besitzen.

In Berlin stellte man Straßenbänke auf, mit dem Hinweis „nur für Arier".

Jüdische Zahnärzte schloss man aus den Krankenkassen aus und Ärzte jüdischer Herkunft verloren ihre Approbation. Einige wenige durften noch als Krankenbehandler arbeiten.

Eine Anmeldepflicht jüdischen Vermögens im In- und Ausland wurde eingeführt, damit das NS-Regime eine Kontrolle über jüdische Finanzen erhielt.

Jüdische Pässe wurden mit einem „J" gestempelt und schon bald sollte das Tragen des gelben Davidsterns an der Kleidung Pflicht werden.

Bibliotheken, Kinos, Theater, Museen und Schwimmbäder waren da schon länger für Juden verboten.

Im Reichstag erklärte Adolf Hitler in einer seiner Hassreden, dass die jüdische Rasse im Kriegsfall in ganz Europa ausgerottet werden sollte.

Als 17 000 polnische Juden aus Deutschland abgeschoben wurden und Polen die Einreise verweigerte, irrten diese Menschen tagelang im Niemandsland umher.

Sie wussten nicht wohin, waren verzweifelt.

Die übrige Welt sollte ihre Aufmerksamkeit auf dieses Unrecht richten, deshalb verübte der Jude Herschel Grynszpan ein Attentat auf den deutschen Diplomaten Ernst vom Rath in Paris, denn Grynszpans Eltern waren unter den Unglücklichen.

Als vom Rath zwei Tage später an seinen schweren Verletzungen verstarb, kam es zum Pogrom gegen Juden in ganz Deutschland.

SA- und SS-Kampftruppen zerstörten systematisch Synagogen, jüdische Friedhöfe und Geschäfte. Sie misshandelten, terrorisierten und brandschatzten, drangen in jüdische Häuser und Wohnungen ein und ermordeten über 100 Juden, auch auf offener Straße.

25 000 Juden wurden verhaftet und in Konzentrationslager verbracht.

„Kristallnacht" wegen der zerschlagenen und zerstörten Glas- und Fensterscheiben, so die Bezeichnung jener zwölf Stunden, in denen der Mob wütete. Diese Nacht sollte sich ins kollektive Gedächtnis einprägen.

Die Beschlüsse der Reichsregierung waren für alle Juden im Reich fatal und existenzzerstörend. Die Ausschaltung der Juden aus dem Wirtschaftsleben legalisierte den offenen Raub an jüdischem Eigentum.

Man sprach von Arisierung und verbot den Juden jegliche selbstständigen Unternehmungen im Handel und Handwerk.

Jüdisches Kapitalvermögen, Grundbesitz, Wertpapiere und Schmuck wurden zwangsveräußert. Es kam einer Enteignung gleich.

Die Verordnung der Nazis, den Juden die Schäden der Ausschreitungen in der sogenannten Kristallnacht in Rechnung zu stellen, belief sich auf eine Milliarde Reichsmark und war an beißendem Spott und verletzendem Hohn nicht mehr zu überbieten.

Mit unbändiger Wut erlebte Sara, wie die Nazis ein ganzes Volk knechteten.

Ihre Eltern wurden um ihr Lebenswerk gebracht. Die Fleischfabrik arisiert und Ella und Jakob enteignet.

Das Innenministerium hatte begonnen, sogenannte Judenhäuser einzurichten, in denen Juden auf engstem Raum zusammengepfercht wurden. Bis zu 30 Personen in einer Wohnung.

Ihr Häuser und ihr Wohneigentum wurden gepfändet und an zahlungskräftige Arier verkauft.

Zum Bruchteil des eigentlichen Wertes.

Durch Reinhard Kochs Beziehungen im Ministerium blieben Ella und Jakob von diesem Erlass verschont und konnten in ihrem Haus wohnen bleiben. Vorerst.

Als Koch Ella diese gute Nachricht und glückliche Fügung am Telefon mitteilte, war sie in Tränen ausgebrochen.

„Bist ein wahrer Freund", hatte Ella geschluchzt.

Nach einer ganz langen Pause flüsterte Koch. „Ich weiß nicht liebe Ella, wann wir aufgehört haben, Menschen zu sein."

„Wir", hatte er angemerkt und sich somit eingeschlossen.

Dabei war er einer von den Guten und hielt seine schützende Hand über die Juden in seinem Bekanntenkreis.

Den Westmächten blieb angesichts der aggressiven Politik Hitlers und dessen Expansionsbestreben nur ein Bündnis, um im Ernstfall Nazideutschland entgegentreten zu können.

So schlossen Großbritannien und Frankreich einen Beistandspakt mit der Sowjetunion.

Deutschland putzte sich derweil heraus und feierte Adolf Hitlers 50. Geburtstag mit einer vierstündigen Militärparade.

Die deutschen Städte waren festlich geschmückt mit Blumen und Girlanden.

Hakenkreuzfahnen und Banner wehten im Wind und 300 000 Inhaftierte vegetierten in den Konzentrationslagern vor sich hin.

Außenminister Ribbentrop verkündete im Rundfunk, dass ein Krieg mit Polen unausweichlich sei, während Hitler sich mit Stalin – dem obersten Sowjet – traf, um einen Nichtangriffspakt zu vereinbaren und das Schicksal Polens zu besiegeln.

Sie definierten im Osten die Grenzen neu. Hitler und Stalin teilten Polen unter sich auf.

Als dann am 1. September 1939 deutsche Truppen Polen überfielen und Frankreich und Großbritannien zwei Tage später Deutschland den Krieg erklärten, war er da, der von den meisten Menschen gefürchtete und scheinbar unvermeidbare Zweite Weltkrieg.

Als sich das Gerücht bewahrheitete, dass Hitler den staatlich organisierten vielfachen Mord an psychisch und körperlich behinderten Patienten in Pflege- und Heilanstalten befohlen hatte, konnte Martin diese Ungeheuerlichkeit kaum glauben.

Dies stand im krassen Gegensatz zu seinem beruflichen Ethos und er verabscheute diejenigen Ärzte, die an diesem Verbrechen teilnahmen.

Unter dem Tarnbegriff Euthanasie – Altgriechisch für leichtes Sterben – wurde die planmäßige Ermordung der Kranken durchgeführt, die als unwertes Leben nach der NS-Ideologie eingestuft waren.

Martin wollte das nicht unkommentiert stehen lassen und so wies er in seinen Vorlesungen vor seinen Studenten auf jene Verbrechen hin, die als medizinische Notwendigkeit legitimiert und von deutschen Ärzten durchgeführt wurden, die so wie er den hippokratischen Eid geschworen hatten.

Er ging behutsam vor, sprach es nie direkt an, sondern tarnte es mit einer gehörigen Portion Sarkasmus, sodass sich jeder seinen Teil denken musste.

Aber für die Universität wurde Professor Martin Kreidler untragbar. Zu viele seiner Studenten standen der NSDAP nahe. Die Regimetreue war alles. Der einzelne zählte nichts.

Schließlich verlor Martin seinen Lehrstuhl an der Universität und man sprach gleichzeitig ein Hausverbot für die Charité gegen ihn aus.

Es dauerte nicht lange und Martin durfte in seiner Hausarztpraxis keine Juden mehr behandeln, die gut die Hälfte seiner Patienten ausmachten.

Seine Söhne wurden schließlich von der Schule verwiesen, weil sie Halbjuden waren.

Er und seine Familie wurden wirtschaftlich und gesellschaftlich immer mehr isoliert.

Dass Franz Kreidler hinter all den Sanktionen steckte, konnte Martin nicht wissen.

Wie auch?

Für die Zivilbevölkerung bedeutete der Krieg allerlei Einschränkungen.

Lebensmittelkarten regelten den Bezug von Esswaren. Fleisch wurde rationiert.

Für nachts wurde Verdunklung befohlen.

Wer ausländische Radiosender hörte, dem drohte Zuchthaus.

Juden erhielten Ausgehverbot.

Die meisten Deutschen befürworteten all diese Maßnahmen, weil Hitler ihnen bewies, wie erfolgreich die militärischen Unternehmungen verliefen.

Nachdem Polen im Osten eingenommen worden war, konzentrierte die Wehrmacht sich auf Frankreich, den Erzfeind.

So begann die Westoffensive.

Die Niederlande, Belgien und Luxemburg wurden überrollt und Frankreich angegriffen.

Zuvor waren deutsche Truppen in Dänemark und Norwegen einmarschiert.

Schweden blieb neutral.

Nach nur vier Wochen besetzten deutsche Einheiten Paris. Zwei Tage später kapitulierte Frankreich. Als die deutsche Luftwaffe Südengland bombardierte und verheerende Schäden anrichteten, traf es die englische Bevölkerung völlig unvorbereitet. Die britischen Führer mussten sich eingestehen, den Verlauf des Krieges falsch eingeschätzt zu haben.

Sie waren dem Trugschluss erlegen, die Kampfhandlungen würden sich auf das europäische Festland beschränken und ihre Insel nicht erreichen.

Derweil errichteten die deutschen Besatzer in Polen Ghettos, in denen die Juden hermetisch von der Außenwelt abgeschnitten wurden.

Die Deutschen überließen sie sich selbst, ohne Versorgung mit Lebensmittel, Medikamenten, Kleidung, dem Nötigsten.

So in Lodz und Warschau.

Deutsche Truppen hielten fast ganz Europa besetzt und so bot Hitler dem Westen Friedensverhandlungen an, wenn der Versailler Vertrag revidiert würde.

Großbritannien und Frankreich lehnten ab.

Der rassenideologische Vernichtungskrieg gegen die Sowjetunion, von langer Hand geplant, begann auf breiter Front, obwohl Großbritannien noch nicht ausgeschaltet war.

Die Mahnung seiner Generäle, im Westen würde unnötigerweise Kriegsmaterial gebunden, ignorierte Hitler.

Er wollte endlich seinen Krieg gegen Stalin, den Bolschewismus und die jüdische Weltverschwörung.

Im rasanten Vormarsch eroberte die Wehrmacht große Gebiete in Russland.

Die kampferprobten deutschen Soldaten waren zahlenmäßig überlegen und besaßen die moderneren Waffen.

Nach der Wehrmacht folgten SS-Totenkopfverbände, die in den besetzten Dörfern und Städten unter der Bevölkerung unvorstellbare Massaker verübten.

Sie ermordeten Juden, KP-Führer, Kriegsgefangene, Sinti und Roma.

Der Rassenwahn der Nazis sah die vollständige Ausrottung der russischen Untermenschen vor, denn die gesäuberten Gebiete sollten als neuer Lebensraum für die Herrenrasse der Arier dienen.

Aus diesem Grund errichteten die Nazis in Polen Vernichtungslager, in denen Massentötungen vorgesehen waren.

Die Menschenverachtung der Herrenmenschen war absolut und nicht überbietbar.

Die Berichterstattungen der BBC – dem englischen Radiosender – über die deutschen Gräuel im Kriegsgebiet der Sowjetunion und die Massenmorde in den Vernichtungslagern in Polen wurden von der deutschen Bevölkerung als Lügenpropaganda der Westmächte stark angezweifelt.

Zu ungeheuerlich waren die Schandtaten, die sich im Kriegsgebiet und in den Lagern zutragen sollten.

Aber da gab es auch noch die Soldaten der Wehrmacht, die nach Hause kamen, auf Heimaturlaub oder verwundet. Sie waren Augenzeugen jener Entmenschlichung geworden, die alles bis dahin Dagewesene in den Schatten stellte.

Jene abartige, schonungslose, unmenschliche Bestialität, die von den SS-Verbänden praktiziert wurde, den einheimischen Juden in den eroberten Gebieten gegenüber und in den Lagern.

Immer wieder fielen polnische Lagernamen wie Auschwitz, Treblinka, Sobidor oder Belzec. Und immer häufiger hörte man das Unfassbare. Juden würden zu Hunderttausenden vergast.

Scheinbar konnte der Vormarsch der deutschen Truppen nicht aufgehalten werden.

Während das prestigeträchtige Leningrad eingekesselt wurde und die Offensive gegen Moskau begann, feierte man Adolf Hitler als größten Feldherren aller Zeiten.

Er hatte sich bezüglich des Angriffs auf die Sowjetunion gegen seine zaudernden Generäle durchgesetzt.

Dann verbündete sich das Wetter mit der Roten Armee.

Erst versank die Front im Morast, weil es tagelang regnete, weshalb der Vormarsch der Deutschen zum Erliegen kam.

Als der russische Winter schließlich einsetzte, froren die Truppen Hitlers erst fest, dann schneiten sie ein. Für Temperaturen weit unter null Grad war die Wehrmacht nicht ausgerüstet. Ihnen fehlte es an Winterkleidung und ihr Nachschub blieb stecken. Schließlich brach die Versorgung komplett zusammen.

Die deutschen Soldaten froren. Die deutschen Soldaten hungerten.

So wie es einst Napoleon schmerzlich erleben musste.

Die Geschichte wiederholte sich.

Zur gleichen Zeit griff die japanische Luftwaffe in Pearl Harbor den amerikanischen Luftwaffenstützpunkt auf Hawaii an und versenkte die halbe Pazifikflotte der USA.

Daraufhin erklärten sich beide Seiten den Krieg.

Die Kriegserklärung Hitlers an die USA, die dann folgte, resultierte aus der Bündnistreue zu Japan, denn Italien, Japan und Deutschland waren ein Jahr vorher ein Dreimächteabkommen eingegangen.

„Jetzt führt der Dummkopf auch noch einen Zweifrontenkrieg", sagte Jakob schadenfroh. „Der Krieg wird nicht mehr lange dauern."

Jakobs Hochstimmung konnte von Martin und Sara nicht geteilt werden.

Zu verstörend waren die Meldungen, die man sich heimlich über die Deportationen in den Osten erzählte, und was angeblich in den Konzentrationslagern geschah.

Sie hatten es aufgegeben, Jakob und Ella davon zu überzeugen, das Land zu verlassen.

Sara brachte es aber nicht übers Herz, ihre Eltern davon in Kenntnis zu setzen, dass Martin und sie beschlossen hatten, zu emigrieren.

Genau und präzise, wie Martin alles anging, plante er ihre Auswanderung. Nichts wollte er dem Zufall überlassen. Jede Eventualität wurde einkalkuliert.

Martin und Sara legten das Ende des Jahres fest für ihre Flucht. Als Weihnachtsurlaub getarnt, damit keiner Verdacht schöpfte. Nur Elisabeth Trütschler, ihre Freundin und Martins Sprechstundenhilfe, sollte eingeweiht werden.

Martin studierte Fahrpläne, Zugverbindungen, Umsteigemöglichkeiten. Er erarbeitete Alternativen, falls Züge ausfielen und Umleitungen in Betracht gezogen werden mussten. Er erstellte Listen, was sie mitnehmen und was sie zurücklassen mussten. Je mehr der Plan Gestalt annahm, desto klarer wurde Martin und auch Sara, was für ein Schritt es für alle bedeutete. Aber beide waren sich einig, in diesem Land mit diesem Unrechtsregime nicht weiter leben zu können.

Schließlich beruhigten sie sich damit, dass man zurückkehren würde, denn dieses sogenannte 1000-jährige Reich war zum Scheitern verurteilt. Die Nazidiktatur konnte nicht überleben.

Die Menschen würden sich erheben und dem himmelschreienden Unrecht Einhalt gebieten, wenn das Maß voll war. Aber wann war das Maß voll?

Was musste noch alles geschehen? Wie viel Verbrechen konnten diese Mörder noch begehen?

Über seine berufliche Zukunft im Ausland verschwendete Martin keinen Gedanken.

Jede Universität der freien Welt würde ihn mit Kusshand nehmen und er war ein guter Arzt. Er konnte überall arbeiten und praktizieren.

Diese Tatsache ließ ihn optimistisch in die Zukunft schauen.

Tatsächlich stellte der Kriegseintritt der USA einen Wendepunkt für den weiteren Verlauf des Krieges dar.

Während das Deutsche Reich von Westen her durch immer stärker werdende Luftwaffenstreitkräfte der Alliierten angegriffen wurde, kam es wegen anhaltender Misserfolge an der russischen Front zur ersten ernsten Krise in der Wehrmacht.

Unterdessen rollten die Deportationszüge durch Europa. Tag und Nacht.

In den Vernichtungslagern wurden die systematischen Massentötungen der Juden immer weiter perfektioniert. Das unermessliche Leid dieser Menschen war beispiellos.

Für seine Sprechstundenhilfe Elisabeth sollte sich nichts ändern und für seine Patienten auch nicht.

Darum stellte Martin einen jungen Assistenzarzt ein, den er von der Charité kannte.

Die politische Ausrichtung dieses Arztes war Martin bekannt und er wusste, dass dieser Arzt genauso wie er selber mit dem Regime und dessen Machenschaften haderte.

Als deutsche Frauen für die Rüstungsindustrie dienstverpflichtet wurden, traf es auch Sara.

Zusammen mit russischen Kriegsgefangenen fertigte sie Geschosshülsen.

Sie stand an der Drehbank, zehn Stunden täglich, an sechs Tagen in der Woche.

Die Bedingungen, unter denen die Kriegsgefangenen litten, wie sie schufteten, wie die Wachmannschaften sie behandelten und wie ungenügend sie mit Essen versorgt wurden, brach Sara das Herz.

Als sie ihre Eltern besuchte, erwähnte sie die unhaltbaren Zustände und die katastrophalen Bedingungen, unter denen die Gefangenen zu leiden hatten, und die völlig unzureichende Versorgung mit Lebensmitteln.

„Komm mit", sagte ihr Vater und führte sie in den Keller der Villa.

Was Sara hier sah, konnte sie kaum glauben. In zwei Räumen stapelten sich Hunderte Konservendosen aller Größen aus Jakobs Fleischfabrik.

Als Jakob Saras verwunderten Blick auffing, sagte er schmunzelnd: „Kluger Mann baut vor. Zwei Jahre lang habe ich täglich eine Aktentasche voll Konserven mitgenommen. Der Krieg kann noch zehn Jahre dauern. Wir sind gewappnet.

Nimm dir mit, so viel du willst, für deine russischen Freunde."

So schmuggelte Sara jeden Tag Fleischkonserven an den Wachen vorbei in die Fabrik und konnte das Elend der Kriegsgefangenen etwas lindern. Ein Tropfen auf den heißen Stein, aber für die Russen war Sara ein Engel.

Mitte des Jahres verübten tschechische Freiheitskämpfer ein Attentat auf den stellvertretenden Reichsprotektor Reinhard Heydrich – den Schlächter von Prag –, der eine Woche später an seinen Verletzungen verstarb.

Die SS zerstörte als Vergeltung das Dorf Lidice. Alle männlichen Einwohner ab 15 Jahre wurden erschossen. Alle Frauen und Kinder des Dorfes wurden deportiert und im Vernichtungslager vergast.

Die Zwillinge verbrachten ihre Freizeit am liebsten bei ihren Großeltern Jakob und Ella.

Sie gingen jetzt auf eine jüdische Schule und fuhren mit dem Fahrrad nach Schulschluss fünfzehn Minuten bis in den Grunewald.

Unter Ellas strenger Aufsicht wurden die Hausaufgaben erledigt, dann ging es in den großen Garten der Villa.

Opa Jakob war dankbar für die Unterstützung bei der Arbeit, besonders als die Obsternte begann. Es war ein Riesenspaß für die Buben, in den alten Bäumen zu klettern. Erst wurden die Kirschen geerntet, dann die Äpfel und etwas später die Birnen. Zum Ende des Sommers die Pflaumen.

Nach Feierabend kamen Sara und Martin vorbei und die ganze Familie setzte sich an den großen Esszimmertisch und man aß gemeinsam, was Ella Leckeres gekocht hatte.

Natürlich belastete die gesamte Situation, der Krieg, die Schandtaten der Nazis und was sie dem jüdischen Volk antaten, aber Ella und Jakob waren der festen Überzeugung, dass der Krieg nicht mehr lange dauern würde, weil sich doch inzwischen fast die ganze Welt gegen Nazideutschland verschworen hatte.

Nach dem Essen setzten sich die „Männer" ins Wohnzimmer zu einer Partie Schach.

Jakob und Martin hatten den Zwillingen dieses Spiel beigebracht und waren von der schnellen Auffassungsgabe der beiden angetan, aber sie standen mit ihrer Spielfertigkeit noch am Anfang.

Die Erwachsenen spielten gegeneinander und die Jungs sahen zu und lernten.

Während Martin die Figuren aufbaute, versorgte Jakob die Männerrunde mit Drinks.

Die Zwillinge waren von der aggressiven Spieleröffnung ihres Vaters begeistert, fanden aber auch die Defensive ihres Großvaters, der sich immer wieder aus schier ausweglosen Umklammerungen herauswinden konnte, klug und vorausschauend.

Aus heiterem Himmel setzte Opa Jakob zur entscheidenden Gegenoffensive an und setzte Martin mit zwei Zügen Schachmatt.

Ein paar Sekunden starrten alle auf die Figuren und das Brett, dann klopfte Martin seinem Schwiegervater anerkennend auf die Schulter und lachte: „Mit diesen Zügen habe ich überhaupt nicht gerechnet“, stöhnte er. „Respekt.“

„Du wirst lachen, ich auch nicht“, schmunzelte Jakob verschmitzt.

Sie hoben ihre Gläser und stießen an.

Jakob und Martin mit Hochprozentigem. David und Thomas mit selbst gemachtem Apfelsaft von Oma Ella.

Als die Gläser klangen, bemerkte Jakob: „Es ist dieser eine Augenblick, er lässt uns sein, weil es mehr nicht braucht.“

Auf den russischen Schlachtfeldern tobte ein Krieg, der von beiden Seiten erbarmungslos und verbissen geführt wurde.

Gegenangriff folgte auf Angriff. Gegenoffensive folgte auf Offensive.

Wichtige Gebiete nahm die Wehrmacht ein, die wenig später von der Roten Armee zurückerobert wurden.

Die zähen und verlustreichen Kämpfe nahmen kein Ende.

Dem deutschen General Paulus gelang es Anfang November, Stalingrad zu erobern.

Die Rote Armee kesselte die deutsche 6. Armee darauf komplett ein.

Fast 300 000 deutsche Soldaten saßen in der Falle.

Hitler befahl daraufhin, Kampf bis zum letzten Mann.

Am Abend vor ihrer Abreise saßen sie im Wohnzimmer beisammen und David fragte wie so oft in den zurückliegenden Tagen: „Jetzt kannst du uns doch sagen, wohin die Reise geht, Papa.“

Sara und Martin hatten bis dahin eisern geschwiegen. Sie sprachen, wenn sie gefragt wurden, von einem Winterurlaub. Wo und wie lange blieb geheim.

„Es soll eine Überraschung werden“, hatte Sara den Zwillingen gesagt.

„Ein Weihnachtsgeschenk“, fügte sie hinzu.

„Wenigstens die Richtung“, bettelte Thomas.

Martin zögerte, dann sagte er: „Norden.“

„Von Berlin aus nach Norden ist Wasser“, stöhnte Thomas. „Die Ostsee“, fügte David trocken hinzu. Sie waren so schlau wie vorher. Alles Betteln nutzte nichts, Martin und Sara schwiegen beharrlich.

„Morgen früh wird das Geheimnis gelüftet“, sagte Martin grinsend.

Sara klatschte in die Hände: „Schlafenszeit. Ihr müsst ausgeruht sein. Um sechs Uhr geht der Wecker.“ Die Zwillinge gaben ihren Eltern einen Kuss und gingen auf ihr Zimmer.

Als sie im Bett lagen, sagte Thomas. „Nördliche Richtung. Was kommt nach der Ostsee?“ Lange Pause.

„Skandinavien … Schweden.“

David triumphierte. „Schweden ist neutral.“ Das hatten sie neulich im Geografieunterricht.

„Berge und Schnee. Skilaufen.“

Beide lachten in die Dunkelheit hinein. Das Geheimnis war gelüftet.

Kapitel 6

Das Geschäftsgebäude mitten im Regierungsviertel unweit der Wilhelmstraße mit dem Ladenlokal gehörte der Familie von Hünewitz seit Generationen.

Der Buchladen im Erdgeschoss diente der Gruppe als Tarnung. Sie nannten sich Berliner Zirkel.

Die Druckerei befand sich im hinteren Teil zum Hof hin.

Durch eine Tapetentür, hinter mehreren Regalen verborgen, gelangte man in jene Räume, die als Basislager dienten. Hier druckten sie ihre Flugblätter, Handzettel und Rundschreiben. Entwarfen ihre Klebeplakate und gestalteten ihre Aushänge.

Hier planten sie ihre zeitnahen Aktionen und organisierten ihren Protest gegen das verhasste NS-Regime.

Von Hünewitz finanzierte diese Widerstandsgruppe aus seinem Privatvermögen.

Hier, einen Steinwurf von der SD-Zentrale und dem Gestapohauptquartier zu operieren, war für die Ängstlichen der Gruppe brandgefährlich.

Die Tatsache aber, dass sich ausgerechnet vor der Haustür der Terrororgane der Widerstand formierte und agierte, erachteten die Verwegenen unter ihnen als genial.

Wer würde schon seinen Feind und Gegner in der eigenen Nachbarschaft vermuten.

„Wir spielen im Vorgarten der Nazis mit dem Feuer", hatte eine Studentin vor langer Zeit angemerkt und von Hünewitz hatte gelassen geantwortet: „Das ist ja gerade der Clou, darauf kommen sie im Leben nicht."

Als er Berlin verließ, wusste er, dass die Gruppe ohne ihn funktionieren würde.

Das war neun Jahre her. Er beobachtete das gesamte Umfeld und jeden einzelnen Passanten. Um diese Uhrzeit am Samstagnachmittag war erstaunlich viel los, trotz des unfreundlichen Wetters. Die Fußgänger hasteten vorbei. Sie wollten nach Hause ins Warme. Weihnachtsdekorationen schmückten die Schaufenster.

Als er nichts Auffälliges bemerkte, näherte er sich dem Eingang zur Buchhandlung.

Die beiden Gestapobeamten, die von links und rechts auf ihn zukamen, sah er zu spät. Zu zweit schoben sie ihn durch die Tür.

Der Verkaufsraum war leer, nur der diensthabende Student stand hinter der Theke.

„Herr von Hünewitz", sagte einer der Beamten, „Wir möchten Sie bitten, uns zu begleiten." Er zeigte eine Polizeimarke. Von Hünewitz lächelte: „Wie komme ich zu dieser Ehre?"

„Nun, ich bin für klare Verhältnisse. Man wirft Ihnen vor, einer kriminellen Vereinigung anzugehören und ihr Hauptquartier ist hier, von wo aus Sie Lügen und Schmutz verbreiten."

Sie wissen Bescheid, dachte von Hünewitz. Er versuchte, gelassen zu wirken.

Gleichzeitig wägte er seine Chancen ab.

Wenn sie ihn erst einmal in ihren Verhörkellern hatten, war er verloren.

Als er dem Polizisten, der vor ihm stand, gegen das Schienbein trat, geschah es eher aus Reflex als aus Überlegung. Als der zweite Polizist einen Schritt auf ihn zu machte, rammte er ihm seine Faust in die Magengrube.

Der Student stand immer noch hinter der Verkaufstheke wie angewurzelt. Zur Salzsäule erstarrt.

Von Hünewitz war aus der Geheimtür hinaus, noch bevor die beiden Polizisten reagieren konnten. Als sie die Verfolgung aufnahmen, hatte von Hünewitz gut dreißig Meter Vorsprung. Hier, in den Hinterhöfen, kannte er sich aus. Er sprang über mehrere Mauern und Hecken, als es hinter ihm mehrmals knallte. Sie schossen auf ihn.

Er spürte einen dumpfen Schlag in seinem Rücken, aber keinen Schmerz.

Adrenalin flutete seinen Körper. Er erreichte die nächste Querstraße und hetzte eine Treppe hinauf und hatte Glück, denn die Hochbahn, die gerade die Türen schloss, als er hineinhechtete, fuhr Sekunden später an.

Von Hünewitz hatte seine Verfolger abgeschüttelt. Zu seiner Verwunderung befand er sich alleine im Waggon. Umso besser. Es dauerte nicht lange und die Schmerzen setzten ein. Unvermittelt und heftig. Sie hatten ihn getroffen. Er brauchte einen Arzt.

Ins Krankenhaus konnte er nicht. Diese würden zuerst überprüft werden, nachdem sie eine Blutspur von ihm entdeckt hatten.

Im Schein einer Straßenlaterne wurde die nähere Umgebung ausgeleuchtet. Ansonsten finstere Nacht.

Er blieb im dunklen Hauseingang des Nebengebäudes stehen und sondierte die Lage. Alles ruhig. Ihm blieb keine andere Wahl. Also drückte er den Klingelknopf.

Sara öffnete die Tür und von Hünewitz fiel ihr in die Arme. Sie stieß einen spitzen Schrei aus. Sein Puls raste und sein Herz pumpte unaufhörlich Blut aus seiner Wunde.

Martin tauchte hinter Sara auf und gemeinsam schleppten sie den Verletzten in den Behandlungsraum, wo sie ihn auf die Liege hoben.

Von Hünewitz hatte das Bewusstsein verloren.

Martin sah mit einem Blick, dass es sich um eine Schussverletzung handelte. Eile war geboten. Sie zogen ihn gemeinsam aus und Martin desinfizierte die Wunde.

Er stillte die Blutung und nach kurzer Untersuchung stellte er fest, dass die Kugel noch in von Hünewitz' Rücken steckte.

Er hatte Glück, denn das Projektil war oberhalb seiner rechten Niere eingedrungen und von einer Rippe aufgehalten worden, ohne Organe verletzt zu haben.

Martin betäubte lokal, denn er musste tief in die Wunde eindringen, um die Kugel zu entfernen. Sara attestierte. Mit einer gebogenen Pinzette bekam er das Projektil schließlich zu fassen. Dann vernähte er und legte einen Druckverband an.

Von Hünewitz erlangte das Bewusstsein wieder, als Martin ihm eine Tetanusspritze verabreichte. Für alle Fälle.

„Guten Morgen“, sagte Martin sarkastisch. „Ich hätte mir unser Wiedersehen nicht so theatralisch gewünscht. Wo hast du gesteckt, die ganze Zeit? Wir wussten nichts von dir. Gar nichts. Ob du überhaupt noch lebst?“

„Ich musste untertauchen damals. Dann habe ich mich der Sopade in Prag angeschlossen, als Bindeglied zwischen dem Exilvorstand der SPD und den Untergrundgruppen. Lange Geschichte. Man nennt uns Grenzsekretäre.

Der Widerstand unterhält ein Netz in ganz Europa. Wir müssen doch etwas tun gegen diese Verbrecher.“ Von Hünewitz verzog das Gesicht. Er hatte Schmerzen.

„Nachdem die Resttschechei von den Nazis zerschlagen wurde, agierten wir von Paris aus und nach Frankreichs Niederlage ab 1940 von London aus.“

Er zog die Luft durch die Zähne ein. „Hast du etwas gegen die Schmerzen?“, fragte er. Martin ging zum Medikamentenschrank und gab ihm dann ein Heftchen Tabletten. Nachdem Sara ihm ein Glas Wasser reichte, schluckte er zwei davon.

„Du musst in ein Krankenhaus Max“, sagte Martin, „zum Röntgen. Wahrscheinlich hat das Geschoss dir mindestens eine Rippe gebrochen, wenn nicht sogar zerschmettert, aber das kann nur durch Röntgen festgestellt werden.“

Von Hünewitz schüttelte den Kopf. „Das geht nicht.“ Er sah erst Sara, dann Martin an, holte tief Luft und sagte dann bedauernd, wobei er hilflos die Schultern zückte:

„Ich bin auf der Flucht vor der Gestapo. Es tut mir unendlich leid, dass ich euch in Gefahr bringe, aber ich wusste nicht wohin.“

„Das geht in Ordnung“, sagte Sara fest und Martin nickte. Von Hünewitz’ Gesicht sprach Bände. Es war ihm anzusehen, dass die Sorge, Freunde zu gefährden, ihn zusätzlich belastete.

„Wo willst du jetzt hin?“, fragte Martin. „Untertauchen.“ Seine Antwort überraschte weder Sara noch Martin.

„In den Großstädten kann man sich in Luft auflösen. Ich halte die Nazis schon neun Jahre zum Narren. Der Kampf geht so lange weiter, bis wir diese Mörder unschädlich gemacht haben." Er verzog sein Gesicht. Als er weitersprach, war seine Entschlossenheit fühlbar.

„Wisst ihr überhaupt, was die Nazis in Europa anrichten? In den Kriegsgebieten im Osten folgt Massaker auf Massaker an der Bevölkerung. Es läuft immer gleich ab: Die Wehrmacht erobert das Gebiet und die SS-Totenkopfverbände folgen nach und töten die Einheimischen, meistens Juden.

In Lemberg 7000 Tote, in Kirschinjow 12 000 Tote, in Babijar 33 000 Tote.

Wir haben darüber berichtet. Man kann die Liste beliebig fortsetzen. Sie lassen Massengräber ausheben und erschießen ihre Opfer an Ort und Stelle."

Von Hünewitz wischte sich den Schweiß mit dem Handrücken von der Stirn.

„In einem Dorf hinter Kiew sind die Juden in eine Schule getrieben worden und dann haben die Nazis das Gebäude angezündet. 300 Frauen, Männer und Kinder sind bei lebendigem Leib verbrannt. Einzelfälle? Mitnichten. Hitler hat angekündigt, die Juden in Europa auszurotten."

Sara schluchzte und Martin nahm sie in den Arm.

„Was ist denn mit den Lagern im Osten", fragte Sara schließlich. „Weiß du da Näheres?" Von Hünewitz räusperte sich. Es tat ihm weh, mit seinen Freunden darüber zu reden, denn Sara war Jüdin.

„In den Lagern werden die Juden aus ganz Europa, auch aus dem Deutschen Reich, deportiert und umgebracht. Vernichtungslager werden sie genannt", fügte er hinzu.

Sara schnäuzte in ihr Taschentuch. „Wie tötet man sie?", wollte Martin wissen, obwohl er glaubte, die Antwort zu kennen. „Sie werden vergast. Mit Zyklon B, einem Schädlingsbekämpfungsmittel auf Blausäurebasis." Er machte eine Pause.

Als er dann weitersprach, wurde seine Stimme eindringlich: „Sara, du musst deine Eltern überzeugen, dass sie schnellstmöglich Deutschland verlassen. Sie sind in höchster Lebensgefahr."

„Tsch", machte Sara und Martin stöhnte. „Das haben wir versucht." Sara weinte jetzt bitterlich, war kaum noch zu beruhigen.

Dann sagte sie: „Sie sind so was von stur. Wir haben alles versucht. Sind schließlich daran verzweifelt. Wir haben es dann aufgegeben." Sara schnäuzte sich erneut. Von Hünewitz sah, wie sie litt.

Er holte Luft: „Anfang des Jahres trafen sich 15 hochrangige Nazis. SD-Chef Heydrich hatte eingeladen, um über die ‚Endlösung' der Judenfrage zu beraten.

Nicht nur im Deutschen Reich, sondern auch in den besetzten Gebieten sollten die ‚Säuberungsaktionen' anlaufen. Die planmäßige Vernichtung aller Juden in ganz Europa." Von Hünewitz hielt inne. „Alle Juden in Europa", wiederholte Sara ungläubig. „Die Sopade hat darüber berichtet. Wir haben sie die ‚Wannsee-Konferenz' genannt, weil sie sich in einer Villa am Wannsee trafen. Unter dem Decknamen ‚Aktion Reinhard'. Das systematische Morden war da längst im Gange." Von Hünewitz verzog wieder das Gesicht. Die Wunde peinigte ihn.

Er sprang von der Liege und kämpfte Augenblicke später mit Schwindel. Er versuchte krampfhaft, auf den Beinen zu bleiben. Kraftlos wankend, setzte er sich auf einen Stuhl, der neben der Behandlungsliege stand. Ihm wurde bewusst, seine Möglichkeiten maßlos überschätzt zu haben.

„Du bleibst diese Nacht hier", sagte Sara bestimmt. Der Protest seitens von Hünewitz fiel dann auch kleinlaut aus. Er fühlte sich schwach und ausgelaugt.

„Nur heute Nacht. Morgen geht es wieder." Von Hünewitz war entschlossen, seinen Freunden nicht noch mehr zuzumuten. Sara reichte ihm ein Kopfkissen, eine Decke und frische Sachen zum Anziehen.

Die Liege im Behandlungszimmer war komfortabel und so streckte er sich lang aus.

„Danke für alles. Das werde ich euch niemals vergessen", sagte er.

„Wofür hat man Freunde", erwiderte Martin und dann ließen sie ihn alleine.

Martin schlief wenig in dieser Nacht. Viele Dinge beschäftigten ihn. Das plötzliche Auftauchen von Maximilian von Hünewitz nach so langer Zeit. Ihre bevorstehende Emigration. Das

Unrecht, was den Juden widerfuhr. Schließlich stand er auf, um nach seinem Patienten zu schauen.

Als er das Behandlungszimmer betrat, zeigte die Wanduhr 4.30 Uhr. Von Hünewitz war verschwunden. Die Decke lag fein säuberlich gefaltet auf dem Stuhl, obenauf das Kopfkissen. Sogar seine blutgetränkte Kleidung hatte er mitgenommen.

Martin wusch und rasierte sich, dann weckte er Sara. Sie sah übernächtigt aus. Wahrscheinlich hatte sie auch wenig geschlafen, aufgewühlt von den Berichten ihres Freundes.

Sara putzte sich die Zähne, als Martin sagte: „Wenn sie mich holen, musst du an unserem ursprünglichen Plan festhalten. Die Zugverbindungen sind aufeinander abgestimmt. Du musst dann alleine los mit den Jungs."

„Aber ..." Weiter kam Sara nicht. Es wurde Sturm geklingelt und an der Tür gehämmert. „Sie sind da", flüsterte Martin. „Haben zwei und zwei zusammengezählt. Halte dich an den Plan. Was auch passiert."

Der Student, den sie in der Buchhandlung verhafteten, war nicht besonders widerstandsfähig und taugte nicht zum Helden.

Nachdem sie ihn übelst verprügelt hatten, brachen sie ihm zwei Finger und erfuhren sehr schnell die Namen seiner Mitverschwörer.

Die Gestapo verhaftete daraufhin vier junge Männer und eine junge Frau.

Die jungen Männer wurden einer nach dem anderen auf dem Prügelbock bäuchlings festgebunden, nachdem sie sich hatten nackt ausziehen müssen, und mit der neunschwänzigen Katze ausgepeitscht.

Dieses Folterinstrument wurde im 18. Jahrhundert auf englischen Kriegsschiffen verwendet, um die Disziplin aufrechtzuerhalten. Eine Peitsche mit neun Streifen Leder.

Die groben Lederriemen rissen die Haut auf, bis das rohe Fleisch in Fetzen herunterhing. Die Schmerzen waren so intensiv, dass der Delinquent nach circa zehn Schlägen das Bewusstsein verlor. Aber es wurde weitergeschlagen, denn dies war Teil der Bestrafung und sollte auch so verstanden werden.

Die junge Frau blieb von der Prügelorgie auf Anordnung Franz Kreidlers verschont. Mit ihr hatte er Besonderes vor.

Man übergoss die Geprügelten mit Salzwasser. Es brannte wie Feuer in den Wunden. Dann kettete man sie aneinander und postierte sie gegenüber dem Prügelbock, nachdem sie Stein und Bein geschworen hatten, nicht zu wissen, wo von Hünewitz sich aufhielt. Sie wussten es wirklich nicht.

Die junge Frau wurde hereingeführt und man riss ihr die Kleider vom Leib.

Splitternackt wurde sie auf dem Prügelbock gebunden. Bäuchlings. Sie sollte aber nicht geschlagen werden. Der erste Folterknecht trat hinter sie, öffnete seine Hose und hielt seine pralle Männlichkeit in der Hand. Dann drang er in sie ein.

Der Schrei der jungen Frau war markerschütternd.

Nacheinander wurde sie von fünf Männern missbraucht. Ihre Schreie wurden von Mal zu Mal schwächer, bis nur noch ein Röcheln zu hören war und sich die fünf in ihr und an ihr befriedigt hatten. Vaginal und Anal. Keine Perversität wurde ausgelassen.

Man ließ erst von ihr ab, als ihr das Blut an den Beinen herunterlief.

Kreidler beugte sich über ihre Schulter, als von ihr nur noch ein Stöhnen zu hören war, und flüsterte: „Wo ist von Hünewitz?“ Ganz dicht war er an ihrem Ohr.

„Ich ... weiß ... es ... nicht“, schluchzte sie.

„Wir können dir noch mehr wehtun.“ Zu seinen Männern gewandt: „Ich glaube, sie will Nachschlag.“ Er grinste böse.

„Nein, nein, bitte nein. Hört doch bitte auf. Ich weiß es doch nicht ...“ Ihre Stimme versagte.

„Sie weiß doch nichts“, schrie einer der Geprügelten, „Ihr Schweine, hört auf.“

Er konnte das Leid nicht mit ansehen.

Kreidler ging zu ihm und schlug ihm mit einem Eisenrohr den Schädel ein.

„Weiter machen“, zischte er und sie vergewaltigten sie aufs Neue.

Brutal und mitleidlos. Wie die Tiere. Sie waren zu Bestien mutiert.

Irgendwann hörte man nur noch ein Wimmern und dann gar nichts mehr.

„Sie weiß nichts und die Pimpfe auch nicht." Er deutete auf die geschundenen Männer des Berliner Zirkels, die alles mitansehen mussten.

„Dunkelhaft", befahl Kreidler. „Schaft sie mir aus den Augen."

Kreidler ging in sein Büro und holte aus seinem Schreibtisch den Cognac heraus.

Er trank direkt aus der Flasche. Mit versteinertem Blick saß er da. Frustriert.

Die Verhöre hatten die ganze Nacht gedauert.

Widerwillig studierte er die Akte Maximilian von Hünewitz, der die Gestapo und den SD schon jahrelang auf Trapp hielt. Obwohl er auf der Fahndungsliste ganz oben stand, entwischte er ihnen immer wieder. So wie gestern.

Kreidler studierte die Akte zum Hundertsten Mal ... Seine bevorzugten Aufenthaltsorte, Restaurants, Kontakte, Gewohnheiten, Freunde ... Kreidler stutzt.

Dann fiel es ihm wie Schuppen von den Augen.

Von Hünewitz und sein Adoptivsohn Martin waren Arbeitskollegen an der Uni, im gleichen Herrenclub und befreundet, vor langer Zeit. Natürlich ... von Hünewitz konnte mit seiner Schussverletzung nicht ins Krankenhaus, diese waren verpflichtet, solche Verletzungen zu melden.

Er rief nach seinem Assistenten und schrieb Martins Adresse auf einen Zettel.

„Hausdurchsuchung", schrie er.

„Überfallkommando! Verhaftet Martin Kreidler."

In Stichworten erklärte er dem Obersturmführer seinen Verdacht. „Dalli."

Zwei Minuten später sah er am Fenster stehend, wie ein Pkw und ein Kastenwagen im Eiltempo vom Hof jagten.

Kreidler setzte sich an den Schreibtisch und grinste breit. Die Stunde der Abrechnung mit seinem verhassten Stiefsohn war gekommen.

Seine Gedanken gingen zurück zu dem Tag, als der heranwachsende Schnösel ihn gedemütigt hatte und fortgelaufen war.

Er gab dem undankbaren Bastard ein Heim. Sorgte für eine erstklassige Schulbildung. In gewisser Weise verdankte der Bengel das, was er jetzt hatte und war, ihm. Er nahm noch einen kleinen Schluck aus der Flasche, dann stellte er sie wieder zurück ins Geheimfach.

Er hatte Lust, sich zu betrinken, aber er musste einen kühlen Kopf bewahren.

Es dauerte eine halbe Stunde, bis sein Adjutant mit dem verhafteten Martin erschien. Ohne von Hünewitz und ohne Sara, der Ehefrau.

„Wo ist sein Judenweib?", fragte Kreidler gefährlich leise.

„Wie haben das Haus durchsucht und den Professor verhaftet, wie mir befohlen wurde. Kein von Hünewitz weit und breit."

„Sie taube Nuss", schrie Kreidler. „Wir brauchen auch die Ehefrau, vielleicht auch deren Brut, um ihn unter Druck setzen zu können. Ist das denn nicht logisch? Ist denn hier keiner, der mitdenkt?" Der Assistent tat beleidigt.

Martin wurde hereingeführt. Als er Franz Kreidler sah, musste er sich setzen. Er bekam weiche Knie. Er war auf alles gefasst gewesen, auf alles vorbereitet. Hatte mit allem gerechnet. Aber damit nicht.

Franz Kreidler grinste und sagte erst einmal nichts. Er wollte Martins Überraschung auskosten. Die Situation genießen.

Martin war wie vor den Kopf gestoßen. Dann sagte er, als er sich halbwegs kontrollieren konnte: „Ich habe gehofft und gebetet, dich niemals mehr wiederzusehen." Er merkte, wie Galle in ihm hochstieg.

Sie waren alleine.

„Nun", Kreidler grinste immer noch breit und kalt. Martin kannte dieses Grinsen zu gut. „Das Fundament für deinen Erfolg im Leben verdankst du mir und meiner umsichtigen Erziehung. Eine Erziehung, die dich stark werden ließ. Du bist von mir abgehärtet worden, für dieses Leben. Etwas mehr Dankbarkeit hätte ich schon erwartet."

„Du warst ein despotischer, brutaler, ungerechter Rabenvater und Ehemann. Deine Frau Christine hat genauso unter dir leiden müssen wie ich. Unter deinen Launen und deiner

Trinksucht ist sie zerbrochen. Jeden Tag ein bisschen mehr. Aber jetzt bist du ja richtig, wie ich sehe. Als Teufel passt du in diese Hölle. Gratuliere. In dieser Umgebung lebst du sicher auf. Umgeben von deines Gleichen."

Kreidlers Selbstsicherheit war verflogen. Dieser kleine Schweinehund, dachte er, kann mich noch immer auf die Palme bringen.

Dann sagte er und seine Stimme klang eisig: „Wo ist dein Freund von Hünewitz?"

Martin schüttelte den Kopf: „Weiß ich nicht."

„Er ist doch mit einer Schussverletzung zu dir gekommen. Wo hat die Ratte sich verkrochen?"

„Weiß ich nicht", wiederholte Martin.

„Wohin würde er gehen, wenn wir ihm auf den Fersen sind?"

„Weiß ich nicht", wiederholte Martin stoisch.

Nach einer Dreiviertelstunde intensiver Befragung drückte Kreidler den Knopf der Sprechanlage. Er kochte vor Wut. Sein Assistent kam herein.

„Wir holen uns sein Judenliebchen und seine Bälger."

„Lassen Sie mich ihn bearbeiten, Chef. Ich kriege ihn geständig."

Der Obersturmführer sprühte vor Tatendrang. Er wollte seinen Fehler ausbügeln.

„Aus diesem sturen Bock kriegen wir nichts heraus, ich kenne ihn. Er würde lieber sterben. Wir werden seine Familie in die Mangel nehmen. Das ist effektiver. Wir holen sie uns. Jetzt gleich. Ich komme mit.

In den Stehbunker mit ihm."

Sara musste mit den Jungs Berlin verlassen. Sofort. Martin hatte recht. Sie wunderte sich darüber, dass man sie nicht mitgenommen hatte. Aber sie würden wiederkommen, dessen war sie sich sicher.

Auf der Suche nach Maximilian von Hünewitz war die Gestapo durch das ganze Haus gestürmt, um jeden Winkel zu durchsuchen. Die Zwillinge lagen zu Tode erschrocken in ihren Betten. Auch die Anliegerwohnung von Elisabeth blieb nicht verschont. Nachdem sie Martin mitgenommen hatten, saßen Thomas und David in der Küche am Tisch. Kreideweiß und verstört.

Elisabeth und Sara versuchten, sie zu beruhigen.

„Es ist ein Irrtum, der sich schnell aufklären lässt. Ihr kennt doch euren Vater."

Sara lächelte ihren Söhnen zu. Sie schienen sich langsam wieder einzukriegen.

Thomas schlürfte seinen Kakao, den Elisabeth den Jungs eingeschenkt hatte, und fragte dann: „Was ist mit unserer Reise?" Elisabeth und Sara tauschten vielsagende Blicke: „Wir brechen wie geplant auf. Ihr macht euch jetzt fertig. Wir sind spät dran.

Ausnahmsweise heute mal Katzenwäsche." Sara legte die Brote, die sie zusammen mit Elisabeth geschmiert hatte, in ihre große Umhängetasche als Reiseproviant.

Die Rucksäcke waren am Abend vorher gepackt worden.

„Wir fahren ohne Papa?" David konnte es nicht glauben. „Er kommt nach, sobald alles erledigt ist. Jetzt voran. Wir haben Fahrpläne einzuhalten." Sara wurde ungeduldig. Die Zwillinge trollten sich.

Sara holte die Unterlagen aus der Küchentischschublade.

Pässe, Stammbuch, Geburtsurkunden, Taufscheine, Lebensmittelmarken, Fahrkarten, Fahrpläne und eine Brieftasche mit Bargeld.

„Du hältst die Stellung?", fragte Sara, als sie alles in ihre Tasche verstaute.

Elisabeth nickte. „Mach dir keine Sorgen. Es wird alles gut." Sie umarmten sich und beide hatten Tränen in den Augen.

Als die Jungs kurze Zeit später ihre Mäntel, Mützen und Handschuhe anzogen, halfen sie ihnen mit den schweren Rucksäcken.

„Gute Reise ...", stammelte Elisabeth und drückte die Zwillinge an sich.

Draußen lag eine dünne Schneeschicht. Der Schnee glänzte im Schein der Straßenlaternen. Vereinzelt fuhren Autos vorbei. Ihre Scheinwerfer durchleuchteten die Dunkelheit. Sie rannten bis zur Straßenbahnhaltestelle „Das hält uns warm", kommentierte Sara. Die Jungs waren natürlich schneller. „Lahme Ente“, rief David über seine Schulter, weil Sara zurückblieb.

An der Haltestelle blieb noch genügend Zeit zum Verschnaufen. Aber hier standen sie auf dem Präsentierteller.

Saras Magen krampfte sich zusammen, als ein Pkw und ein schwarzer Kastenwagen ganz dicht an ihnen vorbeifuhren.

Sie sahen den Fahrzeugen nach, die Spuren im frischen Schnee hinterließen.

Endlich kam die Bahn die sie nach Potsdam bringen sollte, ihrer ersten Station und Sara atmete auf.

Die Fahrgäste nahmen keinerlei Notiz von ihnen. Die meisten fuhren zur Arbeit, obwohl Sonntag war. In der Rüstung wurde ohne Pause produziert. Tag und Nacht. Sieben Tage die Woche. Sara und die Jungs blieben im Gang stehen wegen der Rucksäcke. Entspannen würde Sara erst können, wenn sie im Zug saßen. Sie hatte nicht viel geschlafen und fühlte sich müde und abgespannt.

Die schonungslosen Berichte von Maximilian und die Sorge um Martin geisterten durch ihre Gedanken. Man hörte so viele boshafte, schlimme Dinge über die Gestapo. Eigentlich konnten sie Martin nichts vorwerfen. Er war als Arzt seinen Verpflichtungen nachgekommen. Sara sprach sich selber Mut zu.

Sie zog einen Handschuh aus und schnäuzte in ihr Taschentuch. Es würde alles gut werden. Sie wollte es glauben.

Sie dachte an den gestrigen Abend. Ein letztes Mal waren sie die Route durchgegangen. Alle Zielorte und deren Bahnhöfe, wo sie umsteigen mussten und wann.

Martin hatte alles generalstabsmäßig geplant. Nichts dem Zufall überlassen.

Sie packten vier Rucksäcke – Koffer oder Taschen wären hinderlich –, die sie Monate vorher gekauft hatten, um das Nötigste zu verstauen.

Sie wollten den Jungs erst später beibringen, dass sie ihre Heimat für immer verlassen mussten.

Zwei Tage vorher hatten sie Ella und Jakob besucht und auch ihnen gegenüber sprach man nicht von Emigration, sondern von einem längeren Urlaub.

Irgendwie hatte Sara aber das Gefühl, ihre Eltern wüssten Bescheid.

Vor Wochen gab Jakob seiner Tochter einen Zettel mit einer zwölfstelligen Zahlenkombination. Als sie fragte, antwortete ihr Vater: „Auswendig lernen und Zettel vernichten. Das ist die Zukunft für meine Enkelsöhne und die liegt in der Schweiz.“ Sara fragte nichts mehr.

Dann standen alle in der Diele zum Abschied, hatten sich umarmt und als Ella ihre Tochter Sara in den Arm nahm, kullerten bei beiden die Tränen, wogegen sie machtlos waren.

Jakob gab Martin vier kleine Dosen Hühnerfrikassee.

„Marschverpflegung. Bist ein guter Junge. Pass auf deine Familie auf.“

Als sie dann später im Auto saßen, fragte David: „Warum bist du so traurig Mama?

Es ist doch nicht für immer.“ Sara hatten sich die Lippen blutig gebissen.

Das Bimmeln der Straßenbahn holte sie aus ihren Gedanken.

Auf dem Bahnsteig drei des kleinen Bahnhofs stand der Zug, der sie aus Berlin herausbringen sollte.

Wenn alles planmäßig verlief, konnten sie dann am späten Abend den Nachtzug besteigen und waren am anderen Morgen weit weg und aus der Schusslinie.

Sie durchsuchten abermals das ganze Haus, einschließlich Praxisräume und Anliegerwohnung. Dabei gingen sie alles andere als zimperlich vor. Rissen Schubladen heraus, verrückten Schränke, verstreuten deren Inhalte in der ganzen Wohnung.

Sie trafen nur die verstört wirkende Sprechstundenhilfe an.

„Wo ist die Judenmischpoke hin?“ Elisabeth zitterte am ganzen Körper. Sie hatte panische Angst, das war offensichtlich. Als sie nicht sofort antwortete, schlug Kreidler ihr mit dem Handrücken ins Gesicht. „Nun rede schon“, schrie er.

„Ich, ich, ich weiß nicht wohin.“ Sie weinte. „Ich …“, sie brach ab, schluchzte. „Ich.“

Sie brach erneut ab. „Ich bin … eine kleine Angestellte.“ Sie schnäuzte sich.

„Sie sind in die …Ferien gefahren. Wohin …? Keine Ahnung."

„Schafft mir diesen Trampel aus den Augen", schrie Kreidler.

Sie brachten Elisabeth hinaus und sie durfte zurück in ihre Wohnung. Als sie alleine war, setzte sie sich in den Sessel am Fenster und lächelte in sich hinein.

In der Wohnung fanden die Gestapobeamten eindeutige Hinweise, dass die Besitzer tatsächlich zu einer längeren Reise aufgebrochen waren.

Es fehlten Toilettenartikel wie Rasierzeug, Zahnbürsten, Damenutensilien.

Das Fehlen wichtiger Unterlagen wie Pässe, offizielle Dokumente, Lebensmittelmarken und Bargeld deuteten ebenfalls auf eine längere Abwesenheit hin. Im Schlafzimmer stolperte ein Beamter über Martins Rucksack. Fertig gepackt.

Die Reise sollte heute beginnen, so viel stand fest. Martins Verhaftung war dazwischengekommen. Aber wohin? Welches Ziel? War die liebende Ehefrau tatsächlich mit ihren Bälgern ohne das Familienoberhaupt aufgebrochen?

Kreidlers Laune war auf dem Nullpunkt. Er brauchte Ergebnisse, fühlte sich persönlich betroffen.

Sie mussten eine Fahndung einleiten. Der erfahrene Ermittler wusste, dass die nächsten 48 Stunden entscheidend waren. Danach würde die Spur kalt sein.

Kreidler saß am Schreibtisch in der Praxis und dachte angestrengt nach. Sein Blick fiel auf den Aktenschrank mit den Ordnern.

Patientenakten beschriftet mit Namen. Er nahm einen Ordner heraus. Wahllos.

Seine Vermutung bestätigte sich. Er blätterte. Name des Patienten. Krankheitsverlauf, Heilsplan und vieles mehr. Er legte die Kladde auf den Tisch.

So kam er nicht weiter. In einem Anfall von Wut fegte er alle Ordner aus dem Schrank, die auf dem Boden landeten.

Aus einem Ordner fiel eine Landkarte. Er hob sie auf und entfaltete die Karte.

Sie zeigte Deutschland und Nordeuropa, einschließlich Ost- und Nordsee und Skandinavien.

In dieser Landkarte waren fein säuberlich verschiedene Routen über Ost- und Nordsee eingezeichnet. Von mehreren norddeutschen Städten ausgehend bis nach Südschweden. Schweden war neutral, von Deutschland nicht besetzt.

Kreidler lachte laut und gehässig. Er verstand. Von wegen Ferien. Hier war eine Reichsflucht geplant. Sie wollten Deutschland für immer verlassen.

Er hob den Ordner auf, aus dem die Landkarte gefallen war, und fand eine Liste mit Zugverbindungen von Berlin ausgehend bis zur Ost- und Nordseeküste.

Sie würden also mit dem Zug bis Rostock, Travemünde oder Kiel fahren und dann mit der Fähre oder einem Fischkutter übersetzen und in Malmö, Trelleborg oder Lund in Schweden an Land gehen.

Martin hatte alles akribisch mit roter Tinte eingezeichnet.

Die Städte eingekreist, die als Start und Ziel infrage kamen.

Von da an lief alles wie am Schnürchen.

Die flüchtige Jüdin Sara Kreidler, geborene Rosendahl, mit ihren Zwillingssöhnen David und Thomas, wurde zur Fahndung ausgeschrieben.

Konzentriert wurde sich auf das Gebiet Norddeutschland, speziell die Küstenregionen an Nord- und Ostsee. Andere Regionen Deutschlands kamen nicht in Betracht. Man hatte eindeutige Beweise anhand von Fluchtplänen und kannte die genauen Routen.

Erleichtert wurde die Suche, weil eine alleinreisende junge Frau mit Zwillingen auffallen musste.

Kreidlers Tag schien gerettet. Zum ersten Mal seit 36 Stunden wurde er ruhiger.

Die nervliche Anspannung fiel nach und nach von ihm ab.

An den Fenstern flog die Landschaft vorbei.

Alles schien in eine Art Winterschlaf erstarrt zu sein.

Die schneebedeckten Hügel und Felder, die stetig anstiegen, eingehüllt in einer sauberen, unberührten, winterlichen weißen Pracht, die sich bis zum Horizont erstreckte, wirkten auf Saras Nerven beruhigend und tröstend.

Der Schnellzug hatte nur an den großen Bahnhöfen gehalten und das auch nur kurz.

Ansonsten waren sie durchgefahren, die ganze Nacht.

Zum Glück mussten sie das Abteil nicht mit Fremden teilen. Sie waren für sich.

So etwas ließe sich mit einem größeren Geldschein regeln, wie Sara befriedigt feststellte, als der Zugbegleiter ihnen mit den Rucksäcken half.

Sara musste den Jungs reinen Wein einschenken und sobald der Zug aus dem Bahnhof rollte, erzählte sie ihnen von ihrem Freund Maximilian von Hünewitz, wie sie ihn medizinisch versorgten und dass ihr Papa deshalb in Schwierigkeiten steckte.

„Das war richtig von euch", sagte David und Thomas nickte zustimmend.

„Er kommt nach." Dadurch beruhigte sie die Jungs und sie gaben sich damit zufrieden.

Alsbald hatte das gleichmäßige Take, Take, Take der Eisenbahnschwellen sie eingelullt und sie schliefen fast die ganze Nacht durch, während Sara nur döste.

Unaufhörlich kreisten ihre Gedanken um die Ereignisse der letzten 24 Stunden.

Dass ihre Söhne Verständnis für die Handlungsweise ihres Vaters aufbrachten, zeigte, wie vernünftig sie für ihre zwölf Jahre waren. Schon fast erwachsen. In dieser Zeit war es einem nicht wirklich vergönnt, Kind zu sein.

Ein übermüdeter Zugbegleiter steckte den Kopf ins Abteil: „In einer Stunde erreichen wir Stuttgart." Er lächelte und verschwand wieder.

Die Zwillinge erwachten und reckten sich.

„Ich habe Hunger", sagte David und sah seinen Bruder an. „Und du?" „Ich auch."

Sara seufzte: „Schönen guten Morgen die Herren."

David grunzte eine Erwiderung und Thomas gähnte seinen Gruß.

Sara holte die letzte Stulle aus ihrer Umhängetasche und klappte das Tischchen unter dem Fenster herunter. Ihr fiel etwas ein. Sie schwang sich aus dem Sitz und wuchtete ihren

Rucksack aus dem Gepäcknetz. Fleischfabrik Jakob Rosendahl stand auf den Etiketten. Hühnerfrikassee, 50 Gramm Einmannverpflegung.

Die Jungs hatten derweil ihre Schweizer Taschenmesser gezückt – ein Geschenk ihres Opas zu ihrem 8. Geburtstag – und jeder öffnete mit flinken Fingern zwei Dosen.

Als sie die Deckel der Konserven nach hinten klappten, lachte ihnen appetitliches Hühnchenfleisch mit Gemüse und Reis entgegen.

„Wir haben kein Besteck“, stellte Sara fest.

„Die Tatsache, dass wir unter uns sind, berechtigt uns dazu, mit den Fingern essen zu dürfen“, schmunzelte David. „Ohne gleich verhaftet zu werden“, ergänzte Thomas. Alle drei lachten sie.

Sara brach die Stulle in zwei Teile. Sie reichte jedem ihrer Söhne eine Hälfte.

„Esst“, forderte sie die Zwillinge auf. „Jeder zwei Dosen.“

„Und du?“, fragte Thomas und David gleichzeitig.

„Ich habe keinen Hunger“, log Sara. Die Jungs zuckten die Achseln.

Sie bissen ins Brot, heißhungrig und klaubten mit den Fingern kleine Häppchen Hühnerfrikassee aus den Dosen.

Als Thomas sich ein größeres Stück Hühnchen in den Mund schob, schrie er plötzlich auf: „Aua, ich glaube, ich habe auf einen Stein gebissen.“ Er spuckte, was er im Mund hatte, in seine hohle Hand. Sie schauten zu dritt ungläubig auf das, was Thomas in der Hand hielt. Sara reagierte zuerst.

„Ich glaube es ja nicht“, entfuhr es ihr. Zwischen den Speiseresten fischte sie mit spitzen Fingern einen Edelstein aus Thomas Hand, etwa linsengroß.

„Was ist das für ein Stein?“, entfuhr es David.

Sara hielt ihn ins Licht. Er funkelte erhaben. „Das ist ein Diamant. Jakob Rosendahl, du alter Fuchs“, stöhnte Sara überwältigt.

Mit äußerster Vorsicht wurde der Inhalt aller vier Dosen untersucht und am Ende hielt Sara zwanzig Diamanten in Händen.

Ihr Papa hatte fünf lupenreine Diamanten pro Büchse in das Hühnerfrikassee einarbeiten lassen. Pro Stein ein Karat.

Von Stuttgart aus fuhren sie am frühen Morgen mit dem Bummelzug nach Ulm und von da aus über Biberach, nach Weingarten ihrem eigentlichen Ziel, das sie am späten Nachmittag erreichten.

Kapitel 7

Das Kopfsteinpflaster am Ortsausgang war schneebedeckt und rutschig.

Sara und die Zwillinge mussten Acht geben, auf den Beinen zu bleiben.

Der Aufstieg zum Kloster Heilig Kreuz wurde zur Strapaze, weil sie nun über freies Gelände mussten, dem eiskalten Wind ausgesetzt, der ihnen den Schnee in die Gesichter peitschte, sodass es sich anfühlte und schmerzte, wie von tausend Nadelstichen.

Ihre letzten Kraftreserven mobilisierend, hungrig, übermüdet und frierend bis ins Mark, stapften sie durch den Schnee. Den Weg konnten sie nur erahnen. Das dichte Schneetreiben behinderte die Sicht. Sie sahen keine zehn Meter weit.

Sie hatten die Hälfte geschafft, als der Wind nachließ und es aufhörte, zu schneien.

Sara sah sich um. Die Zwillinge folgten ihr.

Den Jungs machten die widrigen Umstände weniger aus.

Kinder sind widerstandsfähiger, als man glaubt, dachte Sara.

Eigentlich waren es gar keine Kinder mehr, schoss es ihr wieder einmal durch den Kopf. Die Lebensumstände, in denen sie aufwuchsen, die Ungerechtigkeiten, der Hass, die Intoleranz, ließen ihnen keine Zeit für eine sorgenfreie Kindheit.

„Warum hältst du an, Mama?“ David wischte sich durchs Gesicht.

„Schaut doch mal. Wie euer Vater es uns immer beschrieben und vorgeschwärmt hat.“

Sara und die Zwillinge hatten nun, da die Wolkendecke aufgerissen war, freie Sicht und eine atemberaubende Landschaft tat sich vor ihnen auf.

Ein mächtiges Bergmassiv mit schroff zerklüfteten Felsen und Klippen im Hintergrund und steilen Abhängen und bewaldeten Böschungen. Im Vordergrund sanft abfallende Felder und Wiesen, jetzt schneebedeckt, bis ins Tal reichend zum See hin, bis zu den Rheinauen und den umliegenden Dörfern.

Über diesem Panorama thronte das Kloster als Sinnbild für Schutz und Sicherheit, als Ort der Zuflucht und Obhut.

„Ich kann mir gut vorstellen, dass Papa sich hier wohlgefühlt hat", sagte Thomas.

„Hier mit dem Schlitten runtersausen, was meinst du, David?"

„Ja, feine Sache." Die Jungen waren begeistert.

Dann stapften sie weiter. Das letzte Stück fast auf allen vieren. Oben angekommen, setzten sie sich mit dem Rücken ans Tor gelehnt und mussten erst einmal verschnaufen. Nur ein bisschen ausruhen, dachte Sara. Eine Zeitlang rührte sie sich nicht, dann rappelte sie sich auf und pochte mit dem eisernen Türklopfer ans Tor.

Es dauerte ziemlich lange, bis eine Klappe in Augenhöhe zur Seite geschoben wurde und ein freundliches Gesicht erschien, das ihnen zulächelte.

„Wir bitten um Einlass", sagte Sara. „Wir sind verfolgte Juden. Meine Söhne und ich sind müde und entkräftet. Außerdem hungrig und hoffnungslos."

Sie hörten, wie innen mehrere Riegel beiseitegeschoben wurden und sich dann eine Seite des Tores öffnete. Vor ihnen stand ein Mann mittleren Alters in brauner Mönchskutte.

„Ich bin Kilian", sagte der Mönch. „Seid willkommen." So traten sie ein und der Mönch schloss hinter ihnen sorgfältig das Tor.

Er führte sie über den Hof bis zu einem flachen Anbau des eigentlichen Gebäudes.

Sie mussten über mehrere Flure, dann machten sie halt vor einer Tür und Kilian klopfte. Eine tiefe Stimme forderte sie auf, einzutreten.

Der Mönch gab die Tür frei und entfernte sich.

Sara und die Jungen traten ein und standen dem Abt des Klosters Heilig Kreuz gegenüber.

Sara wusste sofort, dass es sich um jenen Klostervorsteher handelte, der schon damals die Leitung innehatte, als Martin hier aufwuchs. Seine detaillierte Beschreibung passte genau. Dieser Mann war unverkennbar. Sara hatte noch nie einen so wuchtigen Schädel und ein so großflächiges Gesicht gesehen. Ein eisgrauer Bart und schulterlanges weißes Haupthaar rahmten das zerklüftete Gesicht ein. Die rote Knollennase im Zentrum und die schweren Tränensäcke unter den sanften, gütigen Augen waren das einzige, was der wildwuchernde Bart freigab.

„Woher des Weges?", fragte er mit einer angenehmen tiefen Stimme. „Woher kommt ihr?", fügte er hinzu. Gleichzeitig deutete er auf ein paar Stühle und setzte sich dann hinter den großen Schreibtisch.

Als Sara und die Jungs Platz genommen hatten, sagte Sara: „Aus Berlin." Sie konnte sich nicht verkneifen, hinzuzufügen: „Dem Hauptsitz der Tyrannei und der Schreckensherrschaft." Der Abt faltete seine riesigen Hände.

„Ein weiter Weg", merkte er an. „Wir sind Juden und bitten euch um Hilfe. Wir wollen in die Schweiz emigrieren. Wir haben nicht viele Möglichkeiten, ich flehe Sie an, helfen sie uns."

Sara holte tief Luft. „Das Ganze hat eine Vorgeschichte."

Dann erzählte sie dem Abt, dass ihr Mann Martin, der ehemalige Zögling des Klosters Heilig Kreuz, alle Hoffnung auf die Hilfe seitens des Abtes setzte.

Er selber war verhaftet worden und Sara und ihre Söhne konnten nicht zögern, Berlin zu verlassen, weil sie dann wahrscheinlich nicht mehr herausgekommen wären. Dann erzählte Sara Martins ganze Geschichte.

Von seinem despotischen Stiefvater, der ihn nicht nur körperlich misshandelte und die ganze Familie tyrannisierte, bis er es nicht mehr aushielt und von zu Hause wegging, um sich als Kriegsfreiwilliger zu melden. Mehr aus Verzweiflung als aus Überzeugung. Sara erzählte, wie Martin zum zweiten Mal in seinem Leben einen Freund traf, ihren Bruder David und das Schicksal ihm diesen Freund nahm so, wie ihm vorher schon Thomas genommen worden war. Sie berichtete von den schweren Kriegsverletzungen und wie er sich ins Leben zurückgekämpft hatte, durch reine Willenskraft. Sara erzählte von ihrer Familie, die Martin aufnahm, wie einen Sohn, wodurch er sorgenfrei Medizin studieren konnte. Dass er es bis zum Professor an der Universität schaffte und nebenbei noch eine Arztpraxis führte.

Sara wischte sich über die Augen. „Der Höhepunkt", sagte sie voller Inbrunst, „in Martins Leben war die Geburt seiner Söhne. Unserer Söhne, David und Thomas." Dabei fuhr sie den beiden liebevoll durchs Haar. Sie machte eine Pause und als sie weitersprach, hörte der Abt ihren Zorn heraus: „Seit die Nazis regieren, ist unser Leben aus den Fugen geraten. Sie wollten Martin zwingen, sich scheiden zu lassen, weil ich Jüdin bin. Dabei bin ich schon lange zum Christentum konvertiert und die Zwillinge sind getauft. Als Martin das vehement ablehnte, verlor er seinen Lehrstuhl an der Universität und er durfte in seiner Praxis keine Juden mehr behandeln. Sie ließen sich immer wieder etwas Neues einfallen, um uns zu drangsalieren. Wir sehen in Deutschland für uns keine Zukunft mehr. Das Maß war voll, als sie unseren Söhnen verboten haben, eine deutsche Schule zu besuchen. Wir sind deutscher als der österreichische Gefreite." Saras Stimme überschlug sich fast bei den letzten Worten. Thomas strich seiner Mutter über die Wange und David sagte besorgt: „Ist gut Mama. Reg dich nicht auf."

Der Abt hatte schweigend zugehört. Schüttelte ab und zu sein mächtiges Haupt. Ansonsten unterbrach er Sara kein einziges Mal und als sie endete, strich er sich sehr lange durch seinen weißen Bart und seine Mimik verriet, wie Saras Bericht ihn aufwühlte.

Er blieb noch eine ganze Weile still sitzen und rührte sich nicht.

„Martin." Seine Stimme zitterte. „Unser Martin. Es ist unglaublich." Wieder strich er sich durch den Bart. Pause. „Unser kleiner lieber Martin." Die tiefe Stimme des Abtes zitterte noch immer. „Professor der Medizin. Unglaublich. Unser Martin.

Professor, unglaublich." Jetzt schwang Stolz mit in seiner Stimme.

Dann wechselte er abrupt das Thema.

„Es sind rund zwanzig Kilometer bis zur Grenze. Die Schweiz lässt keine Juden mehr herüber. Juden sind keine politischen Verfolgten. Es ist der blanke Hohn, aber leider Realität."

Das bekümmerte Gesicht des Abtes sprach Bände.

„Was nun? Sie können uns doch nicht abweisen." Sara war entsetzt.

„Oh doch, das können sie und das praktizieren sie." Der Abt hob bedauernd die Schultern.

„Es ist ein Verbrechen und eine Schande, aber das ist ihnen egal. Sie wollen nicht hineingezogen werden in diesen unglückseligen Krieg. Sich ihre Neutralität bewahren. Koste es, was es wolle." Der Abt schwieg vielsagend.

„Helfen Sie uns. Ich bitte Sie." Saras Blick war herzzerreißend. Im Gesicht des Abtes arbeitete es. Seine gütigen Augen ruhten auf Sara und den beiden Jungen.

Er erhob sich. „Kommt, ihr werdet hungrig sein."

Er schlurfte über den langen Gang bis zur Küche. Sara und die Zwillinge folgten ihm.

Stephan, der dicke Küchenmönch, lächelte freundlich. „Hereinspaziert und setzt euch." Er füllte drei Teller mit Sauerkraut und Stampfkartoffeln. Dazu gab es heißen Tee. „Guten Appetit." Er stellte einen Korb mit frischem Brot, das er am Morgen gebacken hatte, auf den Tisch und sah das Leuchten in den Augen der Jungen. Das freute ihn sehr.

Die drei waren ausgehungert und ließen sich nicht lange bitten. Sara ermahnte die Zwillinge, nicht zu schlingen.

Der Abt stand etwas abseits und flüsterte die ganze Zeit mit dem Küchenmönch.

Dann verließ er den Raum und als Stephan an den Tisch trat, hatte er Tränen in den Augen. „Diese Ähnlichkeit ist verblüffend." Er musterte die Zwillinge.

„Der ehrwürdige Vater hat mir erzählt, wer ihr seid. Ich erinnere mich gut an deinen Mann, euren Vater. Die gleichen blonden Locken, die gleichen Gesichtszüge."

Er schüttelte fortwährend den Kopf, als er sprach. „Nur die Augenfarbe haben die Bengel nicht von ihrem Vater." Er lachte. „Wisst ihr", der alte Pater wurde ernst, „euer Vater ist etwas ganz Besonderes. Jeder hier im Kloster hatte ihn ins Herz geschlossen." Und zu Sara: „Er ist also ein berühmter Arzt geworden in der großen Stadt, sagte mir der ehrwürdige Vater."

„Er ist sogar Professor", sagte Sara kauend.

„Ja unser Martin, interessierte sich schon sehr früh für die Heilkunde, weil er erkannt hatte, den Menschen so am besten helfen zu können. Sein Ziehvater, Pater Thomas, war sein Lehrmeister." Aber mit ein wenig Wehmut in der Stimme sagte Stephan: „Er musste viel zu früh von uns gehen, so wie die meisten Brüder von damals jetzt nicht mehr unter uns sind. Es ist so lange her." „Dreißig Jahre", sagte Sara.

„Es war köstlich." Sie schob den Teller von sich. „Das freut mich. Ihr Burschen schafft sicher keinen Nachtisch mehr, so wie ihr reingehauen habt?"

„Aber sicher doch", sagte Thomas, den letzten Bissen noch im Mund und David nickte zustimmend.

Der alte Pater wandte sich ab und lachte. „Wollen mal sehen." Als er sich zu ihnen umdrehte, hielt er wie aus Zauberhand eine große Schüssel Schokoladenpudding in Händen. „Hm", machten die Zwillinge.

„Das war die Lieblingsnachspeise eures Papas. Ich erinnere mich, dass er einmal so viel davon verdrückt hat, dass ihm anschließend schlecht wurde."

Stephan lachte herzlich, bis ihm die Tränen kamen, und auch Sara und die Zwillinge mussten lachen.

„Euer Papa war schon eine Marke. Er hat mir hier in der Küche oft geholfen. Natürlich auch aus Eigennutz. Er wusste, dass für ihn immer etwas Leckeres abfiel, weil er mich um den Finger wickeln konnte. Der Schlawiner."

„Was ist ein Schlawiner?", fragte Thomas. „Ein raffiniertes Bürschchen."

„Ja raffiniert, das war euer Papa." Der Küchenmönch lachte und seine Stimme klang fröhlich.

Die Zwillinge und Sara hatten ihr Mahl beendet und bedankten sich höflich.

„Das war lecker", sagte David. „Ja lecker", sagte auch Thomas, „vielen Dank."

Die Tür ging auf und ein junger Mönch betrat den Raum.

Er nickte ihnen freundlich zu. „Ich bin Ignaz. Ich soll euch zu eurer Zelle begleiten, wo ihr die Nacht verbringen werdet."

Sara und die Jungen standen auf.

„Wir sehen uns morgen früh", sagte Stephan, „Zum Frühstück, schlaft schön."

Die drei folgten dem jungen Mönch Ignaz, der ihnen ihre Zelle zeigte, und sie ließen sich todmüde auf die viel zu harten Pritschen fallen und schliefen sofort ein.

Sara schlug die Augen in dem Moment auf, als die Tür zu ihrer Zelle einen Spalt geöffnet wurde.

„Bist du wach, Schwester Sara?" Der junge Mönch von gestern Abend flüsterte und so antwortete Sara genau so leise. „Ja, komm rein." Er öffnete die Tür etwas weiter, sodass er einen Krug mit Wasser, Seife und frische Handtücher anreichen konnte.

Seine Höflichkeit gebot ihm, draußen zu bleiben, denn er wollte die junge Frau nicht kompromittieren. „In zwanzig Minuten gibt es Frühstück in der Küche. Ich hole euch ab." Immer noch im Flüsterton.

„Ist gut." Sara bedankte sich. Sie sah aus dem winzigen Fenster. Der Hof lag in völliger Dunkelheit. Trotzdem konnte sie erkennen, dass es in der Nacht weiter geschneit hatte.

Sie wusch sich Gesicht und Hände, dann weckte sie die Zwillinge. Als sie mit der Morgentoilette fertig waren, klopfte es an der Tür.

Ignaz betrat die Zelle, als Sara ihn dazu aufforderte. Er trug grobe Winterkleidung anstelle der Mönchsrobe. Ein zweiter Mönch begleitete ihn, auch in Zivil.

„Das ist Bruder Roderich, er wird uns begleiten."

„Wohin begleiten?", fragte Sara hoffnungsfroh. „Zur Grenze", erwiderte Ignaz und Sara fiel ein Stein vom Herzen. Gleichzeitig rief sie sich ins Gedächtnis, was der ehrwürdige Vater gestern gesagt hatte: Sie lassen keinen mehr rein. Juden sind keine politisch Verfolgten.

„Ich denke, die Grenze zur Schweiz ist zu?“ Sie sah, wie die beiden Mönche kaum merklich grinsten. „Wir schleusen euch über die grüne Grenze“, sagte Roderich.

Als sie wenig später die Küche betraten, saßen schon rund ein Dutzend Zivilisten am großen Tisch beim Frühstück.

Wir sind also nicht die einzigen, dachte Sara. Sie grüßten freundlich und setzten sich.

Stephan wünschte gut gelaunt einen schönen guten Morgen und füllte drei Becher mit heißer Milch, wobei er sagte: „Langt zu. Ihr habt einen gewaltigen Marsch vor euch. Also müsst ihr gestärkt sein, damit keiner schlappmacht.“

Sie aßen schweigend das frische Brot mit Apfelkompott und Marmelade. Alles aus eigener Herstellung.

Sara sah sich etwas genauer um am Tisch. Sie zählte sieben Erwachsene und drei Kinder. Mädchen. Jünger als die Zwillinge. Ein älterer Mann fing Saras Blick auf und sagte dann: „Da wir das gleiche Schicksal miteinander teilen, ist es wohl angebracht, dass wir einander vorstellen. Mein Name ist Ben Zucker. Das sind meine Söhne Chayin und Daniel.“ Er zeigte auf die beiden jungen Männer, die ihm gegenübersaßen. „Daneben ihre Ehefrauen Anja und Henna. Die drei Mädels sind die Töchter von Anja und Chayin. Sie heißen Jiska, Lilli und Lea. Fünf, sieben und acht Jahre alt. Großvaters ganzer Stolz.“ Seine Gesichtszüge wurden weich.

„Ach das hätte ich fast vergessen, das vierte Enkelkind ist unterwegs. Henna ist in guter Hoffnung.“ Er deutete auf den dicken Bauch der jungen Frau.

„Wir sind aus Karlsruhe“, sagte er dann. „Ich bin Architekt von Beruf, aber die Nazis haben mir verboten, zu arbeiten.“ Seine Stimme klang jetzt resignierend. „Meine Frau hat das alles nicht ausgehalten“, fügte er hinzu. „Sie ist von uns gegangen.“

Eine der beiden jungen Frauen griff über den Tisch seine Hand. Eine Pause entstand.

Die ältere Frau, die mit am Tisch saß, sagte dann: „Wir sind die Russaks. Helene und Drafi aus Kassel. Mein Mann war Lehrer für Geschichte und Geografie.“

„Dann haben wir den weitesten Weg zurückgelegt, meine Jungs und ich. Wir kommen aus der Hauptstadt. Aus der Zentrale der Hölle. Dort wo all die Verbrechen geplant und befohlen werden.“ Saras Gesicht verhärtete sich bei den letzten Worten und ihre Stimme klang scharf. Dann sagte sie im normalen Ton: „Wir sind die Kreidlers. Ich bin Sara. Meine Söhne heißen David und Thomas. Bitte versucht erst gar nicht, die beiden auseinanderzuhalten, das gelingt euch nicht“, fügte Sara hinzu, um das Ganze etwas aufzulockern. Alle am Tisch lachten.

Helene sagte nach einer Weile: „Kreidler klingt nicht jüdisch.“

„Ihr Papa ist reinrassig.“ Sara deutete auf die Jungs. „Blond und blauäugig. Ein Vorzeigearier.“ Betretenes Schweigen. „Sie haben ihn verhaftet, weil er sich weigerte, sich scheiden zu lassen.“ Saras Stimme klang wütend. Ben wollte noch etwas Tröstendes anmerken, als draußen im Hof Befehle geschrien wurden und militärische Kommandos.

Ignaz stürzte zur Küche herein. „Kommt, kommt wir müssen.“

„Was ist los?“ Drafi sah den Mönch verständnislos an. Nackte Angst spiegelte sich in seinem Blick. Sie dachten, hier wären sie sicher.

„SS“, sagte Roderich der zweite Mönch. „Lasst nichts zurück.“

Sie folgten den Mönchen über endlos erscheinende Gänge und Flure, bis sie in der Sakristei angekommen waren.

Zwei weitere Mönche standen bereit und halfen, den schweren Altar zur Seite zu schieben. Jetzt wurde ein Einstieg sichtbar mit einer schmalen Treppe, die hinabführte. Ignaz und Roderich leuchteten ihnen mit Petroleumlampen den Weg.

Hier roch es modrig, muffig feucht. Es war wenig einladend und beklemmend eng.

Als der Letzte der Gruppe das unterirdische Gewölbe erreicht hatte, schoben die Mönche oben den Altar wieder in die Ausgangsposition. So blieb der geheime Einstieg verborgen.

Sie gingen immer tiefer in den Berg hinein, bis sie auf eine Abzweigung stießen.

Hier taten sich drei Richtungen auf. „Hier entlang“, sagte Ignaz und bog nach links ab. „Wohin führen die anderen Gänge?“, fragte die Mutter der Mädchen.

„Das sind beides Sackgassen", antwortete Roderich. „Aber erst einmal marschierst du eine Dreiviertelstunde, bis du merkst, dass es dann nicht mehr weiter geht. Von diesen Sackgassen zweigen noch mal zig Nebengänge ab und enden im nirgendwo", erklärte Ignaz. „Habt ihr Mönche die Stollen angelegt?", fragte Sara.

„Nein", Roderich schüttelte den Kopf. „Im 17. Jahrhundert hat man angefangen, hier Kohle zu brechen. Die Ausbeute war mickrig. Dann fand man Smaragde. Das hat die Begehrlichkeit der Einheimischen geweckt und andere Glücksritter angelockt.

Sie haben den Berg in der Hoffnung, reich zu werden, förmlich ausgehöhlt.

Man kann die Wege, Stollen und verwinkelten Pfade kaum zählen.

Es ist ein unterirdischer Irrgarten, wenn man so will. Eine echte Herausforderung.

Nur ein einziger Stollen führt hinaus, wieder ans Tageslicht. Am Ende haben wir den Berg einmal komplett unterwandert und kommen auf der anderen Seite knapp unterhalb des Gipfels wieder heraus."

„Na ich hoffe, ihr kennt den Weg", sagte Sara und der sarkastische Unterton war nicht zu überhören. „Keine Sorge", lachte Roderich, Ignaz und ich sind diesen Weg schon hundertmal gegangen, mindestens."

Wieder tat sich vor ihnen eine Abzweigung auf und dieses Mal hielten sie sich rechts. Was auffiel, den Weg, den die beiden Mönche traumwandlerisch sicher einschlugen, war beileibe nicht immer der am besten ausgebaute Pfad, sondern ein ums andere Mal ein Stollen, wo man die Köpfe einziehen musste, sodass die Skepsis in der Gruppe wuchs, auf dem richtigen Weg zu sein.

Als Roderich, der die Gruppe anführte, an einer Biegung anhielt, ließ er die Gruppe aufschließen. Ignaz bildete das Schlusslicht und sorgte dafür, dass keiner verloren ging oder zurückblieb.

„Wir kommen jetzt zum schwierigsten Teil", erklärte Roderich. „Ich hoffe, keiner von euch hat Platzangst." Etwa einen

Meter über dem Boden erblickten sie einen Einstieg, der direkt in die Felswand geschlagen war.

„Es ist ein Kriechstollen, der einen Durchmesser von circa achtzig Zentimeter hat. Er ist etwa dreißig Meter lang und kann nur kriechend überwunden werden. Am besten auf allen vieren. Danach könnt ihr euch wieder aufrichten und wir machen dann eine längere Rast."

Gemurmel und ängstliche Seufzer wurden laut. Die Gruppe war verunsichert, deshalb sagte Ignaz, der aus Erfahrung wusste, dass hier Zuspruch vonnöten war: „Hier folgt uns keiner, das ist das Gute daran."

Roderich drehte die Lampe etwas größer und kroch ins Loch. „Folgt immer dem Licht und haltet nicht an", sagte Ignaz, „ganz wichtig, zusammenbleiben. Ich bin hinter euch, nur Mut."

So kroch einer nach dem anderen ins Loch, immer dem Licht folgend und die Angst trieb sie an. Die Enge war erdrückend, aber die Vorstellung, die SS könnte ihnen auf den Fersen sein, noch erdrückender und am Ende erreichten sie eine Art Grotte, in der sie sich wieder aufrichten konnten.

Zerschunden an Händen und Knien, aber glücklich, diese Tortour überstanden zu haben, streckten sie ihre Glieder. Ben Zucker ging zu der schwangeren Henna und fragte, ganz der besorgte Großvater: „Ist alles in Ordnung?" Henna nickte und ihr Mann Daniel klopfte ihr den Staub aus den Kleidern.

„Das war lustig", sagte das Kleinste der Mädchen und lachte.

„Hier werden wir rasten." Ignaz nahm seinen schweren Rucksack von den Schultern und verteilte belegte Brote. Roderich ließ die Blechflasche mit Wasser kreisen.

„Wie weit ist es noch, bis wir den Berg verlassen können?", fragte der Lehrer Drafi.

„Eine Stunde, dann haben wir die andere Seite erreicht", erwiderte Ignaz.

„Und dann? Wie geht es weiter?" „Wir müssen den Berg heruntermarschieren, Richtung Schweizer Grenze. Der offizielle Grenzübergang ist für uns passé. Die Wehrmacht patrouilliert grenznah und die Schweizer Grenzposten schicken alle Juden zurück."

Diese Aussage verängstigte die Gruppe und war nicht gerade ermutigend.

„Wir müssen über die grüne Grenze." Roderich stand auf.

„Wie lange dauert der Marsch hinunter bis ins Tal?", fragte Sara, während die anderen sich fertig machten. „Zwei Stunden bei normalem Wetter und günstigen Bedingungen. Aber", er deutete auf die Kinder und die schwangere Henna, „Alles andere als günstig." Sara nickte, sie verstand.

Gestärkt von dem Imbiss und der Ruhepause setzte sich die Gruppe unter der Führung Roderichs wieder in Marsch.

Nach etwas mehr als einer Stunde erreichten sie den Ausgang des Stollens.

Eine Tür aus dicken Eisenstäben versperrte den Weg.

Diese Tür war mit einer dicken Eisenkette und einem Schloss gesichert. Dann sahen sie das Malheur. Die Tür war von außen verschüttet. Schwere Felsbrocken, wahrscheinlich von einer Steinlawine oder einem Erdrutsch blockierten den Ausgang. Die Felsbrocken türmten sich mannshoch.

Sofort versuchten die beiden Mönche, die oben liegenden Steine wegzudrücken. Die Männer der Gruppe halfen ihnen. Sie schafften es, oberhalb der Barriere so viele Steine wegzuschieben, dass ein schmaler Spalt entstand, durch den jetzt Tageslicht ins Innere des Stollens fiel. Mehr war nicht möglich.

Die Tür, hoffnungslos verbarrikadiert, weil sich die Felsbrocken ineinander verkeilt hatten, konnte nur von außen frei geräumt werden. Eine andere Möglichkeit gab es nicht und einen anderen Weg hinaus aus dem Berg gab es auch nicht.

Sie saßen in der Falle.

„Gibt es keinen anderen Weg?", fragte Daniel. „Nein", Roderich schüttelte den Kopf.

„Das ist der einzige Ausgang. Extra mit einer dicken Kette und einem Schloss gesichert, zudem nur wir den Schlüssel haben, damit von draußen keiner eindringen kann." „Dieser Schlüssel nützt uns herzlich wenig", sagte Drafi frustriert.

„Wir können uns nicht selber befreien. Wir passen nicht durch die Gitterstäbe", sagte Ignatz resigniert. „Und zurück?", fragte Anja, die Mutter der Mädchen. Sie hatte die kleinste ihrer Töchter auf den Arm genommen. „Das können wir nicht riskieren. Wenn uns die SS wirklich folgt, würden wir den Weg verraten. Kein Außenstehender kennt die Route, die wir genommen haben", sagte Ignaz. Roderich ergänzte: „Von den Mönchen, die im Kloster leben, kennen immer nur zwei, allerhöchstens drei Brüder das Geheimnis des verborgenen Ganges, damit er auch geheim bleibt."

Sara hatte die ganze Zeit mit den Zwillingen getuschelt. Jetzt sagte sie: „Meine Söhne wollen es versuchen." Verständnislose Blicke.

„Aber ja", rief Roderich, „das könnte funktionieren." Ignaz lachte erleichtert: „Wisst ihr, was eine Räuberleiter ist? Natürlich wisst ihr das." Er beantwortete sich selber die Frage, als er in die Gesichter der Jungen sah. Nun verlor er keine Zeit mehr.

Er lehnte sich mit dem Rücken an die Gitterstäbe und David stellte seinen Fuß in die Hände, die Ignaz ihm hinhielt. Dann hob er den Jungen hoch, sodass er den freigeräumten Spalt erreichen konnte. Roderich drückte nach und David musste seinen Oberkörper verdrehen, damit er seine Schultern durch die Stäbe und das schmale Loch zwischen den Steinen schieben konnte. Dann war er verschwunden.

Alle schauten sie gebannt hinauf zu dem Loch, durch das sich der Junge gezwängt hatte, und hielten den Atem an. Es dauert ein paar Augenblicke und Davids Gesicht erschien.

„Bin drüben", er grinste. „Thomas soll kommen, er muss mir helfen. Es sind einige dicke Brocken, die wir wegräumen müssen, aber es ist machbar."

Die Erleichterung der anderen war fühlbar. Noch einmal hoben sie, diesmal Thomas, mittels Räuberleiter hoch, durch den engen Spalt und kurze Zeit später war auch er drüben auf der anderen Seite der verschütteten Tür.

Die zurückgebliebene Gruppe setzte sich auf den sandigen Boden. Ihnen waren die Strapazen der letzten Stunden anzusehen. Die Mädchen wirkten nicht so erschöpft wie die Erwachsenen.

Draußen trugen Thomas und David gemeinsam Schicht für Schicht die Steine vom Ausgang beiseite, um die Tür freizubekommen. Immer mehr Licht fiel in den Stollen, je mehr Steine die Jungen wegräumten.

Nach einer Stunde intensiver Schufterei, in denen sie sich keine Pause gönnten, hatten sie bis auf einen besonders großen Brocken die Tür frei.

Wie sehr sich die beiden auch bemühten, diesen Felsbrocken konnten sie nicht bewegen. Er war zu groß und zu schwer.

Die anderen sahen die Plackerei der Zwillinge durch die Gitterstäbe, aber helfen konnten sie nicht. Ihnen waren die Hände gebunden.

„Was jetzt?", fragte Thomas. „Er bewegt sich nicht", sagte David. Sie saßen auf dem Brocken, der als letztes die Tür blockierte.

„Wir brauchen einen Hebel", sagte Ben, der Architekt. Die anderen sahen ihn fragend an. Er erklärte: „Wir können den Felsen von hier aus aushebeln und dann wegrollen.

Es geht draußen leicht bergab seitlich, seht ihr?"

Tatsächlich hatte das Gelände vor der Tür leichtes Gefälle nach links.

„Ja, das ist eine fabelhafte Idee", sagte Roderich und zu den Jungs: „Sucht in der näheren Umgebung nach einem passenden Ast."

„Etwa doppelt so lang, wie ihr groß seid und beindick", sagte Ben. Die Zwillinge nickten und verschwanden.

Helene schüttelte den Kopf. „Das klappt im Leben nicht. Seht euch den Brocken von Stein an."

„Gebt mir einen festen Punkt und ich hebe die Welt aus den Angeln." Ben, der Architekt, lehnte sich an die Felswand. „Archimedes, ein Physiker, Ingenieur und Mathematiker hat das gesagt." „Es muss so circa 250 Jahre vor Christus gewesen sein", fügte der Geschichtslehrer Drafi hinzu. Ben nickte. „Das Gesetz der Hebelkraft. Es kommt nicht darauf an, wie schwer oder groß der Gegenstand ist, der bewegt werden soll, sondern auf die Länge des Hebels und auf den Fixpunkt. Wir haben auf den Großbaustellen oft mit der Hebelkraft gearbeitet. Über die Hebelkraft ist alles möglich." Sein Optimismus wirkte ansteckend und nun glaubten auch die anderen, dass sie sich aus eigener Kraft befreien konnten.

„Haben wir ein Messer?“, fragte er. Ignaz holte ein Fahrtenmesser aus dem Rucksack und gab es ihm. Ben fing an, direkt zwischen Stein und der Gittertür ein Loch im gefrorenen Boden zu graben. „Das ist unser Fixpunkt, hier setzen wir an“, erklärte er. Der Boden war hart gefroren, aber er ließ nicht nach in seinen Bemühungen und nach zwanzig Minuten hatte er unterhalb des Gitters und des Felsbrockens, der die Tür blockierte, ein breites und ausreichend tiefes Loch gegraben.

Sie mussten nicht mehr lange warten und Thomas und David erschienen. Sie schleppten den Ast einer Tanne, etwa zehn Zentimeter dick und vier Meter lang.

„Fabelhaft“, rief Ben. Ignaz und Roderich machten sich sofort daran, die störenden Zweige zu entfernen. Gemeinsam rammten die Männer das dickere Ende des Astes in die dafür freigegrabene Kuhle zwischen Fels und Tür. Mit vereinten Kräften hebelten sie am anderen Ende des Astes und setzten ihr Körpergewicht ein. Sogar die Frauen halfen mit. Es funktionierte genauso, wie es geplant war. Der riesige Felsbrocken wurde von dem Hebel angehoben und zur Seite gerollt und gab so die Tür frei. Roderich drehte den Schlüssel im Schloss und entfernte die schwere Kette. Er öffnete die Gittertür und einer nach dem anderen traten sie ins Freie.

Von ihnen fiel eine Zentnerlast.

Sie klopften David und Thomas überschwänglich auf die Schultern, wohlwissend, wen sie es zu verdanken hatten, die Enge im Berg hinter sich gebracht zu haben.

Sie sogen die eiskalte, klare Bergluft in ihre Lungen.

Die Mönche sicherten den Ausgang wieder mit Kette und Schloss. Die Gruppe stand oberhalb des Bergrückens und blickte über die verschneiten Hänge bis hinunter ins Tal. Ab und an eine Baumreihe oder ein paar zerklüftete Felsvorsprünge, ansonsten freie Sicht.

„Wir haben noch drei Stunden Tageslicht“, sagte Ignaz. „Bei Dunkelheit ist der Abstieg lebensgefährlich, weil wir auf dem ausgetretenen Pfad bleiben müssen.

Es gibt hier sehr viele Schneefelder, die nicht begehbar sind. Sie tragen einen nicht.

Ein Ortsunkundiger ist hier verloren. Bleibt also immer auf dem Weg, was auch passiert. Roderich geht vor und ihr folgt ihm. Immer in Bewegung bleiben, das hält warm. Ich bin hinter euch."

Ignaz schaute nach oben in den Himmel. Sein Blick war skeptisch, denn er sah dunkle Wolken. Schnee können wir jetzt nicht gebrauchen, dachte er.

So nahmen sie ihre Habseligkeiten auf und marschierten den steil abfallenden Bergpfad hinunter, in der Hoffnung, sich über die Schweizer Grenze in Sicherheit bringen zu können.

Die Einheit der Waffen-SS die von Sturmbannführer Paul Wegerl befehligt wurde und in den frühen Morgenstunden das Kloster besetzte, war berüchtigt wegen ihrer Brutalität, Kompromisslosigkeit und Verrohung.

Ihr schonungsloses, aggressives Vorgehen gegenüber Oppositionellen, Kommunisten, Regimekritikern, vor allem aber gegen Juden, machte sie zu ruchlosen Häschern des NS-Regimes.

Seit Wochen wurde beobachtet, dass sich Zivilisten auf den Weg hinauf zum Kloster machten, aber nicht wieder herunterkamen. Wie war das möglich?

Das Kloster konnte nur von der Vorderseite verlassen werden, denn es war im Berg gebaut. Ringsum steil abfallende Felswände, die keinen Abstieg zuließen.

Sturmbannführer Wegerl würde ergründen, was hier vor sich ging.

So durchsuchten sie das Kloster und durchkämmten jeden noch so versteckten Winkel, der auf den Verbleib der Flüchtlinge hinweisen konnte. Nichts.

Daraufhin versammelten sie die Mönche im großen Kirchenraum unter Schlägen und Tritten. Verhörten sie mit brutaler physischer Gewalt. Ohne Erfolg.

SS-Sturmbannführer Wegerl hielt nichts von Religion, aber die Mönche in ihren Kutten und die Nonnen in ihren Roben waren ihm schon immer ein Dorn im Auge gewesen.

„Hol mir den Oberpfaffen“, sagte er zu seinem Scharführer. Seine Laune verschlechterte sich zusehends, weil die Verhöre der Mönche keine Ergebnisse brachten. Sie schwiegen beharrlich. Angeblich wusste keiner etwas über den Verbleib der Zivilisten. Er fühlte sich verspottet. Sie hielten ihn zum Narren. Das konnte er ihnen auf keinen Fall durchgehen lassen. Wenn er hier nicht explizit durchgriff, mit aller Härte, würde er bei seinen Leuten an Ansehen verlieren.

Er würde ein Exempel statuieren müssen.

Der Abt wurde hereingeführt. Sein runzeliges Gesicht drückte Verachtung und Ablehnung gleichermaßen aus. Diese arrogante Missbilligung steigerte die üble Laune Wegerls zusätzlich.

„Sie sind also der Chef der Betbrüder hier oben?“ Die Anfeindung war unverkennbar.

„Ich bin der Klostervorsteher von Heilig Kreuz, so ist es.

Ehrlich gesagt, billige ich ihr Eindringen in keiner Weise. Sie stören unseren Tagesablauf und hindern uns daran, unseren Verpflichtungen nachzukommen.“

„Was können das schon für Verpflichtungen sein?“, stichelte Wegerl.

„Meine Brüder sind in den Dörfern der Umgebung unterwegs, um vielfältige Dienste am Menschen zu leisten. An Menschen, die in Armut leben. An Menschen, die krank sind. Sie bringen ihnen Pflege und Medizin, begleiten die Unheilbaren auf ihrem letzten Weg. Wir pflegen den Körper und die Seele. Seit Jahrhunderten schon.“

„Was geschieht denn mit denen, die sich zu Ihnen auf den Weg machen?“

Der Abt schwieg, sein Gesicht blieb verschlossen.

„Es sind Reichsflüchtlinge, die hier Asyl finden. Vornehmlich Juden. Staatsfeinde. Wo sind sie?“ Der Sturmbannführer stand mit rotem Gesicht dicht vor dem Abt.

„Wer um Hilfe bittet, den hören wir. Wer hungrig ist, den speisen wir. Wessen Leben bedroht ist, den beschützen wir.“ Der Abt faltete seine Hände und fügte hinzu: „Wir werden auch für euch beten. Obwohl ihr gottlose Heiden seid. Für uns sind alle Menschen gleich. Ihr habt euch verirrt. Es ist der falsche Weg, den ihr eingeschlagen habt. Kehrt um, zurück auf den Pfad der Tugend, der Nächstenliebe, der Gerechtigkeit. Erkennt ihr denn euer schändliches Handeln nicht? Euer menschenverachtendes Tun? Ihr habt euch verrannt. Ihr bringt Leid, Tod und Verderben über die Menschen. Bereut und bittet um Vergebung." Der Abt hielt seine Hände gefaltet, während er so sprach.

Wegerl zog seine Pistole aus dem Halfter und lud durch. Die Mönche zuckten zusammen bei dem metallischen Klicken. Einzig der Abt, er blieb unbeeindruckt. Sein Gesicht ausdruckslos und verschlossen. Diese Tatsache versetzte Wegerl in Raserei.

Er hob seine Waffe und schoss dem Abt in die Schulter. Der Oberkörper des Getroffenen verdrehte sich durch die Wucht der Kugel, weil aus nächster Nähe abgefeuert. Aber der Abt blieb auf den Beinen. Blut floss aus der Wunde. Das Projektil hatte die Arterie gottlob verfehlt und den Knochen nicht verletzt.

„Aufhören", schrie einer der Mönche. Er wollte den Abt stützen, der offensichtlich Schwierigkeiten hatte, auf den Beinen zu bleiben, und krampfhaft versuchte, nicht einzuknicken. Die Soldaten hielten ihn fest. Der Sturmbannführer ging einen Schritt auf ihn zu und schoss dem Mönch eine Kugel in den Kopf. Ohne Vorwarnung. Er war tot, noch bevor sein Körper hart auf den Boden aufschlug.

„Ich höre", brüllte Wegerl. Er sah in das Gesicht des Abtes und konnte keine Veränderung feststellen. Wegerl starrte in die Gesichter der anderen Mönche und sah Entsetzen und Wut. Spätestens jetzt, so hatte er gehofft, würde er die nötigen Informationen erhalten. Nichts. Eisiges Schweigen.

Er musste sich eingestehen, diese Gottesmänner völlig falsch eingeschätzt zu haben.

Seine Gedanken überschlugen sich. Dann startete er einen letzten Versuch.

Erneut hob er seine Pistole und schoss dem Abt auch in die andere Schulter. Der sackte in sich zusammen und fiel auf die Knie. Die SS-Männer hatten Mühe, die Mönche in Schach zu halten.

„Was für ein feiges Gesindel ihr doch seid." Stephan, der Küchenmönch, war außer sich. Sie mussten ihn zu dritt festhalten, sonst hätte er sich auf den Sturmbannführer gestürzt. Seine Wut ließ ihn kochen. Dann schrie er: „Sie sind längst über alle Berge. Ihr habt verloren. Ihr werdet sie nicht mehr einholen. Sie sind in Sicherheit."

„Wie gelingt ihnen von hier oben die Flucht?" Der Sturmbannführer baute sich vor Stephan auf. Der dicke Mönch verschränkte die Arme demonstrativ, um seinen Trotz und seine Ablehnung zu zeigen. Alle Versuche, sie zum Reden zu zwingen, würden scheitern. Sie würden lieber sterben, als zu kooperieren.

„Verzeiht mir ehrwürdiger Vater, aber ich konnte nicht anders."

Der Abt saß am Boden und brauchte dringend ärztliche Versorgung. Er hatte schon sehr viel Blut verloren und kämpfte gegen die Schmerzen.

„Ist gut Bruder Stephan", sagte er kaum hörbar. Er fühlte, wie ihn seine Kräfte verließen.

Wegerl schüttelte den Kopf. Insgeheim bewunderte er die Standfestigkeit der Mönche. Sie waren bereit, ihr Leben für Menschen zu opfern, die sie nicht kannten.

Er steckte seine Pistole zurück ins Halfter und fasste einen Entschluss.

„Wir rücken ab", sagte er zu seinen Männern. Draußen im Hof gab der den Befehl zum Abzug.

Ein Unterscharführer fragte: „Was nun?"

„Wir werden den gottverdammten Berg über die Straße umfahren und die Flüchtlinge an der Grenze abfangen. Keine Bange, wir kriegen sie. Wir kriegen sie", wiederholte er, um sich selbst Mut zuzusprechen.

Die letzten Stunden hatten ihn aufgewühlt, mehr als er bereit war, sich einzugestehen.

Die Kälte kroch von unten hoch. Ließ die Beine steif und die Füße gefühllos werden.

Das Gehen fiel immer schwerer, weil der Schnee teilweise bis zu den Waden reichte.

Die Männer nahmen die Mädchen huckepack und kamen deshalb langsamer voran. Nach einer Wegbiegung blieb Roderich stehen und ließ aufschließen.

„Von hier aus sind es zehn Minuten bis zum offiziellen Grenzübergang.

Wir verlassen jetzt den Weg, damit wir der Schweizer Patrouille nicht in die Arme laufen. Ab sofort müsst ihr mucksmäuschenstill sein. Sie dürfen uns nicht entdecken.

Weder hören noch sehen." Er legte seinen Finger auf die Lippen, um seine Worte zu unterstreichen. „Versucht, eure Kinder ruhig zu halten." Die anderen nickten.

Roderich suchte die Gegend mit den Augen ab. Er konnte nichts Auffälliges entdecken. Stille ringsum. Dann bedeutete er den anderen, ihm zu folgen.

Ein verschneiter Tannenwald tauchte auf. „Hier schlagen wir uns in die Büsche", flüsterte er. „Am Ende des Waldes ist die Grenze zur Schweiz. Absolute Ruhe jetzt", befahl er.

Die Aussicht, hinter dem Wald in Sicherheit zu sein, mobilisierte noch einmal die letzten Kraftreserven.

So marschierte die Gruppe auf die letzte Baumreihe zu, erschöpft, abgekämpft, aber glücklich, am Ende ihrer Reise angekommen zu sein.

Der Schweizer Grenzposten lud seine Waffe durch: „Stopp", rief er scharf. Die Gruppe erstarrte. Er kam näher mit dem Gewehr im Anschlag. Fünf Meter vor ihnen blieb er stehen. Einen Augenblick später sahen sie die anderen Grenzer. Sie kreisten sie ein.

Insgesamt acht Soldaten.

Alles umsonst? Alles vergebens? Alle Anstrengungen für die Katz? Hier sollte es enden? So kurz vor dem Ziel?

Die schwangere Henna fiel auf die Knie und schluchzte hemmungslos. Sie musste von ihrem Mann aufgerichtet werden. Den anderen ging es ähnlich.

Hauptmann Matteo Fürli, der Kommandeur der Grenztruppe, ergriff das Wort. Er trug kein Gewehr. „Identifizieren Sie sich", sagte er knapp.

„Es sind deutsche Juden", sagte Ignaz. „Sie werden verfolgt. In Deutschland herrscht im Moment himmelschreiendes Unrecht. Man wird sie umbringen, wenn sie zurückgeschickt werden."

„Übertreiben Sie es nicht." Der Offizier sah den Mönch durchdringend an. Er konnte sich eine solche Ungeheuerlichkeit nicht vorstellen. Nicht unter zivilisierten Menschen. Immerhin befand man sich in Europa.

„Überall in Deutschland sind Lager entstanden, in denen Menschen anderer Religionen und anderer Rassen arrestiert und getötet werden. Vornehmlich Juden.

Sie sind dabei, diese Rasse auszurotten."

„Das wäre Genozid", sagte der Hauptmann ungläubig.

Einen Augenblick zögerte er, dann sagte er: „Ich habe Order."

So wurden sie abgeführt. Es gab kein Entrinnen. Keine Alternative.

Der Waldweg, den sie wenig später verließen, verlief parallel zur Straße.

Auf der rechten Seite ein roter Backsteinbau mit Schlagbaum, gekennzeichnet mit dem Schweizer Hoheitszeichen. Die offizielle Grenze zur Schweiz.

Auf der linken Seite ein grauer Bau mit Schlagbaum und deutscher Fahne. Eine überdimensionale Hakenkreuzflagge.

Dazwischen circa fünfzig Meter Niemandsland.

Sie befanden sich auf der Schweizer Seite, unmittelbar hinter dem Schlagbaum, als ein Lastwagen mit aberwitzigem Tempo direkt auf die Gruppe zusteuerte, die im Begriff war, die Straße zu überqueren. Er bremste scharf, rutschte noch ein paar Meter über den vereisten Boden, dann stand er still.

Deutsche Soldaten in schwarzen Uniformen sprangen von der Ladefläche und umstellten die Gruppe Zivilisten. Waffen-SS.

Vom deutschen Schlagbaum her stürmten Soldaten in feldgrauen Uniformen herbei, unter der Führung eines Majors der Wehrmacht.

„Was geht hier vor?", schrie der Major. Sie hatten das Schweizer Grenzgebäude und die Gruppe der Flüchtlinge erreicht.

Sturmbannführer Wegerl zögerte keine Sekunde, als er seine Pistole zog und sie Sara an den Kopf drückte, weil sie ihm am nächsten stand.

Die Geschehnisse der letzten Stunden hatten ihn an die Grenze seiner Belastbarkeit geführt. Seine Nerven lagen blank. Er würde die Juden festnehmen, dazu war er wild entschlossen und er würde hier nicht unverrichteter Dinge weggehen.

Im Augenwinkel sah er, wie der Major seine Pistole zog, um ihn zu unterstützen – so dachte er und grinste –, aber dann fühlte er den kalten Stahl der Pistole des Majors an seiner Schläfe. „Was soll das?" Er fiel aus allen Wolken.

„Augenblicklich nehmen Sie Ihre Waffe herunter", zischte der Major. Er sah den Hauptmann der Schweizer Grenzpatrouille an. Der verstand.

„Sturmbannführer, Sie verletzen mit Ihrer Aktion internationales Recht. Sie befinden sich mit ihren Schwarzkitteln auf dem Hoheitsgebiet der Schweiz. Wir werden Sie jetzt entwaffnen. Leisten Sie keinen Widerstand."

Er nickte seinen Männern zu, die nicht zögerten, um die Gewehre der SS einzusammeln. Auch die Waffe von Wegerl wurde konfisziert.

„Sie haben einen grenzübergreifenden Zwischenfall provoziert. Das hat Konsequenzen. Verlassen Sie auf der Stelle Schweizer Hoheitsgebiet, sonst nehmen meine Männer Sie fest."

Er wusste, dass er im Recht war und am längeren Hebel saß.

Die Soldaten der SS standen da und wussten nicht, wie ihnen geschah.

Wegerl raunte seinen Leuten zu: „Wir rücken ab."

„Major Josef Hofer mein Name", rief der Wehrmachtsoffizier Wegerl zu, als dieser wutentbrannt an ihm vorbeistapfte.

„Falls Sie mich melden wollen."

„Dafür werden Sie hängen." Wegerl hatte sich kaum noch unter Kontrolle.

„Wir führen keinen Krieg gegen unschuldige Zivilisten und schon gar nicht gegen Frauen und Kindern. Sie sollten sich etwas schämen."

Ohne weiteren Kommentar bestieg die SS-Einheit den Lastwagen und verschwand in der nun einsetzenden Dämmerung.

Major Hofer steckte seine Pistole zurück ins Halfter. Dann ging er zu dem Offizier des Schweizer Grenzposten. Major Hofer fragte: „Schwarzkittel? Sie haben sie Schwarzkittel genannt. So nennt man bei uns in Bayern die Wildschweine." Er konnte sich ein breites Grinsen nicht verkneifen.

„Bei uns auch." Hauptmann Fürli lächelte. „So wie sie sich benehmen …" Dann wurde er ernst. „Als Soldat kann man sich seinen Dienstherren nicht aussuchen, aber man kann durch sein Handeln manchmal der Gerechtigkeit zum Sieg verhelfen."

Sie reichten sich die Hand und sahen sich lange in die Augen, dann sagte der Schweizer Hauptmann: „Es war mir eine Ehre." „Ganz meinerseits", erwiderte Major Hofer. Sie salutierten militärisch korrekt voreinander.

Der deutsche Offizier ging ohne Eile zu seinen Männern, im festen Glauben, das Richtige getan zu haben.

Hauptmann Matteo Fürli vom Schweizer Grenzposten trat an die Gruppe der Flüchtlinge heran, die völlig eingeschüchtert und zu Tode erschrocken miterleben mussten, wie sie zum Zankapfel wurden und beinahe eine internationale Verwicklung ausgelöst hätten. Sie wussten nicht, wie es für sie jetzt weitergehen sollte. Sie hatten keinen blassen Schimmer.

Hauptmann Fürli sah in die verstörten Gesichter. Seine Entscheidung war gefallen, als er sagte: „Ihr müsst keine Angst mehr haben. Es wird euch nichts geschehen. Nicht während meiner Wache."

Sie waren in Sicherheit.

Zwei Monate später stand Major Josef Hofer vor Gericht und wurde wegen Begünstigung von Reichsflüchtlingen zum Tode durch den Strang verurteilt.

Da er mehrere Begnadigungsgesuche einreichte, wurde die Vollstreckung des Urteils immer wieder ausgesetzt und geriet irgendwann in Vergessenheit.

Zweieinhalb Jahre saß Major Hofer in Stadelheim in der Todeszelle und wartete auf seine Hinrichtung.

Als die Alliierten im April 1945 Nazideutschland besetzten, wurde der deutsche Offizier Josef Hofer – noch immer in Sträflingskleidung wie am ersten Tag – aus der Todeszelle befreit.

Er hatte den Krieg, ohne je einen Schuss abgefeuert zu haben, oder in eine Kampfhandlung verwickelt worden zu sein, unbeschadet überlebt.

Kapitel 8

Der Stehbunker war zwei Meter hoch, vierzig Zentimeter breit und bei geschlossener Tür genauso tief. Ganz aus Holz gefertigt, erinnerte er an einen senkrecht stehenden Sarg. Als sie Martin einsperrten, registrierte dieser: keinen Spielraum, zu keiner Seite hin.

Eine einzige Öffnung in der Decke, circa fünf Zentimeter im Durchmesser, die als Luftloch diente, ließ einen dünnen Lichtstrahl einfallen. Ansonsten, völlige Dunkelheit.

Wer unter Klaustrophobie litt, der bekam schon nach wenigen Minuten Panikattacken, zumal der Sauerstoff schon nach kurzer Zeit aufgebraucht war und das Gefühl der Enge, gepaart mit der Luftnot die Platzangst ins Unerträgliche steigerte. Dieser Effekt war gewollt und beabsichtigt.

Martin hatte Glück, denn bei seiner Größe konnte er durch das Luftloch atmen, da er mit Mund und Nase unmittelbar an diese Öffnung heranreichte.

Es roch ekelerregend nach Urin, Kot, Erbrochenem und Angstschweiß in dem Bunker.

Martin versuchte, sich abzulenken. Er dachte an Sara und die Jungs. Hoffte inständig, Sara hielt sich an den Plan, denn dann waren sie in Sicherheit. Lange Zeit konnte er an nichts anderes denken.

So verging Stunde um Stunde und er verlor völlig das Zeitgefühl. Seine Beine fingen an zu schmerzen, denn er konnte seine Körperhaltung nicht großartig verändern, aus Platzgründen. Er versuchte, sich nach hinten anzulehnen, um seine Beine etwas entlasten zu können, aber dann war er zu weit weg vom Atmungsloch. Schnell wurde die Luft im Bunker knapp.

So wechselte er in regelmäßigen Abständen seine Position. Lehnte sich mal rechts, mal links an die Wand, um das eine Bein, dann das andere Bein zu entlasten.

Wurde er kurzatmig, richtete er sich zur vollen Größe auf, um durch die Öffnung der Decke Frischluft in seine Lungen zu saugen.

Martin schloss die Augen und versuchte, sich zu entspannen. An Schlaf war nicht zu denken, weil er alle paar Minuten seine Körperhaltung verändern musste, um nicht zu verkrampfen. Durst plagte ihn. Er erinnerte sich nicht, wann er das letzte Mal getrunken hatte. Wieder etwas später meldete sich seine Blase.

Er kämpfte gegen Hunger, Durst und seine Krämpfe in den Beinen und der Druck auf seine Blase wurde unerträglich. Als er es nicht mehr aushielt, öffnete er seine Hose und urinierte. Verschaffte sich so Erleichterung, wie die Delinquenten es vor ihm getan haben mussten, den Gerüchen zu urteilen, die ihn umgaben.

Endlos erschien ihm die Zeit, die er im Bunker verbrachte, und er versuchte, sich wegzuträumen. Das hatte Martin im Schützengraben gelernt, in den endlosen Nächten, wenn sie Wache schoben und die Sandkörner sich träge durch die Öffnung der Sanduhr zwängten in Zeitlupe, sinnbildlich, obwohl sie doch eigentlich geschmeidig rieseln sollten. Und die Zeit – so fühlte es sich an – fast stehen blieb. Damals im Schützengraben, genau wie jetzt im Bunker. Martin probierte es, träumte sich weg.

Er sah sich mit Sara im hohen Gras am See, in ihrem Versteck und er roch die frischen Düfte, die von den Wiesenblumen verströmt wurden, bevor der penetrante Gestank menschlicher Ausdünstungen wieder die Oberhand im Bunker übernahm.

Etwas später erschien vor seinem geistigen Auge der große Garten der Villa und er sah sich mit den Zwillingen beim Fußballspielen. Martin lächelte. Sie können mir gar nichts, dachte er trotzig. Das hier halte ich aus.

Einen Tag und eine Nacht ließen sie ihn im Bunker.

Als sie die Tür öffneten, fiel er nach vorne auf die Knie. Das Licht der Lampen schmerzte in den Augen nach der langen Dunkelheit.

Sie schoben ihm einen Stuhl hin und er durfte sich setzen.

Sie gaben ihm eine Tasse Wasser und einen Kanten Brot. Seine aufgeplatzten Lippen schmerzten und so musste er vorsichtig kauen.

Sie führten ihn zur Toilette und er konnte seine Notdurft verrichten.

Nach zwanzig Minuten sperrten sie ihn erneut in den Bunker.

Diese Prozedur wurde noch weitere dreimal wiederholt. Mit immer dem gleichen Ablauf.

Einen Tag und eine Nacht im Bunker. Zwanzig Minuten für Toilettengang, essen und trinken.

Dann brachten sie den entkräfteten und völlig dehydrierten Martin zu Franz Kreidler ins Büro. Der saß am Schreibtisch und grinste kalt.

„Wenn du wüsstest, wie du aussiehst!" Kreidlers Blick verriet Genugtuung. Er kostete Martins Zustand aus, das war offensichtlich.

Dann kam er zur Sache: „Wo sind dein Judenliebchen und deine Blagen?"

Martins Herz machte einen Sprung. Sie hatten es also geschafft und die Gestapo war ihnen auf den Leim gegangen. Martin konnte an nichts anderes denken in der Zeit im Bunker.

„Weiß ich nicht", sagte er dann. „Ich war länger nicht mehr zu Hause", fügte er bissig hinzu. „Anderweitig beschäftigt." Er konnte sich ein Grinsen nicht verkneifen und er musste Acht geben, dass seine Stimme nicht zu sehr triumphierte.

Dann sagte er: „Wir können das hier abkürzen." In seinem Blick lag Verachtung und Auflehnung. „Ich habe dir nichts zu sagen."

Kreidler kam um seinen Schreibtisch herum und stand unmittelbar vor Martin.

Er flüsterte: „Ich habe dir ein schönes Plätzchen reservieren lassen im Lager. Es wird dir gefallen. Dort sind jede Menge Juden, die magst du doch so gerne.“

Er drückte die Taste der Gegensprechanlage: „Der Herr Professor will uns verlassen“, blaffte er.

Kreidlers Augen verengten sich zu Schlitzen, als man Martin wenig später abführte.

Nachdem die Mitglieder der Widerstandsgruppe – Berliner Zirkel – nichts über den Verbleib von Maximilian von Hünewitz aussagen konnten, auch nicht nach nochmaliger Folter, wurden sie von der Gestapo in das Strafgefängnis Berlin-Plötzensee überstellt.

Hier wurden sie hingerichtet. Ohne Gerichtsverhandlung. Ohne richterlichen Schuldspruch. Der Berliner Zirkel hörte auf zu sein.

Ihre Leichen wurden im Wald verscharrt.

Es war gerade so, als hätten sie niemals existiert.

Wenn die Gestapokeller als Hölle bezeichnet wurden, so gab es für den Ort, an den sie Martin nun brachten, keine passende Bezeichnung. Wie sollte Hölle gesteigert werden. Die Nazis prägten den allgemeinen Begriff: Konzentrationslager.

Diese Bezeichnung gab nicht im Entferntesten wieder, um welche Einrichtung es sich tatsächlich handelte und welche abscheulichen Verbrechen hier geschahen.

Die grauenhafte Brutalität, die hier herrschte und denen die Häftlinge schutzlos ausgeliefert waren, lag weit jenseits der Vorstellungskraft all jener im Deutschen Reich, die in den Konzentrationslagern humane Umerziehungslager und Besserungsanstalten vermuteten, wie die Propaganda und das Regime es seinen Bürgern vorgaukelte.

Direkt hinter den Mauern dieser Lager, zusätzlich gesichert mit Stacheldraht, durch den sie Starkstrom leiteten, hörte jede Menschlichkeit auf.

Die Gruppe der politischen Häftlinge, überstellt von der Gestapozentrale Berlin, wurde von den Uniformierten der Wachmannschaft in Empfang genommen.

Diese Einheiten der SS in ihren schwarzen Uniformen mit dem Totenkopfemblem am Kragenspiegel waren speziell für diesen Dienst im Konzentrationslager ausgebildet.

Von diesem Zeitpunkt an war das Leben der Häftlinge keinen Pfifferling mehr wert.

Pardon wurde nicht gegeben. Pardon war nicht erwünscht.

Auf vielfältige Art und Weise kamen die Strafgefangenen ums Leben.

Sie wurden erschlagen, erschossen oder offiziell hingerichtet.

So starben sie am Galgen, in der Genickschussanlage oder in der Gaskammer.

Sie verhungerten, schufteten sich zu Tode oder starben mangels medizinischer Versorgung.

Wenn Frischfleisch geliefert wurde – eine abwertende, zynische Bezeichnung für neue Häftlinge –, schnellte die Sterberate im Altbestand sprunghaft in die Höhe, damit die Zahl der Insassen kontinuierlich gleich blieb.

Das Lager war als gleichschenkliges Dreieck konzipiert und angelegt.

Starke Scheinwerfer leuchteten den Appellplatz aus.

Die dreißig Männer, die „Neuen", standen in der Nähe der Station A mit dem Wachturm in der Mitte, der Grundlinie des Dreiecks.

Im Halbkreis ließ die Wachmannschaft die Häftlinge antreten, die von ihren Arbeitseinsätzen außerhalb des Lagers zurückkehrten.

In Zehnerreihen wie üblich, in Habachtstellung.

Müde, ausgehungert und verdreckt standen sie da. Froren erbärmlich in ihrer dünnen Sträflingskleidung, dem eiskalten Wind und den Minustemperaturen ausgesetzt und verharrten in befohlener Position, um an dem immer wiederkehrenden Schauspiel teilzunehmen, dass nun folgen sollte.

Die „Neuen" mussten sich nackt ausziehen und sich ihrer zivilen Kleidung entledigen.

Die meisten zögerten aus Unsicherheit und Scham. Sofort schritten die Kapos ein.

Jene Funktionshäftlinge, die als verlängerter Arm der SS für Ordnung und Disziplin sorgten. Sie prügelten auf die sich Zierenden ein. Brutal und rücksichtslos.

Mit Knüppeln und Ochsenziemern.

Danach kam der „Frisör." Sie wurden kahl geschoren.

Die gesamte Aktion hatte einen psychologischen Hintergrund.

Mit dem Entblößen vor dem versammelten Lager und dem anschießenden Kahlscheren nahm man ihnen auch noch die letzte Würde.

Hilfskapos händigten den völlig desolaten Strafgefangenen ihre Häftlingskleidung aus und man trieb sie mit Schlägen und Tritten zum Duschraum. Nach der eiskalten Dusche bewarf man sie mit Entlausungspuder und sie durften sich ankleiden.

Das „Schauspiel" – hunderte Male schon aufgeführt – endete damit, dass die „Neuen" in ihre zugewiesenen, extrem überfüllten Unterkünfte wegtreten durften.

Die unterschiedlichen Sträflingsgruppen kennzeichneten die Nazis mit farbigen Stoffwinkeln, die sich die Häftlinge auf ihren Kitteln in Brusthöhe nähen mussten.

An der Spitze standen die arischen Gewalt- und Berufsverbrecher, markiert mit einem grünen Winkel. Die sogenannten Asozialen. Sie dienten der SS häufig als Paladine. Sie halfen, dass der Lagerbetrieb störungsfrei lief. Jene Funktionshäftlinge, die als Verwaltungs- und Versorgungskapos eingesetzt wurden.

Die zweite Gruppe, gekennzeichnet mit einem roten Winkel, waren die arischen Politischen. Jene Inhaftierten, die als Regimekritiker, Verschwörungsaktivisten oder Oppositionelle galten.

Am äußersten Ende der Gruppierungen standen die Juden. Ihre Kennung war gelb.

Weil der gelbe Winkel unterlegt wurde mit einem umgedrehten Winkel, entstand ein Stern. Der gelbe Davidsstern als Symbol der jüdischen Religion.

Sie litten am meisten unter den Kapos und den SS-Bewachern.

Die Bevölkerungsgruppe der Sinti und Roma – von den Nazis auch als minderwertige Rasse angesehen – trug einen braunen Winkel.

Die Homosexuellen kennzeichnete man mit einem rosa Winkel und die Bibelforscher (Zeugen Jehovas) mussten einen lila Winkel tragen.

Anhand dieser Identifizierung konnten die Kapos und die SS-Wachen sofort die Gruppenzugehörigkeit erkennen, um bei Bestrafung die Härte und das Strafmaß individuell festzulegen.

Wurden bei leichteren Verstößen dem Bibelforscher oder dem Politischen lediglich ein paar Zähne ausgeschlagen oder das Nasenbein gebrochen, so tötete man den Juden oder den Zigeuner auf der Stelle, indem er erschossen oder erschlagen wurde.

Die Versorgung der Häftlinge war eine Katastrophe, genauso wie die hygienischen Zustände. Ein Waschraum musste sich ein Block – bestehend aus zehn Baracken – teilen. Das bedeutete, dass für 1500 Häftlinge drei Wasserleitungen zur Verfügung standen. Wer vor dem Morgenappell keinen Wasserstrahl ergattern konnte, der blieb ungewaschen.

In kürzester Zeit waren die Häftlinge verdreckt, verwanzt, verlaust und im Lager grassierten Seuchen.

Zum Frühstück gab es ein Gebräu, das Malzkaffee genannt wurde. Die hellbraune Brühe stank faulig und schmeckte widerlich.

Dazu gab es eine Schnitte Brot, meist schimmelig und so dünn geschnitten, dass sie sich wölbte und an der Kruste bröckelte und kaum noch zusammenhielt.

Die Unterkunft der Politischen, in der Martin zusammen mit 150 weiteren Häftlingen eingepfercht war, befand sich am Rand der im Halbkreis angeordneten Baracken.

Sie schliefen auf dem Boden. Stroh, soweit vorhanden, diente als Unterlage, um die Kälte, die von unten in sie hineinkroch, etwas zu lindern.

Der Barackenälteste, ein ehemaliger Gewerkschafter, war ein umgänglicher Mann mittleren Alters, der anders als die meisten Kapos seine Stellung nicht missbrauchte, um einen persönlichen Nutzen daraus zu ziehen.

Vielmehr nutzte er seinen Einfluss, um unter den Häftlingen einen gewissen Zusammenhalt zu organisieren. Was schwer genug fiel, musste doch jeder an diesem Ort für sich selber sorgen, um überleben zu können.

Zum Arbeitseinsatz teilten sie Martin in die Straßenbaukolonne ein.

Außerhalb des Lagers entstanden befestigte Straßen, um sie mit schweren Lastwagen befahren zu können.

Ein dichtes Netz von Außenlagern war entstanden, in denen Rüstungsgüter produziert wurden. In diesen Betrieben, die wie Pilze aus dem Boden geschossen waren, schufteten Häftlinge des Lagers als Leiharbeiter. Für die privaten Unternehmen ein Glücksfall in jeder Hinsicht.

Sie stellten Kriegsgüter für Hitlers Armeen her und bekamen billige Arbeitskräfte frei Haus. Diese Quelle versiegte nie.

Abgerechnet wurde direkt mit dem SS-Wirtschaft und Verwaltungshauptamt Berlin.

Die Häftlinge bekamen nichts.

Natürlich flossen vor Ort Schmiergelder an die SS-Verwaltung des Lagers, denn hier entschied man, wer wie viele billige Arbeiter zugeteilt bekam.

Das Straßennetz zwischen den Betrieben und dem Lager war fast fertig.

Die ungewohnte körperliche Schwerstarbeit brachte Martin schnell an seine Grenze. Er musste zusammen mit anderen Häftlingen eine Walze ziehen, die den frisch aufgebrachten heißen Teer flach und eben auswalzte, um eine möglichst glatte Oberfläche zu erzielen.

Zehn Männer an Lederriemen eingespannt wie die Maultiere zogen die tonnenschwere Walze über den weichen, heißen Asphalt, der zu schnell aushärtete, wenn die Männer sich nicht beeilten. Zusätzlich erschwerte der heiße Teer das Atmen, denn die Dämpfe legten sich auf die Bronchien.

Martin litt wegen seiner eingeschränkten Lungenkapazität ganz besonders.

Den ganzen Tag schon zogen die Männer die Walze.

Sie waren erschöpft, ausgelaugt und am Ende ihrer Belastbarkeit.

Martins Nebenmann fiel auf die Knie und kam nicht wieder hoch – ein vierzehnjähriger Jude, eigentlich noch ein Kind, wie Martin später erfuhr. Das komplette Gespann stockte. Sofort war ein SS-Bewacher über ihm und drosch mit einem Knüppel auf den Jungen ein. Er schlug auf Nacken, Rücken und Kopf des am Boden liegenden ein. Ohne Rücksicht.

Er hörte erst auf, als Martin schrie: „Er ist tot." Blut lief ihm aus Mund, Nase und Ohren und Martin wusste, dass der Junge einen Schädelbasisbruch erlitten hatte.

Sie brachten den Toten weg und vergruben seine Leiche im angrenzenden Wald.

Der Platz im Gespann neben Martin blieb leer. Die verbliebenen Häftlinge mussten sich jetzt noch mehr in die Riemen legen, auch weil der Teer inzwischen kalt und zäh war. Die Walze ließ sich kaum noch ziehen.

Angetrieben von den Flüchen der SS-Bewacher und den Schlägen der Kapos und mit fast übermenschlicher Anstrengung schafften sie es. Irgendwie.

Über den Häftling, totgeknüppelt und im Wald verscharrt, verlor man kein Wort.

Zwei Woche blieb Martin in der Straßenbaukolonne und ihm wurde klar, dass er diese Schinderei nicht würde überleben können.

Seine Kräfte schwanden von Tag zu Tag, auch wegen der Mangelernährung.

Die Sträflingskleidung schlotterte an seinem Körper. Er sah es auch an den anderen Häftlingen, wie schnell man abmagerte und an Gewicht verlor.

Außer Malzkaffee und der Schnitte Brot am Morgen gab es mittags und abends jeweils einen halben Liter Suppe und einen Kanten Brot.

Die Suppe, ein unappetitliches Etwas, wasserdünn und ohne Inhalt wurde von den Häftlingen Spülwasser genannt und war vom Geschmack her undefinierbar.

Gänzlich ungeeignete Kräuter, die hier im Lager wild wuchsen, verarbeiteten sie in der Küche zur Suppeneinlage.

Nach und nach lernte Martin das ganze Ausmaß der Menschenverachtung im Lager kennen und welcher Grausamkeit sich die Nazis bedienten, um möglichst viele Häftlinge in kürzester Zeit zu ermorden. Obwohl es sich nicht um ein Vernichtungslager handelte, war die Sterberate enorm.

Noch vor ein paar Wochen wollte Martin den Berichten über die Konzentrationslager keinen rechten Glauben schenken, weil das, was sich angeblich dort zutrug, zu monströs und abartig anmutete. Im Vergleich zu der Realität, die er jetzt miterleben musste, waren diese Erzählungen wahrhafte Wirklichkeit. Nichts Übertriebenes. Keine Schauermärchen. Bittere Tatsachen.

Nie hätte Martin gedacht, dass Menschen fähig sein konnten, anderen Menschen das anzutun, was er jetzt jeden Tag sah, und mit welcher Niedertracht er konfrontiert wurde.

Nach dem Morgenappell und der Gefangenenzählung befahl der Rapportführer „Wegtreten". Die Häftlinge verschwanden zu ihren Arbeitseinsätzen.

Die Straßenbaukolonne gruppierte sich wie jeden Morgen in Marschformation.

Der Oberkapo Karl Meinhardt stand vor Martin und grinste: „Mitkommen."

Er gab der SS-Wachmannschaft der Kolonne ein Zeichen und sie rückte ab.

Martin folgte dem Oberkapo Richtung Krematorium, wo sich auch die Gaskammer und die Genickschussanlage befanden.

Dieser Gebäudekomplex wurde Station Z genannt und entbehrte nicht eines gewissen Zynismus, da die Häftlinge das Lager durch die Station A am Eingang betraten, um es nach ihrem Leidensweg durch die Station Z zu verlassen.

Kein Häftling, der diesen Weg beschritt, verließ das Lager lebend.

In der Genickschussanlage, in die der Oberkapo Meinhardt Martin führte, standen ein Tisch und zwei Stühle. Meinhardt wies auf einen Stuhl und bedeutete Martin, sich zu setzen, dann schloss er die Tür. „Weiß du, wo wir hier sind?" Meinhardt setze sich Martin gegenüber. Es entstand eine winzige Pause, die Martin nutze, um den Blick schweifen zu lassen und die Situation einzuordnen. Bis auf den Tisch und die Stühle war der Raum leer. „Ja", sagte Martin knapp. „Hier haben die Nazis rund 13 000 russische Kriegsgefangene hingerichtet." Jeder im Lager kannte die Geschichte.

Sein Blick fiel auf die Messlatte an der Wand, nach hinten offen.

Der ahnungslose Delinquent wurde aufgefordert, sich mit dem Rücken an die Messvorrichtung zu stellen. Im Raum dahinter stand der Todesschütze und liquidierte sein Opfer mit einem einzigen schallgedämpften Genickschuss. Bis zum Schluss glaubte der Häftling, er würde zwecks Registrierung gemessen.

Abrupt wechselte Karl Meinhardt das Thema. „Aber du weißt nicht, wer ich bin."

„Natürlich, jeder hier kennt dich", erwiderte Martin und in seiner Erinnerung entstanden abscheuliche Bilder.

Der Oberkapo Karl Meinhardt – genannt Karl der Barbar, wegen seiner Mordlust gefürchtet – tötete bei kleinsten Vergehen und nichtigem Grund.

Mit seinem Spazierstock – einem Spatenstiel aus Eichenholz auf Länge gekürzt – schlug er zu. Auf dem Prügelbock brach er seinem Opfer mit einem einzigen Schlag das Rückgrat. Er tötete auch mit bloßen Händen, indem er den Kopf des Sträflings packte und ruckartig zur Seite drehte, sodass die Halswirbel brachen wie trockene Reisigzweige Mit seinen 100 Kilo und einer Größe von über zwei Metern verfügte der über Bärenkräfte.

Sehr beliebt war bei Karl die Halsschaukel. Der Häftling lag am Boden und Meinhardt legte seinen Spazierstock über dessen Hals. Dann stellte er sich links und rechts auf die Enden des Knüppels und wippte hin und her. Durch sein Körpergewicht wurde seinem Opfer der Kehlkopf zerquetscht und das Zungenbein gebrochen.

Martin wurde aus seinen Gedanken gerissen. „Du erkennst mich nicht mehr?"

Karl grinste über das ganze Gesicht. Martin runzelte die Stirn.

„Nein." Er tappte völlig im Dunkeln. Dann ließ Karl die Katze aus dem Sack.

„Ich war damals in den Zwanzigern in Berlins Unterwelt eine große Nummer. Ich war der Boss. Ich hatte alles. Geld wie Heu, Autos, Weiber ... Mann, was hatte ich Weiber."

Er schwärmte. „Ich war der König im Rotlichtbezirk. Mir fehlte es an nichts. Umgab mich mit purem Luxus. Das rief die Neider auf den Plan. Sie haben mich zusammengeschossen."

Er ließ das Gesagte wirken. „Wie hieß der alte Arzt, bekannt wie ein bunter Hund im Viertel?" „Seifert", sagte Martin. „Felix Seifert." Er räusperte sich.

„Genau." Karls Gesichtszüge erhellten sich. „Seifert, er hatte mich abgeschrieben.

Ich war mehr tot als lebendig. Aber du hast um mein Leben gekämpft. Insgesamt sechs Kugeln hast du aus mir herausoperiert. Im Hinterzimmer einer Spelunke, mit primitiven Hilfsmitteln, weil ich nicht in ein Krankenhaus konnte wegen meiner Vorstrafen."

Allmählich dämmerte es Martin. „Wie lange ist das her?"

„Fünfzehn Jahre." Karl fuhr sich mit der Hand über die kurz geschorenen Haare.

„Du hast gesagt", lachte er, „ich hätte eine Konstitution wie ein Ochse, sonst hätte ich nicht überlebt."

Er wurde ernst: „Ich weiß, dass ich nur überlebt habe, weil du so ein verflucht guter Arzt bist." Martin schwieg. Was sollte er sagen? Es entstand eine längere Pause.

„Ich habe hier im Lager einige Macht. Die meisten hier fürchten mich." Karl beobachtete Martin genau. „Diesen Respekt habe ich mir hart erarbeitet. Mein Einfluss reicht bis zum Lagerkommandanten. Wer mir blöd kommt, der kriegt einen vor den Latz." Karl sah Martin durchdringend an.

„Ich hatte zwei Möglichkeiten, als ich hier ankam. Vogel friss oder stirb. Ich musste mich entscheiden. Lieber fressen als sterben. Treten oder getreten werden."

„Verstehe" Irgendwie konnte Martin nachvollziehen, was Karl ihm sagen wollte.

Nicht dass er es gutheißen oder entschuldigen konnte, wie er sich gegenüber seinen Mitgefangenen verhielt. Er war schließlich der Handlanger jener Bestien in schwarzen Uniformen, für die es keine Bezeichnung gab, die annähernd das ausdrückte, wessen sie sich tagtäglich schuldig machten.

Er wurde täglich Zeuge von Ungeheuerlichkeiten, die er nicht für möglich hielt, und doch passierten sie. Inzwischen war sein Weltbild stark ins Wanken geraten und er fragte sich, wie so etwas unter Menschen möglich sein konnte.

Was Karl nun sagte, ließ Martins Herz höherschlagen. „Erst einmal hole ich dich aus der Straßenbaukolonne heraus. Ich sehe, daran gehst du zugrunde. Wir müssen für dich etwas finden, damit du diesen scheiß Krieg und das Lager überlebst."

Martin glaubte, seinen Ohren nicht zu trauen. Ihm kam das Ganze unwirklich vor.

Er saß hier mit dem Totschläger des Lagers und ausgerechnet dieser asoziale, ungehobelte, primitive Unhold konnte dafür sorgen, dass er nicht ständig in Lebensgefahr schwebte.

Während Martin nicht aufhören konnte, sich zu wundern, reichte Karl ihm ein großes Stück Brot und einen Apfel.

„Frohe Weihnachten", sagte Karl der Barbar und lächelte.

Martin fiel aus allen Wolken. Tatsächlich war heute der 25. Dezember. So etwas bekam man im Lager natürlich nicht mit, weil hier jeder Tag wie der andere war.

Als Martin zögerte, nickte Karl ihm aufmunternd zu.

„Frohe Weihnachten", flüsterte Martin überwältigt und biss in den Apfel.

In seinem Mund explodierten Hunderte Geschmacksrichtungen.

Wie lange war das her? Nach „Spülwasser“ und verschimmeltem Brot?

Er schloss die Augen und ließ es wirken. Diese Reizüberflutung am Gaumen und auf der Zunge.

Karl beobachtete ihn und grinste: „Ich weiß, wo es noch mehr davon gibt. Von heute an werde ich mich um dich kümmern.“

„Warum tust du das?“, fragte Martin kauend. „Du hast mir damals das Leben gerettet, jetzt rette ich deins. Lass mich machen. Diese Scheiße überleben wir.“

Martin hatte den Apfel heißhungrig verschlungen und schluckte den letzten Bissen von dem Brot herunter.

„Was willst du arbeiten?“, fragte Karl. „Krankenstation? Ich kenne den Lagerarzt.“

Martin hob die Hand. Ihm war zu Ohren gekommen, dass hier im Lager medizinische Versuche an Häftlingen durchgeführt wurden. Er würde darin verwickelt werden, was sich nicht vermeiden ließe, wenn er in der Krankenstation Dienst verrichtete. Das wollte er auf keinen Fall. Er würde eine Mitschuld tragen.

So sagte er es Karl. Der nickte. „Verstehe, du Gutmensch.“ Nach kurzer Überlegung sagte Karl: „Ich bringe dich in der Schreibstube unter.“

„Das würdest du hinbekommen?“, fragte Martin ungläubig.

Karl nickte selbstbewusst.

„Schreibstube wäre wunderbar“, sagte Martin voller Dankbarkeit.

So sorgte der Oberkapo Karl Meinhardt, der Totschläger des Lagers, durch seine guten Beziehungen dafür, dass Martin Weihnachten 1942 in die Schreibstube der Verwaltung versetzt wurde.

Raus aus dem Dreck. Raus aus der Kälte. Raus aus der Schwerstarbeit. Raus aus der ständigen Bedrohung durch übermotivierte Kapos und bestialisch veranlagte SS-Wachmannschaften.

Wahrscheinlich rettete Karl, der vielfache Mörder, Martin dadurch das Leben.

Für Ella und Jakob verging das alte Jahr ergebnislos und das neue Jahr begann ohne Veränderung.

Vor gut zwei Monaten, kurz vor Weihnachten, hatten sie einen Brief ihrer Tochter Sara erhalten, überbracht von einem Boten der Sopade – der im Exil tätigen SPD.

Sie schrieb aus der Schweiz. Ihre Zwillinge und sie lebten jetzt in Rheineck, im Kanton St. Gallen, am Bodensee und waren in Sicherheit.

Martin säße noch in Haft, aber sie erwartete jeden Tag Nachricht vom ihm.

Sie hoffe, dass der Krieg nicht mehr lange dauere und sich alles zum Guten wenden würde.

Extragrüße von Thomas und David an Opa und Oma und dicke Küsse.

Es freute Ella und Jakob sehr, dass ihre Tochter und ihre Enkelsöhne aus der Schusslinie waren, denn die Alliierten bombardierten immer häufiger deutsche Städte, ganz besonders die Reichshauptstadt Berlin.

Auch sie hofften, dass ihr Schwiegersohn bald entlassen würde. Schließlich hatte er sich nichts zu Schulden kommen lassen.

Für sie selber sah es nicht gut aus. Ella und Jakob rechneten jeden Tag damit, abgeholt zu werden. Sie würden sich in ihr Schicksal fügen. Welche Alternative gab es für sie? Es war durchgesickert, dass die Reichshauptstadt von Juden gesäubert werden sollte.

Als dann eines Morgens die Eingangstür eingetreten wurde und das Holz splitterte, sahen Jakob und Ella sich in ihren Befürchtungen bestätigt.

Vier SA-Schläger drangen in ihr Haus ein. Ella und Jakob wussten, dass das die endgültige Aktion gegen die besser gestellten Juden, die lange von einflussreichen Freunden beschützt worden waren, war.

Viele Verwandte und Bekannte hatten die Nazis schon verhaftet und deportiert.

Viele Juden hatten sich durch Suizid den ständigen Schikanen entzogen.

Aus den Juden im Deutschen Reich waren Rechtlose geworden.

Einer der SA-Schläger, eindeutig der Rädelsführer, stand vor dem Vitrinenschrank mit dem Butzenglas, in dem Ella ihr gutes Porzellan und ihre Kristallgläser aufbewahrte. In der Mitte standen Fotos ihrer drei Kinder im silbernen Rahmen und Davids Eisernes Kreuz. Besonders liebevoll dekoriert.

Mit einem Ruck riss er den schweren Schrank aus der Wandverankerung nach vorne. Porzellan und Glas zerbrachen scheppernd, als der Schrank hart auf dem Boden aufschlug.

„Unserem geliebten Führer Adolf Hitler wurde das Eiserne Kreuz verliehen. Du Judensau entehrst den Führer mit deinem gestohlenen Eisernen Kreuz."

Er stand mit rotem Gesicht vor Jakob, provokant, herausfordernd, gewaltbereit. Er schäumte. Aber Jakob und auch Ella gaben ihm keinen Anlass. Was hätte es auch genutzt? Ruhig und ohne Regung standen sie da, ließen sich nicht provozieren.

„Bringt sie raus, mir wird schlecht von dem feigen Judenpack."

Der Rädelsführer wandte sich ab. Er war enttäuscht, hätte sich Gegenwehr gewünscht, um gewalttätig werden zu können. Sein Hass gegen Juden saß tief, denn er war so erzogen worden.

Ella und Jakob nahmen jeweils einen Koffer auf mit dem Allernötigsten und traten ins Freie.

Draußen herrschte reges Treiben. Von überall her holten sie die Juden aus ihren Häusern und Wohnungen. Männer, Frauen, Kinder. Jung und Alt.

Die Aktion, von langer Hand geplant, führten SA und SS gemeinsam durch.

Wachposten mit Karabinern im Anschlag hielten die ängstlichen Juden in Schach und sorgten dafür, dass jeder nur ein Gepäckstück mitnahm.

Ihr Ziel war der Güterbahnhof Grunewald. Von hier aus gingen die Transporte Richtung Osten ab, fast unbemerkt von der übrigen Bevölkerung.

So formierten die Posten die Juden, deren Schicksal besiegelt war.

Als sich der Menschenzug in Bewegung setzte, war auf den Straßen kaum jemand unterwegs. Die wenigen Passanten wechselten eilig die Straßenseite oder verschwanden in einem Hauseingang. Sie schauten weg. Wollten nicht Zeuge werden von dem Unrecht, was sich vor ihren Augen abspielte. So mancher schämte sich. Aber keiner unternahm etwas. Sie schauten weg. Ließen es geschehen.

In der Nacht hatte es heftig geschneit und so stapften sie durch knöcheltiefen Schnee, einem ungewissen Schicksal entgegen.

Die schneidende Kälte tat in den Lungen weh und so mancher fror erbärmlich. Besonders die Kinder. Es herrschte bedrückende Stille.

So erreichten sie den Güterbahnhof Grunewald. Die Wachposten versammelten sie auf dem Gleis 17 an der Rampe, wo schon ein Güterzug bereitstand.

Kreide wurde verteilt und man forderte sie auf, ihre Gepäckstücke mit ihren Namen zu beschriften, da ihr Hab und Gut gesondert transportiert würde.

„Was passiert denn jetzt mit uns? Wo bringt man uns hin?" Der Rabbi wandte sich an den Wachposten, der ihm am nächsten stand.

„Maul halten Opa", blaffte der ihn an. Der Uniformierte war höchstens siebzehn, achtzehn Jahre alt und von niedrigem Rang. Aber er kam sich natürlich wichtig vor.

Der Rabbiner ließ sich nicht einschüchtern. „Ich habe Ihnen eine Frage gestellt. Oder wissen Sie es nicht?" Der Rabbi blieb ruhig und höflich.

Der Posten machte einen Schritt auf ihn zu. Er fühlte sich herausgefordert. Sein Pickelgesicht verzerrte sich. Ohne Ansatz schlug er dem Rabbi mit dem Handrücken ins Gesicht. „Ich habe dich gewarnt, alter Mann. Einfach Fresse halten."

Er fühlte sich überlegen. Der zweite Posten grinste hämisch.

Der Rabbi war schockiert. Ella entschärfte die Situation, indem sie sagte: „Lass gut sein Isak." Jakob und Ella standen dicht dabei und wollten nicht, dass hier irgendetwas eskalierte.

„Der Rotzlöffel hat mich geschlagen. Das habt ihr alle gesehen. Welch eine Unverschämtheit." Er konnte sich nicht beruhigen und hoffte, die hier Anwesenden würden etwas unternehmen oder wenigstens vehement protestieren, schließlich war er der Rabbiner. Stattdessen herrschte betretenes Schweigen. Hilflos und enttäuscht sah er in die Runde.

„Ich gehe nach Hause", sagte der alte Mann resigniert. Er wendete sich ab und ging Richtung Ausgang. Als der Schläger sein Gewehr von der Schulter riss und anlegte, sprang Jakob ihn von hinten an und drückte ihm den Unterarm gegen die Kehle.

Sekunden später traf der Karabinerkolben des zweiten Postens Jakob hart am Hinterkopf. Der Schlag war so fürchterlich, dass seine Schädeldecke aufplatzte.

Benommen fiel er zu Boden, blieb auf dem Rücken liegen, als der zweite Schlag mit dem Kolben ihn traf. Mitten im Gesicht. Beide Kiefer und das Nasenbein wurden zertrümmert. Jakob spuckte blutige Zähne in den Schnee.

Jetzt bearbeiteten sie ihn zu zweit. Sie traten und schlugen, brutal und rücksichtslos.

Rasten vor Wut. Sie waren bereit, ihn zu Tode zu prügeln. Ohne jeden Zweifel.

„Aufhören." Seine Stimme klang scharf. Der hochgewachsene SS-Offizier näherte sich. Sein aufpolierter, schwarzglänzender Ledermantel hing lässig über seinen Schultern. Seine Rangabzeichen wiesen ihn als Standartenführer aus.

Er hatte hier das Sagen, zweifellos.

„Wir sind keine Mörder." In seinen Worten schwang Hohn und Spott mit. Für den blutüberströmten Juden, der halb tot dalag, empfand er kein Mitleid. Er wollte den Schein wahren. Die Wachposten standen stramm und warteten auf eindeutige Befehle. Sie atmeten schwer. Es hatte sie angestrengt, ihr wehrloses Opfer zu malträtieren.

Der Standartenführer vollzog eine Handbewegung. Lässig, arrogant, fast schon gelangweilt, worauf die Schläger den am Boden liegenden packten und ihn im hohen Bogen in den offenen Waggon warfen – wie ein Stück Vieh.

Für Ella gab es nun kein Halten mehr. Ohnmächtig vor Angst und Hilflosigkeit musste sie mit ansehen, wie Jakob misshandelt wurde, auch noch, als er schon reglos am Boden lag, traten sie weiter auf ihn ein.

Die Umstehenden hatten sie zurückgehalten, sonst wäre sie dazwischengegangen, ohne jeden Zweifel. Jetzt riss sie sich los und sprang in den Waggon.

Sie kroch bis ans äußerste Ende und legte Jakobs Kopf in ihren Schoß. Er war noch immer bewusstlos.

Der Rabbiner wurde unterdessen hinter das Bahnhofsgebäude geführt, wo man ihm eine Kugel in den Kopf schoss.

Trillerpfeifen ertönten. Das Beladen begann. Unter Fluchen und Geschrei wurden sie in die Waggons gepfercht. Alles musste schnell gehen. Hundert und mehr pro Waggon.

Frauen, Männer, Kinder. Sie standen dicht an dicht, konnten sich kaum bewegen.

Ella billigte man aus Respekt und Mitgefühl mehr Platz ein, sodass sie sitzend den Kopf des schwerverletzten Jakob in ihrem Schoß betten konnte.

Die Rosendahls genossen hohes Ansehen in der jüdischen Gemeinde und Jakobs heldenhaftes und selbstloses Verhalten gegenüber den brutalen Schlägern und wie er sich für den Rabbi eingesetzt hatte, wurde von den meisten als bewundernswert empfunden. Auch wenn es nichts genutzt hatte.

Als man die Waggontür schloss, wurde es schlagartig dunkel.

Kinder schrien vor Angst und klammerten sich an die Rockzipfel ihrer Mütter.

Eine winzige Petroleumlampe tauchte das Wageninnere in gespenstiges Licht.

Die Ungewissheit schürte die Angst zusätzlich und als der Zug sich in Bewegung setzte, hatten die Besonnenen unter ihnen große Mühe, eine Panik zu verhindern.

Was sie erwartete, wusste keiner. Sie ahnten es noch nicht einmal.

Ella bekam von alledem nichts mit. Sie strich Jakob wie in Trance durch die blutverschmierten Haare. In seinem zerschlagenen Gesicht zuckte es, wenn er die geschwollenen Augen versuchte, zu öffnen, um Ella anzuschauen.

„Ist gut“, flüsterte Ella, sodass nur Jakob sie hören konnte. Ihr wollte das Herz zerspringen. Tränen liefen über ihre Wangen. Als sie etwas Tröstendes hinzufügen wollte, brach ihre Stimme. Jakob Brustkorb bebte. Man sah ihm die äußerste Anstrengung an, die ihm das Atmen bereitete. Fast alle Rippen hatten sie ihm mit ihren schweren Armeestiefeln gebrochen. Sein Gesicht zerschlagen zu einem blutigen Brei.

Seine Verletzungen waren insgesamt so fürchterlich, dass es an ein Wunder grenzte, dass er überhaupt noch lebte. Allerdings hatte er so viel Blut verloren, dass es nur eine Frage der Zeit war.

Als der Zug ruckartig hielt, weil sie auf einem Ausweichgleis warten mussten, wurde Jakobs Kopf in Ellas Schoß gepresst und er stöhnte laut.

Noch einmal sah Jakob in Ellas gerötete Augen. Er öffnete den Mund, formte Worte.

Gepresst, abgehackt, sich am eigenen Blut verschluckend. Röchelnd.

Ella nickte und biss sich auf die Lippen. Sie verstand. Ohne Worte. Wie sie ihn immer verstand.

Vor langer Zeit hatte Jakob einmal scherzhaft gesagt: „Es ist verrückt. Noch bevor ich es überhaupt zu Ende gedacht habe, weiß du schon, was ich sagen will, so gut kennst du mich.“ Beide hatten sie gelacht und sich geküsst. Da waren sie frisch verheiratet. Das fiel Ella jetzt ein und sie wurde von einem Weinkrampf geschüttelt.

Jakob lag still. Er versuchte nicht mehr, zu sprechen. Es ging mit ihm zu Ende.

Zuletzt verstummten sein Röcheln und sein pfeifender Atem und Ella wusste, dass Jakob von ihr gegangen war.

Sie saß reglos da. Strich noch immer durch Jakobs Haar. Mechanisch, den Blick starr geradeaus. An der gegenüberliegenden Wand hing die kleine Petroleumlampe, deren Flamme flackerte.

In dieses winzige, unruhige Licht starrte Ella durch ihren Tränenschleier. Unablässig, wie hypnotisiert.

Plötzlich zeichneten sich im Dunstkreis des Lämpchens, erst sehr undeutlich und schemenhaft, aber dann stetig deutlicher werdend die Umrisse eines Gesichts ab.

Zum Schluss war es klar erkennbar. Freundlich, offen und beruhigend.

Das Gesicht lächelte. Ein warmes, tröstendes Lächeln.

Ella bewegte ihre Lippen nicht, als sie sprach, und kein Ton entfuhr ihr.

Ihre innere Stimme sagte: Bist du es? Das Gesicht veränderte sich im Ausdruck nicht. Schau nur, was sie meinem Jakob angetan haben. Diese Bestien.

Ella glaubte, dass Gesicht blicke jetzt eine Nuance ernster. Mitfühlend.

Aber sie erhielt keine Antwort. Stattdessen flackerte die Flamme.

Etwas später stammelte Ellas innere Stimme: Man sagt, du bist allmächtig. Keine Antwort. Deshalb sprach sie weiter: Ich will mit meinem Jakob gehen.

Sie flehte es nahezu und schluchzte ihre ganze Pein, ihren ganzen Schmerz heraus.

Ihr fiel etwas ein und ihre innere Stimme flüsterte: Dann sehe ich auch meine Kinder wieder, die sie mir genommen haben. David und Rowena. Dann sind wir alle wieder zusammen. Der Gedanke überwältigte sie. Ein Schauer lief ihr über den Rücken.

Am liebsten hätte sie laut geschrien. Ella ließ ihren Blick, als ihre innere Stimme sprach, unverwandt auf den flackernden Docht des Lämpchens gerichtet und in das nun wieder freundlich lächelnde Gesicht.

Nach einer Ewigkeit, so kam es Ella vor, drang eine Stimme in ihr Unterbewusstsein.

Willst du das wirklich Ella? Und nach einer schmerzlich langen Pause hörte Ella:

Bedenke, es wäre endgültig. Ja, stöhnte Ella. Oh ja, das will ich, von ganzem Herzen.

Nach einer langen Pause, die Ella schon fast als körperlichen Schmerz empfand, hörte sie die Stimme sagen: So soll es denn geschehen, Ella.

Mit einem Ruck setzte sich der Zug wieder in Bewegung und Augenblicke später war das Gesicht verschwunden. Das Lämpchen erlosch, fast zeitgleich. Das Petroleum war aufgebraucht.

Ella schloss die Augen. Bleierne Müdigkeit überkam sie. Noch immer strich sie Jakob durchs Haar. Sie atmete erleichtert auf. Es war alles geregelt.

Sie fuhren die Nacht durch und am Morgen des folgenden Tages erreichten sie das Vernichtungslager Auschwitz.

Ella Rosendahl wurde mit 500 anderen jüdischen Männern, Frauen und Kindern von der Rampe aus direkt ins Gas geschickt.

Er hatte Wort gehalten.

Kapitel 9

Als die Lagerleitung erfuhr, welche medizinische Fachkompetenz in der Verwaltung arbeitete, informierte man umgehend den leitenden Lagerarzt Hauptsturmführer Doktor Gottfried Schley.

Der zeigte sich wenig erfreut, Martin im Lager zu wissen, denn er kannte die Vorgeschichte jenes angesehenen und renommierten Professors, den man von der Universität verwies, weil er gegen die von Hitler befohlene Euthanasie opponierte.

Die Beseitigung „unwerten Lebens“, um die Volksgesundheit zu gewährleisten und die arische Herrenrasse zu stärken, war für den Hochschuldozenten Kreidler menschenverachtend und gewissenlos. So äußerte er sich immer wieder gegenüber seinen Studenten – auch in seinen Vorlesungen – und wurde für das Naziregime am Ende untragbar.

Er weigerte sich, die Notwendigkeit zu akzeptieren, diesen unnützen Ballast abzuwerfen, die die Menschen mit Behinderung in den Augen der Nazis darstellten, und führte stattdessen den hippokratischen Eid als ethische Verpflichtung aller Mediziner an, Leben zu schützen und zu bewahren.

Der Lagerarzt Schley sah den „Moralapostel Kreidler“ als ernstes Problem, denn er konnte sich ausmalen, dass die medizinischen Experimente im Namen der Wissenschaft, die überall in den Konzentrationslagern an „lebenden Objekten“ durchgeführt wurden, für Kreidler in hohem Maße verwerflich waren.

Der medizinische Ehrenkodex wurde mit Füßen getreten in den Lagern, denn die SS-Ärzte, so auch Schley, stellten den Eid, den sie auf Adolf Hitler geleistet hatten, über ihren hippokratischen Eid.

Sie erhielten für ihr schändliches Tun volle Rückendeckung und oftmals wurden sogar vom Regime einzelne Menschenversuche in Auftrag gegeben und Reichsführer SS Heinrich Himmler ließ sich regelmäßig berichten.

Auch hatte die deutsche Pharmaindustrie starkes Interesse und unterstützte die Forschung in den Lagern finanziell, um vielversprechende Resultate zu erhalten.

Die KZ-Ärzte experimentieren also auf Befehl. Für sie war alles, was dort an Gräuel und Untaten geschah, legitim. Was den Häftlingen in ihrem Verantwortungsbereich angetan wurde, konnte nur als Verbrechen gegen die Menschlichkeit gewertet werden. Die Strafgefangenen wurden misshandelt, missbraucht, verstümmelt und einem nicht enden wollenden Leid ausgesetzt, um schließlich getötet zu werden.

Kein Proband überlebte sein Martyrium. Obwohl das alles unter strengster Geheimhaltung geschah und die Bereiche der Laboratorien und Versuchsstätten nur von Eingeweihten und Mitarbeitern betreten werden durften, wusste im Lager jeder Bescheid.

Diese himmelschreienden, menschenverachtenden Grausamkeiten konnten nicht im Verborgenen bleiben.

Der große hagere Mann in seiner schwarzen Uniform stand am Fenster und putzte seine Nickelbrille bedächtig.

Doktor Schley deutete auf einen Stuhl am Tisch, als die Ordonanz Martin hereinführte. Sein gescheiteltes, schütteres Haar war sorgsam gekämmt, um die kahlen Stellen zu kaschieren. Tiefe Furchen im Gesicht deuteten auf ein nervöses Magenleiden hin.

Zuviel Alkohol, Nikotin und Kaffee über Jahre schlussfolgerte Martin, als er wortlos Platz nahm.

„Du bist aus Gründen, die in Fachkreisen hinlänglich bekannt sind, von der Universität geflogen", feixte Schley, sobald sie alleine waren.

„Die Spatzen pfeifen es von den Dächern."

Er setzte sich Martin gegenüber an den großen Tisch und grinste überheblich. Mehrere Orden schmückten seine Uniformjacke.

Er musterte Martin herablassend. Seine Selbstgefälligkeit verrieten Spott und geringe Wertschätzung. Als er sich eine

Zigarette anbrannte, ließ er den Rauch langsam und genüsslich aus Mund und Nase entweichen.

„Nun, ich persönlich hingegen teile die Einstellung unseres Führers in dieser Frage.

Wir opfern ein paar Krüppel und Idioten, um das Große und Ganze nicht aus den Augen zu verlieren."

Die rüde Ausdrucksweise war absichtlich provokant. Er wollte damit seinen Standpunkt unterstreichen und klarstellen, wie gänzlich gleichgültig und egal ihm das „unwerte Leben" war.

„Es kann doch nicht sein, dass wir diese Ballastexistenzen durchfüttern, während wir junge, gesunde Männer auf den Schlachtfeldern opfern.

Alleine in Stalingrad sind 250 000 deutsche Soldaten gefallen und fast 100 000 gerieten in russische Gefangenschaft, die wir niemals mehr wiedersehen werden.

Vor dieser Wahrheit sollte man nicht die Augen verschließen."

Noch einmal zog er heftig an seiner Zigarette, dann drückte er sie im Aschenbecher aus, der von Zigarettenstummeln überquoll.

Als Martin nichts erwiderte, fuhr er fort und lenkte das Gespräch in eine von ihm gewollte Richtung.

„Eine Möglichkeit, minderwertige Individuen zu nutzen, haben wir mit den Konzentrationslagern geschaffen. Dort werden Häftlinge – die wir aus Gründen der Rassenhygiene selektieren – medizinischen Versuchen und Experimenten unterzogen, die bahnbrechende Ergebnisse zutage fördern, von denen wir vor ein paar Jahren noch nicht einmal zu träumen gewagt hätten. So ist ein kleiner Teil dieser Untermenschen, speziell Juden, Zigeuner und Russen, nützlich und brauchbar.

Sie dienen, kurz vor ihrem Ableben der deutschen Volksgemeinschaft und dem Gemeinwohl." Er lachte selbstgefällig und gehässig.

Schley hielt inne und beobachtete Martin mit Argusaugen. Der schien ruhig und gelassen. Innerlich konnte er die Arroganz dieses SS-Arztes und wie er über menschliche Wesen sprach, kaum ertragen.

„Uns ist klar“, sinnierte Schley weiter, dass so mancher Kleingeist Vorurteile über die Methoden hat, unter welchen Umständen in den Lagern geforscht wird. Sie preisen zwar den medizinischen Fortschritt und das Resultat, geißeln aber den Weg dorthin. Ich sage immer, es mangelt diesen Klugscheißern an Fantasie. Sie denken nicht im Großen. Ihre kleinkarierte Denkweise war schon immer ein Hemmschuh in der Forschung.“ Schley hatte sich in Rage geredet.

Er öffnete seinen obersten Kragenknopf der Uniformjacke und zündete sich eine neue Zigarette an.

Dann fragte er mit ruhiger Stimme und Martin schloss daraus, dass er sich wieder im Griff hatte: „Ich sehe es dir an, Professor, welche Frage brennt dir auf den Nägeln? Raus damit.“

Martin räusperte sich: „Wie halten Sie es mit der Ethik?“ Schley lachte kurz auf.

„Warum konnte ich mir denken, dass du genau diese Frage stellst?“ Er inhalierte tief. „Ethik, Berufsehre, sittliche Gesinnung, das sind abgedroschene Phrasen, die in der theoretischen Ausbildung an deiner Universität im Hörsaal nicht fehlen dürfen. Reine Theorie, Professor.“ Wieder das verächtliche Lachen.

Martin schluckte. Dünnes Eis, dachte er. Aber er konnte nicht anders. Er musste diesem blasierten, überheblichen Schweinehund seinen Standpunkt klarmachen, wobei ihm bewusst war, sich in Lebensgefahr zu begeben, als er so ruhig wie möglich sagte: „Ein Mediziner, so er denn seinen Beruf ernst nimmt, stellt sich in den Dienst der Menschen, die ihn um Hilfe bitten, und hat dabei immer das Wohl und die Gesundheit seiner Patienten im Blick.“ Martin machte eine kleine Pause. Damit das, was er nun sagte, unmissverständlich ankam.

„In der Ausübung seiner Tätigkeit als Arzt hat er dafür Sorge zu tragen, jedweden Schaden von seinem Schutzbefohlenen abzuwenden.“

„Ach was?“ Schleys Miene verdunkelte sich.

Martin sprach unverdrossen weiter: „Religionszugehörigkeit, Nationalität, Rasse, Parteizugehörigkeit und sexuelle Ausrichtung seiner Klientel dürfen den Mediziner in seiner Arbeit nicht beeinflussen."

Schley wusste, dass Martin auf die Umstände in den Konzentrationslagern anspielte.

„Sie haben gefragt", sagte Martin, als er sah, wie sein Gegenüber die Zornröte ins Gesicht schoss. Schley zerdrückte seine Zigarette, stand auf und ging zum Fenster.

Er verschränkte die Hände auf dem Rücken und schwieg sehr lange.

Als er sich schließlich umdrehte, huschte ein Grinsen über sein Gesicht. Es war ein böses Grinsen. „Mit deinen überaus aufschlussreichen Ausführungen, verbunden mit deiner Einstellung unserem Berufsstand betreffend, bist du qualifiziert für die Aufgabe, die ich dir zugedacht habe. Du bist geradezu prädestiniert dafür."

Schleys böses Grinsen war in seinem Gesicht festgefroren.

Es roch nach Kot und Urin. Nach eitrigen Wunden. Nach Blut und faulendem Fleisch. Martin kannte den Geruch, den jeder Arzt, jede Krankenschwester und jeder Pfleger kennt. So roch die Vergänglichkeit des Lebens.

Er sah die ausgemergelten, nur noch mit Haut überzogenen Skelette auf dem stinkigen Stroh liegen. Aufgereiht und zum Sterben abgelegt.

Obwohl der Tod im Lager allgegenwärtig war, erwischte es einen nirgends so schnell wie in der Krankenstation. Von der Einlieferung bis zum Verbrennungsofen im Krematorium vergingen nur wenige Tage, manchmal nur ein paar Stunden.

Das Personal, allesamt in Häftlingskleidung – die SS-Wachmannschaften mieden diesen Bereich aus Angst vor Ansteckung –, nahm keinerlei Notiz von Martin, der an der Wand nahe der Tür stehen blieb und beobachtete, wie Tote heraus und Kranke hereingeschleppt wurden.

Das also war die Quarantänestation des Lagers.

Ein junger Mann, Mitte zwanzig, so schätzte Martin, ging durch die Reihen und begutachtete die Kranken. Ab und zu kniete er nieder, redete auf den jeweiligen Patienten ein. Man sah seine Empathie.

Als er Martin erblickte, kam er auf ihn zu und blieb mit etwas Abstand vor ihm stehen. „Das hier ist die Quarantänestation. Es gibt zwei Gründe, warum du hier bist", sagte er mit leicht osteuropäischem Akzent. „Erstens du bist infiziert, also krank. Oder zweitens, du arbeitest hier. Ich sehe nicht, dass du arbeitest. Ich sehe auch nicht, dass du krank bist. Was also zum Teufel machst du hier?"

Martin war von dem jungen Mann angetan.

„Vielleicht kann ich helfen", sagte Martin ruhig. „Schley, der Lagerarzt, meint das."

„So meint er das." Er musterte Martin. „Hast du Erfahrung im Krankenbereich?"

„Ein wenig", sagte Martin. „Was heißt das?", wollte er wissen. „Geht es etwas genauer?" Jetzt wurde er ungeduldig.

„Nun ja, so viel Erfahrung, dass ich weiß, hier muss sich schleunigst einiges ändern, sonst sterben die Patienten im Minutentakt und es wird schlimmer."

Zwei ältere Männer wurden herangewunken.

Neugierig warteten sie, was Martin nun ausführte: „Die eine Hälfte der Patienten hat Fleckfieber, die andere Hälfte Typhus. Die Symptome sind ähnlich, daher schwierig auseinanderzuhalten."

Martin lächelte und sah in beeindruckte Gesichter. Dann fuhr er fort: „Hat man erst mal erkannt, wie sie sich infizierten und wodurch, kann man die jeweilige Krankheit besser bekämpfen und eindämmen. Gefahr erkannt, Gefahr gebannt."

Martin lächelte noch immer: „Dazwischen habt ihr ein paar Patienten mit Tuberkulose, die dringend isoliert werden müssen."

Alle drei staunten über Martins Diagnose aus dem Stegreif.

„Egal wer du bist, du scheinst Ahnung zu haben und zu wissen, wovon du sprichst.

Vielleicht hat der Himmel dich geschickt", sagte der junge Mann, der sich nun ein gequältes Lächeln abringen konnte.

Sie nahmen Martin mit in eine kleine angrenzende Kammer, die ihnen als Besprechungszimmer, Aufenthaltsraum, Rückzugsort und Schlafstätte diente.

Vier Stühle mit kleinem Tisch, ein Feldbett, ein Schrank und ein Wasseranschluss mit Waschbecken.

„Raus mit der Sprache, wer bist du?“, fragte der junge Mann, als sie Platz genommen hatten.

„Ich heiße Martin Kreidler, bin Doktor der Inneren Medizin. Ich habe als Dozent an der hiesigen Universität als Professor gelehrt und als Internist an der Charité praktiziert. Außerdem betrieb ich eine Hausarztpraxis in Berlin.“

Es entstand eine Pause.

So viel Kompetenz ist ja schon unanständig“, presste einer der beiden Älteren hervor.

Alle lachten sie. Der erste Argwohn und das Misstrauen waren verflogen. Die Stimmung lockerte sich.

„Wir beiden alten Knacker gehören auch zur Zunft der Medizinmänner, wobei unsere Spezialgebiete weniger gefragt sind. Mein Name ist Nathan Kahn, Doktor der Augenheilkunde aus Magdeburg. Man verbot mir, zu praktizieren, genauso wie es meinem Kollegen verboten war, zu praktizieren.“ Dabei klopfte er seinem Nebenmann auf die Schulter. Der Genannte verbeugte sich im Sitzen höflich: „Angenehm, Doktor Albert Marx aus Schwerin, ich bin Anästhesist.

Die Nazis haben uns Juden verboten, zu arbeiten.“ Sein Gesicht drückte Trauer aus.

Die beiden gingen auf die sechzig zu, wie Martin schätzte. Er musste lächeln, denn der Kavalier der alten Schule mit seinen geschliffenen Umgangsformen und seiner vornehmen Höflichkeit war für Martins Seele Balsam nach den vergangenen Wochen der rüden, schroffen, brutalen Behandlung durch SS und Gestapo.

Ein Fünkchen Zivilisation und Menschlichkeit an diesem fürchterlichen Ort der Barbarei und des Grauens.

Wieder entstand eine Pause, bis der junge Mann das Wort ergriff: „Mein Name ist Witek Zielewski, ich bin Allgemeinmediziner. Ausgebildet in Warschau und Heidelberg. Als der Krieg ausbrach, war ich gerade fertig mit meinem Studium.

Ich muss also noch viel lernen", fügte er bescheiden hinzu, was ihn nur noch sympathischer erscheinen ließ.

„Du bist also ein richtiger Professor?", fragte Nathan Kahn, der Augenarzt, und schob gleich die nächste Frage hinterher: „Warum bist du hier? An deinem roten Winkel sieht man, du bist ein Politischer." Martin ließ sich Zeit mit der Antwort:

„Tja", sagte der dann, „ich war anderer Meinung als der Führer." Es klang lapidar.

„Sind wir das nicht alle?" Der stille Doktor Albert Marx fuhr sich mit der Hand über das unrasierte Kinn. Seine eingefallenen Wangen ließen sein hageres Gesicht noch knochiger wirken.

Alle am Tisch sahen Martin erwartungsvoll an. Er räusperte sich, dann erzählte er, wie übel ihm und seiner Familie mitgespielt wurde.

Er ließ nichts aus, berichtete von Anfang an und endete mit der Bemerkung:

„Sie griffen immer mehr in unser Leben ein. Wir beschlossen, Deutschland zu verlassen."

„Wirtschaftlicher und gesellschaftlicher Terror vom Feinsten", stöhnte Marx.

„So könnte man es zusammenfassen." Martin nickte.

Nach einer kurzen Pause: „Am Tage der geplanten Abreise bin ich verhaftet worden." Er faltete die Hände.

„Puh", machte Kahn. „Und deine Frau und deine Söhne?", wollte er wissen.

„Sind ihnen entwischt" Martin zögerte, „hoffe ich jedenfalls. Ich bete jeden Tag dafür, dass es wenigstens ihnen gut geht und sie sich retten konnten."

Nach einer Weile sagte Martin: „Die Ungewissheit frisst einen auf."

Alle nickten sie mitfühlend, hatten sie doch die gleichen Schicksale oder Ähnliches zu verkraften.

Martin hatte sich gänzlich offenbart und die Erinnerungen wühlten ihn auf und nagten an ihm.

Marx fasste über den Tisch und tätschelte Martins zusammengefalteten Hände als Geste der Verbundenheit und des Verstehens. Martin nickte dankbar und brachte sogar ein Lächeln zustande.

„Wir sind auch von unseren Familien getrennt worden", sagte Kahn schließlich.

„Das ist von den Nazis beabsichtigt. Deren Taktik. Dass erst gar keine Hoffnung aufkeimt. Verschiedene Lager, aber das gleiche Schicksal. Nicht zu wissen, ob deine Frau oder deine Kinder noch leben, bringt einen um den Verstand." Er ließ einen Seufzer folgen. Marx nickte. Nach einer Weile ergriff Witek Zielewski das Wort: „Dann kann ich mich ja glücklich schätzen, denn ich weiß, was aus meiner Familie geworden ist."

Er stockte und dann erzählte auch er seine Geschichte: „Ich hatte mein Studium abgeschlossen und das sollte gefeiert werden. Da brach der Krieg aus.

Ich stamme aus Miedzichowo, einem kleinen Dorf an der deutsch-polnischen Grenze.

So klein, dass es auf keiner Karte eingezeichnet ist. Die Deutschen haben es im Handstreich eingenommen bei ihrem Vormarsch. Obwohl die polnischen Soldaten ihre Heimat tapfer verteidigten, hatten sie der deutschen Übermacht wenig entgegenzusetzen. Die deutschen Wehrmachtsoldaten verhielten sich vorbildlich.

Sie waren weder aggressiv noch brutal, auch nicht gegenüber der Bevölkerung.

Nachdem sie den Feind entwaffnet hatten, verteilten sie sogar ihre Proviantreserven unter den Dorfkindern. Ein Akt der Menschlichkeit.

Die Wehrmacht zog ab, als die Waffen-SS anrückte und übernahm."

Er stockte erneut. Die anderen am Tisch sahen, wie der junge Mann mit den Tränen kämpfte. Mit belegter Stimme sprach er weiter: „Sie ließen die Dorfbewohner auf dem Marktplatz zusammentreiben und selektierten uns Juden heraus.

Meine Eltern, meine kleine Schwester, ich und noch 36 anderes aus unserem Dorf.

Insgesamt 40 Juden. Der befehlshabende SS-Offizier lud seine Pistole durch und erschoss einen alten Mann vor den Augen des ganzen Dorfes. Das Entsetzen war groß." Wieder stockte er. „Was dann geschah, ist mit Worten schwer zu beschreiben. Er begann alle greisen Männer, alle Frauen und alle Kinder zu erschießen. Als meine Mutter an der Reihe war, stellte mein Vater sich schützend vor sie, da erschoss er erst meinen Vater, dann meine Mutter."

Er wischte sich die Tränen aus dem Gesicht, die er nun nicht mehr zurückhalten konnte. Jeder der hier Anwesenden, fühlte mit ihm und konnte sich vorstellen, wie schwer es ihm fallen musste, diese Erlebnisse zu schildern.

Als er sich halbwegs beruhigt hatte, zwang er sich, weiterzuerzählen: „Als ich mich vor meine Schwester stellte, erschoss der SS-Offizier sie an mir vorbei. Er feuerte seine Waffe so dicht an meinem Ohr ab, dass mein Trommelfell platzte. Niemals werde ich sein hassverzerrtes Gesicht vergessen."

Witek Zielewski holte Luft, als würden ihn die Worte ersticken. Er würgte, stammelte: „Fünfzehn Männer und Jungen ab vierzehn Jahren ließen sie am Leben. Wir waren als Arbeitssklaven vorgesehen."

Er schluckte, versuchte, den Kloß in seinem Hals loszuwerden.

„Was geschah mit den polnischen Soldaten?", fragte Martin nach einer Weile.

„Tja, die SS trieb sie hinter das Schulgebäude. Dort wurden sie liquidiert. Alle, ohne Ausnahme."

Es entstand eine längere Pause. Jeder hier versuchte, zu begreifen, was eigentlich nicht zu begreifen war.

Mit monotoner Stimme sagte Zielewski: „Fünfzehn polnische Juden aus meinem Heimatdorf sind hier im Lager gelandet. Das war im September 1939 bei Kriegsbeginn. Nur ich lebe noch. Ich hatte das Glück, als Funktionshäftling für die Nazis wichtig zu sein. Spricht man tatsächlich von Glück, wenn man so etwas erlebt hat? Ist es nicht vielmehr ein Fluch, weiter leben zu müssen mit diesen Erinnerungen?" Er sah in die Runde.

Mit tränenerstickter Stimme wimmerte er: „Es vergeht kein Tag, an dem ich mir nicht diese Frage stelle."

Um die Missstände in der Quarantänestation zu bekämpfen und der sich immer schneller ausbreitenden Seuchen Herr zu werden, mussten weitreichende Änderungen vorgenommen werden.

Martin versammelt das gesamte Pflegepersonal und erklärte, was geplant war und warum. Viele von den Häftlingen hatten bis zu ihrer Inhaftierung noch nie im Gesundheitssektor gearbeitet, darum war Aufklärung wichtig.

„Der Tuberkulosebazillus", so begann Martin, „wird von den Erkrankten durch Husten oder Niesen freigesetzt und schwebt als Aerosol durch die Luft, kann also von jedermann eingeatmet werden. Die Ansteckungsgefahr ist sehr hoch."

Gemurmel unter den Zuhörern. Martin fuhr fort: „Fleckfieber wird von Läusen übertragen. Typhus wiederum durch Salmonellen, die sich im kontaminierten Trinkwasser oder in Lebensmitteln befinden."

Er sah in die Runde und seine Stimme wurde eindringlich: „Wir müssen die Hygiene konsequenter umsetzen und die erkrankten Gruppen voneinander trennen."

Jemand fragte: „Wie willst du das anstellen? Woher nehmen? Wir haben doch nichts."

Es wurde unruhig unter den Anwesenden. Die Resignation war fühlbar.

Der junge Doktor Zielewski hob die Hand. Martin hatte ihn, Doktor Marx und Doktor Kahn mit seinem Konzept, das Massensterben einzudämmen, überzeugt, deshalb sagte er jetzt: „Der Professor kennt jemanden im Lager, der uns das Nötige besorgen kann."

Drei Tage später traf die erste Lieferung ein.

Das Pflegepersonal, das den Oberkapo Meinhardt beim Entladen des Pritschenwagens half, kam aus dem Staunen gar nicht mehr heraus.

Stapelweise trugen sie Zeltplanen und Befestigungsmaterialien herein.

Seiltrommeln, Wolldecken, Seesäcke mit neuer Häftlingskleidung sowie Kartons mit Verbandsmaterialien und Medikamenten, die so dringend gebraucht wurden.

Kisten mit medizinischem Mundschutz für das Personal. Eimerweise Desinfektionsmittel in flüssiger Form und jede Menge Entlausungpulver.

Zum Schluss wuchteten sie zu viert einen großen Kohleofen von der Ladefläche und mehrere Säcke Brennholz und Kohle. Zwei riesige Kochkessel und verschiedenes Geschirr.

Als die anderen sahen, wie herzlich Martin sich von dem Oberkapo Karl Meinhardt verabschiedete und sich bei ihm bedankte – der dies alles erst ermöglichte –, musste so mancher seine Meinung über den Barbaren des Lagers überdenken.

Die Quarantänestation konnte nun umgestaltet werden und der Hygienestandard wurde annähernd einer Krankenstation gerecht, denn jetzt waren die Mittel vorhanden.

Der Kohleofen wurde angeheizt, damit stets heißes Wasser zur Verfügung stand.

Eine Woche lang putzten und schrubbten sie den Boden und die Wände ab und sparten nicht mit Desinfektionsmittel.

Kontaminiertes, verdrecktes Stroh wurde zusammen mit verseuchter, versiffter Häftlingskleidung auf dem Hof verbrannt.

Die Pfleger wuschen die Kranken und entlausten sie mithilfe des Pulvers.

Dann teilten sie den großen Krankensaal, indem sie Seile spannten und mit den Zeltplanen als Barriere, mannshohe separate Bereiche schufen, um die Seuchen voneinander zu trennen und besser kontrollieren und behandeln zu können.

Jetzt, wo jeder wusste, worauf es ankam, wurde die Hygiene peinlichst genau beachtet.

Sie kochten die Wassersuppe, die es als Essensration gab, in der Krankenstation nochmals ab und auch das Trinkwasser wurde vorher abgekocht.

Man wusch die Kranken regelmäßig und entlauste sie.

Mit Jahresfrist hatte sich die Sterberate in der Quarantänestation halbiert.

Während Martin und seine Kollegen in der Seuchenabteilung um jedes Leben kämpften, ging das vorsätzliche Töten im Lager unvermindert weiter.

Besonders viele „Abgänge" verzeichnete das reguläre Lazarett, weil dort den Häftlingen die dringend benötigte ärztliche Hilfe oder lebensnotwendige Medikamente verweigert wurden.

Das SS-Pflegepersonal ließ die Patienten verwahrlosen und verhungern.

Interessant waren die Häftlinge für den Ärztestab um Doktor Schley nur, solange man an ihnen in den Laboratorien und Versuchsstationen medizinische Experimente durchführen konnte, die während oder danach unweigerlich tödlich endeten.

Doktor Gottlieb Schley fühlte sich gottähnlich. Seine uneingeschränkte Machtfülle als leitender Lagerarzt und Herr über Leben und Tod schmeichelte seiner Arroganz und endlich widerfuhr ihm jene Anerkennung – davon war er felsenfest überzeugt –, die ihm gebührte und zustand.

Vor dem Krieg war er ein unbedeutender Assistenzarzt an einem unbedeutenden Kreiskrankenhaus irgendwo in der Provinz gewesen.

Seine Mittelmäßigkeit hinderte ihn daran, beruflich voranzukommen. Diese Tatsache hätte er sich aber niemals eingestanden, denn sein Ego war enorm und seine Selbstüberschätzung bezeichnend.

Er redete sich stattdessen ein, seine Fähigkeiten und Talente würden nicht erkannt.

Als er in die NSDAP eintrat und Mitglied der SS wurde, wendete sich das Blatt.

Er reichte die Scheidung ein, denn er empfand seine Ehefrau – das brave Hausmütterchen – schon länger als Klotz am Bein und wenig förderlich für seine Karriere. Ließ den Kleinstadtmief hinter sich – denn schließlich warteten höhere Aufgaben auf ihn – und siedelte in die Großstadt um.

Durch seine Rücksichtslosigkeit und seiner Gefühlskälte stieg er innerhalb der SS schnell auf.

Skrupellos und unbarmherzig in jeder Hinsicht, verfolgte Schley seine Ziele, von Ehrgeiz nahezu zerfressen.

Er besaß jene Attribute, die in der SS gefragt waren und gefördert wurden.

Als die Chefarztstelle im Lager besetzt werden musste, war man sich in der SS-Führung sicher, in Schley den Richtigen gefunden zu haben.

Insgesamt verrichteten sechs Assistenzärzte und ein Oberarzt – als Schleys Stellvertreter – ihr schändliches Handwerk im Lagerlazarett. Sie zeichneten sich alle durch ihre Skrupellosigkeit gegenüber den Patienten aus, die mit dem Beruf des Mediziners so gar nicht in Einklang zu bringen war.

Die Häftlinge hatten bei den Ärzten und den Pflegern den Stellenwert von Laborratten oder Versuchskaninchen, wodurch die Experimente an ihnen kompromisslos durchgeführt werden konnten.

Sie forschten an minderwertigen Individuen, nicht an menschlichen Wesen.

Die Probanden wurden mit Seuchen infiziert. Man spritzte ihnen unbekannte Substanzen. Ihnen wurden Organe entnommen und amputierte ihnen Gliedmaße.

Am Ende ihres Leidensweges verabreichte man ihnen tödliche Injektionen, sie wurden vergast oder man ließ sie an ihren vorsätzlich zugefügten Verletzungen und Krankheiten qualvoll sterben.

Die Grausamkeiten waren beispiellos und an verachtenswerter Perversität kaum noch zu überbieten.

Der Schlimmste von allen, Doktor Manfred Kohlmeis, Nationalsozialist der ersten Stunde, Schleys Stellvertreter und Oberarzt, war Spezialist für Schussverletzungen, Amputationen und Organentnahme.

Der gelernte Chirurg sah es als Gottesgeschenk an, was der modernen Medizin im Lager geboten wurde. Hier war nichts unmöglich.

Als arischer Arzt erhielt er das Privileg, an minderwertigen Rassen wie Juden und Zigeunern experimentieren und forschen zu dürfen.

Realistischer konnte Wissenschaft nicht sein.

Vom hinteren Teil der Krankenstation, für die meisten verborgen, da wo sich die Gaskammer und das Krematorium befanden, beförderte ein Aufzug die Fahrgastkabine sechs Meter tief in den gut ausgebauten Kellerbereich.

Die Mauern waren hier einen Meter dick, schalldicht isoliert und sorgten dafür, dass kein Laut nach draußen drang.

Hier befand sich ein komplett eingerichteter Operationsbereich mit Intensivstation und Röntgenabteilung.

Daran angrenzend ein Schießstand. Oberarzt Manfred Kohlmeis' Leidenschaft.

Der passionierte Jäger und Waffennarr verfügte über eine Waffensammlung, die regelmäßig hier unten zum Einsatz kam.

Seine Schießexperimente sollten vielschichtige Erkenntnisse liefen, die den Ärzten an der Front und im Feldlazarett zugutekamen.

Er beschoss die Häftlinge mit unterschiedlichen Waffen und unterschiedlicher Munition aus variabler Entfernung in den Oberkörper, um bewusst innere Organe wie Magen, Lunge, Leber, Galle, Nieren, Milz und Blase zu verletzen. Peinlichst darauf achtend, dass sein Opfer am Leben blieb.

Es sollte untersucht werden, wie lange es dauerte, bis der Proband an seinen inneren Verletzungen verblutet war.

Waffenart, Munition, Schussentfernung und verletztes Organ wurden dokumentiert und in Listen festgehalten. Das übernahm einer der Assistenzärzte.

Sie assistierten auch bei der anschließenden Organentnahme, um zu untersuchen, wie stark das Projektil das jeweilige Organ verletzte und ob ein sofortiger ärztlicher Eingriff das Leben des Probanden hätte retten können.

In einer anderen Versuchsreihe beschoss Doktor Kohlmeis die Gliedmaße seiner Opfer, wie Arme und Beine, um ihnen die eingedrungenen Geschosse operativ wieder zu entfernen. Er wollte feststellen, inwieweit Muskeln, Arterien und Knochen verletzt waren und ob durch eine direkte Wundbehandlung das Körperteil hätte gerettet werden können oder ob eine Amputation unumgänglich war. Dann amputierte er sofort. Oft ohne Anästhesie, denn im Feldlazarett fehlte fast immer die Möglichkeit, zu narkotisieren. Alles sollte so authentisch wie möglich nachgestellt werden.

Wenn das Gebrüll der schmerzgeplagten Patienten überhandnahm, durchtrennte einer der Assistenzärzte den Gepeinigten die Stimmbänder.

Besonders bösartig waren die Nachsorgebehandlungen. Die Pfleger wurden angewiesen, die frischen Wunden nur mangelhaft zu versorgen, um vorsätzlich eine Sepsis herbeizuführen. Entzündete sich die Verletzung nicht schnell genug, wurde nachgeholfen mit Schmutzpartikel, nicht desinfiziertem Besteck oder Eiterbakterien, mit denen die Wunden kontaminiert wurden, die dann nach ein paar Tagen eine Amputation unumgänglich machten.

Der Patient bekam von dieser ruchlosen Heimtücke in der Regel nichts mit, denn ihn plagten Wundschmerz, Fieberschübe bis zum Delirium, Atemnot und Herzrasen.

Er litt Höllenqualen.

Nach erfolgter Amputation wurde er erneut infiziert und abermals amputiert.

Bis zu drei Operationen musste der so Gepeinigte über sich ergehen lassen, bis eine Spritze Phenol intrakardial, also direkt ins Herz, ihn tötete und erlöste.

Umfassende Studien in Bezug auf die Behandlung einer Sepsis wurden von Reichsführer SS Heinrich Himmler persönlich angeregt.

Das Experiment, mit dem Doktor Schley seinen Oberarzt beauftragte, wurde an vierundzwanzig Häftlingen durchgeführt.

Ihnen wurden tiefe Fleischwunden zugefügt, die man anschließend mit Eiter kontaminierte, um so eine Blutvergiftung herbeizuführen.

Dann teilte Doktor Kohlmeis und sein Team sie in drei Gruppen zu jeweils acht Patienten. Die Wunden der ersten Gruppe behandelten sie sofort nach der Diagnose mit Antibiotika intravenös. Alle Patienten überlebten.

Die Häftlinge der zweiten Gruppe behandelten sie erst vier Tage nach der Infektion.

Die Hälfte der Patienten überlebte nicht.

Die dritte Gruppe blieb gänzlich unbehandelt. Alle Probanden waren nach einer Woche tot.

Hitler wollte den perfekten Soldaten und seine Forderung an Deutschlands Wissenschaftler war unmissverständlich.

Es sollte ein Präparat, eine Art Wunderdroge, für den deutschen Elitesoldaten zur Verfügung stehen, das ihn gegenüber seinen Feinden haushoch überlegen werden ließ.

Unermüdlich im Kampfgeist, unerschrocken und tollkühn, tapfer und furchtlos. So stellte der Führer sich den perfekten Soldat vor.

Auf einer früheren Veranstaltung formulierte er die Anforderungen an seine Kämpfer:

„Schnell wie Windhunde, hart wie Kruppstahl und zäh wie Leder sollen sie sein."

Dabei diszipliniert und treu ergeben.

Der germanische Krieger. Symbol der Unbesiegbarkeit.

Ein Aufputschmittel, das sich Pervitin nannte, gab es schon in Pillenform.

Von den Soldaten als Panzerschokolade bezeichnet und sehr beliebt.

Es unterdrückte Müdigkeit, Schmerz und Hunger bei gleichzeitiger euphorischer Wirkung. Dieses Hochgefühl musste aber mit immer neuen Pillen aufrechterhalten werden und ging mit starken Nebenwirkungen einher.

Schweißausbrüche, Schwindel, Halluzinationen waren keine Seltenheit. Sobald das Präparat abgesetzt wurde, stellten sich Depressionen, Angstzustände und Wahnvorstellungen ein. An der Front kam es immer häufiger zu Tötungen in den eigenen Reihen und Selbstmorden. Der Entzug war unkontrollierbar.

Mit Hochdruck experimentierten Doktor Schley und seine Assistenten im Lager mit Drogen wie Kokain, Opium, Heroin, Mescalin, Scopolamin und einer Reihe anderer Substanzen.

In seiner Selbstüberschätzung war Schley davon überzeugt, seinem Führer schon bald diese eine Wunderpille liefern zu können, und er, Schley, würde in die Geschichte eingehen, weil seine Erfindung, sein Präparat, dem Krieg eine glückliche Wendung gab und der Endsieg dadurch in greifbarer Nähe rückte.

Allerdings drängte die Zeit.

Schley verabreichte den Probanden unterschiedliche Drogen in unterschiedlichen Mengen und in unterschiedlicher Form.

Mal gespritzt, mal in Tropfenform zum Schlucken, mal als Pulver zum Schnupfen.

Die Experimente unter Drogeneinfluss waren für die Häftlinge mörderisch. Sie wurden unmenschlichen, körperlichen Belastungen ausgesetzt und umfangreichen Tests unterzogen. Ihre Widerstandsfähigkeit, ihre Schmerzempfindung und Robustheit standen auf dem Prüfstand.

Schley ließ die Häftlinge drei Tage ohne Pause mit 25 Kilogramm Gepäck marschieren. Ihnen wurde eine Woche lang Schlaf entzogen. Ihre ohnehin kargen Essensrationen wurden halbiert. Stundenlanges Duschen bei eisiger Kälte gehörte genauso zum Abhärtungsprogramm wie die Versuche ihre Schmerzempfindlichkeit betreffend, indem sie verschieden starke Stromstöße ertragen mussten, oft in der Weise, das Batteriekabeln an ihren Geschlechtsteilen angeschlossen waren, durch die permanent elektrischer Strom floss.

Nicht selten griff ein gemarterter, verzweifelter Proband eine Wache an, um erschossen zu werden. Es kam auch vor, dass ein Häftling auf Droge sich in den mit Starkstrom geladenen Stacheldrahtzaun warf, der das Lager umgab, um seine Pein zu beenden.

Am Ende stand die Erkenntnis, dass die getesteten Drogen enormes Suchtpotenzial besaßen und sich fatale Nebenwirkungen einstellten, die gewünschten Resultate aber ausblieben.

So beendete Schley die Versuche zähneknirschend und frustriert.

Kapitel 10

Viele Menschen in der Bevölkerung waren mit Hitlers Politik nicht mehr einverstanden. Die Verluste an allen Frontabschnitten kennzeichneten immer deutlicher den Irrweg, den Deutschland eingeschlagen hatte und der unweigerlich in einer Katastrophe enden musste.

Kaum einer glaubte noch an den Endsieg und viele hielten die Durchhalteparolen des Propagandaministers Josef Goebbels für leeres Geschwätz.

Sie erkannten, dass ihre Volksvertreter sich verkalkuliert hatten.

Kritik an Adolf Hitler oder der Nazi-Führung, sogar im engsten Freundeskreis, war lebensgefährlich geworden, denn die Gestapo hatte ihre Spitzel überall.

Jeder konnte Denunziant sein.

Eine missbilligende Bemerkung oder eine unbedachte Äußerung über das Regime reichte aus und man fand sich im Konzentrationslager wieder.

Die Verhaftungen mehrten sich und die Lager im Reich platzten aus allen Nähten.

Hohe namhafte Offiziere kritisierten Hitlers Kriegsführung seit Langem und seine schwerwiegenden militärischen Fehleinschätzungen. Allerdings nur hinter vorgehaltener Hand und hinter seinem Rücken.

Schon länger gärte es auch im Generalstab, denn die Engstirnigkeit und die Verkennung einfachster militärischer Grundregeln, gepaart mit Hitlers Unbelehrbarkeit kosteten Menschenleben. Viele Menschenleben. Täglich, an allen Abschnitten der Front.

Aber der „Hobbystratege“ – wie ein Generalfeldmarschall ihn heimlich bissig zu nennen pflegte – blieb beratungsresistent in allen Belangen.

Schließlich war er – Adolf Hitler – der größte Feldherr aller Zeiten.

Die Verhaftungswellen im Reich waren für die Lagerleitungen zum Problem geworden.

Der Platzbedarf, nicht einkalkuliert und schlussendlich nicht vorhanden.

Also musste der Bestand reduziert werden, auf eine Art und Weise, wie sie früher schon praktiziert worden war.

Der Lagerkommandant ordnete Hinrichtungen an, im Altbestand.

Die SS-Wachmannschaften benutzten dafür die vorhandenen Tötungseinrichtungen wie Gaskammer und Genickschussanlage.

Den meisten Abteilungsleitern war diese Art der Exekution nicht spektakulär genug. Fanden sie doch mehr oder weniger im Verborgenen statt. Eine Hinrichtung sollte öffentlich sein, um den Häftlingen unmissverständlich vor Augen zu führen, wie minderwertig sie waren und wie schnell man sich ihrer entledigen konnte.

Die Hinrichtungsstätten direkt unter dem Wachturm neben dem Eingangstor kennzeichneten die schweren Eichenbalken – zehn an der Zahl –, an denen die Gefangenen stranguliert wurden oder beim sogenannten Pfahlhängen starben.

Diese Art der Hinrichtung war für die Delinquenten besonders grausam, weil sie unerträgliche Schmerzen erleiden mussten und das über mehrere Stunden, bis der Tod sie erlöste.

Ihnen band man die Hände auf dem Rücken und an diesen Stricken wurden sie hochgezogen, sodass die Füße nicht mehr den Boden erreichen konnten.

Das eigene Körpergewicht des Gepfählten zog ihn nach unten, während seine Arme nach oben gerissen wurden.

Unweigerlich kugelten die Arme nach kurzer Zeit aus den Schultergelenken.

Die Lunge konnte sich durch die unnatürliche Position nicht ausdehnen beim Einatmen. Das Atmen fiel dem Gepeinigten immer schwerer und die Lungenkapazität verringert sich stetig. Er erstickte langsam und qualvoll.

Sein Sterben dauerte zwei, manchmal drei Stunden.

Wenn es den SS-Wachen zu lange dauerte, hängte man dem Häftling zusätzlich Gewichte an die Füße.

Das gesamte Lager musste ausharren und mitansehen, wie die Häftlinge gehängt oder gepfählt wurden, um unter den Gefangenen die Angst zu schüren.

Dreimal in der Woche wurde Frühsport befohlen. Diese „Leibesübung“ war bei den SS-Wachmannschaften sehr beliebt und als regelrechtes Gaudi fester Bestandteil des Lageralltags. Natürlich nicht für die Strafgefangenen.

Nach dem Morgenappell wählte der Rapportführer zwei Baracken aus, die im Wettstreit gegeneinander antreten mussten. Auffällig oft, Juden gegen Zigeuner oder Juden gegen Juden.

300 ausgemergelte, kraftlose, nur noch aus Haut und Knochen bestehende Mumien mussten einmal um den Appellplatz herum an den angetretenen Häftlingen vorbei quälende 700 Meter zurücklegen.

Das erste Drittel im Dauerlauf. Das zweite Drittel im Entengang. Das letzte Drittel in Häschen-hüpf-Manier.

Natürlich brachen die Abgezehrten, Entkräfteten immer wieder zusammen.

Dann wurden sie von den Wachen und den Kapos durch Schläge und Tritte in brutalster Weise vorangetrieben.

Wenn sie es nicht mehr schafften, aus eigener Kraft auf die Beine zu kommen, oder ihr Kreislauf kollabierte, schoss man ihnen eine Kugel in den Kopf.

So ermordeten die Nazis schon früh am Morgen zwischen 40 bis 50 Häftlinge im Beisein des gesamten Lagers.

Für kleinere Vergehen wurde die Prügelstrafe verhängt. Auch hier waren die Überlebenschancen für den Delinquenten sehr gering.

25 bis 30 Schläge mit dem Ochsenziemer oder der Peitsche waren obligatorisch.

Die Bestrafung erfolgte immer öffentlich, meistens beim Abendappell, wenn die Häftlinge vollzählig angetreten waren.

Der Prügelbock stand etwas seitlich unter dem Wachturm an einer Stelle, die von allen Sträflingen gut eingesehen werden konnte.

Der Unglückliche musste sich nackt ausziehen und sich bäuchlings über den Bock legen. In extra dafür angebrachten Vorrichtungen am Untergestell klemmte man ihm die Hände und Füße ein, dass er sich kaum bewegen und sich auch nicht aus eigener Kraft befreien konnte.

Wenn der erste Schlag erfolgte, ging das klatschende Geräusch nicht wenigen durch Mark und Bein, zusammen mit dem Schmerzensschrei des Opfers.

Die Schläge – mit äußerster Wucht ausgeführt – rissen Stücke Fleisch aus Gesäß und Rücken bis zu den Knochen der Wirbelsäule.

Die Schläge legten nicht selten die Nieren frei oder zerschlugen dem Delinquenten die Hoden. Nach Beendigung der Strafe wurde wegtreten befohlen.

Das Opfer ließ man auf dem Bock liegen. Die ganze Nacht.

Im Winter war er bis zum Morgen erfroren.

Im Sommer kamen die Mücken und die Schmeißfliegen in Scharen und legten ihre Eier in die frischen Wunden.

Zwei Ereignisse im Sommer 1944 ließen die Menschen auf der ganzen Welt den Atem anhalten. Im Lager sorgten diese Nachrichten für verhaltenen Optimismus.

Anstelle von Resignation, Hoffnungslosigkeit und Lethargie trat vorsichtige euphorische Zuversicht.

Am 6. Juni landeten alliierte Streitkräfte an verschiedenen Strandabschnitten der Normandie in Nordfrankreich mit über

3000 Landungsbooten und bildeten eine zweite Front gegen Nazideutschland.

Fallschirmjäger und Luftlandetruppen nahmen im Hinterland strategisch wichtige Stützpunkte ein.

Im Verlauf der folgenden Wochen kämpften 330 000 alliierte Soldaten, bestehend aus Amerikanern, Franzosen, Briten, Kanadiern und Polen gegen die deutschen Befestigungen.

Hitler hingegen erwartete die Invasion an der schmalsten Stelle zwischen Dover und Calais, auch weil die Entfernung zum Ruhrgebiet – dem Zentrum der deutschen Schwerindustrie – von hier aus am kürzesten war.

Er behielt zwei Panzerdivisionen als Reserve an der Opalküste am Ärmelkanal und im Hinterland der Picardie und weigerte sich vehement – entgegen den Ratschlägen seiner Generäle –, diese Divisionen Richtung Normandie in Marsch zu setzen.

Noch zwei Wochen nach der Invasion hielt Hitler dies für ein Täuschungsmanöver der Alliierten und erwartete den Hauptstoß immer noch in Calais von Dover aus.

Ein fataler Irrtum und eine schwerwiegende Fehleinschätzung, wie so oft, denn die flachen Strände der Normandie waren von den Alliierten klug gewählt und für die schnelle Landung bestens geeignet.

So gelang es ihnen, nach wochenlangem zähem Kampf eine hundert Kilometer breite und dreißig Kilometer tiefe Front zu bilden.

Schließlich konnte Frankreich, das seit dem Frühsommer 1940 von den Nazis besetzt war, befreit werden.

Würde der Krieg nicht mehr lange dauern?

Am 20. Juli 1944 verübte Oberst Graf Claus von Stauffenberg ein Attentat auf Adolf Hitler, um Deutschland vom diktatorischen Joch der Nazis zu befreien.

Es war der Auftakt zu einem Staatsstreich, von langer Hand geplant, um den Krieg und das Blutvergießen zu beenden.

Aber Hitler überlebte nur leicht verletzt.

Noch in der gleichen Nacht wurden Oberst Stauffenberg und drei seiner engsten Mitverschwörer im Hof des Bendlerblocks, dem Sitz des Verteidigungsministeriums, erschossen.

Was folgte, war eine Verhaftungswelle nie gekannten Ausmaßes.

5 000 Personen saßen zeitweise in Haft.

700 aktive Verschwörer zählten die Nazis zum erweiterten Kreis um Oberst Stauffenberg und Generalfeldmarschall Helmuth von Moltke, den Hauptdrahtziehern aus dem früheren Adel und dem Militär.

Diese Verschwörer wurden wegen Hochverrats angeklagt und in Schauprozessen verurteilt. Die meisten von ihnen zum Tode.

110 Exekutionen fanden alleine im Strafgefängnis Plötzensee statt.

Sie wurden mit Drahtschlingen erhängt, auf persönlichem Befehl Hitlers, damit sie langsam und qualvoll starben.

„Ich will diese Verbrecher hängen sehen, wie Schlachtvieh", soll Hitler gesagt haben.

Die Personenzahl, die im Zusammenhang mit dem gescheiterten Staatsstreich ihr Leben ließ, war weit höher.

Viele starben in der Haft, der Willkür ihrer Bewacher ausgesetzt.

In Ungnade fielen alle, die auf die eine oder andere Weise zu Mitwissern wurden.

Die Nazis nannten diese Personen Dulder.

Durch ihre Passivität war es erst möglich geworden, die Verschwörung zu planen und geheim zu halten.

Diese Dulder beteiligten sich zwar nicht am Staatsstreich, unternahmen aber auch nichts, ihn zu verhindern. Sie duldeten es stillschweigend.

Sie starben durch Folter oder unmenschliche Behandlung in den Gestapokellern oder im Konzentrationslager.

Der Kommandant entschied, die Mitverschwörer des 20. Juli direkt in den Arrestbereich zu überstellen und erst gar nicht im regulären Lager aufzunehmen.

„Sie leben nicht lange genug, um Plätze in den Baracken zu blockieren", sagte er zu seinem Verwaltungschef. Das Lager war seit Langem hoffnungslos überfüllt.

Teilweise grausam zugerichtet von den Verhörmethoden der Staatspolizei, durchliefen sie das Aufnahmeritual vor den angetretenen Lagerinsassen.

Die meisten der Neuankömmlinge realisierten ihr besiegeltes Schicksal.

Sie mussten in den letzten Tagen in den Gestapokellern die Hölle erleben und ihnen schwante, dass dies erst der Anfang eines Alptraums war, aus dem man sie nicht mehr erwachen ließ.

Nach dem obligatorischen Kahlscheren und der kalten Dusche trieb man sie nackt mit Schlägen und Tritten über den Appellplatz Richtung Lagergefängnis neben dem Verwaltungsgebäude.

Leiter des Arrestbereichs war Hauptscharführer Fritz Hahneke, ein Teufel in Menschengestalt. Er befehligte dreißig handverlesene, extra für diesen Dienst ausgesuchte Psychopaten übelster Sorte, ohne Gewissen und ohne Skrupel.

Sie nannten sich Sonderkommando.

Ihr Umgang mit den Inhaftierten war an Brutalität und Abartigkeit nicht zu überbieten.

Die meisten des Sonderkommandos – allen voran Hauptscharführer Hahneke – nahmen das Attentat auf ihren geliebten Führer sehr persönlich und als ruchloses Verbrechen wahr.

Die damit in Verbindung gebrachten Verschwörer waren in ihren Augen Schwerverbrecher, die ihre neue Weltanschauung zum Einsturz bringen wollten.

Sie verdienten den Tod. Alle, ohne Ausnahme.

Vorher aber sollten sie spüren, wie es jenen Subjekten erging, die ihrem Idol, ihrem Führer, Schaden zufügen wollten. Sie sollten nicht einfach nur sterben. Sie sollten leiden. Nicht wenige dieser Psychopathen bedauerten es zutiefst, dass ihre Opfer nur einmal getötet werden konnten.

Der Arrestbereich verfügte über achtzig Zellen und fünf Verhörräume.

In jede dieser Zellen pferchten die Aufseher zwanzig Verschwörer und mehr.

So war es den Inhaftierten nicht möglich, zu sitzen oder gar zu liegen.

Sie standen Schulter an Schulter. Tagelang. Man gab ihnen nichts zu essen und zu trinken und verweigerte ihnen den Toilettengang.

So mussten sie sich in den Zellen erleichtern.

Bald schon stank es infernalisch nach menschlichen Exkrementen.

Wenn man die Häftlinge zu den Verhören abholte und einzeln herauszerrte, geschah das offensichtlich planlos und so versuchte jeder Gefangene, einen Platz weiter hinten in der Zelle zu ergattern, möglichst weit weg von der Tür.

Schnell aber wurde klar, keiner konnte seinem Schicksal entrinnen, denn viele kamen von der Befragung nicht wieder zurück und so lichteten sich die Reihen und in den Zellen wurde es übersichtlicher.

Die Verhöre des Sonderkommandos waren überaus brutal und schonungslos, aber auch vielseitig.

Zuerst überprüften sie die Standfestigkeit und Willenskraft des Häftlings.

War er kleinmütig, nervös und schwach, hatten sie leichtes Spiel mit ihm.

Nach anfänglichem Leugnen, mit der Verschwörung in Verbindung gebracht zu werden, wurde der Strafgefangene seelisch zermürbt durch Einschüchterung und leichter körperlicher Züchtigung.

Ohrfeigen, Tritte gegen das Schienbein oder Faustschläge in die Magengrube zeigten schnell Wirkung.

War der vermeintliche Verschwörer widerstandsfähiger, unzugänglich oder stur, wurden krassere Maßnahmen ergriffen.

Faustschläge ins Gesicht oder gegen den Kopf und Schläge mit dem Ochsenziemer oder Gummiknüppel auf Arme und Beine, Rücken und Gesäß waren obligatorisch.

Als verschärfte Vernehmung setzten sie Folterwerkzeuge ein.

Beliebt war die Garrotte – jene Halskrause aus Eisen –, mit der der Gefangene bis zur Bewusstlosigkeit gewürgt wurde. Man verbrannte ihm mit der Lötlampe die Geschlechtsteile oder übergoss diverse Körperteile mit kochendem Wasser.

Sie zerschlugen die Fingergelenke oder die Kniescheiben mit einem Brecheisen.

Flößten ihm mit Urin und Kot verunreinigtes Wasser ein.

Sie zerschnitten ihrem Opfer die Karpalbänder an den Handgelenken und durchtrennten ihm die Achillessehnen an den Fersen.

Greifen mit den Händen oder aufrechtes Gehen war dem Häftling nun nicht mehr möglich.

Hauptscharführer Hahneke schnitt den Gefangenen persönlich die Zunge heraus, mit den Worten: „Wenn du dich weigerst, zu reden, wirst du nie wieder reden."

Für die meisten Verschwörer endete ihr Leben nach tagelangem Martyrium und erduldeter Quälerei in der Gaskammer, am Galgen, in der Genickschussanlage oder vor dem Erschießungskommando an der Lagermauer.

Für eine besondere perfide Exekution ließ Hahneke im Hof des Arrestbereichs fünfzehn Holzbalken errichten, für fünfzehn ausgesuchte Häftlinge, die sich bei den Verhören besonders renitent gezeigt hatten.

Man band diesen Gefangenen die Hände auf dem Rücken und hängte sie mit dem Kopf nach unten an den Füßen auf, sodass ihre Schädel fast den Boden berührten.

Hahneke nannte es „ausbluten lassen." Wenn sie dort die ganze Nacht hängen mussten, ihrem grauenhaften Schicksal ausgeliefert.

Zuvor waren diese Delinquenten in den Verhören bestialisch gefoltert und misshandelt worden. Sie waren bis auf Blut gequält worden und man brachte ihnen zahllose Wunden bei. Stark blutende Wunden.

Wenn die Nacht hereinbrach, lebten die Gepeinigten noch.

Als die Ratten – angelockt von dem Blut – anfingen, ihre Gesichter weg zu fressen, hielten sich viele Häftlinge in den Baracken die Ohren zu.

Die entsetzlichen Schreie der Gemarterten, die nichts Menschliches mehr an sich hatten, vermischten sich mit dem zufriedenen Quieken der Ratten und deren schmatzenden Fressgeräuschen.

Martin und seine Kollegen versuchten, so wenig genesene Häftlinge wie möglich aus der Quarantäne zu entlassen.

So wurde die Station zum Schutzraum des Lagers, zur Rettungsinsel, denn die SS machte aus Angst vor Ansteckung einen großen Bogen um diesen Bereich und überließ sie ihrem Schicksal.

Einmal am Tag inspizierte Martin die komplette Station.

Er kam eben von den Fleckfiebererkrankten, als er auf Karl Meinhardt traf. Der trug einen Korb Lebensmittel unterm Arm, wie immer, wenn er die Quarantänestation aufsuchte.

Der Korb war gefüllt mit Kartoffeln, Steckrüben und Gemüse verschiedenster Art.

Meinhardt wusste, dass Martin die Gaben nicht für sich alleine nutzen würde, das tat er nie. Er teilte immer mit der ganzen Station.

Am effektivsten ging es, das hatten sie ausprobiert, indem sie die Lebensmittel in einem großen Kessel mit Wasser kochten und anschließend einstampften.

So konnte nach Belieben gestreckt werden, damit jeder eine halbe Tasse Nahrhaftes bekam. Sie nannten es „Suppenallerlei."

Martin ging mit Meinhardt in die kleine Kammer und sie setzten sich an den Tisch.

„Du siehst scheiße aus, Professor", sagte Meinhardt mit seiner ihm eigenen Offenheit. „Danke", erwiderte Martin. „Ich habe dich auch lieb." Sie lachten.

Dann plauderten sie über dies und das, bis Meinhardt sagte: „Es dauert nicht mehr lange. Sie fangen an, die Lager zu räumen. Im Osten haben sie schon damit begonnen. Bald sind wir an der Reihe." „Verstehe." Martin legte die Stirn in Falten.

Er hatte schon davon gehört und natürlich machte er sich Sorgen um seinen Freund. Er war nicht besonders beliebt und es würden sich nicht viele Fürsprecher finden lassen unter den Häftlingen.

„Ich werde flitzen“, sagte Meinhardt, als hätte er Martins Gedanken erraten.

„Und wie?“ Martin sah ihn fragend an.

„Ich habe mir eine Uniform besorgt. Als SS-Offizier marschiere ich an den Wachen vorbei zum Tor hinaus.“ Er kicherte. „Klingt einfach“, sagte Martin. „Ist es auch.“

Nach einer Weile sagte Meinhardt: „Es wird Zeit für mich. Ich wollte mich von dir verabschieden. Wir werden uns wiedersehen, wenn alles vorbei ist.“

„Sicher?“ Martin schluckte. „Ganz sicher. Jetzt musst du auf dich selber achtgeben.“

Sie standen beide auf. Dann schüttelten sie sich die Hände und schauten sich dabei lange in die Augen. Länger als üblich. Sie wussten beide, was sie voneinander zu halten hatten. „Alles Gute.“ Meinhardt war zur Tür hinaus, noch bevor Martin etwas erwidern konnte.

„Alles Gute, mein Freund“, flüsterte Martin und etwas in ihm ließ ihn ahnen, dass er seinen Schutzengel – ohne den er das Lager nicht überlebt hätte – nie mehr würde wieder sehen.

Die beiden Wachposten am Tor, blutjung und unerfahren, sahen den Offizier auf sich zukommen. Zwei Dinge weckten ihren Argwohn. Erstens war es schon weit nach Mitternacht, eine ungewöhnliche Zeit, das Lager jetzt noch zu verlassen.

Zweitens trug der Standartenführer keine maßgeschneiderte Uniform wie bei Stabsoffizieren üblich. Die Hose zu kurz, die Jacke viel zu eng, sah der Offizier, der jetzt vor ihnen stehen blieb, grotesk aus. Deshalb verlangte einer der Posten die Ausweispapiere. Sein gutes Recht.

Ohne Vorwarnung schlug Karl Meinhardt zu. Seine Faust traf den Wachposten krachend am Kinn. Der fiel um wie ein gefällter Baum. Als Meinhardt sich zum zweiten Posten drehte, schoss der ihm zweimal in die Brust. Die Projektile zerfetzten ihm die Herzkranzgefäße und er sackte tödlich getroffen in sich zusammen.

Der Tod seines Freundes traf Martin bis ins Mark und er fragte sich, wann dieser Wahnsinn endlich enden würde.

Er setzte sich in die Kammer an den Tisch, wo er vor zwei Tagen noch mit Meinhardt gesessen hatte, und brütete vor sich hin. Er musste jetzt alleine sein und die anderen respektierten das. Ihm war Elend zumute.

Als er von einem Hustenanfall geschüttelt wurde, fasste er sich an die Wangen.

Heiß registrierte er. Fieber und das nicht zu knapp.

Schweißperlen bildeten sich auf seiner Stirn und gleichzeitig fror er, sodass ihm ein Schauer über den Rücken lief.

Als er erneut einen Hustenanfall bekam und Blut spuckte, wusste Martin, dass er mit Tuberkulose infiziert war.

In den darauffolgenden Tagen verschlechterte sich Martins Gesundheitszustand rapide. Hier im Lager gab es so gut wie keine Behandlungsmöglichkeit gegen diese Krankheit. Nicht ohne Medizin. In den letzten zweieihalb Jahren hatten sie an die fünfhundert Patienten durch Tuberkulose verloren, weil die benötigte Arznei fehlte.

Martin lag in der Kammer auf dem Feldbett, von den anderen Patienten getrennt.

Von Fieberschüben und Hustenanfällen gequält, musste er sein Schicksal ertragen, ohne Hoffnung auf Hilfe.

Seine Ärztekollegen kümmerten sich, waren aber machtlos.

Was konnte sie tun?

Ohne Antibiotika und andere Medikamente war Martin verloren.

Er schleppte sich zum Fenster. Mit fiebrigen, blutunterlaufenen Augen beobachtete er die Szenerie, die ihm unwirklich erschien. War das ein Traum? Eine Halluzination im Fieberwahn? Oder passierte das, was er sah, in Wirklichkeit?

Neben ihm tauchten Doktor Zielewski, Doktor Marx und Doktor Kahn auf, da wusste Martin, dass es die Realität war.

Unaufhörlich hatten die Maschinengewehre in den letzten Tagen gehämmert und nun sah er die Berge von Leichen auf dem Appellplatz aufgetürmt liegen, beschienen von der warmen Aprilsonne. Er fror und seine Nackenhaare sträubten sich, als er die menschlichen Skelette vor den Baracken und am Stacheldrahtzaun stehen sah.

Abgemagerte, ausgezehrte, knochige Gestalten mit toten Augäpfeln tief in den Augenhöhlen liegend. Stumm, starr, regungslos. Unfähig, Empfindungen zu zeigen.

Ihre Gefühle abgetötet von den Erlebnissen, um aushalten zu können, was weit jenseits jeder Vorstellungskraft lag.

Jetzt erst nahm Martin das monotone Motorengeräusch der Militärfahrzeuge wahr, die durch das Lagertor rollten, und er sah die russischen Soldaten mit ihren Gewehren im Anschlag, bevor er das Bewusstsein verlor.

Am 8. Mai 1945 kapitulierte Deutschland.

Der größte Feldherr aller Zeiten erlebte dies nicht mehr.

Er hatte sich eine Woche vorher durch Selbstmord seiner Verantwortung entzogen.

Die Überlebenden des Lagers verteilten die Alliierten auf die Krankenhäuser der Umgebung.

Martin kam in ein Spital in Brandenburg, siebzig Kilometer von Berlin entfernt.

Seine Erkrankung entsprechend, musste er isoliert werden. Er war hochansteckend.

Es stand sehr schlecht um ihn. Wegen seiner Unterernährung und seines Vitaminmangels hatte er der Krankheit wenig entgegenzusetzen.

Seine Lungen und ein Herzmuskel waren entzündet.

Die Ärzte verabreichten ihm verschiedene Antibiotika und andere Präparate intravenös. Nichts schien anzuschlagen. Sie waren ratlos.

Dann endlich, nach Wochen auf der Intensivstation, ging es mit Martin aufwärts.

Die Entzündungswerte waren im Normbereich und mit drei Mahlzeiten am Tag, viel Obst und Gemüse, Säften frisch gepresst, hatte er nach drei Monaten sein altes Gewicht fast wieder.

Er drängte ungeduldig auf seine Entlassung und schließlich willigte der behandelnde Arzt ein, wohlwissend, dass Martin vom Fach war und die Risiken einschätzen konnte.

Er erhielt einen Passierschein für ganz Deutschland und machte sich auf den Weg Richtung Weingarten am Bodensee.

Der Zug passierte die letzten Ruinen. Nun ging es nur noch über die Dörfer, fernab der großen Städte.

Martin stand am Fenster und vor ihm zog eine Landschaft vorbei, wie er sie in Erinnerung behalten hatte.

Die Bauernkaten im Fachwerkstil, die allen widrigen Umständen trotzten.

Die saftig grünen Wiesen mit den alten Obstbäumen. Die Stoppeln der Getreidefelder, jetzt im August.

Strohmieten, aufgeschichtet zu großen Haufen, um sie später einzufahren.

Der mannshohe Mais, so weit das Auge reichte.

Alles schien wie immer, denn hoch oben thronte das Kloster Heilig Kreuz als Wächter dieser Region.

So glaubten es die Menschen seit Generationen und sahen sich in ihrem Glauben bestätigt, denn der Krieg hatte hier einen Haken geschlagen, auf seinem alles zerstörenden Weg.

Der Zug rollte aus und hielt dann dampfend an dem einzigen Bahnsteig.

Martin stieg aus und schulterte seinen Rucksack. Der Bahnhofsvorsteher in seiner verblassten Uniform nickte ihm freundlich zu.

Zu dieser Mittagsstunde wirkte die einzige Straße des Dorfes, die Martin wenig später hinaufging, wie ausgestorben. Vielleicht weil Sonntag war, dachte er.

Eine ältere Frau stand in ihrem Vorgarten und blickte ihm neugierig entgegen.

Sie vergrub ihre Hände in ihrer Schürze.

Martin fiel auf, dass die Frau wohl genährt war und eine gesunde Gesichtsfarbe hatte. Ganz anders als die grauen Hungergesichter in der Stadt.

Martin sprach sie an: „Guten Tag, Dürfte ich Sie um ein Glas Wasser bitten?“

Sie erwiderte den Gruß freundlich und verschwand im Haus.

Kurze Zeit später erschien sie mit einem Krug Milch und einer Tasse. „Ganz frisch“, sagte sie. „Gott vergelts.“ Martin trank gierig.

„Wohin des Weges?“ Wollte sie wissen.

„Zum Kloster“, erwiderte Martin. „Oh“, die Frau bekreuzigte sich. „Woher kommen Sie?“ Ihre Neugierde war ihr nicht im Geringsten peinlich.

„Aus Berlin“, sagte Martin lächelnd. „Oh“, sagte sie wieder. „Wie sieht es denn jetzt dort aus? Man hört ja einiges.“

„Alles kaputt. Alles in Schutt und Asche“, seufzte Martin.

„Wir können von Glück sagen, dass es hier weit und breit keine Industrie gibt, die sich zu zerstören gelohnt hätte“, sinnierte die Alte.

„Wohl wahr.“ Martin nickte. Er reichte ihr die leere Tasse und wollte sich verabschieden.

„Warten Sie.“ Sie ging ins Haus und als sie wieder kam, reichte sie Martin eine Tüte mit frischem Obst. „Eigene Ernte“, lachte sie.

Martin verstaute die Leckerei in seinem Rucksack, bedankte sich nochmals und setzte seinen Weg fort.

Am Ortsausgang, dort wo das Kopfsteinpflaster deutlich anstieg, blieb er stehen und blickte hinauf zum Kloster. Er wusste, dass er für den Aufstieg seine ganze Kraft mobilisieren musste.

Seine angegriffenen Lungen und sein Herz waren dieser Strapaze kaum gewachsen.

Sein Körper, nachhaltig geschwächt durch Unterernährung, Vitaminmangel und verschleppte Krankheiten war große Belastungen nicht mehr gewachsen.

Nur er selber wusste, wie krank er war.

„Gehen wir es an“, sagte Martin laut und setzte einen Fuß vor den anderen, mit Bedacht. Schon nach wenigen Metern sah er sich in seinen Befürchtungen bestätigt, denn er geriet sehr schnell außer Atem.

Er blieb stehen und rang nach Luft. Hier stieg der Weg steil an.

Nach einer kleinen Verschnaufpause ging er weiter. Er schwitzte und das Hemd klebte ihm am Rücken. Es gab hier keinen Schatten. Er würde auf seinem Weg hinauf der Sonne schutzlos ausgesetzt sein, die aus einem wolkenlosen Himmel strahlte.

Wieder blieb er stehen und wischte sich mit dem Handrücken über die Stirn.

Martin betrachtete die Landschaft, die ihn immer wieder aufs Neue faszinierte.

Auf der gegenüberliegenden Seite die Berghänge, schroff und wild, mit Felsvorsprüngen bis hinauf zum Bergkamm. Diesseits die sanft abfallenden Wiesen bis hinunter zum See.

Er schleppte sich weiter, bis seine Kräfte ihn erneut verließen.

Die Hälfte hatte Martin geschafft, als er beschloss, eine längere Pause einzulegen.

Er setzte sich ins Gras und nahm den Rucksack von den Schultern.

Dann öffnete er die Tüte und zu seiner Freude lachten ihn verschiedene Obstsorten an. Ein Apfel, eine Birne, zwei rote Pfirsiche und eine Hand voll Pflaumen. Er aß langsam und mit Bedacht. Zu normalen Zeiten wäre das, was er zu Mittag aß, nichts Besonderes gewesen. Aber es waren alles andere als normale Zeiten und nach den Entbehrungen im Konzentrationslager bekamen viele Dinge, auch alltägliche Dinge, eine besondere Bedeutung.

Im Lager hätten nicht wenige Insassen für einen Apfel oder ein paar Pflaumen gemordet, um zu überleben. Die Inhaftierung hatte sie zu Tieren werden lassen.

Als Martin sein Mahl beendet hatte, fühlte er sich gestärkt.

Er setzte seinen Weg fort und keuchte dem Kloster entgegen. Noch mehrmals musste er stehen bleiben, weil er keine Luft mehr bekam. Sein Atem ging pfeifend und seine Bronchien verschleimten. Sein trockener Husten war nicht in der Lage, den Schleim abzuhusten, so setzte er sich erneut ins Gras.

Fünf Minuten sagte er sich. Nur fünf Minuten.

Er schwitzte aus allen Poren, als er sich schließlich weiterschleppte.

Die letzten Meter, da wo es am steilsten war, kroch er. Vor dem Tor blieb er nach Luft ringend liegen. Er hatte seine Kräfte aufgebraucht. Rührte sich lange nicht.

Dann raffte Martin sich auf und schleppte sich an der Klostermauer vorbei zum Friedhof.

Viele Gräber waren in den letzten Jahrzehnten dazugekommen.

Vor Thomas Grab blieb er stehen. Ein mächtiger Rosenbusch wucherte an Thomas Kreuz empor, dort wo Martin vor langer Zeit eine einzelne Rose eingepflanzt hatte.

„Guten Tag Vater", flüsterte Martin und kniete nieder. „Es ist lange her und es ist viel passiert." Er hielt inne. Dann sprach er im Flüsterton weiter: „Aber das weißt du ja.

Du warst immer an meiner Seite. Ich habe deine Gegenwart immer gespürt."

Wieder legte er eine Pause ein, dann sagte er: „Jetzt dauert es nicht mehr lange, bis der Tag kommt, an dem wir uns wiedersehen, so wie du es mir versprochen hast. Dieser eine helle Tag nach der langen Dunkelheit."

Wieder legte er eine Pause ein. Dann flüsterte er: „Die letzten zweieinhalb Jahre waren nicht besonders gesundheitsfördernd. Darum kann ich den Teufeln auch nicht vergeben, so wie du es könntest, mit deiner Nächstenliebe. Der Großherzige vergibt, würdest du sagen." Martin seufzte. „Aber ich kann es nicht. Ich hatte in den letzten Monaten viel Zeit zum Nachdenken. Ich kann ihnen nicht vergeben."

Martin schluckte und ihm wurde bewusst, dass er zu dem Menschen sprach, der ihn Toleranz, Nächstenliebe und Duldsamkeit gelehrt hatte, und Thomas der großzügigste, verständnisvollste, gutmütigste und warmherzigste Mensch war, den Martin jemals kennenlernen durfte.

Deshalb fiel es ihm auch so unglaublich schwer, seinem Ziehvater, seinem väterlichen Freund beichten zu müssen, dass er nicht vergeben, nicht verzeihen konnte. Weil die Bilder der ungezügelten Gewalt, die menschenverachtenden Abartigkeiten, die sich in seinem Kopf und in seiner Seele gebrannt hatten, ihn nicht losließen.

„Vielleicht, wenn die Erlebnisse verblassen werden, mit der Zeit, bin ich in der Lage, zu vergessen. Vergeben, kann ich nicht. Du merkst schon Vater, in mir ist sehr viel Wut. Im Moment hoffe ich, dass diese Verbrecher um den Schlaf gebracht werden, von den Schreien gequält und feststellen werden, es sind nicht die Schreie von unseren Opfern, denn die sind längst verstummt, es sind die Schreie unserer Kinder, die sich unserer Taten schämen."

Martin kniete noch immer. Schweigend. Sehr lange. Dann beugte er sich weit nach vorne und küsste das hölzerne Kreuz zwischen zwei wuchernden Rosen hindurch.

Er stand auf und ging den Weg zurück an der Klostermauer entlang bis zum Tor.

Er fühlte sich aufgewühlt, aber auch erleichtert.

Martin wollte schon klopfen, aber sein Herz schlug wild und ihm wurde schwarz vor Augen. In seinem Kopf machte sich Schwindel breit. Ich habe mir zu viel zugemutet, dachte er. Ausruhen, nur kurz. Geht gleich wieder.

Er setzte sich ins Gras, mit dem Rücken ans Tor gelehnt. Er atmete tief und versuchte, seine Lungen mit Sauerstoff zu füllen. Besser. Schon besser.

Seine Gedanken schweiften. Voller Vorfreude, Sara und die Zwillinge endlich wiederzusehen, verkrampfte sein Herz. Seine geliebte Sara in die Arme schließen zu können, verursachte bei ihm eine Gänsehaut.

Nach einer Weile dachte er wie so oft in den vergangenen zweieihalb Jahren: Mächtig gewachsen werden sie sein, meine Jungs. Er lächelte. Sie finden es hier großartig, ganz bestimmt.

Martin atmete schwer und sein Herz schlug jetzt unregelmäßig. Ihm kam in den Sinn, dass für ihn hier alles begonnen hatte. Hier an dieser Stelle, wo er saß.

Sein Blick schweifte über das geliebte Land und ihm wurde bewusst, dass es für ihn nur eine Heimat geben konnte, egal wo er zwischenzeitlich seine Zelte aufgeschlagen hatte. Heimat war etwas Einmaliges. Heimat war Ursprung. Heimat war heilig.

Reglos saß er da. Ab und zu wischte er sich eine Träne von der Wange.

Dann lächelte er und mit diesem Lächeln auf den Lippen fiel sein Kopf kraftlos nach vorne, bis sein Kinn seine Brust berührte. Das Letzte, was er dachte, war:

Ich bin zu Hause.

So fanden ihn die Mönche am anderen Morgen.

Der Autor

Der Autor Dieter Wilms, geboren 1954 in Mönchengladbach, ist ausgebildeter Maschinenschlosser. Nach seiner Zeit bei der Bundeswehr ließ er sich zum Fahrlehrer ausbilden und arbeitete vierzig Jahre in dem Beruf, die meiste Zeit als selbstständiger Fahrschulinhaber. In dem Rahmen brachte er 4000 Fahrschülern das Fahren bei. Der verheiratete Vater einer Tochter nutzt seine Pension nicht nur, um seinen Hobbys – dem Autofahren und Lesen – nachzugehen. Vielmehr verfasste er sein Erstlingswerk „In einem Meer aus Blut und Tränen" und ließ damit seinen langgehegten Wunsch in Erfüllung gehen.